中国大学合并与整合管理研究

毛亚庆 / 杜媛 著

教育科学出版社
·北京·

序

　　这部专著是在教育部人文社会科学研究博士点基金项目——基于核心能力的大学合并与整合管理模式研究——结题成果的基础上,根据出版的需要作了适当修改而成的。它所关注的是始于 1992 年 5 月合并 6 所省属院校而成立的新扬州大学所拉开序幕的中国高校跨越世纪的合并浪潮。这一浪潮在 1998 年由于"巨无霸"——新浙江大学的成立而被推向了高潮,直至 2000 年 8 月新武汉大学挂牌成立,曾经轰轰烈烈的大学合并才逐渐趋于平静①。根据教育部《1990 年以来高校合并情况》,截至 2006 年 5 月 15 日,我国共有各级各类普通高校(包括职业大学、成人学校、中专、技校等)1057 所参与了高校合并重组,最后组建了 431 所普通高校。②

　　对于始于 20 世纪 90 年代以来的这场大学合并,人们从不同的视角对其进行了研究与分析,本研究主要是从高等教育管理的视角对这一场影响中国高等教育未来发展走向的改革浪潮进行理性思考,之所以选择这一角度进行研究很重要的原因就在于 20 世纪 90 年代以来的这场大学合并改革无疑是中国高等教育管理体制改革几种形式中难度最大、影响最广、意义最为深远的改革③。而更为重要的是因为在对大学合并的研究中,我国的研究与国外大多数国家里的学者一样,"往往在合并酝酿和实际发生的时候,对这一事件给予了极大关注,然而一旦合并计划实施,新的合并机构进入正常运

---

　　① 原教育部副部长周远清在全国合并院校经验交流暨发展战略研讨会上的讲话[C]//张朔,王小梅.全国合并院校经验交流暨发展战略研讨会论文集.武汉:武汉大学出版社,2003:

　　② 根据教育部《1990 年以来高校合并情况》统计[EB/OL].[2010 - 01 - 07]. http://www.moe.edu.cn/edoas/website18/info19558.htm.

　　③ 纪宝成.中国教育家文存:纪宝成卷[M].上海:华东师范大学出版社,2006:25.

转之后,人们也失去了对合并作进一步研究的兴趣。"①本研究力图在大学合并宣告一段落后对这一影响中国高等教育未来发展的变革运动作些理性的思考,总结成功的经验和有待改进的不足,以利于未来中国高等教育更好地前行。

20世纪50年代,我国高等教育以苏联的模式为背景,以"分化管理"为指导原则曾对高等教育的结构进行了大的调整。这——大调整是为了满足了当时国家社会经济发展对专门化人才的需要,在这种背景下许多综合性大学被分割成许多专门性的大学或学院。这次调整随着时间的推移也逐渐凸显出其存在的弊端,较为突出的是学校的适应面过窄,学校规模过小,专业划分过细,学科门类过于单一,管理体制上条块分割,导致我国有限的教育资源的配置过于分散,低水平的学校重复设置较多,高等教育整体的发展水平不高。这一教育资源配置不合理制约着我国高等教育适应新的社会经济时期的发展要求。针对这一现状,从1985年以来,高等教育一直以优化教育结构,加快高等教育管理体制,合理配置教育资源,提高教学质量和办学的效益为改革的目标。特别是随着我国经济体制改革的目标确定为建立社会主义市场经济体制以及经济全球化,我国高等教育的改革也进入到了新阶段。自20世纪90年代以来,我国出现了大规模、大范围的高校合并的浪潮,此次高校合并使部分高校综合实力得到增强,高校的布局也得到合理的调整,高校的资源利用率也得以提高。

但同时也存在一些问题需要我们认真思考和解决。第一,合并的决策缺乏战略的考虑。由于高校仍未摆脱旧有管理体制的影响,在进行合并时缺乏战略规划,为了搭上国家重点建设这一顺风车,匆匆进行合并,以满足国家对博士点、院士数、专业数、学生数、投资数、固定资产以及科研立项和成果数的硬件要求,而相应的软件建设却跟不上,合并在一定的程度上也流于形式。第二,合并过程中过分追求规模效应。我国高校长期以来存在数量多、规模小的问题,通过适当的合并可以使高校的人、财、物资源得到合理的配置,以解决高校规模效益长期偏低的问题。然而,在现实合并时一味追求规模,结果是规模扩大了,而效益却没有明显提高,有的却由于合并后的整合管理不到位,导致内耗太大,反而使合并没有带来预期的效果。第三,

---

① Comparative Perspective on Mergers in Higher Education[M]//Grant Harman. COE International Seminar on Mergers and Cooperation among Higher Education Institutions:Australia, Japan and Europe. Hiroshima:Research Institute for Higher Education, Hiroshima University, 2004:7.

合并后的整合管理不到位。在高校合并中存在着教师员工的安排、师资队伍的建设、学校文化的重组和学科资源的整合等方面必须面对和解决的各项工作和问题，这些问题的解决对大学合并的最终效果有着直接而深远的影响。因此只有这些问题得以合理的解决才能使合并的高校形成统一的学校主体、统一的领导机构、统一的管理制度、统一的发展规划和统一的学科建设，从而使松散的"独联体"铸造成真正意义上的"航空母舰"。

高校合并的目标就是要形成教育资源有效配置。目前，我国高校合并存在的一些问题，有的效果不理想，究其主要原因表现在：第一，在大学合并的决策上基于大学持续发展的核心能力获取、培育、拓展和巩固的合并决策并不多见，忽视了大学合并应该考虑的是合并究竟能为大学的发展带来什么样的竞争优势和竞争能力，进而也使大学合并缺失一种评价其教育资源配置是否有效的机制。第二，对大学合并后的整合管理重视不够。大学合并后的阶段犹如医学上把器官移植到个体中时会发生的生物排异性一样，被并方在融入并购方的有机体后，自身体系会与并购方体系产生类似生物排异性的冲突和危机，对这种危机和冲突的解决决定着大学合并最终的成败。

本专著主要在以下几个方面进行探讨。

第一，以往大学合并决策做出的内在机制研究。大学合并反映了时代发展的要求，顺应了国家发展的需要，但高校合并是我国高教体制的一次革新，它和任何改革一样，必然带来新的矛盾和问题。这些新矛盾和问题产生的原因何在，对这一问题的回答需要我们重新审视这些大学合并产生的背景以及实施的内在逻辑，有必要对我国大学合并进行深刻的理性分析，总结其中的经验和教训，特别是对以往大学合并决策做出的内在依据进行研究，这样有助于我们深化对大学合并的研究及对大学合并的实践具有指导意义。

第二，基于核心能力构建的大学合并模式研究。大学核心能力的培育总体来说有两大途径：一是在自主积累的基础上通过科学研究、学科发展、组织管理等途径实现资源的积累，从而达到培育核心能力；二是通过"合并"，利用外部资源与自身资源组合培育新的核心能力。前者培育时间较长，资源投入要求较高，所以在当前通过扩张获取外部资源，是提高大学核心能力的一个较为有效的途径。但在当前的大学合并中，缺乏以建构核心能力为导向的合并战略思维，大学合并过程中没有考虑核心能力的构建和培育,有的学校一味贪大图快、有的搞"拉郎配",规模迅速膨胀,而管理体制没有相应的改变,导致管理成本大幅度增加。要有效地解决这些问题,就必须从理论上为大学合并提供决策支持,研究与大学核心能力形成与培育规律相对应的大学合并的模式。

第三,建立完善的大学合并的评价体系。我国的大学合并虽然只有不到十年的时间,不少学校的合并效果并不尽如人意,但还是有学校通过合并获得了快速的发展。无论是对成功的经验的总结,还是对存在不足的反思,都有必要建立一套事前事后的评价体系,对合并的效果有一个客观的评价。

第四,合并后的整合管理研究。大学合并是否成功很重要地取决于大学合并后能否尽快地实现大学组织的整合管理。整合管理是在合并的高校中所采取的一系列旨在推进合并进程、提高合并绩效的措施、手段和方法,它涉及教师员工的安排、师资队伍的建设、学校文化的重组和学科资源的整合等方面必须面对和解决的各项工作和问题,整合管理对大学合并的最终效果有着直接而深远的影响。大学合并是一个系统的工程,整合管理是大学合并的重要一环,贯穿在大学合并的全过程,需要我们对此问题进行深入系统的研究。

第五,客观地对这场大学合并改革的效益进行分析。合并改革已经过去多年,时至今日,处于后合并时代的人们对这次合并的效果仍旧褒贬不一。有人认为,此次合并优化了中国高等教育结构,提升了高等教育办学质量,是高等教育内涵式发展的好路子。从总体来说,强强联合也好,优势互补也好,集中优势也好,都优于过去低水平的重复建设,从整体上提高了高等教育资源的利用效益。另一些人看到高校"磨而不合"的困境和"有规模无效益"的窘境,尖锐地指出,如此大规模,一刀切的高校合并对中国高等教育的负面影响可能超出其正面的影响,它不但不能实现增强实力的美好愿望,而且可能会使中国高等教育付出很大的磨合成本,造成新的资源浪费,更有人对通过合并就能实现学科交叉,培养综合性人才持怀疑态度,认为原来的单科型院校一样培养了许多优秀的专业人才,单科型院校的优势不可低估。从合并的结果来看,大学合并的效益存在着一定的延时性,立竿见影的只有数量上的变化,真正实质性的影响需要经历较长的时间考量。在合并浪潮经历十几年并已日渐消退的今天,我们有必要客观地对这场"大学合并改革"的效益问题进行分析。

在课题研究的过程中,笔者还参阅了相关领域研究者的研究成果,对这些研究者为本研究能够进一步前行奠定的坚实基础表示深深的谢意;同时,在课题的研究中,笔者的学生王红丽、刘静娟、庄磊、卢晓燕、李双华、林洁莹、白贞尧等在课题资料的收集、实地访谈调研以及初期成果的一些撰写等方面都做了大量的工作,在研究成果即将出版之际,对他们的辛勤劳动表示衷心感谢。

毛亚庆

2009 年 12 月 18 日

目　录

图表目录

(二)图

第一章
绪　论

第一节　研究的目的和意义

一、问题的提出

20 世纪 60 年代美国杰出教育家西奥多·姆·赫斯伯格（Theodore M. Hesbergh）神父曾经这样说过："大学是所有社会机构中最保守的机构之一，同时，它又是人类有史以来最能促进社会变革的机构。"[①] 变革是发展的永恒主题。在过去的几十年间，世界经济政治形势发生了很大的变化，全球高等教育改革的浪潮风起云涌，顺应各国经济社会发展的趋势。

根据不同时期社会政治、经济发展的需要，新中国成立以后我国高等教育经历了两次大规模的合并调整。第一次在 20 世纪 50 年代，我国高等教育结构进行了大调整，这次大调整是以苏联的模式为背景，以"分化管理"为指导原则，为满足当时国家社会经济发展对专门化人才的需要，许多综合性大学被分割为专门性的大学或学院。随着时间的推移、经济的发展和科学技术的进步，我国高等教育日益凸显出"学校的适应面过窄、学校规模过小、专业划分过细、学科门类过于单一、管理体制上条块分割"等[②]问题，针对这一现状，自 20 世纪 90 年代以来，我国开始了第二次大规模院校调整。这次调整以"1992 年 5 月合并 6 所省属院校而成立的新扬

---

① 伯顿·R. 克拉克. 高等教育系统——学术组织的跨国研究 [M]. 王承绪，等，译. 杭州：杭州大学出版社，1994：203.

② 李岚清. 李岚清教育访谈录 [M]. 北京：人民教育出版社，2003：80.

州大学拉开序幕，先后出现了1993年和1994年合并而成的南昌大学和四川大学，1998年'巨无霸'——新浙江大学的成立将大学合并推向了高潮，直至2000年8月新武汉大学挂牌成立，曾经轰轰烈烈的大学合并才逐渐趋于平静"①。这次合并改革前后跨越逾8年，全国共有31个省（自治区、直辖市）、60多个国务院部门（单位）参与了改革，根据教育部《1990年以来高校合并情况》，截至2006年5月15日，我国共有1057所各级各类普通高校（包括职业大学、成人学校、中专、技校等）参与了高校合并重组，组建了431所普通高校。②

20世纪90年代以来的这场大学合并改革无疑是中国高等教育管理体制改革几种形式中难度最大、影响最广、意义最为深远的改革③。90年代初中国高等教育正处于由精英教育向大众化高等教育过渡的边缘，这场改革既与当时中国高等教育的处境有关，同时也与全球化市场经济发展产生的快速的社会变革息息相关。为了适应新形势的需求，中国的高等教育体制不断加快改革的步伐，通过合并，部分高校综合实力得到增强，高校的布局也得到合理调整，高校的资源利用率得以提高，但在合并的决策和实施过程中也存在很多问题，需要我们认真思考和解决。

第一，合并的决策缺乏战略的考虑。一些高校仍未摆脱旧有管理体制的影响，在进行合并时缺乏战略规划，为了搭上国家重点建设这一"顺风车"，匆匆进行合并，以满足国家对博士点、院士数、专业数、学生数、投资数、固定资产以及科研立项和成果数的硬件要求，而相应的软件建设却跟不上，合并在一定程度上也流于形式。

第二，合并过程中过分追求规模效应。我国高校长期以来存在数量多、规模小的问题，通过适当的合并可以使高校的人财物资源得到合理的配置，以解决高校规模效益长期偏低的问题。然而在现实合并时一味追求规模，结果是规模扩大了，而效益却没有明显地提高，有的高校由于合并后的整合管理不到位，导致内耗太大，反而使合并没有带来预期的效果。

第三，合并后的整合管理不到位。在目前的合并高校中，普遍存在着

---

① 周远清. 在全国合并院校经验交流暨发展战略研讨会上的讲话［M］//张朔，王小梅. 合并院校实质性融合与跨越式发展，全国合并院校经验交流暨发展战略研讨会论文集. 武汉：武汉大学出版社，2003：18.

② 根据教育部《1990年以来高校合并情况》统计截至2006年5月15日［EB/OL］.［2010-01-07］http://www.moe.edu.cn/edoes/website18/evel3.jsp? tablename=6218&infoid=19558.

③ 纪宝成. 中国教育家文存（纪宝成卷）［M］. 上海：华东师范大学出版社，2006：25.

教职员工的安排、师资队伍的建设、学校文化的重组和学科资源的整合等方面必须面对和解决的各项工作和问题。

目前我国高校合并的决策和实施过程中之所以存在上述问题，究其原因，主要表现在以下几点。

（1）在大学合并的决策上基于大学持续发展的能力获取、培育、拓展和巩固的合并决策并不多见，忽视了对"合并究竟能为大学的发展带来什么"这样的审慎考虑，从而也使大学合并缺失一种评价其教育资源配置是否有效的机制。这次合并调整仍然是自上而下的改革，在很大程度上是政府决策。从目前已有的研究来看，尚缺乏对完整的政策生成发展过程的研究，缺少对高校合并的深层原因和动力研究，不能展示出高校合并过程的完整图景。

（2）对大学合并后的整合管理重视不够。目前大学合并取得了一些阶段性成果，从并校后的运行情况看，部分大学通过合并，在一定程度上发挥了合并的优势，确实达到了优化资源配置、改善布局结构、提高办学质量和办学效益的目标。如，学科点增多了，学科的交叉与整合产生了新的学科发展方向，名牌学校在国际上的竞争力有所增强等。但随着合并的深入，单一大学时所没有的新问题也开始出现。大学合并是一项复杂的系统工程，深度合并不是一蹴而就的，合并的潜在优势还远没有转化为现实优势，合并的"应然"设想与"实然"效果间还有相当的差距，主要原因在于合并后的整合过程中存在着诸多困难和矛盾。具体表现如下。

① 在合并后的大学内外环境也发生了很大的变化。从大学内部来看，大学的合并形式不仅表现有"强弱"合并，"新老"合并，还有"强强"合并，老校与老校的合并；不仅有两三所学校合并，还有多至四五所学校的合并。合并扩大了大学单体规模，但是大学的规模也不是越大越好，尤其是合并后的大学多数属于多校区，规模过大，管理环节就会增多，管理就会越来越复杂；机构庞大，也会导致信息、管理上的过程损耗；规模增加后还存在大学内部比例协调问题，包括院系规模、人力资源规模优化组合问题、学科整合问题、不同层次教育的学生规模及培养问题等都对合并效益有深刻影响。从大学外部来看，知识经济时代的大学管理要求大学有新的管理理论和方式。合并后的大学除了面对世界高等教育新形势的挑战外，还要面对合并前后不同的主管部门、不同的校友群体、不同的校区文化底蕴、不同的社区环境等，这些利益集团或影响集团对新大学的发展发

挥了很大作用。

②合并后新大学的组织问题。大学合并后的阶段犹如医学上把器官移植到个体中时会发生的生物排异性一样，被并方在融入并购方的有机体后，自身体系会与并购方体系产生类似生物排异性的冲突和危机，这种危机和冲突的解决决定着大学合并最终的成败。大学合并给新大学的领导者和管理者提出了挑战，他们必须形成一套新的组织机构、运行机制和组织文化，以适应合并后的大学发展战略目标的实现。

③不同大学管理文化上的冲突与磨合。合并前的大学是带着不同的管理理念突如其来组合到一起的，没有经过时间的磨合与互融，历史形成的不同办学追求与思维惯性在寻求统一的碰撞中产生冲突是不可避免的，这主要是由大学的异质性引起的。大学文化正是决定大学异质性的重要因素。

综上所述，合并作为我国高等教育管理体制改革中最为复杂、难度最大的形式之一，其取得的成果已使我国原有的高等教育管理体制发生了历史性深刻变化。但是，从合并后大学的发展状况来看，各合并大学所面对的挑战及现存的诸多问题和矛盾都可以集中归结为一个问题：合并后的大学如何实现在各种局限条件下的最合适的整合，通过整合管理的创新，不断培育特色和优势，这也成为关系到合并大学可持续发展的关键问题，它既是一个无法回避、必须面对的重大实践问题，同时又是一个涉及多个学科的复杂的理论问题。

二、研究目的

近些年来，围绕大学合并问题的研究有很多，已形成了大量的文献积累，研究面也比较宽泛，但总体看来，多集中于对大学合并的目的、意义、合并管理的复杂性等主题的相关研究上，而无论是对大学合并前的政策分析、大学合并的效益还是对大学合并后的整合管理等问题，都缺少深入、系统的理性分析，只是从单一的因果角度对复杂的整合过程作机械的线性思考。而国外的研究更倾向于通过大学合并案例来分析研究大学合并及其整合管理的，多是一些经验的陈述和总结，基于系统分析的研究成果尚不多见。

造成目前的这种局面主要有以下几个原因。

（1）大学合并的整合管理本土性、实践性很强，再加上我国大学合并实际运作机制错综复杂，实施过程千差万别，成功还是失败不能匆忙下结论，一地一校的经验总结尽管很必要，但是要提升到系统化的理论层面去分析确有难度。

（2）大学合并本身就是一项复杂的事情，涉及方方面面的因素。要进行合并后的整合管理，必然要处理与之相伴而生的观念、利益、文化等剧烈的冲突，但是如何解决，人们的认识存在偏差。

（3）大学合并的整合管理贯穿于大学合并的全过程，是一个动态发展的过程，对复杂的整合过程不能只作机械的线性思考，缺少对整合系统的思考势必造成理论思维的片面，很难指导实际中的整合。

（4）大学合并作为高等教育改革的一部分，现有的高教管理理论很难发挥应有的作用，再加上合并后环境发生了很大的变化，由于环境及组织等多因素的限制，整合不可能达到理想化的整合，只能是在各种局限条件下的最合适的整合程度，整合管理必须进行管理的创新。

理论研究总是源于实践的，面向实践、回答和解决实践中亟须解决的重大问题。本研究围绕着近年来发生在我国大陆地区的以大学合并为主要形式的高等教育管理体制改革这一重大实践问题，试图从高校核心能力的获取、构建和整合的视角深入地理解和认识这一场大学合并改革，特别是要突破以往对大学合并及合并后整合管理研究在理论和方法上的局限，将发生在我国大陆地区的大学合并改革置于动态的时代背景、全球化的国际视野中，总结过去、立足现在、前瞻未来，强调高校合并政策的时代性、合并过程的动态性、合并形式的多样性和合并后整合管理的条件局限性，分析大学合并中存在的突出问题，透视制约和影响合并效果的因素，探索大学合并后整合管理的特点和规律，寻求合并后的大学在竞争中保持优势的内在根源和方法，进而指导和促进合并后高校的改革创新和可持续发展。

三、研究的意义

第一，从政策的角度和层面开展研究，探讨大学合并政策形成的机制和过程，分析宏观的政策对合并的影响，研究其决策的深层内在机制是非常必要的。这场大规模高校合并是一次重大的决策过程，其政策议题涉及的广度、决策过程的难度、政策执行的复杂度、政策评估的不确定度，在我国教育发展历史上都是罕见的。对这一过程进行全面的政策学分析，不仅有助于人们进一步认识、理解这场史无前例的教育变革，也能在一定程度上丰富政策学及相关学科的理论与实践。

第二，大学合并后的整合管理研究是大学合并实践提出的必然要求。如上所述，大学合并后面临着一系列的问题和挑战，整合管理不仅是大学合并成功的关键，而且远比程序操作层面上的合并要复杂和困难得多。很多大学合并的事例告诉我们，大学合并比想象的要困难，存在着诸多风险，其中许多风险就来自合并后的大学文化整合管理；而且大学合并还提出了许多需要从理论上回答的问题，如，（1）既然整合管理是影响大学合并效益的一个关键因素，那么影响整合管理的背后因素又是什么？又有哪些因素在起作用？（2）到底如何整合？等等。应该说，对于上述问题的回答，大多属于大学合并的整合管理研究的范围，事实上也只有从理论上系统地分析搞清楚大学合并整合管理的一些问题，我们的思路和视野才会更加开阔，才会更有利于指导大学合并的实践。

第三，大学合并后的整合管理研究是我国高等教育改革的现实需要。大学合并作为高等教育结构调整和重组的一种重要形式，是我国高等教育管理体制改革中力度最大的一次改革，既涉及宏观层面，更要关联微观层面，既有制度层的问题，又有组织层的问题，是十分综合和复杂的问题。大学合并重组要解决的就是高等教育中深层次的问题，如，大学和政府的关系，管理权限如何划分，如何在国际竞争激烈的情况下提升我国高等教育的竞争力和国家竞争力，以及适应我国经济社会发展的需要，为区域发展作贡献，等等。如果我们寄希望于大学合并，那么对大学合并后的整合管理进行充分的研究就是一个必须克服的"瓶颈"。

本研究有助于深化对大学合并的认识，并针对大学合并政策、合并过程以及合并之后的整合管理分别做出系统的分析，并提出相应的对策和建议，这些问题的解决直接关系到大学合并的最终效果，使合并的大学实现真正的实质性融合。

第二节　国内外相关研究综述

大学合并在国内外已经成为高等教育政策中重要的一项，近些年来引起了广泛的关注和研究的兴趣。例如，2002 年 7 月的《国际高等教育》（*International Higher Education*）期刊，即以高等教育的合并为题整理出版了专刊；我国的一些研究者对大学合并的现象进行了研究，从多方面对我国大学合并的情况作了初步的尝试，与本研究相关的研究主要集中在以下几个方面：（1）核心竞争力理论及大学的核心能力和核心竞争力；（2）关于大学合并政策的相关研究；（3）关于整合管理的相关研究；（4）关于大学合并的效益的相关研究。

一、大学合并政策的相关研究

1. 对 20 世纪 50 年代前后的大学合并政策的研究

对于新中国成立前的高校合并现象，在《中国大学教育发展史》①《近代中国大学研究》② 等专著中都有所涉及，但仅限于现象的描述。

对 20 世纪 50 年代初期高校合并的研究，近年来国内外都有不少专著和论文问世，在分析角度、研究方法、研究力度和所用篇幅等各方面各有所异，但都存在着一个比较明显的共同特点，就是研究重点大都放在院系调整上。大部分对其前因后果的论述分析较为详尽，但就叙事的角度来说有些单一，基本上只从政治和文化两个层面展开研究。很少关注这次调整的细微和具体环节，如，普通人在这次调整中的反应，对他们产生了怎样的影响，当时的人们是如何看待这次调整等方面的研究尚显薄弱。对 20 世纪 50 年代的大学生态、学术流派的破坏等方面的问题也涉及得较少。历史是鲜活的，是多层面的。高校调整的研究仍需从多角度进行深入的挖掘。胡建华的专著《现代中国大学制度的原点：50 年代初期的大学改革》以实证和比较的方法，研究了中国近代大学制度的历史发展、20 世纪 50 年代初期大学改革的理念与体制改革、大学教学制度的改革三方面内容，第一次全景式地展现了当时大学改革的实质与全貌。

进入 20 世纪 80 年代以后，随着高教体制改革的逐步展开，学术界对我国 20 世纪 50 年代的这场院系调整开始关注，对当时我国高等教育管理体制改革的问题和对策的研究也随之深入。邵金荣在《中国高等教育宏观管理体制改革研究》一书中，明确指出了中央业务部门管理高等学校的体

---

① 曲士培. 中国大学教育发展史 [M]. 太原：山西教育出版社，1996.
② 金以林. 近代中国大学研究 [M]. 北京：中央文献出版社，2000.

制存在的学科限制、资源浪费等问题，分析了高校部门所有制形成的原因，并提出了联合办学、委托办学等改革建议。姚启和、陈敏在《论高等教育体制改革的目标及核心问题》① 一文中指出，新中国成立以来，我国高等教育一直实行高度集中的管理体制，其主要特征是由政府有关部门直接管理高等学校，学校没有办学自主权。建立"政府宏观管理、学校面向社会自主办学的体制"，要解决的核心问题，是在政府与学校的关系上"要按照政事分开的原则，通过立法，明确高等学校的权利和义务，使高等学校真正成为面向社会自主办学的法人实体"。解决高等学校办学自主权问题的关键，要在观念上解决举办权和办学权分离的问题；通过立法，明确规定高等学校自主办学的权利和应该承担的义务，使其真正成为法人实体。

2. 对 20 世纪 90 年代以来的大学合并政策的研究

目前国内以"政策"和"高校合并"为关键词或主题词可检索到的论文有两篇。一篇为李齐放、沈红的《中国高校合并的政策学思考》，文章在分析 20 世纪 90 年代中国高校合并特点的基础上，运用政策科学的方法对高校合并的起因、过程及偏差进行了反思。包括政策过程的提出、政策目标的制定、政策风险分析、执行政策代价和政策执行过程中的偏差五部分。② 另一篇为台湾学者林纯雯的《批判的教育政策分析——以高等教育整并政策为例》，文章以批判教育学的方法，基于政策文本和历史框架，对台湾地区的高等教育合并政策进行了批判性分析。文中首先概述了批判教育学的发展历程和理论内涵，指出权利、知识、意识形态、文化、历史文本是其主要的研究议题；其次，分别从结构与主体之抗衡、意识形态与文化之渗透、历史文本脉络之框限等角度，援引政策分析的相关理论，铺叙教育政策的批判论述分析；最后，则依循前述论证脉络，批判台湾地区的高等教育整并政策，揭露其隐而未显的不合理权力关系。③

实际上，在我国对大学合并政策的研究只是刚刚展开，有的学者从经济学视角看合并，如，丁小浩等的《规模效益理论与高等教育调整》④ 便

---

① 姚启和，陈敏. 论高等教育体制改革的目标及核心问题 [J]. 煤炭高等教育：1996 (1).

② 李齐放，沈红. 中国高校合并的政策学思考 [J]. 高等教育研究，2004 (2).

③ 林纯雯. 批判的教育政策分析——以高等教育整并政策为例 [J]. 教育研究集刊，2003，49 (2)：117 – 139.

④ 丁小浩，等. 规模效益理论与高等教育调整 [J]. 高等教育研究，1997 (2).

是从经济学视角研究高校合并的，该文指出，并校中的种种补偿，实为将"非帕累托改变"转变成"帕累托改进"。方耀嵋的《高校合并的可拓学思考》① 从可拓学角度提出，高校合并过程的实现手段是物元变换，其基本变换包括置换变换、增删变换、扩缩变换、分解变换等。还有的研究者开展了中外的比较研究，如，周篪的《澳大利亚的高校合并及其启示》②、叶春生、葛锁网的《高校联合的理论与实践研究》③、眭依凡的《"1＋1＝1"？大学并校的喜与忧》④ 等文认为，计划经济下的高等教育管理体制条块分割，行业高校自成一统、封闭僵化，与地方经济社会发展脱节的局面严重制约了中国高等学校的发展。通过调整，逐步建立中央和省两级管理、以省级管理为主的新型高等教育管理体制，可以增强高等学校面向社会和市场自主办学的积极性和为地方经济社会发展服务的能力，为我国高等教育今后的发展创造良好的环境。此外，高校合并是社会培养新型人才和科学技术综合发展的需要。高校合并有利于多学科的交叉融合，促进教学改革、人才培养和科研发展；有利于资源共享，优势互补，增强学校的综合实力和竞争力；有利于精简机构，优化队伍，推动高校人事制度和后勤制度改革；有利于改善办学条件，扩大办学规模，提高办学层次和办学效益等。车海云在《高校合并中的政府行为分析》⑤ 一文中指出，在高校合并中，政府必须建立一整套引导合并的宏观调控机制，包括正确的政策导向机制、科学的决策机制、投资补偿机制以及有效的激励机制和配套措施。霍沛军在《高校合并中的政府行为》⑥ 一文中，提出了在高校合并中政府行为的必要性，详细讨论了政府行为的表现形式。瞿华在《我国高校合并的历史背景及分析》⑦ 一文中，分析了我国高校合并的历史背景和外部条件。

① 方耀嵋. 高校合并的可拓学思考 [J]. 广东工业大学学报，2001（1）.
② 周篪. 澳大利亚的高校合并及其启示 [J]. 高等工程教育研究，1997（3）.
③ 叶春生，葛锁网. 高校联合的理论与实践研究 [J]. 教育研究，1998（11）.
④ 眭依凡. "1＋1＝1"？大学并校的喜与忧 [J]. 嘉应大学学报，1998（4）.
⑤ 车海云. 高校合并中的政府行为分析 [J]. 吉林教育科学（高教研究版），2001（3）.
⑥ 霍沛军. 高校合并中的政府行为 [J]. 科技进步与对策，1999（4）.
⑦ 瞿华. 我国高校合并的历史背景及分析 [J]. 辽宁教育行政学院学报，2004（5）.

二、大学合并后整合管理的相关研究

1. 国内的经验及观点

大学合并在我国已走过了十几年的历程，自大学合并以来，大学内的整合一直就没有停止过，整合是一个发展的动态过程，总是在不断克服困难中向前发展。针对合并中出现的问题所做出的探讨以及得出的经验可以视为一个有用的起点，这个起点可以帮助我们更好地分析我国大学合并后存在的问题并指出我们需要做出的努力方向。

陈士衡指出要缩短大学合并后的磨合期，实现大学合并一体化和管理优化，就不能忘记对合并的客体大学进行管理文化的整合，应坚持整体性原则、平稳原则和革新原则。可以依据不同的过程阶段采用闪电式、演化式、保留式三种管理文化整合策略。①

庞青山等人进一步指出，学科整合是大学合并的高层目标，是合并办学的出发点和深度整合的标志。改革原有大学的专业定式，通过对学科的同类合并、交叉统合、发挥学科优势互补以及提高办学层次等途径实现学科调整整合，促进合并大学教育质量和办学效益的提高。②

徐少亚、袁正英从分析我国大学合并所处的环境入手，认为处在知识经济时代的大学合并，其整合管理的关键就是对知识的整合。知识资源的整合包括知识的整合和拥有知识的人的整合，其实质就是人的整合，是一种十分复杂的行为整合。大学的合并，实现了组织系统的一致，这只是实现了大学合并目标的第一步。实现各方资源上的互补或者功能上的协同与匹配，最大限度地产生协同效应，便是大学合并后知识整合的目标。③

李卫中、刘朝晖则从心理学的角度探讨，他们认为合并大学教职工的心理失衡表现可以归结为：怀旧情结、独立倾向和抵触情绪三个方面，并且指出导致教职工心理失衡的因素是，管理体制因素与组织文化因素。合并过程中"人"的因素复杂多变，直接影响合并的效果和进程。许多研究

① 陈士衡. 试论高校合并后学校管理文化的融合策略 [J]. 吉林教育科学，1998（3）.
② 庞青山. 学科融合：高校合并的高层目标 [J]. 高等教育研究，1999（4）.
③ 徐少亚，袁正英. 知识整合——高校合并后整合管理的关键所在 [J]. 中国行政管理，2000（12）.

者认为要努力营造良好的心理环境，重视与加强思想政治工作。①②③

台湾学者戴晓霞认为高等教育的整并是一个非常复杂的过程，涉及多层次的权利和资源分配，各层次的整并必须要有明确的政策和配套的措施，整并的关键在于合并后大学新文化及新认同的塑造，而且结果及成败需由多元角度来评估。④⑤

由于大学在合并之前都已形成各自的文化，有共同点，但实质绝不相同⑥。新旧学校人文环境的不同，产生了"兼容性"的问题，加大了内部成本。大学合并后的冲突大部分是属于组织文化的冲突，成功的合并过程必然是组织文化成功的整合过程。大学合并后组织文化的冲突主要体现在外显形象、理念形象、组织战略、管理行为、亚文化、甄选过程等方面。组织文化的冲突如不能得到很好的解决，必然会对大学的合并过程带来长久的不良影响。合并后的大学必须对组织文化的冲突进行有效整合，才能实现真正意义上的合并⑦。为此，对于带着各自的历史传统和不同的学科背景文化走到一起的学校，在校园文化和校园精神的整合上应当有"海纳百川，有容乃大"的气度，对于每一所学校的优良传统和学术文化都应给予尊重，并使其融入新的校园文化中去。⑧

合并并不意味学校校园的合并，大多数合并学校由两个或是多个校区组成，每一所学校，不论大小、强弱，在校园文化方面都会形成自己的特色，都会有自己的长处。校园文化的整合是一个长期的过程。新的校园文化的设计应该充分吸收各自的优点和特点，兼容并包。而不应该一味以原处于优势的文化为标准，去衡量处于弱势的校园文化，去否定其文化。⑨

大学的整合管理对合并重组的最终效果有着直接而深远的影响，合并后整合过程中面临着无形资源的流失、员工利益的调整冲突、有形资源的重组障碍、不同文化源的破坏性冲突等危机。而合并的文化风险才是影响

① 李卫中，刘朝晖. 论高校合并教职工的心理融合［J］. 中国高教研究，2001（10）.
② 李湘沅. 高校合并中的文化整合与文化创新［J］. 中国高等教育，2001（12）.
③ 余远富. 高校合并办学必须加强和改进思想政治工作［J］. 高等农业教育，1999（10）.
④ 戴晓霞. 高等教育的扩张与结构的转变：兼论西德经验［J］. 教育研究资讯，2000，8（2）.
⑤ 戴晓霞. 高等教育整并之国际比较［J］. 教育研究集刊，2003，49（2）.
⑥ 李湘沅. 高校合并中的文化整合与文化创新［J］. 中国高等教育，2001（12）.
⑦ 傅广宛，等. 高校合并后的组织文化冲突与整合过程研究［J］. 浙江海洋学院学报（人文社科版），2002，19（3）.
⑧ 冯向东. 关于合并高校资源重新配置的思考［J］. 江苏高教，1999（3）.
⑨ 齐素泓. 我国高校合并后校园文化整合问题研究［D］. 武汉：华中师范大学，2004.

合并整合管理的关键因素，所以基于文化的大学整合管理模式构建便显得至关重要。应构建包含物质与行为文化整合管理、制度文化整合管理、精神文化整合管理在内的三个层次的体现整合过程的大学文化整合管理模式。①

　　大学合并进行整合管理，从某种意义上讲就是要实现管理优化，发挥大学合并的效益最大化。孙孝文认为合并后大学的管理有很多新的特点：即合并大学所处的大环境不一样；合并大学规模突变造成冲击；大学内部的环境也有很大的变化。合并大学管理优化就要以一定的管理理论为依据分析这些管理特点，运用战略管理、知识管理和生态管理的方法策略进行大学合并管理理念、管理实务和管理环境的优化。②

2. 世界一些国家和地区的经验及观点

　　大学合并并非中国独有，"他山之石，可以攻玉"，世界上一些国家和地区对高等教育进行结构改革和重组，其中重要的方式就是大学合并，我国的香港和台湾地区也对大学进行了整并。这些实践都为我国大学合并后进行整合管理提供了有益的借鉴经验。

　　Stainback Susan 和 Stainback William 认为，高等教育的合并整合必须重视人力资源的作用，通过采取以下的措施可以有效推动高等教育的合并，即加强和扩大合作和协作性的努力，重组组织结构，重新分配财物供给和内容，与有关的认证机构合作，加强沟通。③

　　Roy Lourens 认为在澳大利亚高校合并中要消除组织变革对人们带来的紧张和压力，坚持合并的连贯性，整合大学的研究项目，鼓励多元性，从而使人们有稳定感。④

　　联合国教科文组织高等教育规划专家 Wang Yibing（2001 年）在其《高等教育大众化：亚太地区发展中面临的瓶颈与战略选择》一文中说，澳大利亚的大学合并可以认为是成功的，然而合并后心理与文化的协调在 15 年之后仍在进行。他还认为日本最近表示出对一组大学的合并感兴趣，目的在于寻求规模经济和投资效率，以更好地应对衰退期。总结亚太地区

---

① 郑展. 高等学校合并与文化整合研究 [D]. 天津：河北工业大学，2004.

② 孙孝文. 合并高等学校管理优化 [D]. 武汉：武汉理工大学，2004.

③ Stainback Susan, Stainback William. *Facilitating Merger through Personnel Preparation* [J]. Teacher Education and Special Education，1987，10（4）：185－190.

④ Roy Lourens. *University Management：Tensions in a Changing Enviroment* [J]. Journal of Higher Education Policy and Management，1990，12（1）217－231.

大学合并的经验和教训，他指出，"大学合并的成功取决于许多因素，例如合理的战略方针、合并过程中形成的新的、强有力的领导力量等"。①

大学合并既涉及宏观层面，更要关联微观层面，既有制度层的问题，又有组织层的问题，是十分综合和复杂的问题。美国学者大卫·霍布森（2000 年）指出，大学比公司要复杂得多，办学并不像卖股票和粥饭那样简单。大学是一种关系模式，它并不是积累学分的模式，而是做事情的模式。即使任务、文化价值观相似的两所大学合并，它们也必须考虑终身教授、不同的课程和成绩评定标准、不同的薪资以及文化上的些许差异。大学并非公司，公司的一切决定都是以股东的最大利益为转移的，而大学合并必须考虑多方面的利益。

Jorunn Dahl Norgard and Ole-Jacob Skodvin 用组织网络理论和文化理论分析了挪威两所大学合并的过程，他们认为大学合并涉及地理位置、组织文化多元差异等多种因素的整合，必须认真对待这些因素的影响，才能实现大学合并的学术和管理目标。②

大学合并实质上可以看做是一个社会文化的问题，然而，当前学者对大学合并关注与管理体制宏观层面的政府指导和结构整合，关注大学合并的财务整合、图书馆和信息系统的整合以及大学外部的联系，却很少对此关注。因此，Kay Harman 认为造成这种现象的原因是合并大学的文化重构涉及太多的因素，也是一项耗时费力的事情。应当把大学合并看做是一个社会文化学的问题。在新大学文化重建过程中需要管理大学学术导向，关注学者的研究价值观和大学内部人员的态度，整合不同学校的学生文化，创造一种强势的研究文化氛围，培养人们的忠诚感和积极向上的精神风貌和合作、民主的学校社区意识，从而在新大学的环境里尽快适应和整合。③

Michael Scott 在一份报告中指出"大学合并必须处理好以下的问题，包括新大学的远景规划，自始至终清晰明确的领导，充分的授权管理，资金和管理制度的保障，信任民主的氛围，尊重多元变化的大学文化传统和

① Wang Yibing. *Massification of Higher Education-Bottlenecks and Choice of Strategies Facing Developing Countries in Asia and the Pacific.* 2001. [EB/OL]. [2010 - 01 - 07]. http：//www. sunmoon. ac. kr/ ~ auf/ UN4 - 1. doc.

② Jorunn Dahl Norgard and Ole-Jacob Skodvin. *The importance of geography and cultures in mergers：A Norwegian an institutional case study* [J]. Higher Education, 2002, 44（1）.

③ Kay Harman. *Merging divergent campus cultures into coherent educational communities：Challenges for higher education leaders* [J]. Higher Education, 2002, 44（1）.

良好的学术文化，要有耐心和理解处在变革人们的心理脆弱性并给以充分的尊重和信任。如果这些问题不解决会影响到合并后新大学的管理和发展，甚至会造成人力资源危机"①。所以，合并中考虑人的感情因素很重要，尤其是在政府框架下的大学合并，一定要认真对待合并给人们带来的心理恐慌还有不安全感，充分考虑人们的经济利益诉求和技术上的支持。②

香港大学教育资助委员会院校整合工作小组报告③指出，院校合并并不是理想中一次顺利而不产生摩擦的转移过程就可以迈向一个更高的层次，事实上，现实中存在许多潜在障碍，可归纳为以下各项。

（1）将两个管治机构合并为一，并只设立一个校长职位，将会导致"剩余人力"，并出现原有的管治及管理人员会失去职位的情况。

（2）在身份问题上要达成一致意见，如，新院校的名称、新学位证书的设计，甚至电邮地址的形式，都是棘手问题，因为这都触及身份认同这个重要课题。

（3）消除有关各方如校友、捐款人、公司赞助人以及国际同盟伙伴的忧虑。

（4）结合有潜在差异的不同人事资源制度，如，学生和员工的投诉程序；协调晋升准则及程序等。

（5）处理财政资源分配上的矛盾，这可能源于不能兼容的管理哲学：例如，集权与分权之争；院校本部和院系之间以及院系内部不同分配资源的方法等。

（6）管理一所需要兼顾多个校园的大学。

大学合并作为政府改革高等教育系统结构的一种选择，合并中政府的力量是不可低估的。澳大利亚学者 Geoffrey Mildred 和挪威学者 Svein Kyvik 分别从自己国家的大学合并经验中得出，不管是国家政府层面的教育行政部门还是地方层面的政府都应该给大学合并以强有力的支持，在立法上和财政上予以保障，在新学校的领导管理层面要持续地提供建议和指导，但

---

① Michael Scott. *Creating Something New*：*Amalgamations and Higher Education* ［D］. University of Oxford，2004.

② Hay，HR，Fourie，M& Hay，JF. *A reinstitutional combinations，mergers or amalgamations the answer？ An investigation into staff perceptions* ［J］. South African Journal of Higher Education，2001，15（1）.

③ 香港大学资助委员会院校整合工作小组. 院校整合意义重大 ［R］. ［2010 - 01 - 06］. http：//www. ugc. edu. hk/bigs/doc/ugc/publication/report/report integration＿ matters＿ c. pdf.

是在制定政策和鼓励合并时要充分考虑人们的意愿和个体反应以及心理承受力，也就是人文式的关怀，而不是一味地强制使人们陷入两难的困境，延缓合并目标的实现。①②

正是基于以上的考虑，Kay Harman and V. Lynn Meek 总结到，没有任何的大学领导者或者高教系统的政策制定者可以深思熟虑地进行大学合并，但是出于经济或者政治上的考量驱动大学合并是不可避免的。所以在考虑大学合并时，先前的合并案例可以提供一些有用的信息，包括多样社会因素如何相互作用和在特定情况下如何采取正确的行动。③

三、大学合并效益的相关研究

伴随着我国高等教育管理体制改革的逐步展开，学术界对我国的"大学合并"现象也展开了持续而广泛的研究。在大学合并效应的评估方面，我国的研究与国外大多数国家里的学者一样，"往往在合并酝酿和实际发生的时候，对这一事件给予了极大关注，然而一旦合并计划实施，新的合并机构进入正常运转之后，人们也失去了对合并做进一步研究的兴趣。"④

从现有文献来看，对我国高校合并的效益问题的研究主要集中在 1996 年以后，方耀梅在《同济大学学报》（1996 年 11 月）上发表的《高校合并的非线性思路》是最早的比较系统地讨论高校合并可能产生的效益，及效益实现中可能遇到的障碍的文章。方耀梅用自然科学中的一些概念和方法如非线性、分维、耗散结构等作为视角，分析高校合并产生的效益，认为高校合并有利于规模效益的实现，便于资源的优化配置，能够增强高校获取资源的能力，有利于高校办学活力的增强；同时，提出高校合并效益的实现具有非线性的特点，即很多因素影响合并效益的实现，如果不能控制好那些负面影响因素，高校合并的效益可能无法获得，高校合并可能会

① Geoffrey Mildred. *Launching the Unified National System：What happened in South Australia？*[J]．Higher Education，2002，44（1）.

② Svein Kyvik. *The merger of non-university colleges in Norway* [J]．Higher Education，2002，44（1）.

③ Kay Harman and V. Lynn Meek. Introduction to special issue："merger revisited：international perspectives on mergers in higher education"[J]．Higher Education，2002，44（1）.

④ Fangzhao．A Remarkable Move of Restructuring ：Chinese Higher Education [J]．Education Policy Analysis Archives ，1998（2）.

失败。①

1996年之后的两三年中，研究者主要是在对高校合并可能产生的效益做一些定性的研究，意图搞清高校合并到底能够在哪些方面带来效益。可以达成的共识是，如果处理得当，高校合并将带来包括实现高等教育资源配置优化，规模经济，学科融合与发展，教学质量和办学水平提高等方面的效益。

2000年以后，一些学者开始从经济学的视角对高校合并效益进行研究，如，《高校合并的经济学思考》《高校合并的经济学分析》，等多篇文章，经济学的定量研究方法、成本与收益、风险、规模经济等概念被引入高校合并问题的分析中，从而使高校合并的效益研究更加深入。②③

林春拓最早提出有关高校合并效果评价的问题，他认为高校合并效果的评估不同于高校正常水平下的办学水平总和评估，而是对已合并并且运转较长时间的高校"合并实效"的评估，主张高校合并评估的主题应当是在国家教委的主持下由专家参与的正规的评估，并提出评估的四项核心内容，即实体性合并完成情况、专业融合情况、阶段发展目标的实现情况、学校资源使用效率情况④。刘继荣提出高校合并成效评价的两个基本准则：一是要区分宏观、中观、微观视阈，二是要考虑成效显现的非即时性。⑤

雷雅琴指出，可以应用经济学和数学的方法对合并高校的效益进行审计，审计的重点是高校资产，高校资金使用情况，设备利用率，机构设置情况，基建项目预算决算的审计。⑥

周霞提出要对高校合并的重组融合效果做出评价，评价内容包括：①效益性评价。包括合并后学校的办学效益、办学水平、学术水平。②效率性评价。包括高校的资源利用率与资源使用的合理性问题，还包括高校能否对外界变化迅速做出反应的问题。③激励性、协调性评价。主要是看合并后教职员工的士气、工作满意度、工作努力程度、团队精神等方面，

① 方耀梅．高校合并的非线性思路［J］.同济大学学报，1996，7（2）.
② 周莉．高校合并的经济学思考［J］.南昌大学学报（社会科学版）2000（2）.
③ 曾晓虹．高校合并的经济学分析［J］.南京经济学院学报，2000（5）.
④ 林春拓．高校合并效果评估的思考［J］.建材高教理论与实践，1997（4）.
⑤ 刘继荣．高校合并成效及其评价的基本准则［J］.浙江大学学报（人文社会科学版）2004（2）.
⑥ 雷雅琴．浅谈合并高校的效益审计［J］.山西教育学院学报.2000，3（4）.

评估高校的和谐性和激励性。①

此外，有学者对高校合并效益的定量分析提出了一些讨论框架。

郭桂英提出，合并高校的效益变动情况可以用两种思路来研究：一是效益类比，即将合并后的大学与同类大学在教育投资量相仿的情况下进行办学效益的比较研究；二是过程分析，即研究合并中新旧办学系统间的效能转化关系。根据第二思路，合并办学的效益分析可用数学公式 $\Delta E = E - (M + N)$ 表达，其中 ΔE 是指高校合并后的办学效能增量，M 是指合并前各校办学效能之和，N 表示高校合并时的注入资金。②

侯龙龙选取了 2001 年发生合并的五所高校作为研究对象；对"合并可能会带来的范围经济"进行实证分析，研究结果表明，"合并对这五所高校的范围经济状况影响都不明显，对江南大学而言，合并似乎对其范围经济产生了影响"。③

除了中国大陆的学者之外，澳大利亚、美国以及一些欧洲国家的研究者也关注到合并效果的分析以及从这些合并实践中所能吸取到的经验和教训④。当我们把关注的焦点聚焦到学术活动方面时，不同的研究所得到的结论是非常不确定的。挪威的一项研究表明：在挪威，大学合并前后，其研究情况大体上是相同的⑤；而在澳大利亚，大学合并是由国家统一发起的，目的是改变二元化的高等教育系统，这一改革最终对大学的研究有着很大的影响，科研整体水平也有所提高。⑥

Fangzhao 讨论了 20 世纪 90 年代以来发生在中国的高校合并对中国高校未来发展的影响，研究认为，高校合并的正面影响主要有三方面：一是高校有能力扩大招生；二是丰富高校的学科类型，为学生提供更多的课程选择；三是有利于集中资源，有节约办学经费的潜在可能。同时，高校合

① 周霞. 高校合并后的重组策略及其效果评价 [J]. 华南理工大学学报（社会科学版）2002, 4 (2): 82 - 84.

② 郭桂英. 对大学合并方式的理性分析 [J]. 高等教育研究, 1998 (2): 33 - 37.

③ 侯龙龙. 中国高等教育中的范围经济——以教育部直属院校为例的实证研究 [D]. 北京：北京大学, 2004.

④ Skodvin, O-J. Mergers in higher education-success or failure? [J]. Tertiary Education and management, 1999, 5 (1): 65 - 80.

⑤ Svein Kyvik. The merger of non-university colleges in Norway [J]. Higher Education, 2002, 44 (1).

⑥ Kay Harman. Merging divergent campus cultures into coherent educational communities: Challenges for higher education leaders [J]. Higher Education, 2002, 44 (1).

并可能带来的不利影响也是存在的，包括：由于机构庞杂，管理层级的增加而导致管理过度集中和僵化；出现了更多的利益集团，以维护既得利益或获取更多利益；一些学科在合并中可能衰弱甚至消失；为了实现规模效益而减少研究与教学投入；由于教学科研人员队伍庞杂，水平参差不齐，导致科研水平下降；降低课程的多样性；员工由于薪资待遇问题产生更多的冲突。①

David Y. Chen 发表了其对 B 大学合并的个案调查研究，研究中通过对 B 大学合并个案研究，探讨了合并的原因，认为合并的目的主要是改变单科院校学科范围窄、提高效率和效能。研究还分析了合并可能导致的问题，包括：由于合并并非高校自发的要求，而是在行政命令的压力下合并，这样的合并有可能导致打击合并学校的热情；校园文化的冲突与融合可能导致优良校园文化的丧失；规模超大学校管理的难度加大，资源、人员、制度管理难度大。②

Grant Harman 研究了在高等教育系统中的合并现象，他认为高等教育系统中的合并动因是希望通过合并解决高等教育机构的问题：如，经费的压力，学术水平低的问题，外界竞争压力的问题。合并需要投入，包括大量的资金与人力投入，但是，合并带来的利益可能是很长远的，这些潜在的收益包括：更大更综合的大学可以提供更高质量的课程，增强科研水平，更好的学生服务措施，给学生更多的课业选择机会，机构有更大的弹性，在一定的条件下，这也意味着效率的提高和资源的节约。③

第三节 研究内容

我国 20 世纪 90 年代以来发生的大学合并改革，无疑是改革开放三十年间在高等教育领域中发生的难度最大、影响最广、意义最为深远的改革。本书主要是针对这场大学合并改革，从内涵、政策、发生过程及存在的问题、合并后的整合管理以及合并的效益等几个方面进行分析，并提出

① Fangzhao. A Remarkable Move of Restructuring: Chinese Higher Education [J]. Education Policy Analysis Archives, 1998, (2).

② David Y. Chen. A Study on the Amalgamation of Chinese Higher Educational Institutions [J]. Asia Pacific Education Review, 2002 (3).

③ Grant Harman and Kay Harman. Institutional Mergers In Higher Education: Lessons From International Experience [J]. Tertiary Education and Management, 2003 (9), 29–44.

相应的对策和建议。基于这样的思路，本书的主要内容分为四大部分，共八章。

第一部分，重点解决"什么是大学合并"的问题。

无论是理论上还是实践中，无论是在企业界还是高等教育界，机构之间的购并或合并事件都屡有发生，这一部分主要是从理论上清理合并和大学合并的内涵，分析大学合并的动因，并依据高等教育自身发展规律，提出大学合并的目标及合并发生的内在机理。在这一部分，首先要解决为什么要研究这个问题，其次，是对相关概念进行清理，回答究竟什么是"大学合并"。对这两个问题的研究，是整个研究的基础。

第一章：绪论。

主要解决"为什么要研究我国的大学合并和整合管理"这个问题。主要论述了研究的目的、意义、相关研究的介绍、研究的内容、研究的特点、研究方法和研究的创新性等。

第二章：大学合并的内涵分析。

本章主要是在辨析相关概念的基础上进行界定，并赋予现实的内容，主要内容是清理合并和大学合并的内涵，分析大学合并的动因以及合并发生的内在机理。

第二部分，重点解决"大学合并是如何发生和怎样进行的"这一问题。

本部分所关注的问题就是我国大学合并是如何得以发生的以及怎样进行的，包括大学合并的背景和历史考察、大学合并的政策分析以及大学合并的过程和模式等。

第三章：我国20世纪90年代以来的大学合并的政策分析。

大学合并是我国高教体制的一次革新，它和任何改革一样，必然带来新的矛盾和问题。这些新矛盾和问题产生的原因何在，对这一问题的回答需要我们重新审视这些大学合并产生的背景以及实施的内在逻辑，因此有必要对我国大学合并决策做出的内在依据进行研究。这一章主要是对大学合并的背景、历史沿革和政策过程进行综合分析，反思我国大学合并的政策并提出相应的政策建议。

第四章：我国大学合并的发生进程与合并模式。

主要内容包括：对我国20世纪90年代以来的大学合并发生的过程作系统的介绍，并将合并置于更为广阔的地理空间中加以考察，分析各国和地区大学合并的过程和模式，总结出大学合并的结合模式（与谁合并）和运行模式（以何方式合并），并对我国两所典型的大学合并案例做了详细分析。

第三部分，重点解决"大学合并后存在哪些问题以及如何整合管理"的问题。

整合管理是在合并的高校中所采取的一系列旨在推进合并进程、提高合并绩效的措施、手段和方法，它涉及教师员工的安排、师资队伍的建设、学校文化的重组和学科资源的整合等方面必须面对和解决的各项工作和问题，整合管理对大学合并的最终效果有着直接而深远的影响。

第五章：我国大学合并后存在的问题分析。

大学合并是一个系统的工程，整合管理是大学合并过程中重要的一个环节，贯穿在大学合并的全过程，需要我们对此进行深入系统的研究。管理本身就是实践性很强的活动，那么大学合并后在实践中面临的问题就是我们研究的一个任务，也是进行整合管理的出发点。本章主要是对我国大学合并后存在的问题和原因进行了深入系统的分析，并结合国外一所大学合并失败的案例，验证了合并失败的原因，并提出了大学合并后整合管理的重要性和必要性。

第六章：我国大学合并后整合管理的过程与策略。

这就是大学合并过程中的整合管理环节，它是大学合并过程中重要的一个环节，贯穿在大学合并发生后的全过程中。本章主要是借鉴企业并购后整合管理的相关理论和实践经验，基于高等教育系统的组织特征和大学合并发生的过程模式和内在机理，提出大学合并后整合管理的过程模式和策略，包括组织系统的整合、学术系统的整合和信念系统的整合，并以我国的一所合并大学为例，分析大学合并后的整合管理过程和策略。

第七章：地方合并高校的整合管理与发展定位。

在我国 20 世纪 90 年代以来发生的大学合并改革中，涉及一大批地方高校，这些学校在合并之后其自身的发展定位、整合管理以及与地方政府的关系等，同样是我们需要关注的。这是本章的主要内容。

第四部分，大学合并效益的实证研究。

通过大学合并的方式获取外部资源，丰富了能力要素。而在大学内部，经过各能力要素的重组后最终的效果如何，这是需要进行实证检验的，这同时也是对大学合并效果的评价与检验。本研究的第四部分内容，即是通过实证研究，分析我国大学合并的效益。

第八章：大学合并效益的实证研究。

本章选取 2000 年发生合并的 25 所大学，通过实证研究的方法考察合并前后高校的科研能力变迁情况，以此为依据对合并的效益进行分析；在这一研究的基础上，作为对其数据的补充和材料的丰富，本研究又进一步选取了 2000 年发生合并的 20 所中央部委直属高校和 10 所省属高校，通过横向同类比较与纵向时间序列分析相结合的方法，从知识生产的角度对大学合并的效益进行实证研究。

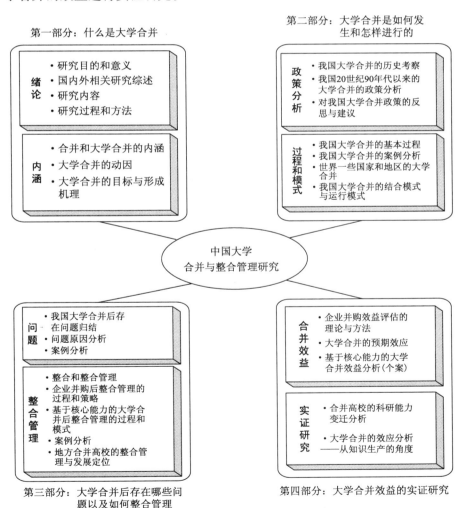

图 1-1 研究内容

第四节 研究过程和方法

一、研究的特点

1. 多学科的研究相结合

本研究涉及教育学、管理学、经济学、政治学、文化学、战略管理、经营管理等多个学科的内容,具有明显的跨学科特点。从多个学科的视角,应用了多个学科的理论成果和方法进行研究,是本研究深入、有效的必需。

2. 系统性与动态性相结合

高等教育机构本身是一个多职能、多要素、多层次的动态演化的复杂系统。它既是社会系统的子系统,同时其内部又包含多个子系统,大学合并实质上是这些系统和子系统的重新组合,同样是一个动态的、涉及多要素、多层次的复杂过程。对这样一个动态过程进行分析,需要我们运用系统分析的方法进行研究。

3. 宏观与微观相结合

我国 20 世纪 90 年代以来的大学合并改革,涉及的高校上千所。本研究既需要对整体的大学合并情况有宏观上的把握和分析,同时又要有针对性地选择具有典型性的合并个案,将合并的缘起、过程以及合并发生后存在的问题"还原到"当时、当地的真实情景中,从微观上把握合并高校的对接、核心能力的获得、合并后的要素整合等问题。

4. 规范分析与实证分析相结合

规范的分析具有较强的归纳性和逻辑推理性。根据公认和传统的价值标准,以主观判断形式,对大学合并的共性特征和普遍规律进行阐述和说明,可以回答"为什么"或者"应该怎么办";实证分析具有较强的科学性和准确性,可以对大学合并实际过程中表现出来的现象和结果加以描述和揭示,主要回答"现实是什么"以及"效果如何"等问题,二者相互印证,有利于研究问题的准确化和深化。

二、研究方法和研究过程

1. 文献研究和系统分析

通过文献回顾了国内外关于核心能力、大学合并和整合管理等方面的相关研究，并对政策学、社会学、文化学以及管理学等理论进行了系统的梳理，搜集与合并相关的政策和政策话题的文本，从政策文件、领导讲话、史料、舆论、新闻、媒体等内容中选取一定范围的信息，进行理论阐释和比较分析，从中寻找内在的规律性，通过比较找到研究的空白点和理论的知识间隙，并从核心能力构建的视角，对我国大学合并的实质和内涵、决策的内在机理、大学合并的背景等进行系统的分析；并从多视角对大学合并后存在的问题做理论上的分析探讨，从而找出有效的整合管理策略。

2. 比较研究

通过国际的和历史的比较，对我国大学合并的历史沿革和世界各地大学合并的过程及模式进行更深入的了解和认识。

3. 个案研究

相关研究人员先后于 2005 年 5 月和 2007 年 1 月赴两所合并大学（为了遵循必要的研究伦理，在本研究中，对两所大学分别以 A 大学、B 大学或××大学代替）进行实地调研，对合并大学涉及的有关对象，包括合并后新大学的领导者、教职员工以及学生的主要代表做了非结构化的访谈，了解了大学合并的过程以及这些人员对大学合并后变化的反应，了解了大学合并后面临的一些问题，理解了大学不同的组织文化差异和不同的运行机制对大学合并的影响，从中透视了我国高校合并的政策，确定了大学合并后面临的主要问题，找出了影响合并整合成功的要素之所在。

4. 实证研究

本研究采用在企业兼并效益评价中常用的前后比较法分析框架，利用 SPSS 统计分析软件，采用主因素分析法处理高校科研数据，根据因子分析的结果判断合并对高校科研能力的影响。

第二章
大学合并的内涵分析

大学合并以及合并后的整合管理研究涉及很多概念，对概念的不同理解会带来理论上的模糊性。"科学概念建构的任务在于尽可能准确地确定概念的内容，它是明确做出一项有关某一对象是否属于某个概念的决定的必要前提。"① 本章主要是对相关概念在辨识的基础上进行界定，清理合并和大学合并的内涵，分析大学合并的动因以及发生的内在机理。

第一节　合并与大学合并的内涵

一、合并

1. 从企业的角度来看合并的内涵

《现代汉语词典》对"合并"的释义为：结合到一起。从广泛的意义上讲，既可以指合并的行为，也可以指合并后的状态。

实际上，"合并"更多的是从企业管理中借鉴而来的概念。从企业的角度来说，合并是指两个或两个以上的企业的联合，或一家企业通过购买权益性证券、资产、签订协议或其他方式取得对另一家或几家企业的控制权的行为。《中华人民共和国公司法》中"公司合并、分立"一章详细规

---

① 沃尔夫冈·布列钦卡. 教育科学的基本概念——分析、批判和建议［M］. 胡劲松，译. 上海：华东师范大学出版社，2001：15.

定："公司合并可以采取吸收合并和新设合并两种形式"。"一个公司吸收其他公司为吸收合并，被吸收的公司解散。两个以上公司合并设立一个新的公司为新设合并，合并各方解散"①。从以上规定中可以看出，我国《公司法》上公司合并的含义，是指两个或两个以上的公司依法变更为一个公司的法律行为，并且有两种基本形式，即吸收合并和新设合并。对于吸收式合并来说，一个较大的公司将一个较小的公司吸纳进去，其资产、负债、责任、人员完全由较大的公司承受；而新设合并则是两个或者两个以上的公司通过合并同时消亡，在此基础上形成一个新公司。在合并的过程和结果中，两个参与企业基本是平等的。

台湾学者戴晓霞认为，合并是指两个或两个以上原本独立的机构放弃其原来独立的法律地位、自主和文化认同，整合为一个新的机构。原机构所有的资产、责任包括人员都转移到新组成的机构②。这个定义类似于企业中的新设合并。在此过程中，先前的机构逐渐失去其身份和独立性，至少其中一个机构的法律实体身份不复存在。

2. 几个类似概念的辨析

与"合并"有关的英文名词有 merger，consolidation，amalgamation，integration、Acquisition 等，但它们在具体含义上有细微差别。

（1）归并/兼并（Merger），是指两个或两个以上机构的合并，含有"归并""兼并""购并"（acquisition）的意味，即一个较大的组织机构将其他一个或几个较小的组织机构的财产、债务、权力责任、人事等吸收合并。在兼并中，兼并者，即存续公司继续保留法人主体资格，其取得被兼并者，即消失公司的资产，承担消失公司债务，被兼并者（消失公司）被解散，丧失法人主体资格。

（2）合并（Consolidation）是指两个或两个以上机构放弃它们各自在法律上的独立性，支持一个新的共同体并受之管理，同时，原机构的财产、债务、权力责任、人事关系等并入新的机构。这些组织在合并后处于联合起来的统一状态，并没有"吞并"的含义。根据合并机构的不同性质，"consolidation"可以分为三种类型：同质性合并，又称水平合并（horizontal merger），是指性质相同或相近的机构合并，其主要目的是扩

① 中华人民共和国公司法［EB/OL］.（2005－10－27）［2010－01－06］. http：//www. gov. cn/ziliao/flfg/2005－10/28/content_ 85478. htm.

② 戴晓霞. 高等教育整并之国际比较［J］. 教育研究集刊，2003，49（2）：151.

张，促使合并后的机构在某些领域形成专精化；异质性合并，又称垂直合并（vertical merger），是指性质相异或互补的机构之间的合并，其主要目的是促进功能的多样化，合并后机构的综合性程度因合并机构的相异性和互补性程度而有所差异；混合性合并（composite merger），指合并机构中有一个或一个以上是综合性机构，因而合并的结果也是综合性的，其目的是提高机构的多元综合性。

（3）联合（Amalgamation）是指几个机构在不放弃其各自独立性的基础上形成一个新的、相互之间实现有机融合的新机构。相对于合并（consolidation）来说，它更注重"混合"与"融合"。

（4）整合（Integration）是指将分散、具有不同特点的机构组成一个有机整体。严格地说，它属于合并（consolidation）中的异质性合并。它强调高度的整体性，对合并后的综合程度有较高的要求。

（5）收购（Acquisition），指一个企业通过购买和证券交换等方式获取其他企业的全部所有权或部分所有权，从而掌握其经营控制权的商业行为。在西方经济学文献中，提及合并通常是将兼并（Mergers）与收购（Acquisitions）合称为并购（缩写为 M&A）。需要说明的一点是，大学之间发生的整合等行为通常叫"合并重组"，很少讲是"并购"。

3. 合并的不同形式

机构合并可以被定义为一种融合，其中两个或更多的机构放弃它们在法律上的独立地位形成一个新的实体①。伊斯特曼和兰格认为，机构间的合作是一个连续体，而合并只是机构间相互合作的多种形式之一②。在这个连续体中，任一点都是优势和劣势的最佳平衡。不过，合并可能是组织合作中最极端的一种形式，因为其中组织发生了显著变化。

尽管合并只是组织间合作的一种形式，但合并本身呈现出多种形式。根据参与的一方基本不受影响而吸收了另一个或另一些组织，还是结果出现了一个新的组织，合并可以分为结成一体和收购两种。

（1）结成一体，指的是两个或两个以上的组织结合形成新的组织，即组织 A 和组织 B 结合形成新的组织 C，组织 C 有新的名字、使命和运营范

---

① Rosalind M. O. Pritchard：Mergers and Linkages in British Higher Education [J]. Higher Education Quarterly，1993，47（2）.

② Eastman，Julia，and Daniel Lang . Mergers in Higher Education：Lessons from Theory and Experience [M]. Toronto：University of Toronto Press，2001：4.

围，我们将这种模式的合并称之为 ABC 模式。

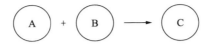

图 2 - 1　ABC 合并模式

（2）收购，指的是一个组织吸收了另一个组织而本身没有受到实质性影响，即组织 A 把组织 B 吸收，组织 A 成为唯一法律继任者，组织 B 解散，我们将这种模式的合并称为 ABA_1 模式。

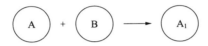

图 2 - 2　ABA_1 合并模式

二、大学合并

大学合并是最近几年出现频率很高的一个词汇，几乎所有的人都把它当做一个成熟的、既定的概念来使用。

在高等教育研究的文献上，国内外的学者谈及大学合并时则有不同的理解。Harman 对大学合并的定义为：（高等教育）院校的合并是指两所或者两所以上分立的院校整合起来，放弃各自在法律上和文化上独立的身份，采用新的共同的身份，受到单一管理单位的治理。所有先前机构的财产、债务、责任以及人事，都转移到新的单一机构。他提出两种分类标准，一是自愿与非自愿的整并，二是跨范围（cross-sector）与范围内（intra-sector）的整并。原有院校的所有资产、债务和责任，包括人员，均转给此新院校[1]。Lang[2] 则认为，Harman 的这个定义是以澳大利亚的合并为背景的，这里的公立高等教育机构占绝大多数，政府的主控权力比较大，在是否合并的决定上，高等教育机构大多数别无选择。[3]

Lang 从高等教育机构的需求（necessity）出发，将高等教育之间的合

---

① Kay Harman. Merging divergent campus cultures into coherent educational communities: Challenges for higher education leaders [J]. Higher Education, 2002, 44 (1): 94.

② Lang, D. W. A Lexicon of Inter-institutional Cooperation [J]. Higher Education, 2002, 44 (1): 153 -183.

③ 关于澳大利亚的大学合并情况，本书第四章中有详细的介绍。

作分成具有连续光谱性质的八种类型，分别是专业关闭（program closure）、责任中心财政（responsibility center budgeting，RCB）、契约管理（management by contract）、联盟（consortia）、邦联（federation）、附属（affiliation）、责任中心财政式合并（merger with RCB）、合并（merger）。在提出这些复杂的合作类型之后，又将大学系统根据自主性分成四大类，分别是放任自由自主（laissez faire autonomy），合作自主（cooperative autonomy）、地方性的大学系统（provincial university system）、政府协调（government coordination）。前两者的主控权在机构，后两者的主控权在政府。①

台湾学者戴晓霞在论及高等教育的合并类型时，将大学合并分为联盟（consortium）、附属（affiliation）、邦联（confederation/federation）、合并（consolidation/amalgation）、兼并/购并（merger/acquisition）几类②。这一分类基本上涵盖了多种高等教育机构之间的联系方式。

Harman & Harman 于 2003 年进一步将高等教育的合作方式（collaboration）分成三类，分别是合作（cooperation），协调（coordination）与合并（merger），其中合并又分为联邦式合并（merger with federal structure）和单一的合并（merger with unitary structure）③。联邦式合并指原来的各个机构仍享有各自的权利和责任，并由一个中心单位负责一些共同的、沟通协调性质的工作，这种合并模式因为保存原机构的部分自主性，所以也较受欢迎。不过由另一个角度来看，联合式的合并在行政理性（administrative rationalization）方面因为各单位各行其是，较难有重大突破，Harman 举了澳大利亚的例子，指出这种合并模式最终也容易解体；单一的合并则是指原先参与合并的机构消失，设立新的单一的中央执行单位与管理结构，这也是在澳大利亚较为流行的模式。

通过分析以上这些定义可以看出，就国际范围而言，首先，大学的合并既可以是不同高等教育机构间的联合，也可以是原机构消失、组建新机构；其次，合并的途径可以很多，比如机构间的合作、联盟或资源共享

---

① Lang, D. W. A lexicon of Inter-institutional Cooperation [J]. Higher Education, 2002, 44 (1): 153 – 183.

② 戴晓霞. 高等教育整并之模式与经验 [EB/OL]. [2010 – 01 – 07]. http: // www. cc. nctu. edu. tw/ ~ sect/ new _ download/ attach1. ppt.

③ Harman, G. & Harman, K. Institutional Mergers in Higher Education: Lessons from International Experience [J]. Tertiary Education and Management, 2003 (9): 29 – 44.

等；再次，就主动性来言，合并可以是自愿的，也有可能是被迫的，前者
通常出于机构的需求，后者则是政府政策干扰；最后，就合并的参与者来
说，可以是同性质机构的合并，如农业大学和农业大学的合并，也可以是
不同性质机构的合并，如工业大学与商业大学的整并。

　　本研究主要关注的是在中国大陆地区的具有公立性质的大学之间发生
的合并。就其一般含义而言，大学合并就是指导致两个或者两个以上的各
自独立的大学被一所新的大学取代或者合并成为一个新的大学的行为。参
与合并的大学是平等的，无论更名与否，原有的法人资格将被取消。大致
分为两种形式：（1）合并的大学中，其中一方的主体性消失，被并入另外
一个大学（即前文所介绍的 ABA$_1$ 模式）；（2）合并的大学中，两方或者
多方的主体性同时消失，整合而成一个新的大学（即前文所介绍的 ABC 模
式）。

第二节　大学合并的动因

　　在过去的半个多世纪，大学合并的浪潮席卷了全球各地，很多国家和
地区都发生了规模或大或小的高校合并。据保守估计，在过去的三十多年
里，世界上 15 个国家有超过 200 多所学校合并。①

一、对大学合并动因的不同看法

　　导致各高校合并的具体原因千差万别，更有不少学者在这方面做过研
究，John D. Millet 研究了十个大学合并案例，认为高校合并的目的不外乎
这样几个②：
　　（1）为了完成之前由私立学校承担的社区责任而寻求支持；
　　（2）提高学校的学术质量；
　　（3）使一些附属的高等教育机构能够更加经济的运转和统一管理；
　　（4）解决财政困难，清偿债务；

---

　　①　Kay Harman and V. LynnMeek. Introduction to special issue："merger revisited：international per-
spectives on mergers in higher education"［J］. Higher Education，2002，44：1.
　　②　Millet，John D. mergers in higher education . an analysis of ten case studies ［M］. Washington
DC：Academy for Educationed Development，1976：53.

（5）使得一些经营困难的学校得以保存下来。

Harman 和 Meek① 认为导致大学合并的因素虽然多，但最重要的有五个②：

（1）提高大学的效率与效益，特别是通过快速增长的学生数来提高效率和效益；

（2）处理即将倒闭的机构或机构的一部分；

（3）扩大招生，实施更大范围的公平策略；

（4）提供不同的课程，以满足学生的多样化需要，提高毕业生的质量；

（5）提高政府对高等教育机构的管理水平，保证高等教育为地区和国家的经济服务。

John Niland AC 教授认为，高校合并的动因不外乎是出于对这样一些问题的考虑③：

（1）提升机构的外部形象，包括国内的地位与国际声誉；

（2）解决一些无法继续存在下去的高等教育机构的生存问题；

（3）提供更多样化的课程以迎合越来越具多样性的学生群体的需求，并提供更加全面的课程；

（4）缓解在同一个地区具有相似区域声誉的学校之间为争夺生源和研究基金而产生的竞争；

（5）合并还常常与政府的高等教育发展目标与战略有关，是政府促进高等教育更好的为经济和社会发展服务的一种举措；

（6）提高大学运转的效率和效益，在大学入学人数快速增长的时期尤其如此；

（7）增强学校实力，以在合格员工和学校水平的竞争中取胜；

（8）通过达到规模经济，更好地利用学校的人力资源，减少浪费；

（9）更好地利用物力资源，包括使一些固定资产得到充分利用，实现规模效益；

（10）当合并双方在学科上协调互补的地区，合并能够带来战略上的

---

① Harman, K. &V. L. Meek. Introduction to Special Issue："merger revisited：international perspectives on mergers in higher Education"［J］. Higher Education, 2002, 44：1-4.

② Kay Harman and V. Lynn Meek. Introduction to special issue："merger revisited：international perspectives on mergers in higher education"［J］. Higher Education, 2002, 44：1.

③ John Niland AC. Hong Kong Higher Education Integration Matters［EB/OL］.［2010-01-07］. http：//www. ugc. edu. hk/eng/doc/ugc/publication/report/report_ interration_ matters_ e. pdf. 的

优势；

（11）在科研上达到更大的一致性，以增强获取科研经费的实力；

（12）增强创造新的多学科领域的能力；

（13）合并可能产生更多的课程项目，吸引更多的学生入学，从而改善学校的经济状况。

由上述分析可知，合并在提升大学的学术质量、办学效益、学术声誉等方面都可能会产生一些积极的效果，政府常常会出于各种考虑积极地引导甚至强迫高校进行合并。从近几十年来高等教育的合并来看，除了美国一些私立学校的合并是因为经营不善，或者负债累累或者招生不足以致难以为继，不得不转让给其他学校的"破产保释并购"（bankruptcy-bailout mergers）之外，各国的大学合并个案都是以公立院校为主，且主要由政府主导，其目的在于回应社会和经济对高等教育的需求①。这些来自高等教育所处的社会和经济环境的需求，是推动高等教育合并的外部压力，也是大学合并的主要动力。

二、政府推动大学合并的动力

在世界各国的高校合并事务中，特别是公立学校的合并中，我们可以清楚地看到政府的作用，有时候，政府是合并的主导力量，而参与合并的大学或学院是非自愿参与合并的。政府或者通过制定拨款政策来引导高校合并，如澳大利亚高校合并中政府的角色，或者通过行政命令促使高校合并，如我国的高校合并。政府积极推动高校合并主要是出于以下考虑。

1. 节约高等教育经费，提高经费使用效益

很多高校合并都是在政府削减高等教育开支的情况下发生的，在那些高等教育经费原本是由政府负担的国家，政府由于需要补助的学校数量增多而颇感吃不消，减少高等教育机构数目，追求公共服务管理的绩效在经济萧条时刻就变成一个合理的出路②，合并使得院校能够共享现有的资源，避免重复建设和重复购置，节约有限的高等教育经费。例如，澳大利亚高等教育机构的合并，一部分原因就是受到了国家经济不景气的冲击，政府

---

① 戴晓霞. 高等教育整并之国际比较 [J]. 教育研究集刊, 2003, 49 (2): 146.

② Meek, V. L. The Transformation of Australian Higher Education from Binary to Unitary System [J]. Higher Education, 1991, 21: 461-494.

不得不要求公立高等教育机构表现得更有效率，希望这些机构形成开放的学术市场，在竞争中求效率，督促学术机构能多注意机构管理的问题，并担负起公共绩效责任。①

合并可以优化高等教育资源配置，使得高等教育中现有的资源得到更加充分和适当的使用，在政府减少投入的情况下保持甚至提高高等教育的质量。这种看法出自经济学上的规模经济的考虑，对于一些规模过小的高等教育机构，在经营上并不符合效率，所以通过合并的方式可以减少重复性、扩大服务对象、减少单位成本②。以英国为例，在 20 世纪 60 年代以后多元技术学院快速扩张，然而碰上 70 年代的经济萧条，不少进行中的技术学院无法继续扩张，形成许多小规模的学校，成本不足导致这些不符合规模经济的学校就成为合并的对象。就学人口的波动也会影响规模经济，就学人口的减少使得高等教育机构就学人数减少，间接影响各高等教育机构的规模经济，造成改革的必要性。③

2. 提高高等教育质量

"规模能够产生质量"可谓是这一合并动力背后的信念，政府相信合并之后较大的学校规模可以产生较好的研究团队以及较为多元的课程内容，提升组织的学术形象和市场竞争力，提高大学在国际或国内的排名④。20 世纪 70 年代以来，人类社会发展进入了知识经济时代，高等教育在知识的生产、传播和人才培养上又处在主导地位。培养高素质人才与促进社会经济发展的高校，在未来社会的发展中将承担起非常重要的角色。在此背景下，政府要求高等教育质量提高的要求变得十分迫切。院校合并能够在比较短的时间内产生一些规模大、实力强的在国际上可能产生更大影响的院校，减少那些规模小、效益差的学校数量，这些变化对政府来说都是非常有吸引力的。

---

① Meek, V. L. The Transformation of Australian Higher Education from Binary to Unitary System [J]. Higher Education, 1991, 21: 461 - 494.

② Harman, K. &V. L. Meek. Introduction to Special Issue: "merger revisited: international perspectives on mergers in higher education" [J]. Higher Education, 2002, 44: 1 - 4.

③ Rosalind M. O. Pritchard. Mergers and Linkages in British Higher Education [J]. Higher Education Quarterly, 1993, 47 (2).

④ Martin J. Samels, J. E. et. al. Merging Colleges for Mutual Growth [M]. Baltimore: The John Hopkins University Press, 1994: 209 - 226.

3. 密切联系政府的高等教育发展战略

国家高等教育政策的改变也可能促成整并，例如，在澳大利亚以及一些欧洲国家之所以发生高等教育机构间的合并，其中的一个重要理由就是政府希望改变高等教育的结构①。这种结构的转变和对高等教育经营效率与卓越的追求固然密切相关，但合并的方向也与政府的高等教育政策有关，例如，政府与公立高等教育机构之间的关系（含补助方式）、高等教育机构的结构调整，等等。比如，在澳大利亚和英国，政府对高等教育机构与政府之间关系的态度有所转变，过去是给予经费补助但是不加干涉，现在则是不强调学术自主，转而强调绩效，政府基于绩效的考虑而影响大学的运作，这种集权化的现象和过去对学术自由的强调截然不同②。政府加大了对高等教育机构的控制，从而保证高等教育机构能够服务于国家和地方的经济与社会目标，或能够通过扩大升学而作为国家教育公平战略的一部分。③

除此之外，合并也可能是因为政府希望重新调整高等教育结构，例如，澳大利亚的合并是为了废除高等教育中的双轨制，将进修学院透过整并（笔者注：通过合并）全面提升为大学④；而在挪威推动合并的理由之一则是要维持国家高等教育的双轨系统，打消两所学院一直想要升格为大学的目标⑤。我国高校合并政策与我国高等教育管理体制改革的方向相一致，1992 年全国普通高等教育工作会议就提出了要打破条块分割的高校管理体制，实现中央与地方共建，高等教育要"合理布局，优化结构，提高教育质量和办学效益"。《关于加快改革和积极发展普通高等教育的意见》中提出高等教育管理体制的改革方向是，逐步实行中央与省（自治区、直辖市）两级管理、两级负责为主的管理体制。其后我国大规模的院校合并与调整都与国家的这一政策有关。⑥

---

① Meek，V. L. The Transformation of Australian Higher Education from Binary to Unitary System［J］. Higher Education，1991，21：461 –494.

② Martin J. ，Samels，J. E. et. al. Merging Colleges for Mutual Growth ［M］. Baltimore：The John Hopkins University Press，1994：209 –226.

③ Harman，K. &V. L. Meek. Introduction to Special Issue："merger revisited：international perspectives on mergers in higher education"［J］. Higher Education，2002，44：1 –4.

④ Harman，K. &V. L. Meek. Introduction to Special Issue："merger revisited：international perspectives on mergers in higher education"［J］. Higher Education，2002，44：1 –4.

⑤ Kyvick，S. The Merger of Non-University Colleges in Norway，Higher Education，2002，44：53 –72.

⑥ 关于我国 20 世纪 90 年代以来的这场大学合并改革的背景、政策过程和动因分析等，在本书第三章中有详细阐述。

三、大学自身产生合并意向的原因

从国内外高校合并的实践来看，除了政府方面的原因，高校本身也会出于一些考虑而选择与其他院校合并。如前所述，合并的确能够为高校带来一些实际的好处：比如声誉的提升，办学条件的改善，学生人数的增加，办学实力和发展潜力的提升。Rowley 列举了一些成功的大学合并经验，当中不乏在合并后带来具体的好处：（1）合并有助整体学术的水平提升；（2）合并有助改善规模较小的学校的学术质量；（3）合并促进了学校文化的融合与更新，引进较具动力的办学新文化（dynamicmix of culture）；（4）合并有助于学者之间的合作及提升学者的专业水平；（5）合并可以改善大学的理治（governance）及管理。①

促使高校本身产生合并意向的原因虽多，但是可以简单地概括为两个：一个是生存，一个是发展。随着高等教育体系中越来越多地引入市场机制，那些规模小，学术水平低，办学效益差的院校竞争中处于不利地位，甚至面临关闭的危险，在这种情况下，这些院校会考虑与其他院校合并，获得生存的机会；在激烈的竞争中，一些学术水平高、规模大、声誉好的院校同样面临着发展的问题，来自同类院校的竞争压力使得高校自身也要谋求更大的发展空间。如前所述，高校合并能够为高校带来竞争优势，增加学校发展的后劲，因此，高校出于对本身生存和发展的考虑，也会产生合并意向。另外，当政府为鼓励院校合并而提供各种优惠条件时，比如政策上的倾斜，专拨经费，学位审批上的优惠等，高校出于享受各种合并优惠政策的动机，也会选择实施合并。②

第三节 大学合并的目标与形成机理

前面详细分析了"什么是大学合并（大学合并的内涵）"以及"什么会导致大学合并"（大学合并的动因），那么大学合并最终要实现的理想目标是什么呢，实现这一目标的内在机理又是怎样，当我们清理大学合并的

① Rowley, G. Mergers in Higher Education: A Strategic Analysis [J]. Higher Education Quarterly, 1997, 51 (3): 251－263.
② 刘继荣. 高等学校合并重组的理论与实证研究 [D]. 杭州：浙江大学，2003.

基本内涵时，这两个问题也是不能回避的，这同时也构成了对大学合并的政策、合并后的整合管理以及大学合并效益分析的共同基础。

一、大学合并的目标

大学合并的目标，实际上就是大学合并后要达到的理想效果是什么，这与大学合并的动因是既有联系又有区别的。二者的联系在于，驱使大学合并发生的动因，往往是对特定目标的追求，即大学合并的部分目标本身就可以构成合并发生的动因，例如大学中各种资源的合理配置、规模效益的实现等；但大学合并作为高等教育系统内部发生的一次深刻变革，其发生与发展都要遵循高等教育自身的发展规律，因此大学合并的最终目标必须要归结到大学自身的发展，即大学自身核心能力的构筑与培育，而由政府、企业乃至个人对大学合并一些成效的追求以及由于经费压力所带来的合并，虽是大学合并发生的动因，但并不是大学合并的目标所在。

有关企业的研究表明，企业的发展壮大可以通过两种途径，一是依靠内部积累资源稳打稳扎，一是通过吸收外部资源跳跃式前进。在垄断组织产生以前，第一种途径几乎是唯一的选择，而当垄断组织出现以后，第二种方式，即通过兼并与收购（简称并购）的方式实现企业扩张已成为许多企业成功的不二法则。企业研究中相关的理论和实践都表明并购是企业形成、提升核心能力的捷径，而企业有意识地运用核心能力来展开并购活动是实现并购成功的有效途径。对于大学组织而言，大学的核心能力和合并行为之间是一种互动关系，这种互动关系可以从合并行为对大学核心能力的作用，以及核心能力对大学合并行为的发生和成功的促进两个方面来讨论。一方面，对于参与合并的大学来说，它们可以通过获取对方独特的知识、资源和技能，甚至核心能力来强化和建立自己的核心能力，并实现核心能力的扩展；另一方面，对于大学合并行为来说，由于合并行为的发生是需要巨大的交易成本的，不同大学的合并，如果能够使各自原有的核心能力得以巩固，同时由于获取了外部资源和知识，使得原有核心能力得以强化，这便可以为合并行为的成功提供内在保证。因此，从战略目标的角度来讲，大学合并可以实现以下目标。

（1）获取核心能力。对于并不具备核心能力或者核心能力已经丧失的大学来说，可以通过与其他大学合并来获取其他大学已经形成的核心能力。这种形式更多地发生在 ABA_1 模式的大学合并中，对于 B 大学来说，为了求得自身的生存，可以选择被并入 A 大学中，最终获取 A 大学的部分核心能力；

（2）完善核心能力。对于已经具有一定基础并且向高级阶段发展的大学来说，通过合并可以增强大学组织内核心要素系统之间的互补优势，完善自身已有的核心能力；

（3）保护核心能力。对于那些自身发展较为完善，具有一定竞争实力的大学来说，通过合并，首要的目标就是可以获得互补性的知识和能力，使其与组织自身各种资源相结合，提高核心能力的外层保护能力；

（4）拓展核心能力。对于已经具有成熟核心能力的大学来说，通过合并可以在保护已有核心能力的基础上，将核心能力在两个参与合并的大学之间通过知识的转移而实现扩散和拓展，发挥出规模效应，创造出更大的价值。

二、大学合并的形成机理

由前可知，大学核心能力的获取、保护、完善或拓展是大学合并的目标，而经由合并来实现上述目标，其内在的发生机理如下。

1. 在合理定位的基础上，制订合并发生的战略计划

高等教育的结构是复杂的，学校在发展的过程中要从这一复杂结构的不同方面选择自己的坐标。首先要分析自身的现实条件和基础；在此基础上准确分析和预测区域、行业发展的要求和变化趋势，分析自己需要干什么。根据自身已有的现实条件和区域、行业经济发展的要求，对学科建设、科研能力、人才培养、师资建设等分别进行定位分析。对于即将合并的高校而言，无论是通过合并形成新的学校，还是一所学校兼并另一所（或几所）学校，对自身定位的分析都是首先需要明确的，借由定位分析可以确定自身将来核心能力培育的方向或者战略目标，还需要对参与合并的大学的现实条件进行分析，选择合适的合并对象，从而制定学校的合并战略规划。这一过程的实现一方面取决于大学自身的发展规划，另一方面，就我国高度教育管理体制的发展情况来看，还取决于政府的政策。

2. 通过合并，获取资源

要实现战略规划确定的目标和特色优势的重点、难点和新的生长点，就要确保有尽可能充足的资源，对于任何高校而言，如场地、校舍、图书、

师资、学科、资金等办学资源都是非常宝贵并且经常处于相对稀缺状态的。面对日趋激烈的竞争环境，高校能否获取有效资源，不仅是其办学的条件和基础，也是培育和形成核心能力的支撑和载体。客观地讲，通过合并能够实现办学资源的扩张，这无论是对于合并新建的高校还是兼并重组的高校来讲都是培育大学核心能力所必需的。这里的资源主要包括以下三类。

（1）人力资源。突出地表现在是否具有优质的师资资源和与学校发展定位相匹配的良好的师资结构；以及是否具有良好的、持续进步的生源。

（2）财力和物力资源。这也是高等教育机构办学的一个刚性约束条件。①

（3）品牌声誉等无形资源。不同的办学历史、不同层次的高校形成的品牌声誉资源相差很大，实际上，借由品牌声誉能够为高校带来更多的财力支持、合作共享、专项资金、社会捐赠以及优秀的师资和生源。

大学合并的过程和模式，实际上就是获取资源的过程，不同的结合模式与运行模式，会导致不同类型、不同程度的资源获取。

3. 合并之后的整合管理

与企业并购后的整合管理相类似，对于高等教育机构而言，大学合并后的整合管理相应地也需要注意以下几点。

（1）合并以及合并后的整合都是为了大学自身竞争优势培养或核心能力培育服务的，不是仅仅为了合并而合并、为了整合而整合；

（2）整合管理实际上是借由合并获取资源的延续以及战略目标意图的实现，如果把合并后的整合管理与合并前的战略目标隔离开，就会导致目标和手段的割裂；

（3）大学的核心能力是渗透在大学的学术性能力系统、信念性能力系统和组织性能力系统等全部子系统的内容中的，必须从系统的视角全方位构筑合并后的整合管理思路。②

4. 合并之后要培育特色，明确发展定位

大学的特色是指大学在独特的办学理念指导下，根据国家（或某一区域）、行业经济社会发展对人才、科技、服务需求的多样性和教育资源配置的差异性，以及办学选择的创造性，经过长期培育、积累、丰富和优化，自觉追求而形成的那些有利于自身生存和发展、符合教育规律、适应

---

① 朱明. 地方高校核心竞争力 [M]. 北京：中国大百科全书出版社，2005：138.

② 魏江. 基于核心能力的企业购并后整合管理 [J]. 科学管理研究，2002，(1).

社会与经济需要的某一方面特别优于其他方面，也特别优于其他高校、被社会感知、社会公认的个性特征或独特品质。① 培育特色的过程，就是构建优势的过程；特色显现的过程，就是优势形成的过程。以地方合并高校为例，大学合并后的发展定位，就是根据高等教育系统及其在特定条件下所具有的功能要求，确定一所或一类高等学校在高等教育系统中的合适位置。② 简单讲，是高等学校对"建设一所什么样的大学"和"怎样建设这样的大学"所进行的目标设定和蓝图设计。要坚守办学理念和办学定位，从地方合并高校的角度看，重要的是对区域发展现状以及市场需求进行全面的调研，获悉市场需要什么样的人才，需要什么规格的人才，需要哪些方面的科研支持，然后再摸清自身家底，根据这些需求和需要，学校能做些什么，怎样做才能更好的满足这些需要，只有这样，学校才能在激烈的竞争中找到生存和发展的空间。

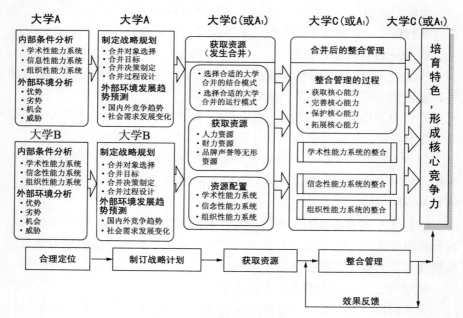

图 2 - 3 大学合并发生的内在机理

① 该定义根据朱明对"地方高校的办学特色"的定义，略有修改。参见：朱明. 地方高校核心竞争力 [M]. 北京：中国大百科全书出版社，2005：143.
② 朗群秀. 地方高校发展定位的理论与实践思考 [J]. 中国高等教育，2006 (12)：49 - 50.

通过大学合并的方式获取外部资源；在大学内部，经过各类资源的重组后最终的效果如何，是否真正实现了大学合并的目标（对大学核心能力的获取、完善、强化或拓展），这同时也是对大学合并效果的评价与检验，而这样的评价与检验也并不是要在大学合并后立刻进行的，需要经过一定的时间延迟。

高等教育"变化的阻力和变化的动力都越来越产生于系统的内部"①，高等教育系统的内部机制"在很大程度上决定了什么样的潮流和需求有效"，也制约着"学校和外界相互作用的方式"②。所以，来自高等教育系统之外的外部影响或期望，只有成为高教系统的"工作结构、信念体系和权力分配的不可动摇的一部分"时，它才会是有效的，否则将"逐渐式微，最后以失败告终"③，基于此，当我们分析大学合并以及合并后的整合管理的内在发生机理时，一方面，我们借鉴伯顿克拉克教授的思路，遵循高等教育系统的内在发展规律，以"知识"作为分析的逻辑起点，关注大学各个系统中知识的流动以及知识载体的组织方式；另一方面，我们更多地需要关注的是大学的内部机制，在后面章节中对合并后整合管理中存在的问题以及合并效应的分析中，均可以看出，合并后新组建的内部运行机制是我们需要关注的重点，是解决各项问题、将来自高等教育系统之外（政府、市场、社会等）的期望或影响成功地转向大学内部的突破点。

---

① 伯顿·R. 克拉克. 高等教育系统——学术组织的跨国研究［M］. 王承绪，等，译. 杭州：杭州大学出版社，1994：204.

② 同①，第207页。

③ 同①，第263页。

第三章
我国 20 世纪 90 年代
以来的大学合并的政策分析

　　20 世纪 90 年代以来的大学合并是我国高教体制的一次革新，这一场高等教育体制改革的发起和实施无疑是一次重大的决策。实际上，这次大学合并仍然是一场自上而下的改革，在很大程度上是政府决策，从《中国教育改革发展纲要》，到党的十四大、十五大报告，以及全国人民代表大会的政府工作报告等，一系列关于教育改革的方针、政策、法律、文件都对这一进程产生着决定性作用。伴随着大学合并的不断深入推进，一些新的矛盾和问题逐渐产生，为此我们需要重新审视这次大学合并产生的背景，从政策的角度和层面开展研究。实际上，"高等教育政策并不是一个静态的现象——它和社会一样是动态的，高等教育乃是社会的一部分。因此，任何分析政策的尝试，充其量提供在一个特定时间的一个适合的图景中。在撰写分析的最后报告和出版这个报告之间的时间差内，政策可能改变，新的政策可能已经引进。"① 基于这样的认识，在大学合并的浪潮已经日渐消退的今天，我们既需要对我国大学合并的背景、历史沿革和政策过程等从政策学的角度进行综合分析，探讨政策形成机制和过程，分析宏观的政策对合并的影响，研究其决策的深层内在机制，更需要反思目前大学合并的政策并提出相应的政策建议。

---

　　① 弗兰斯·F. 范富格特. 国际高等教育政策比较研究［M］. 王承绪，译. 杭州：浙江教育出版社，2001，译者前言：3.

第一节 我国大学合并的历史考察

从中国高等教育诞生之日起，在时代的发展背景中，顺应外部政治、经济环境的不断变化，高等教育体制改革一直以各种形式进行着，延续百年，变化不断。

一、1950 年以前的大学合并

1. 20 世纪早期的大学合并

20 世纪早期，大学合并的方向是由单科专门学校向综合性大学，逐步扩大规模；学校隶属关系逐步上移，由私立到官办，由省属到国立，由部门所属到中央管理；合并完全由政府力量推动。典型的合并事件如下。

河海工程专门学校（华东水利学院前身，1985 年，恢复河海大学校名）原为北洋政府全国水利局所辖，1924 年夏，东南大学工科并入该校，学校更名为河海工科大学，仍隶属全国水利局，茅以升任校长。1927 年南京国民政府成立后，该学校并入中央大学土木系。[①]

1912 年，山东大学堂裁撤，分为相继成立的工业、农业、矿业、商业、政法、医学六个专门学校。1926 年，奉系军阀张宗昌在山东任职时，于当年六月将上述六个学校合并，成立省立山东大学。1929 年，山东大学接收了原私立青岛大学，1932 年，正式更名为国立山东大学。

1926 年 2 月，湖南省政府成立湖南大学，由湖南省立工业专门学校、湖南省立法政专门学校和湖南省立专科学校三校合并而成。

1922 年，河南省政府教育厅筹办中州大学，1927 年，北伐军抵达河南，将河南省立法政、农业两所专门学校并入中州大学，更名为国立开封中山大学，1930 年，更名为省立河南大学，1942 年，改组为国立大学。[②]

1923 年，孙中山重返广州，建立大元帅府，任命国立广东高等师范学校校长邹鲁筹办国立广东大学。邹鲁分别将广东高师改建为广东大学文、理学院，将省立法科大学改为广东大学法学院，将农业专门学校改为广东

---

① 刘晓群. 河海大学校史 [M]. 南京：河海大学出版社，1990：2 - 4.

② 金以林. 近代中国大学研究：1895—1949 [M]. 北京：中央文献出版社，2000：60 - 62.

大学农学院。1924年9月,广东大学正式开学。1925年,广东省立医科大学并入广东大学,改称为广东大学医学院。

2. 蔡元培的办学理念与《大学组织法》推动的院校合并

1917年9月,北洋政府颁布《教育部修正大学令》,其中规定"大学分七科……设两科以上者得称为大学,如仅设一科者称为某科大学"。这一设置规定引起了争议,可以看做是最早关于单科院校和综合性大学的争论。当时部分人认为单科院校更能适应高等教育发展的需求。对此,蔡元培提出"学为学理,术为应用"①,认为大学应该文理兼备,主张通识教育。

1927年,国民政府接受蔡元培建议,实行大学院和大学区制,将各省的大专院校进行合并。大学院和大学区制贯彻了教育机构学术化和学者管理教育行政的精神。它作为对旧制度改革的一种尝试和探索,有一定的积极意义和借鉴之处,特别是它拥有相对独立于各级政府的立法权和决策权,是对近代官僚体制的冲击。

1928年11月,国民政府取消大学院,设教育部。1929年暑假后,大学区制停止试行。主要原因有:宁汉合流,统一财政,地方反对;各个大学的强烈反对;教育经费短缺,教育界内部派系纷争。②

1929年7月,颁布《大学组织法》后,国民政府相继裁减合并了一批公私立高等院校。目的在于控制大学数量,提高教学质量。1930年3月,教育部将国立成都大学、成都师范大学和省立四川大学合并为国立四川大学。

此次大学合并的主要特点有:(1)合并的目的在于加强学校综合性与强化学校自治力量;(2)依然由政府推动,但政府力量体现出有限性;(3)开始进行立法,呈现法制化倾向。

3. 抗日战争中的院校合并

抗日战争爆发后,大片国土沦陷,失陷地区的高校遭到破坏,被迫内迁。内迁后,部分高校进行了合并。

1937年9月10日,教育部以第16696号令正式宣布在长沙和西安两地设立临时大学。长沙方面由北京大学、清华大学、南开大学三校联合组

① 蔡元培. 在爱丁堡中国学生会及学术研究会欢迎会演说辞[M]//蔡元培. 蔡元培教育文选. 北京:人民教育出版社,1980:135.
② 金以林. 近代中国大学研究:1895—1949[M]. 北京:中央文献出版社,2000:170.

成。11月1日，长沙临时大学开课，不久又迁往昆明。1938年4月，国立长沙临时大学改名为国立西南联合大学。1946年，西南联大回迁。西南联大前后共计八年时间，在战争时期极其艰苦的历史条件下，为国家培养了一代学术大师和社会精英，创造了世界高教史上的奇迹。西南联大合并的成功，最为关键的因素是三所高校在目标和思想上的一致，三校师生怀有共同的抗日救国的信念，同时具有共同的内在办学思想和教育理念，即"通才教育""兼容并包""大师为重"。

西安临时大学由北平大学、北平师范大学、北洋工学院三校组成，1937年11月15日正式开学。1938年4月，迁往兰州，成立国立西北联合大学。因人员不团结，学校始终无法整合运作，1938年7月，一分为五。流落至后方的山东大学因师生不足，财产损失殆尽，暂时并入中央大学。

此次合并发生于外敌入侵的特殊历史时期，合并是为了保存学校的基本力量，在合并过程中，院校理念的一致对合并成功与否至关重要。

4. 解放区的高校合并

中国共产党自诞生之日起，就重视教育，致力于发展各种形式的教育，包括高等教育。在抗战时期的解放区，毛泽东提出了完整的新民主主义文化教育思想，即发展民族的、科学的、大众的文化教育。在这一思想的指引下，随着解放区经济、政治的发展，高等教育也进行了大规模的调整与合并。

1939年7月，党中央决定由陕北公学和延安鲁迅艺术文学院、安吴堡战时青年训练班、延安工人学校四校的一部分联合在延安成立华北联合大学，成仿吾任校长。

1937年下半年，在陕甘宁边区成立的干部学校的基础上，经过多次的改组与合并而形成延安大学。从1943年4月至1944年5月，鲁迅艺术文学院、自然科学院、民族学院、新文字干部学校和行政学院先后并入延安大学，使该校成为一所规模较大的综合性大学。合并前的各个学校多是由于培养干部的需要设置的，但学校数量过多，资源紧张，无力承受，在这种情况下，合并成为必然趋势。该校的目的和任务是"适应抗战与边区建设需要"，培养"政治、经济、文化建设的实际工作干部"。

1948年6月，中共中央决定将河北正定的华北联合大学与河北邯郸的北方大学合并，改名为华北大学，吴玉章任校长。

1949年，解放区的山东省人民政府根据政治、经济、文化建设事业的需要，于1949年7月做出并发布了《关于整顿专科学校的几项具体决定》，其中首要的就是成立与合并学校。通过合并，成立了山东省立工业专科学校、山东省立医学院、山东省立农学院、山东省立会计专科学校，创办了行政学院，改华东大学教育学院为山东省立师范学院。

在这次合并中，学校发展与政治联系紧密，而合并也是出于院校提升和发展的需要。

二、20世纪50年代的大学合并

1. 背景

1949年，中华人民共和国成立后，国家面临的主要任务是巩固新政权和进行大规模的经济建设，这就需要大批的专业人才特别是工业专业人才，而半殖民地半封建的旧中国留下来的是工业人才匮乏。面对这一形势，政务院总理周恩来强调："人才缺乏，已成为我们各项建设中的一个最困难的问题"，"只要建设一开展，每年就需要中专以上的毕业生二十万人"①。为了满足经济建设的需要，教育制度也需要相应地随之改变。正如当时的教育部部长马叙伦在第一次全国教育工作会议上的开幕词中强调指出的："中国的旧教育是帝国主义、封建主义和官僚资本主义统治下的产物，是旧政治旧经济的一种反映，和旧政治旧经济借以持续的一种工具。……代替旧教育的，应该是作为反映新的政治经济的新教育，作为巩固与发展人民民主专政的一种斗争工具的新教育。这种教育是新民主主义的，即民族的、科学的、大众的教育。"②

2. 政策过程

新中国成立初期，工业化是经济建设的主要目标，实现国家工业化的目标需要培养大批专门人才。1949年12月，刚刚成立的中华人民共和国召开了第一次全国教育工作会议，提出了向苏联学习借鉴，20世纪50年代初通过对高等院校大规模的"院系调整"，按照苏联模式建立起了新的高等教育制度。

1952年，中央教育部提出全国高等学校院系调整原则和计划，主要发展工业学院，特别是单科性专门学院。调整的方式是根据苏联的大学模

---

① 周恩来. 周恩来教育文选［M］. 北京：教育科学出版社，1984：31，34.
② 文辉抗，叶健君. 共和国第一任教育部长马叙伦［J］. 资治文摘：2007（6）.

式，取消大学中的学院，或新建专门学院，或合并到已有的同类学院中去，调整出工、农、医、师范、政法、财经等科。调整的原则是：高等学校的内容和形式按大学、专门学院及专科学校三类分别调整充实①。1952年 4 月 16 日，全国工学院调整方案公布。1952 年下半年，全国高等学校进行了大规模的院系调整，一些重要的院系纷纷从综合大学中独立出来，诸如工学院、政法学院、财经学院、农学院、医学院等一些专业院校相继成立。到 1952 年底，全国四分之三的高校都进行了调整。通过合并、取消和新设，高等学校由原来的 211 所变为 201 所，其中包括综合大学及普通大学 21 所，工业院校 43 所，高等师范院校 33 所，农林院校 28 所，医药卫生院校 32 所，财经院校 13 所，政法学院 3 所。②

1952 年 11 月，中央人民政府为了使新高等教育更适合国家计划的需要，单独成立高等教育部，对全国高等教育进行管理。此后，鉴于大规模的、有计划的经济建设已经开始，为使高等学校院系分布进一步趋于合理，人力物力的使用更为集中，各类专门人才的培养目标更为明确，高等教育部于 1953 年继续开展了院系调整工作。经过这次调整，全国高等学校由 201 所减为 182 所，其中综合大学 14 所，高等工业学校 39 所，高等师范学校 31 所，高等农林学校 29 所，高等医药学校 29 所，高等政法学校 4所，高等财经学校 6 所，高等艺术学校 15 所，高等语文学校 8 所，高等体育学校 5 所，少数民族高等学校 2 所。③

1955 年，高等教育部根据国民经济布局的调整，经国务院批准，决定重新调整高等学校的院系、专业的设置和分布，以逐步改变当时高等学校集中于少数大城市的状况。主要将沿海地区的一些高等学校同类专业迁入内地建校，扩大了内地建校的规模，增设了新专业，提高了内地大学的办学能力，同时也改变了高等学校过于集中在少数沿海大城市的状况。至1957 年底，高等院校的院系调整基本结束。此时，全国有 229 所高校，323 种专业，其中工科专业 183 个。

在 20 世纪 50 年代的这一系列合并调整中，大学体制改革着重于改造旧的学校类型，建立起大量的直接为国民经济特别是工业建设服务的单科

① 杨东平. 中国高等教育的苏联模式——关于 1952 年的院系调整 [EB/OL]. (2007 - 09 - 04) [2010 - 02 - 04]. http://www.xschina.org/show.php? id = 10471.

②③ 何东昌. 中华人民共和国重要教育文献 [M]. 海口：海南出版社，1998：150 - 155，281 - 283.

型工科院校，主要是将各综合大学中的工、农、医、师、财、法等系科分离出来，建立起独立的工科、农林、医药、师范、财经、政法等专门学院，综合性大学实际上只剩下文、理两科。院系调整之后，明确了综合大学和专门学院的性质和任务，尤其是加强了工科院校，各类高等院校分工明确，培养了大批各行各业所急需的专业人才，这在当时一定程度上适应了发展的需要。

随着时间的推移，这一政策由于其过度地注重实用性和功利性也导致了对经济发展新的束缚，凸显出一定的弊端，较为突出的是学校的适应面过窄、学校规模过小、专业划分过细、学科门类过于单一、管理体制上条块分割，导致我国有限的教育资源的配置过于分散，低水平的学校重复设置较多，高等教育整体发展水平不高。此外，需要说明的一点是，从前面的史实中我们可以看出，这场合并调整的改革是完全在政府指导下自上而下进行的，所有的政策都由政府出台，并对目的、内容和方法作了详细的规定，体现出政府的主导性，高等教育的发展运行完全在政府的管理下。

新中国成立以后，我国的高教管理体制经历了两度"集中"与"下放"的反复。1949 年到 1956 年，是我国高等教育办学和管理体制的初创时期。与当时高度集中的计划经济体制相适应，国家对高等教育也实行统一集中领导，高等学校由国务院教育行政部门和有关业务部委主要举办和管理。到 1955 年底，全国有高等学校 229 所，基本上均隶属于高教部和中央有关业务部门管理。从 1956 年到 1960 年，高校经历了一次下放和大发展的过程。1956 年 6 月，全国人大一届三次会议认为高校管理集中统一过多，影响地方办学积极性，开始逐步下放。同时，在"大跃进"的社会环境中，各地开始大规模办学，仅三年时间，全国高校就由 229 所猛增到1289 所，不仅超越了国民经济的承受能力，也违反了教育自身发展的规律，教育质量受到了严重影响。1961 年到 1965 年，进入国民经济调整时期。中共中央于 1963 年 5 月颁发了《关于加强高等学校统一领导、分级管理的决定（试行草案）》，明确规定："对高等学校实行统一领导，中央和省、直辖市、自治区两级管理的制度。"到 1965 年，调整后全国共有 434所高校，其中高教部直接管理 34 所，中央业务部门管理 149 所，省、自治区、直辖市管理 251 所。至此，我国高等教育条（中央部门）、块（地方政府）分别办学、分级管理的模式和格局基本形成。

三、20 世纪 90 年代以来的我国高等教育管理体制改革

从 1977 年恢复高考制度以后，我国开始了对高等教育发展新的探索，特别是在党和国家相关政策的影响下，我国高等教育从形式到内容都发生了巨大的变化。1985 年《中共中央关于教育体制改革的决定》和 1993 年《中国教育改革和发展纲要》两个文件的颁布，标志着我国高等教育进入了全面探索与建立社会主义市场体制的新的发展阶段。进入 20 世纪 90 年代后，在高等教育的规模、结构、质量、效益统一协调发展的方针指导下，我国高等教育的办学体制通过"共建共管、合并办学、协作办学、转由地方管理"等形式进行改革和调整，新一轮的大规模高等教育体制改革和院校合并进程就此拉开了序幕，时间前后跨越十余年，波及范围广泛，在后面的内容中会对此过程进行详细论述。

第二节　我国 20 世纪 90 年代以来的大学合并政策分析

一般来说，政策发展过程包括辨认问题、设立政策目标、进行决策和规划、政策的推行以及效果评估等。一般的政策分析焦点都与这个过程有关。参考 Wadid Haddad 和 Terri Demsky 在"教育政策的规划过程——一个应用的框架"[①] 中所提出的政策分析的概念框架和郑燕祥所提出的教育改革政策分析的综合架构[②]，我们从政策制定背景、制定过程、实施过程和政策效果四个方面对我国 20 世纪 90 年代以来的大学合并政策进行分析（分析框架见下表）。具体而言：（1）政策背景及原则分析，主要聚焦于政策背景、政策问题，以及政策目标设定的内在原则分析，包括现存的问题、高校合并政策的理论基础和法律基础；（2）政策制定分析，关注政策目标、策划过程，包括合并政策的制定过程及其特点；（3）政策实施分析，主要是从政策预期阻力、实施的准备以及实施中的制约因素等方面进

---

① 丹·英博，等. 教育政策基础 [M]. 史明洁，等，译. 北京：教育科学出版社，2003：101 – 113.

② 郑燕祥. 教育领导与改革新范式 [M]. 上海：上海教育出版社，2005：93 – 94.

行分析；（4）政策效果分析，以深度、广度和层次三个维度来分析变革的效果，以及合并所带来的负面问题。

表3-1　高校合并综合政策分析框架

背景及原则分析	政策制定分析	政策实施分析	政策效果分析
·背景分析（社会层面、学校层面、外来竞争与挑战） ·变革的原则（理论基础） ·法律基础	·我国高校合并政策制定过程中政府行为的必然性与合理性 ·合并决策中的院校力量	·政策阻力预期 ·政策实施准备 ·实施中的制约因素	·合并政策所带来的变革 ·合并中存在的问题与负面效果

一、大学合并的背景及原则分析

随着我国社会主义市场经济体制改革的深入进行，高等教育管理体制上的条块分割、重复设置、效益低下等问题日益突出。1990 年以来，我国政府先后对千所左右的高校进行了合并调整。对这次大学合并的历史背景，可从社会层面、高等院校层面和外来的竞争和挑战三个方面做出分析。

1. 大学合并的背景分析

（1）社会层面的问题。

① 我国高等教育系统管理体制面临深刻变革。我国原有的高教管理体制是新中国成立初期在高度集中的计划经济体制下形成并发展起来的，以苏联的模式为背景，以"分化管理"为指导原则，部委高校、地方高校分属行业部和地方政府管理，是一种国家集中计划、中央政府各部委（俗称"条"）和省级政府（俗称"块"）分别投资办学和直接管理的体制。从管理体制上，高校实际上划为三类：教育部所属；各部委所属；地方政府所属。这一体制与高度集中的计划经济体制相适应，满足了当时国家社会经济发展对专门化人才的需要。但随着社会主义市场经济体制的建立和改革的不断深化，这种体制已经完全不能适应新形势的需要了。

② 知识经济时代培养高素质复合型人才的要求。当今世界，科学技术日新月异，知识经济初见端倪。随着我国加入 WTO，社会对人才素质要求更高了，以往的人才越来越不能适应知识经济条件下的需要，社会对人才

的素质要求将更全面，对高校在人文社会科学、自然科学和工程技术方面实现更高层次综合的要求也将会更高。这使单科院校力不从心，促使单科院校谋求通过合并提高综合实力。

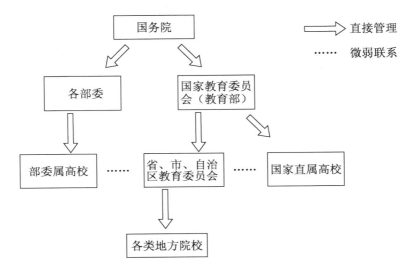

图 3 - 1　改革前的我国高等教育管理体制

③ 经费投入不足。长期以来，我国高校经费的国家投入部分严重不足，现有的教育资源又得不到充分有效的利用，这一问题在今后一个相当长的时间内将仍然存在。随着时代的发展，国家已无法满足高等教育持续发展的需要，投入的严重不足必定阻碍高等教育达到应有的发展规模。在原有的管理体制下，高等教育成了部门经济、产品经济的附属物，投资得不到稳定增长的可靠保证。因此我们应该改革原有的管理体制，以经济学和管理学的基本理论为依据，在探讨多渠道筹措高等教育经费的同时，把那些学科能够互补或规模较小、科类单一、设置重复而又具有一定办学条件的高校合并起来以重组教育资源，充分挖掘高校自身的办学潜力，提高现有资源使用效率，实现由高校合并带来的规模效益，增强我国高等教育的国际竞争力。

④ 国家的政治体制改革。1998 年，《关于国务院机构改革方案的决定》颁布实施之后，国务院部委由原有的 40 个减少为 29 个。原机械工业部、煤炭工业部、冶金工业部、化学工业部、国内贸易部、中国轻工总会、中国纺织总会、国家建筑材料工业局、中国有色金属工业总公司九个部门改组或组建为国家经贸委管理的九个国家局。原属这些部门管理的高

等院校必然面临着隶属关系和服务面向的变更，更面临着经费投入的困境。在国防科工委等军队部门的体制改革中，大量的军事院校也都脱离军队关系，下放地方。

⑤ 企业并购的推动。因为有了企业之间并购的示范效应，才诱发高校之间的合并重组；正是企业之间的并购带来了经济体制的变革，才迫切要求大学进行相应的变革。高校的产生、发展与经济、文化、社会、人口背景等因素有很大关系，高校的合并重组离不开企业并购的推动。

（2）高等院校层面的问题。

① 学校和专业大量重复设置，资源配置不合理。在"条块分割"的布局中，不同部委省市对所属高校各自拨款进行管理，部属院校为部门服务，省属院校为地方服务。封闭办学导致省级政府和中央部门在低水平上重复设置高等学校和专业，造成重复设置、不少学校的规模效益低下，资源配置的不合理现象严重，有限的教育资源的配置过于分散，同时各高校经费来源单一，普遍经费紧张，极大地制约了高校的自身发展。

② 我国高校长期以来的办学效益低下。一直以来，我国教育投入严重不足，特别是经费主渠道即财政性教育经费在国民生产总值中的比重严重偏低。然而相对于教育投入的严重不足，高校资源又大量浪费，规模效益低下[1]，具体表现为：

- 高校规模普遍偏小，据资料统计，1994 年，在全国 1080 所高校中，83.7% 的高校在 4000 人以下。若以生均规模 4000 人为适度规模，该年普通高校生均规模只有 2591 人。

- 生师比偏低。1990 年，普通高校生师比为 5.2∶1，1995 年，增长到 7.3∶1[2]，把研究生、留学生、进修生、夜大生、函授生等其他学生按规定的当量折合为本专科生，则生师比为 8.9∶1。[3]

- 物质资源如实验室等的利用率偏低。以教室的利用率为例，据有关资料反映，原国家教委 1992 年曾对北京的 5 所大学进行全面调查，生均教室面积为 3.78 平方米，有的甚至超过 6 平方米。而美国加利福尼亚州立大学生均占有座位数不足 0.3 个，得克萨斯 A&M 大学生均座位数不足 0.5 个，只有我国的1/5—1/7。此外，地区结构、学科结构、层次结构诸方面

---

① 闵维方. 高等教育规模扩展的形式与办学效益研究 [J]. 教育研究，1990 (10).

②③ 全国教育事业 "九五" 计划和 2010 年发展规划 [EB/OL]. [2010 - 01 - 07]. http：//www. moe. edu. cn/edoas/website 18/99/info5999,htm.

的不合理、低水平重复办学现象严重，使规模效益的形成颇有难度。

③ 学科门类单一，不利于综合化发展。在过去高度集中的计划经济体制下，国家集中力量按部门、行业、产品发展经济，部门和行业直接管理企业和科研机构，对人、财、物资源实行直接管理。与此相配套，部门、行业就按本部门和行业的需要自己办学校、管理学校、培养和分配专门人才，导致这些学校学科门类单一、行业性强，专业适应面狭窄，学科结构不合理，学术氛围差，严重影响和束缚了办学水平与教育质量的提高。例如，哈尔滨工业大学，原为一所基础较好的多学科性综合大学，20 世纪 80 年代初期有 9 个系、29 个专业。自 20 世纪 50 年代开始，该校先后归八个部门领导，平均四年更换一次。多数领导部门的业务面都较窄，这就大大破坏了学校学科专业的完整性和稳定性。与主管部门有关的专业畸形发展；无关的或关系不大的，或被废弃或被闲置；一些边缘学科和基础理论学科则被忽视。①

（3）外来的竞争与挑战。

① 高等教育国际化趋势。目前，高等教育国际化的趋势日益明显。我国加入 WTO 后，欧美等西方国家更加垂涎中国教育市场这块巨型"蛋糕"，越来越多的国外教育机构将"抢滩登陆"我国国内市场。国内把子女送到国外求学的家庭也越来越多，同时，出外留学的高智能人才也大量流失。究其原因，其中重要的一点就是我国教育缺乏能够获得国际公认的质量标准、缺乏世界一流大学和一批世界知名大学、缺乏足够的社会吸引力，就连国内名牌高校的优秀毕业生也通常不愿意选择在国内高校继续深造。因此，建设几所世界一流大学，提高我国高等教育的国际地位和吸引力就势在必行。

② 世界性的高校合并②。大学合并已有相当长的历史，世界上一些著名大学中就有很多是合并的结果。但是一直到 1960 年以后，伴随社会公众对高等教育需求的不断增加，科学技术使得知识发现和传播的方式以及速度产生了革命性的变化，大学之间在争取教职员工、学生、资源以及国际层面上的学术地位方面有了重大的转变，合并才成为各国重组高等教育机

---

① 哈尔滨工业大学学校简介 ［EB/OL］. (2005 - 11 - 12)［2010 - 01 - 06］. http: // www. hit. edu. cn/about/profile. htm.

② 关于世界范围内的大学合并情况，本书第四章有详细介绍。

构的主要措施①。在过去的半个多世纪，高校合并的浪潮席卷了全球各地，英国、德国、荷兰、澳大利亚、挪威、中国（包括台湾地区和香港地区）、匈牙利、法国、比利时、日本、韩国、南非等很多国家和地区都发生了规模或大或小的高校合并，合并成为政府减少大学院校数量，扩大高等教育规模、降低成本，提高学校竞争力和追求学术卓越的重要策略。例如，20世纪80年代的澳大利亚采用合并的方式将高等教育的二元体系改为一元统一的国家教育体系，90年代的挪威将职业取向的社区学院合并成为州立的学院，等等。从合并的程度来看，既有局部性调整，如，挪威98所高等职业教育学院于1994年合并为26所新的州立学院；也有全国范围内的改革，如，澳大利亚全国共有19所大学、46所学院，合并为公立大学36所、私立大学2所以及4所特殊的专门学院。

总之，大学合并已成为引人注目的世界性现象。作为高等教育结构调整的手段，大学合并之所以被世界上许多国家所普遍采用，主要是出于全球化时代大学生存和竞争的需要。通过合并，某些规模小、生源匮乏的院校能重获生机，而那些实力原本较强的院校则如虎添翼、迅速壮大。在这种形势下，通过大学合并来调整布局和增强实力也是我国高等教育应对挑战的必然选择之一。

2. 大学合并的原则

（1）合并的理论基础

① 制度变迁理论。制度变迁是制度的替代、转换与交易的过程，可以把它理解为一种效益更高的制度（"目标模式"）对另一种制度（"起点模式"）的替代过程，同时也可以把它理解为对一种更有效益的制度的产生过程。制度变迁理论是解释当前高教体制改革与结构调整内在驱动力的逻辑起点。新制度学派在解释经济增长与制度结构关系时，把制度变量引入了经济史考察之中。当我国已建立市场经济体制并逐步运用市场机制作为配置资源的基础性手段，且市场化程度越来越高时，高等教育系统一方面仍然保留着原有体制并继续维持其运转；另一方面，高等教育系统由于原有体制的约束，面对市场的呼唤又无力调整以主动适应。

② 规模效益理论。"规模效益"是微观经济学成本理论中的概念，它认为：经济组织或企业只有达到合理的规模，它的效率才会最高，产品成

---

① 戴晓霞. 高等教育整并之国际比较［J］. 教育研究集刊，2003，49（2）：144.

本最低，企业的经济效益最好。反之，规模过小或者过大，都会影响运行效率，增大运行成本，降低经济效益。规模效益理论是进行高等院校合并的重要依据。如果说从制度层面上分析高教体制改革和结构调整是一种宏观角度，且结论是制度与效益有相关性，那么，从规模经济理论分析高教体制改革和结构调整则是一种微观角度。主要分析的重点集中在学校规模效益现象，即在给定的教育资源以及假定教育质量不变的前提下，对学校规模与成本的关系进行考察。

北京大学的闵维方、丁小浩等学者从 20 世纪 80 年代中期开始，分别从多重角度（包括考虑学校类型、不同主管部门、不同地区以及质量因素等）、多个层面（包括考虑学校内部系和专业）对中国高等教育的规模效益进行了深入的理论分析和实证检验。结论表明，中国高等院校具有显著的规模效益现象。在一定范围内，学校规模以及学校内部系和专业规模的扩大有助于带来人力资源和物力资源的节约；在同等的生均占有资源量的条件下，规模的适当扩大可以带来高水平的质量投入。这一系列分析的结论为通过合并挖掘我国高等院校提高规模效益的潜力奠定了科学的实证根基。①

③ 结构功能理论。结构功能理论是研究和指导高教体制和结构调整的基本方法。从结构功能角度研究和分析我国高等教育体制改革与结构调整，应该是对上述从制度变迁与规模效益理论分析体制改革和结构调整的一种方法论的补充。结构决定功能，功能是结构的表现。所谓"结构"是指系统内部的各个部分之间的相互联系、相互作用的方式。功能是指系统受外界环境刺激后，所做出的整体性的反应能力。正因为系统的功能是由其内容的结构形式所决定，因此在高等教育合并办学改革进程中，为保证整体教育功能提高而开展的组织结构、管理结构、学科结构的调整就显得尤为重要了。从提高高等教育功能入手，进行教育结构的调整，将同类型的结构要素进行不同的重组，形成不同的结构方案，从中选出功能最强者，最终实现高等教育办学整体效应的提高，这应该是合并办学正确的健康发展之路。

④ 核心竞争力与战略管理理论。"核心竞争力"是管理学和经济学交叉融合的最新理论成果之一。从长期来看，一个企业竞争优势的建立，应

---

① 闵维方. 高等教育运行机制研究 [M]. 北京：人民教育出版社，2002：301.

立足于向顾客提供为顾客所看重、优于竞争对手且不易被竞争对手所模仿的商品的能力。企业的这种独特能力，由于意在追求顾客的满意度与忠诚度，体现了顾客的价值导向，同时，又难以为竞争对手所模仿，因而，这种能力可以为企业提供持续的竞争优势。虽然"核心竞争力"是作为企业管理的理论提出来的，但实际上，高等教育领域也是一个竞争很激烈的市场，而且随着中国加入 WTO，我国的高等教育行业也会日渐与国际接轨，面临市场化竞争。所以，我国的高等教育事业必须围绕着建构全球化背景下的核心竞争力这一核心目标来进行战略管理，以合并来构建和提升大学自身的核心竞争力。

（2）合并的法律基础

我国高等教育体制改革的思想和导向在一系列法律法规中都得到了体现，高校合并的政策进程做到了有法可依、有章可循。

①《普通高等学校设置暂行条例》。在 1986 年 12 月 15 日发布的《普通高等学校设置暂行条例》中，规定了国家管理高等教育的权责："国家教育委员会应当根据经济建设和社会发展的需要、人才需求的科学预测和办学条件的实际可能，编制全国普通高等教育事业发展规划，调整普通高等教育的结构，妥善地处理发展普通高等教育同发展成人高等教育、中等专业教育和基础教育的关系，合理地确定科类和层次"。"国家教育委员会应当根据学校的人才培养目标、招生及分配面向地区以及现有普通高等学校的分布状况等，统筹规划普通高等学校的布局，并注意在高等教育事业需要加强的省、自治区有计划地设置普通高等学校"。

②《中华人民共和国教育法》。1995 年 9 月 1 日，《中华人民共和国教育法》开始实施，其中规定："国家适应社会主义市场经济发展和社会进步的需要，推进教育改革，促进各级各类教育协调发展，建立和完善终身教育体系"。"高等教育由国务院和省、自治区、直辖市人民政府管理"。

③《中华人民共和国高等教育法》。1998 年 8 月，国家颁布了《中华人民共和国高等教育法》，从该法的规定来看，教育部以外的部委举办高校的地位有被削弱的迹象。该法第七条提出了中国高等教育管理体制改革的任务、目的与要求。该法强调以下三个改革方向：高等教育实行国务院统一领导，国务院和省、自治区、直辖市人民政府两级管理的体制；扩大省级政府对本行政区域内高等教育事业的统筹协调权和省属高等教育事业的管理权；加强国家教育行政部门对高等教育宏观管理的职权，弱化其他

部门管理高等教育的职权。也就是说，该法试图逐步改变中央各部门分管高等学校的体制，通过中央与地方共建，将大部分可以面向地方、主要为地方培养人才的中央部属高校交给地方管理，少量主要为全国培养人才的高校由国务院教育行政部门管理，情况特殊的委托其他中央部门管理。

二、合并政策的制定过程分析

20 世纪 90 年代以来，我国高等教育体制经历了一场长期而又艰难的改革，这场改革以"共建、调整、合并、合作"为指导方针，近千所高等院校通过各种方式进行了合并重组。大体来说，这一次大学合并政策的制定过程可以分为五个阶段：（1）1977 年—1984 年，拨乱反正与恢复阶段；（2）1985 年—1991 年，酝酿阶段；（3）1992 年—1997 年，探索阶段；（4）1998 年—2000 年，全面推进阶段；（5）2001 年至今，完善发展阶段。各个阶段的国家政治体制改革概况、重要的教育会议与决策以及大学合并政策实施的代表性事件如下表所示。

表 3 - 2　1978 年后我国高教体制改革的阶段与进程概览

阶　　段	时　　间	国家政治改革概况	重要教育会议与决策	实施概况（代表性事件）
拨乱反正与恢复阶段	1977 年—1984 年	中国共产党十一届三中全会（1978）	·恢复全国高考（1977） ·第二次全国高等教育工作会议（1983）	
酝酿阶段	1985 年—1991 年	·《中共中央关于经济体制改革的决定》（1984） ·中国共产党第十三次全国代表大会（1987）	·《中共中央关于教育体制改革的决定》（1985） ·第一次全国教育工作会议（1985） ·第三次全国高等教育工作会议（1988）	

续表

阶　段	时　间	国家政治改革概况	重要教育会议与决策	实施概况 （代表性事件）
探索 阶段	1992 年—1997 年	·邓小平同志南巡讲话（1992） ·中国共产党第十四次全国代表大会（1992） ·《中华人民共和国教育法》颁布（1995） ·中共中央、国务院做出《关于加速科学技术进步的决定》，召开全国科学技术大会（1995），提出"科教兴国"战略	·第四次全国高等教育工作会议（1992） ·《关于加快改革和积极发展普通高等教育的意见》（1993） ·《中国教育改革和发展纲要》（1993） ·全国高等教育体制改革座谈会（1994，上海） ·《关于深化高等教育体制改革的若干意见》（1995） ·"一省一部一市"（广东省、机械工业部、上海市）高教管理体制改革经验交流会（1995） ·高教管理体制改革经验交流会（1995，南昌） ·《全国教育事业"九五"计划和2010年发展规划》（1996） ·全国高等教育体制改革座谈会（1996，北戴河）	·在上海、广东、机械工业部进行改革试点（1993） ·扬州大学合并（1992） ·南昌大学合并（1993） ·四川大学合并（1994）

续表

阶　段	时　间	国家政治改革概况	重要教育会议与决策	实施概况（代表性事件）
全面推进阶段	1998 年—2000 年	·中国共产党第十五次全国代表大会（1997） ·第九届全国人民代表大会第一次会议通过《关于国务院机构改革方案的决定》（1998.3） ·国务院《关于调整撤并部门所属学校管理体制的决定》（1998.7） ·国家主席江泽民在庆祝北京大学建校一百周年大会上发表讲话，提出建设世界一流大学的目标（1998.5）	·高等教育管理体制改革座谈会（1998，扬州） ·《中华人民共和国高等教育法》颁布（1998） ·教育部《面向 21 世纪教育振兴行动计划》（1998） ·《中共中央国务院关于深化教育改革　全面推进素质教育的决定》（1999） ·全国高校合并工作座谈会（1999，太原）	·连续三年三大步调整中央部委院校的管理体制，涉及 31 个省、自治区、直辖市，60 多个国务院部门和 900 余所高校 ·浙江大学合并（1998） ·吉林大学合并（2000）
完善发展阶段	2001 年—2006 年	·中国共产党第十六次全国代表大会报告提出"全面建设小康社会"的宏伟目标（2002） ·中国共产党十六届四中全会提出"建设社会主义和谐社会"的目标（2005）	·合并院校经验交流暨发展战略研讨会（2002，宜昌） ·教育部于 2004 年 2 月 10 日正式发布了《2003—2007 年教育振兴行动计划》	

1. 拨乱反正与恢复阶段（1977 年—1984 年）

粉碎"四人帮"以后，在邓小平同志的领导下，一系列新的教育方针出台，教育改革稳步开展。1977 年，高考制度得以恢复，以此为突破口，高等学校的办学条件和正常的教育秩序逐步恢复。1978 年 6 月，教育部在南京召开高等学校改变领导体制的交接工作会议。根据中共中央、国务院关于办好一批重点高等学校的指示，一部分重点高等学校和非重点高等学校，改为实行国务院有关部委和省、自治区、直辖市双重领导，以部委为主，为做好交接工作，会议讨论了教育部起草的各项交接办法和管理分工草案。

经过 1978 年到 1984 年的拨乱反正和对教育秩序的有力整顿，我国高等教育事业很快得到了恢复和发展。但是随着经济体制改革的全面展开，原有的教育体制也暴露出越来越多的矛盾和问题，进行改革便势在必行。

2. 酝酿阶段（1985 年—1991 年）

1984 年，《中共中央关于经济体制改革的决定》突破了把计划经济与商品经济对立的传统观念，明确了社会主义计划经济是在公有制基础上的有计划的商品经济。1985 年 5 月 19 日，邓小平在全国教育工作会议上提出要高度重视发展和改革教育的重要意义，要求各级政府把教育工作认真抓起来①。与经济体制改革相适应，1985 年 5 月，《中共中央关于教育体制改革的决定》颁布，提出"教育为社会主义建设服务"的方针，强调了教育促进经济和社会发展的功能，并且尖锐地指出我国高教管理体制上存在的弊端，即，在教育事业管理权限的划分上，政府有关部门对高等学校统得过死，使学校缺乏应有的活力；而政府应该加以管理的事情，又没有很好地管起来。为此，《决定》明确提出"要从根本上改革这种状况"，要认真"改革管理体制，在加强宏观管理的同时，坚决实行简政放权，扩大学校的办学自主权"。

1986 年 12 月 15 日，国务院颁布《普通高等学校设置暂行条例》，对高校的设置标准、名称和审批验收等做了初步规定。在这些方针的指导下，中国高等教育进行了一系列富有成效的改革。

3. 探索阶段（1992 年—1997 年）

1992 年初，以邓小平同志视察南方讲话和 3 月的中央政治局全体会议为标志，改革开放进入新时代。1992 年 10 月，中国共产党第十四次全国代表大会召开，确立我国要建立社会主义市场经济体制。中央部门和地方政府在高等教育管理上的"条块分割"、分别举办并直接管理的体制，越

---

① 邓小平. 把教育工作认真抓起来［M］//邓小平. 邓小平文选：第三卷. 北京：人民出版社，1994：120.

来越不能适应新形势的要求。特别是随着社会主义市场经济体制的逐步建立，政府管理企业和经济的职能正在转变，即由直接管理转向宏观管理。这一转变也对部门办学提出了挑战：政府对各部委的经营性投资由拨款改为贷款；部门的非经营性投资大幅缩减；政企分开，企业成为自主经营的经济实体；区域经济有了很大发展，地方权限扩大，筹措经费能力增强。中央业务部门直接掌握的非经营性投资的大幅缩减，使得其对所属学校的经费投入难以维持。条块分割、部门分割、专业过窄、规模过小、低水平重复设置院校和专业、产学研脱节、包得过多、统得过死等一系列问题更为严重。资源浪费、效益低下，原有的办学体制和格局已不能适应社会主义市场经济体制的需要，不能适应当今世界科学技术和经济迅速发展的新形势，这严重制约了高等教育的发展。党中央、国务院对此高度重视，做出了一系列重大决策。此后，伴随政治体制改革的推进，我国对高等教育进行了新中国成立以来涉及面最广、力度最大的改革，推动了高等教育以前所未有的速度发展。

20 世纪 90 年代初期，一些地方按优势互补的原则对当地高校的布局结构进行了调整，出现了由多所高校合并重组的扬州大学（1992 年）、南昌大学（1993 年）等典型。这些典型都是在当地党政主要领导的推动下实现的，中央对这些典型的经验进行了认真总结，并加以肯定和推介。在中国共产党第十四次全国代表大会上，明确提出"必须把教育摆在优先发展的战略地位，努力提高全民族的思想道德和科学文化水平，这是实现我国现代化的根本大计"。同年 11 月 4 日至 18 日，召开了第四次全国高等教育工作会议。这次会议由国务院副总理李岚清提议并参与筹备，是继 1985 年全教会之后又一次以党中央国务院的名义召开的全国教育工作会议。这次会议上，第一次正式将我国原有的高等教育体制定性为："国家集中计划和政府直接管理的体制"，分析了它的由来和历史作用，并指出了这种体制不适应当前需要的主要弊端及其表现，特别是对确立新的高等教育体制的目标作了表述，即"建立国家统筹规划和宏观管理，高等学校面向社会依法自主办学的体制"。这些思想在随后的《中国教育改革和发展纲要》中都得到了体现。

1993 年 1 月 12 日，国家教委颁布了《关于加快改革和积极发展普通高等教育的意见》，提出"改革高等教育办学和管理体制""改革学校内部管理体制和运行机制""探索高等教育发展的新路子"，并提出今后高等教育管理体制的改革方向是"逐步实行中央与省（自治区、直辖市）两级管理、两级负责为主的管理体制"。并于当年确定广东省、上海市、机械工业部为高教管理体制改革试点。1993 年 2 月 13 日，中共中央、国务院印发了《中国教育改革和发展纲要》，提出"高等教育要逐步形成以中央、省（自治区、直辖市）两级政府办学为主、社会各界参与办学的新格局"，"深化高等教育体制改革。进行高等教育体制改革，主要是解决政府与高等学校、中央与地方、国家教委与中央各业务部门之间的关系，逐步建立政府宏观管理、学校面向社会自主办学的体制"。《中国教育改革和发展纲要》是 20 世纪 90 年代较为重要的教育文件，对改革产生了较大影响。

1994 年 12 月 16 日至 18 日，经国务院同意，国家教育委员会在上海召开了全国高等教育体制改革座谈会。会议由国务院副秘书长徐志坚主持，国务院副总理李岚清参会并讲话，30 多个省市和部委领导以及教育行政部门负责人参加。会议主要研究了管理体制的改革问题，认为要理顺中央与地方、政府与高校之间的关系，实现国家统筹规划、政府宏观管理、学校面向社会自主办学的新体制的目标，必须逐步淡化长期以来计划经济体制下形成的单一的高校隶属观念，加强地方对本地区高等教育的统筹与协调，变条块分割为条块结合，充分发挥部门和地方两方面办学的积极性，通过联合办学等措施，逐步过渡到中央与地方两级管理、多渠道筹措经费，最终实现高校面向社会自主办学、适应社会主义市场经济发展要求的新体制。参加会议的各部委分管领导也都一致认为，共建调整是部属院校改革的方向。在这次会议上，规范地提出了在实践中形成的五种改革形式，即共建、联合、合并、协作和划转。

1995 年 3 月，第八届全国人民代表大会第三次会议通过了《中华人民共和国教育法》，其中明确规定了高等教育的两级管理体制："国务院和地方各级人民政府根据分级管理、分工负责的原则，领导和管理教育工作……高等教育由国务院和省、自治区、直辖市人民政府管理。"

1995 年 5 月 6 日，中共中央、国务院通过《关于加速科学技术进步的决定》（以下简称《决定》），提出科教兴国的战略。《决定》指出：科教兴国，是指全面落实科学技术是第一生产力的思想，坚持教育为本，把科技和教育摆在经济、社会发展的重要位置，增强国家的科技实力及将科学技术向现实生产力转化的能力，提高全民族的科技文化素质，把经济建设转移到依靠科技进步和提高劳动者素质的轨道上来，加速实现国家的繁荣

强盛。同年 5 月 26 日至 30 日，中共中央、国务院在北京召开全国科学
技术大会。江泽民在大会上指出：党中央、国务院决定在全国实施科教
兴国战略，是总结历史经验和根据我国现实情况所做出的重大部署。江
泽民要求各级党委和政府认真贯彻中共中央、国务院的决定，结合各地、
各部门的实际，把抓科技进步作为重大任务，摆上重要的议事日程，制
定切实可行的措施。"科教兴国"这一概念，从此成为我国的重大发展
战略之一。

　　1995 年 7 月 19 日，国务院办公厅转发了国家教委《关于深化高等教
育体制改革的若干意见》，明确指出：高等教育体制改革的进程仍然滞后
于经济体制改革和社会发展，与社会主义市场经济体制的建立不相适应。
"高等学校的举办者、管理者、办学者之间的责、权、利没有明确划分和
规范……中央教育行政部门、其他业务部门以及地方政府教育行政部门、
其他业务部门分别办学与管理形成的条块分割局面尚未根本扭转……学
校、专业的结构和地区布局不够合理；单科类型、行业性强的学校过多，
专业面过窄；部分学校和专业重复设置、'小而全'自成体系、办学效益
不高。"提出高等教育管理体制改革的目标是："争取到 2000 年或稍长一
点时间，基本形成举办者、管理者和办学者职责分明，以财政拨款为主多
渠道经费投入，中央和省、自治区、直辖市人民政府两级管理、分工负
责，以省、自治区、直辖市人民政府统筹为主，条块有机结合的体制框
架。"明确提出："要按照优化教育资源配置和提高办学规模效益的原则，
逐步对有条件的高等学校进行合理调整和合并，特别是在同一地方规模较
小、科类单一、专业设置重复的学校要打破原隶属关系的限制；积极创造
条件进行适当的调整或合并"，"通过深化高等教育管理体制改革，扩大学
校面向社会依法自主办学的权力，逐步淡化和改变学校单一的隶属关系和
单纯为本部门培养人才的办学格局。加强省、自治区、直辖市人民政府对
本地区所有高等学校的统筹规划、协调、调整和管理，逐步变条块分割为
条块有机结合"。

　　1995 年，国家教委组织专家对前几年批准实行合并的学校进行了抽
查，认为一部分高校实行合并后工作平稳，进展较快，学校面貌有较大的
变化，但也有相当一部分学校实行合并后关系不顺，困难较多，甚至处于
联而不合的状态，预期效果未能体现出来。随后，国家教委起草了《全国
高等学校布局结构调整研究报告》，对全国高等学校布局结构调整工作提

出了指导性意见。

至 1996 年，我国管理体制改革工作和高校布局结构调整工作虽然迈出了较大的步伐，但学校设置不合理的状况还没有实质性的改变。1996 年 8 月，经国务院同意，国家教委在北戴河召开了高教管理体制改革工作座谈会，这是继 1994 年 12 月在上海召开全国高等教育体制改革座谈会之后，由国家教委召开的又一次体制改革方面高层次的重要会议。国务院总理李鹏讲话"管理体制改革迈出了重要步伐，取得了明显成绩，出现了很好的改革势头"。并特别讲到"中央十分关注高等学校体制改革"，体现出高教体制改革在国家体制改革中的地位。会议交流了上海会议后高教管理体制改革的新情况和新经验，研究了改革过程中存在的困难和问题，讨论了进一步推动高教管理体制改革扎实深入开展的相应措施。会议强调，合并的学校要真正地进行实质性的合并，"独联体式"合并不可取；要积极推动改革，但又不搞"一哄而起""一刀切"；还要注意避免层次相差很多的学校以及距离相隔很远的学校进行合并。

国家教委于 1996 年 4 月发布了《全国教育事业"九五"计划和 2010 年发展规划》。其中指出，在高等学校管理体制方面，"九五"期间以"共建"和"联合办学"为主要形式，扩大学校投资渠道和服务对象，淡化和改变学校单一的隶属关系，加强省级政府统筹和条块结合，推动有条件的学校进行实体合并，部分专业通用性强、地方建设需要的中央部门所属学校，可转由省级政府管理。到 2010 年，中央政府只管理少数有代表性的骨干学校和一些行业性强、地方政府不便管理的学校，较多的学校要转由地方政府管理或以地方管理为主。1997 年 9 月，中国共产党第十五次全国代表大会在北京召开，江泽民在报告中强调了科教兴国战略的重要意义，重申了要切实把教育摆在优先发展的战略地位，把发展教育和科学作为文化建设的基础工程，提出要"解决科技和教育体制上存在的条块分割、力量分散的问题"。

4. 全面推进阶段（1998 年—2000 年）

1998 年 1 月，在扬州召开了高等教育管理体制改革座谈会。会上，总结了近 10 年的高等教育体制改革实践经验，李岚清副总理提出了"共建、调整、合作、合并"的八字方针，以此为指导，描绘了世纪之交我国高校重构的图景。

1998 年 3 月，第九届全国人民代表大会第一次会议在北京举行，会议

通过了《关于国务院机构改革方案的决定》，改革后国务院部委由原有的
40 个减少为 29 个。这场改革为高等教育管理体制的改革扫清了障碍，提
供了契机。国务院机构改革中，原机械工业部、煤炭工业部、冶金工业
部、化学工业部、国内贸易部、中国轻工总会、中国纺织总会、国家建筑
材料工业局、中国有色金属工业总公司九个部门改组或组建为国家经贸委
管理的九个国家局。

　　1998 年 5 月 4 日，国家主席江泽民在庆祝北京大学建校一百周年大会
上发表讲话，指出了"知识贡献"和"人才支持"对大学的重要意义，发
出了"为了实现现代化，我国要有若干所具有世界先进水平的一流大学"
的号召。此后，重点院校的强强合并开始增多了。

　　1998 年 7 月 1 日，国务院发布《关于调整撤并部门所属学校管理体制
的决定》决定对这些部门所属共 211 所学校（其中普通高等学校 93 所、
成人高等学校 72 所、中等专业学校和技工学校 46 所）的管理体制进行调
整。对原机械工业部等九部门所属学校进行调整，是国务院机构改革的重
要内容，也是教育改革特别是高等教育管理体制改革的重大步骤。

　　1998 年 8 月 29 日，第九届全国人民代表大会常务委员会第四次会议
通过了《中华人民共和国高等教育法》，对高等教育的管理体制作了进一
步明确规定："国务院统一领导和管理全国高等教育事业。省、自治区、
直辖市人民政府统筹协调本行政区域内的高等教育事业，管理主要为地方
培养人才和国务院授权管理的高等学校"，"国务院教育行政部门主管全国
高等教育工作，管理由国务院确定的主要为全国培养人才的高等学校。国
务院其他有关部门在国务院规定的职责范围内，负责有关的高等教育工
作"。

　　1998 年 12 月 24 日，教育部发布了《面向 21 世纪教育振兴行动计
划》，提出了"创建若干所具有世界先进水平的一流大学和一批一流学科"
的战略规划，并对高教管理体制的改革作了进一步的明确部署："加快高
等教育体制改革步伐，深化高等教育改革。继续实行'共建、调整、合
作、合并'的方针，今后 3—5 年，基本形成中央和省级政府两级管理、
分工负责；在国家宏观政策指导下，以省级政府统筹为主的条块有机结合
的新体制。除少数关系国家发展全局以及行业性很强需由国家有关部门直
接管理的高等学校外，其他绝大多数高等学校由省级政府管理或者以地方
为主与国家共建。中央财政继续拨款鼓励和推进管理体制改革，调整和优

化高等学校布局。鼓励和支持社会力量办学"。

1999 年初，原军队系统 5 个军工总公司（兵器、航空、航天、船舶、核工业总公司）所属 25 所普通高校、34 所成人高校以及 232 所中专和技校的管理体制得到了调整和改革。新组建的国防科工委保留了 7 所普通高校，其余学校全部以地方管理为主，或划转地方管理。

1999 年 6 月 13 日，《中共中央国务院关于深化教育改革　全面推进素质教育的决定》出台，提出"进一步简政放权，加大省级人民政府发展和管理本地区教育的权力以及统筹力度，促进教育与当地经济社会发展紧密结合。今后 3 年，继续按照'共建、调整、合作、合并'的方式，基本完成高等教育管理体制和布局结构的调整，形成中央和省级人民政府两级管理、以省级人民政府管理为主的新体制，合理配置教育资源，提高教育质量和办学效益"。

1999 年 6 月 28 日至 30 日，教育部发展规划司在山西太原召开了全国高校合并工作座谈会，会上对合并高校作了一个统一要求：合并高校要坚持实质性合并，不能搞松散联合，要实现人、财、物、教学、科研"五个统一"，做到一个班子、一套机构、一套制度、一个财务、一个发展规划。"五个统一"是高校实质性合并的关键所在。

2000 年是自 1992 年高教管理体制改革和布局结构调整工作以来改革力度最大、调整学校最多的一年。在这一年进行了第三次国务院部门（单位）所属学校管理体制改革，即对铁道部等 49 个部门（单位）所属的 161 所普通高校、97 所成人高校、271 所中等专业学校、249 所技工学校共计 778 所学校的管理体制进行调整。原来由 62 个国务院部门（单位）管理 367 所普通高校，现在变为由 10 余个部门（单位）管理 120 所左右，其中，由教育部直接管理 71 所，其他少数部门管理 50 所左右。利用这次管理体制调整的契机，对高校布局结构进行了调整，对一些重点高校进行了合并。将 62 所高校合并成 24 所高校，合并组建了一批新的综合性和多科性大学，特别是将一批重点医科院校与教育部的重点高校合并，使这些大学成为学科齐全的或较为齐全的综合性大学，极大地增强了这些高校的办学实力①。2000 年 12 月 20 日，陈至立在 2001 年年度教育工作会议上的讲

---

① 中华人民共和国教育部．中国教育年鉴 2001［EB/OL］．［2010 - 06 - 21］．http：//www. edu. cn/list7 - 627/20060323/t20060323 - 157073. shtml.

话中对此做出了总结："高教管理体制改革取得突破性进展，迈出决定性步伐。按照'共建、调整、合作、合并'的方针，连续三年三大步调整中央部委院校的管理体制，涉及31个省、市、自治区，60多个国务院部门和900余所高校。迄今，已有556所高校经合并调整为232所，并调整了509所高校的管理体制，组建了一批新的综合性和多学科性大学。目前，教育部和少数中央部委管理普通高校120所左右，其中，教育部管理的71所，地方政府所属或以地方管理为主的高校达896所。中央和省级政府两级管理，以省级政府为主的新体制已基本形成"。2001年3月5日，朱镕基总理在第九届全国人民代表大会第四次会议上所作的《关于国民经济和社会发展第十个五年计划纲要的报告》中，对此作了进一步肯定，指出"高等教育管理体制改革取得重大进展"。

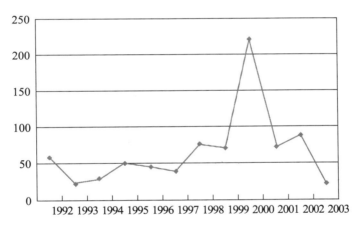

图3－2　1992年至2003年我国高校合并数字波动表

5. 完善发展阶段（2001年—2006年）

2002年10月19日，教育部及时委托中国高等教育学会和三峡大学在三峡库区组织召开了"合并院校经验交流暨发展战略研讨会"，对合并院校发展的经验和发展情况进行总结。参加会议的有全国50余所合并院校的代表近百人。会议代表的经验总结和论文认为，合并院校的发展是健康的，体制改革极大地促进了高等教育的改革和发展。①

在这次高等教育管理体制改革的基础上，国家先后开展了"211工

---

① 张笛梅. 完善体制改革、加快高教发展——合并院校经验交流暨发展战略研讨会综述 [J]. 中国高教研究，2002（11）.

程"（1992 年）和"985 工程"（1998 年），进行了建设"世界一流大学"的努力。教育部于 2004 年 2 月 10 日正式发布了《2003 年—2007 年教育振兴行动计划》，明确提出："重点推进高水平大学和重点学科建设""建设世界一流大学和高水平大学是党和国家的重大决策，对于增强高等教育综合实力，提高我国国际竞争力具有重要的战略意义。今后五年要充分集成各方面资源，统筹协调学科建设、人才培养、科技创新、队伍建设和国际合作等各方面工作，深化改革，开拓创新，使重点建设高等学校和重点学科的水平显著提高，带动全国高等教育持续健康协调快速发展"。

三、合并政策的实施分析

1. 政策阻力预期

（1）主观因素。主管部门和学校各方在思想认识上的滞后，是合并时首先会遇到的阻力。原有的主管部门不愿放手，担心资产流失，地方政府又担心投入支出得不偿失，将划转为地方管理的学校视为负担。在学校内部，更存在很大的顾虑，管理人员和教师都会担心自身权益的受损，同时也会忧虑学校有形与无形资产的流失。另外，对于合并后如何处理上下级等各方面关系，相关各方也都不同程度地存在顾虑。

（2）历史因素。我国高教管理体制在建国后几经变动，管理权收放变更频繁。在反复的"收""放"过程中，缺乏统筹规划，也没有建立必要的法规，导致过多遗留问题，很多学校的发展受到极大影响。因此，当再次面临改革调整之时，各级各类相关人员均对此顾虑重重。

（3）客观现实因素。高校合并的改革涉及范围广、牵涉层面较多，需要全方位的联动配合。1994 年，全国共有普通高等学校 1080 所，其中国家教委所属学校 35 所，中央 63 个业务部门和单位所属学校 325 所，省、自治区、直辖市所属学校 713 所，民办学校 7 所。在省、自治区、直辖市所属学校中，教育行政部门直属约占 57%，其他业务厅局办学约占 21%，中心城市办学约占 22%①。虽然已经有少部分学校进行了共建共管和多种形式的联合办学等改革实验，但大多数学校仍保持着原有的单一隶属关

---

① 朱开轩. 积极推进高等教育体制改革——在全国高等教育体制改革座谈会上的报告［J］. 中国高等教育，1995（1）.

系。因此，进行管理体制改革和大规模合并，不仅涉及各个学校，更重要的是要涉及中央、地方政府的很多部门、单位的管理权限、投资体制和利益分配等，牵动面很大。对于高等教育宏观管理层面来说，关系到高等教育的结构布局、资源配置和办学效益，关系到各个高等学校的服务面向、学科和专业结构、办学层次、招生规模和发展战略等，对高等教育事业的发展和改革有全局性影响。对于高等院校层面来说，不仅关系到能否真正面向社会依法自主办学，而且对于调整和优化科类、专业结构，提高办学水平、教育质量和办学效益都有重要关系。

2. 政策实施准备

（1）认识上的准备。从1992年我国新一轮高校合并过程开始以来，国务院及下属相关职能部门对此一直高度重视，并进行了一定的探索和研究。国务院办公厅先后于1994年在上海、1995年在南昌、1996年在北戴河、1998年在扬州，召开了四次高等教育体制改革座谈会。以各种不同形式、在不同场合对高教体制改革和院校合并的经验进行推介。目的是为了交流经验、统一认识，以推进全面的高等教育管理体制改革。

（2）资源的准备。为保证合并的顺利进行，相关部门也在资源方面进行了一定的投入，以减少合并的阻力，促使其实现预期效果。例如，为组建新浙江大学，除正常经费外，浙江省政府和国家发展计划委员会各拨款4亿元，总投入为8亿元，保证了合并的如期进行①。与此类似，2000年，山东大学合并后，教育部与山东省政府签订共建山东大学的协议，三年内，国家和山东省向山东大学增加8亿元的投入②，为山东大学合并后的发展提供了较为雄厚的资金保障。

（3）制度、法理的准备。如前所述，20世纪80年代以来国家的一系列关于教育改革的方针文件以及法律法规中，总体上表现出不断扩大高校办学自主权、淡化单一隶属关系的轨迹。国家的政治体制改革也不断地为此扫清障碍，特别是1998年的国务院机构改革，彻底打破了原有的高等教育管理体制格局，为大规模的高校合并创造了条件。

3. 政策实施过程中的制约因素

（1）自上而下的院校合并决策过程中院校自主性的缺失。面对在原有

---

① 校情总览 [EB/OL]. [2009 - 11 - 13]. http: //www. zju. edu. cn/xqzl/dsj/dsj4. htm.
② 山东大学简介 [EB/OL]. [2009 - 11 - 13]. http: //www. sdu. edu. cn/2005/second/xxgk-ooo. html.

体制下形成的资源配置不合理，学校规模小，学科门类单一等长期困扰各高校发展的问题，出于生存和发展的需要，院校自身便会产生出合并的意愿，并向高等教育管理体制中的决策者——政府表达。例如，在浙江大学的发展过程中，浙江大学校方先后以不同的形式多次提出合并的意愿。1982年，原浙江大学名誉校长就提出了联合的倡议。1996年，原浙江农业大学校长等再次向李岚清提出四校合并的建议，并得到重视。1997年初，苏步青、王淦昌、谈家桢、贝时璋四位院士给中共中央总书记江泽民写信，极力促成浙江大学的合并。但并非所有学校都有这种自发性的合并意愿，合并的决策几乎完全是自上而下的，制定过程中缺少与各院校的沟通，决策更多的是依据国务院政府机构改革和高等教育管理体制改革的精神与国家的宏观高等教育战略制定。例如，由四所大学合并为一所大学的合并政策出台过程中，最主要的决策是由国务院、教育部、国土资源部、信息产业部、卫生部等部委与省政府共同做出，院校在其中的作用更多的只是被动执行。后来又有第五所大学并入该校，更是对上级指令的单纯执行。在访谈中，该大学的一位校级领导曾这样说："我们当时也不是很清楚的。只是教育部下发了文件，支持这几个学校合并。尽管学校的校长们也去开会讨论了，但是仍然没有心理准备的，而且合并也没有筹备期的……"而一位基层教师则这样说："合校的时候我们就是通知开会说合校。那时我们正在外地开会，开会走之前是××大学，开会回来就是A大学了。"更是表明了基层教职员工在合并中信息的不对称和被动性。这种决策的主观性，信息的不充分性以及过程中民主性的缺乏，影响了政策的科学性，也减弱了政策的可执行性。

（2）利益调整困难重重，学科渗透难尽如人意。高校合并不可避免地要在整体优化的原则下重新配置办学资源，也自然地不可避免地涉及教职员工利益格局的调整。教职工的工资、奖金及各种福利补助总会有一些变化，过去各学校制定的政策，合并后势必要统一。这样，肯定有一部分教职工不满意，必然引起教职工之间的矛盾冲突，人们的积极性就会受到压抑。若原各校将各自相近学科的专业力量相对集中于某一校园，合并的结果很可能就是各校园又成了单科性学校，新大学的综合优势，尤其是对学生综合培养的优势就无法体现。

（3）学校文化融合的困难。学术信念和学术文化是作为学术组织的高等院校的象征，具有无可替代的强大作用。高校的学术文化包括能够维系人们从事高等教育事业的共同价值观、行为规范（科学规范）、利益和信念，等等。相对于社会的其他组织机构而言，高校是一种文化性的存在方式，每个学校都有自己的文化。这种文化包括学校的传统、价值观念、社会声誉，也包括学校的办学思想、办学目标与模式、管理观念及校风、学风、教风，等等。它是学校在长期的办学实践中，经过历史的积淀，选择、凝练、继承发展而形成的精神财富。在高校合并中，出于维护与继承自己学校文化的考虑，学校之间的文化冲突是不可避免的，甚至是激烈的，难以调和的①。浙江大学校长潘云鹤曾指出："大学合并后，往往是三种情况：一是发挥了高水平文化的带动作用，这可以表现在各项办学指标的上升；二是反之；三则是不同文化在'打架'，这会大大增加高校合并的成本。现在，国内并校后'打架'的为数并不少。"②

（4）管理融合的困难。管理的融合有两个层面，一是管理文化、管理理念与管理传统；二是管理机构与人事。第一个层面属于学校文化，在上面已有所论述。众所周知，由于大工业组织的严密与协作，与之相应，工科院校的管理理念与制度都具有着类似的特点，不同于其他学科的学校。因此，在制定统一的管理条例时，不同的学校（即使是两个工科院校之间）常常会有较大的分歧，这是属于"软件"方面融合的困难。在"硬件"上，即管理机构的设立与人事安排上，由于合并应最大限度地达到人、财、物的优化配置，必然要涉及权力的再分配，这是牵涉合并成员单位利益调整的大问题。为了"求稳定"，往往在利益权力，岗位的再分配中搞平衡，对各个"山头"实行照顾，结果不但消除不了人事的紧张状况，反而因为机构臃肿，人员庞杂而造成新的矛盾，而以人员分流机构精简为主要内容的内部管理体制改革更显得困难重重。在对 A 大学的调研中，笔者了解到：在合并之初进行的第一轮教师岗位竞聘中，为保持稳定，只得在超编的情况下将原有人员悉数保留，导致人员效率低下。直至经历了四年磨合期之后，才于 2004 年底开始了第二轮教师岗位竞聘，采用统一标准，淘汰了部分不合格的教师。

---

① 关于大学合并后的文化融合问题，在本书第六章中有详细分析。

② 包蹇．浙江大学校长潘云鹤谈高校"合并浪潮"［N］．人民日报·华东新闻，2000－08
－03（1）．

四、合并政策的效果分析

拉迪斯拉夫·塞里奇曾提出以变革的深度、广度和层次这三个维度进行政策实施分析①。变革的深度是指某一新的政策目标与高等教育的现有价值观念和标准相背离的程度，亦即新目标与传统模式的一致或不一致程度；变革的广度是指实施某一政策并或多或少发生了重大变化的领域的数目；变革的层次是指改革的目标所在，可以指向于整个系统的改革，也可以指向于一部分学校或一所学校的改革，或者仅仅指向于一所学校内的某个单位的改革。任何一次改革都是这三个维度的组合。当我们分析大学合并的政策效果时，相应地也可以从这次变革的深度、广度和层次这三个方面进行分析。

1. 从变革的深度看合并政策的效果

从深度上来讲，合并之后，我国的高等教育管理体制发生了重大变化，高校的规模和学科结构发生了重大变革，办学层次和办学效益也有了很大的变化。

（1）合并调整了高校布局结构，改变了原有的高等教育管理体制。高等教育体制包括高等教育事业的机构设置、隶属关系和职责、权益划分的体系与制度。反映高等学校与社会、政府三者之间的关系。高等教育体制在高等教育系统中处于枢纽的地位，它一方面直接制约高等教育各种功能的实现；另一方面又是高等教育与社会关系的关键，是高教系统反映、内化社会要求并适应社会要求的中枢。因此，体制改革是整个高等教育改革和发展的关键。而合并作为我国高等教育体制改革的重要手段，有效地解决了原有的管理体制中存在的"条""块"分割，低水平重复建设等长期得不到解决的"瓶颈"问题，国务院部门所属院校管理体制和布局结构调整基本完成，我国原有高教管理体制已发生了历史性深刻变化，那种在特定历史条件下形成并长期存在的与计划经济体制相适应的部门办学体制基本结束。教育部部长周济在讲话中指出：中央和省级政府两级管理，以省级政府管理为主的我国高等教育管理的新体制已经形成。新的体制理顺了关系，调动了地方政府和社会各方面发展高等教育的积极性，密切了高校

---

① 伯顿·克拉克. 高等教育新论——多学科的研究 ［M］. 王承绪，徐辉，等，译. 杭州：浙江教育出版社，2001：260.

与区域经济社会发展的关系，对于我国高等教育事业的发展有深刻的战略意义。①

（2）合并增强了一批多科型大学的实力，并推动了学科的融合交叉。许多大学的合并为学科发展提供了更为广阔的空间。例如，截至 2004 年，合并后新的吉林大学，学科门类齐全，涵盖了哲学、经济学、法学、教育学、文学、历史学、理学、工学、农学、医学、管理学、军事学全部 12 大学科门类；有本科专业 137 个，一级学科学位授权点 18 个，硕士学位授权点 245 个，博士学位授权点 105 个，博士后科研流动站 27 个；有国家重点学科 17 个，吉林省重点学科 34 个，在一些学科和研究领域内具有明显的优势和特色，如，化学学科、地学学科、车辆工程学科等。②

学科建设是高层次大学发展的重心。为了发挥多学科的综合优势，合并后的大学纷纷扶持和加强学科交叉、融合，优化学科布局，以形成新的优势和特色，进而全面提升大学科研的水平和竞争力。其中，设立学科交叉研究中心是一种比较普遍的做法。这些中心试图瞄准学科前沿，注重与国家发展目标的紧密结合，组织和开展重大的学科交叉研究。以武汉大学为例，合并后的武汉大学覆盖了除军事学和农学之外的 10 大学科门类，武汉大学充分利用并校后的多学科优势，对原有学科资源进行优化重组，一大批新的学科专业应运而生。如，将原隶属于 5 个不同学院的环境科学、环境工程、环境经济学、环境与资源保护法学和历史地理 5 个二级学科重组为新的环境与资源保护学科；借助历史地理、地图学与地理信息、遥感技术等学科优势，组建了学科与地域特色明显的地理科学专业；重组原三校（武汉大学、武汉水利电力大学、武汉测绘科技大学）的计算机专业，成立"计算机信息科学研究中心"，同时根据原三校的研究侧重点设立计算机技术、光电信息、遥感信息、数字地理信息、卫星应用技术等专业，共同构成信息学科群；化学学院利用自身学科优势，与物理、材料等相关学科结合，形成了较强的纳米科技研究实力，目前（截至 2002 年）已发

---

① 周济. 历史性的跨越，新征途的重任——中国高等教育改革与发展近期回顾和展望［J］. 中国高等教育，2002（17）.

② 吉林大学简介［EB/OL］.（2004 - 03 - 07）［2010 - 01 - 06］. http：//www. jlu. edu. cn/ newjlu/xxgk/jdjj. htm. 至本书成文时，吉林大学的部分学科数据略有变化，截至 2007 年 3 月，吉林大学共有本科专业 122 个，一级学科学位授权点 28 个，硕士学位授权点 278 个，博士学位授权点 191 个，博士后科研流动站 27 个；有国家重点学科 17 个。

表 200 余篇学术论文，其中有 60 余篇被 SCI 收录等。①

（3）合并实现了资源共享、优势互补，增加了学校的综合实力和竞争力。为了适应 21 世纪初科技、经济、文化、社会发展对各类人才的需要，提高办学质量和效益，合并后的大学试图发挥学科门类齐全、教学资源丰富、师资力量雄厚的优势，跨校区、多学科充分利用教学资源。这一有益的尝试为培养学生的综合素质孕育了新的基础。如，合并后的吉林大学，学科门类齐全的综合优势使学生在专业选择和学校教育方面拥有了更多的自主权和灵活性。学生可以根据需要自由选课，并选择攻读专业之外不同学科门类的第二学位。

2. 从变革的广度看合并政策的效果

高校合并政策涉及我国上千所高校，涵盖了中央部委直属高校、省属高校、职工大学、干部管理学院、职业学校、专科学校等各种不同类型的高校，为我国高等教育的众多领域都带来了变化，包括高等教育的管理体制，高校的数量、规模，高等教育的学科结构，高校的办学条件和资源配置，以及高校内部的管理机制、培养模式等，几乎涉及与高等教育发展相关的方方面面，广度之宽，真的令人瞠目结舌。

（1）松散型合并时间过长、内耗过多，很难进入实质性合并。作为文化层次较高的高校尤为关注各自的传统、特色等无形资产，但目前尚缺乏内在认同和协调的有效途径和方法形成凝聚力，因此高校合并貌合神离现象短时期难以消除，合并后高校缺乏明确的内部管理框架的构建和利益调整的依据与机制，特别是受现有干部制度和劳动人事制度的限制，在领导班子组建、管理机构归并与精简、人员裁减与安置、教师评聘等问题上难度较大。同时，由于招生体制依旧、资金划转不到位、总体投入不足、地理位置分散导致支出等负担加重及财务不统一等原因，新校内部"磨"而不"合"，实现规模效益的预期目标任重道远。

此外，由于隶属关系的不同，许多高校在合并初期只能采取松散的联合形式。以扬州大学为例，扬州大学在 1992 年 5 月宣布成立后三年内之所以一直不能实现实质性合并，而只能采取松散的联合形式，一个重要的原因就是参与合并的六所学院分别隶属于省教委、省商业厅和省水利厅，隶属关系不同导致政出多门、管理渠道不畅。直到 1995 年 5 月，江苏省委、

---

① 武汉大学．以高校合并为契机　推动学科优化重组［J］．中国高等教育，2002（1）．

省政府将六所学院全部调整为隶属于省教委，扬州大学才开始了实质性的合并。

（2）合并后管理成本提高，管理效率下降。高校地址一般相距较远，大多不具备合并的空间条件，从管理效益来讲，由地域条件带来的管理层次的增加，管理人员不但没有减少，反而带来领导体制的多元化，造成管理松散、成本支出增加、缺乏集中，结果很可能是管理成本提高而管理效率下降。

在成本支出方面，首先是建设成本，主要是为适应合并而新投资建设的成本。如，新浙江大学成立后，为保证学校行政工作的正常运作，对原校园计算机网络进行改扩建，光这一项投入就是 2000 多万元，还不包括大量的人力投入及此后的维护费用；此外，为保持统一，新浙江大学对原各校校门进行改造，费用就达 100 多万元①；其次是交通成本，尤其是合并前各校相距较远的，合并后这项成本支出将大大增加。如，合并后的 A 大学达到 5 个校区 8 个校园，分布在××市内，彼此相距都较远。为保证各项工作的开展，校区间开通了几十部班车，尽管如此仍很不方便。在访谈中，A 大学的一位管理人员曾谈到这一现象："刚合并时，我们每年一个年级都要招收 13000 名左右的新生。开学典礼时，学校不够大，我们就借用了××市的体育馆，几百辆的大客车需要来回两趟。"可见，交通费用支出之庞大。

在人员效率方面，由于合并后机构和人员编制必须调整，部分行政干部和教职工自然而然会产生失落感和不满情绪，便会出现人心涣散、工作不负责任、得过且过的消极现象。合并后的磨合期内，一般会进行较大规模的院系调整，在此过程中，人员调动、调整在所难免，教职员工的人心一时稳定不下来，无法集中精力做好教学、科研等工作，从而影响教学的质量，导致质量下降。

3. 从变革的层次看合并的效果

高校合并政策意在调整原有的整个高等教育管理体制，带来全方位的变化。变革过程前后跨越十余年，近千所普通高校参与其中，涉及国务院的各个组成部委和众多省市政府，属于系统层次上的大规模变革。

---

① 燕红，等. 高校合并的融合与发展——谈合并中的几个热点问题 [J]. 中国高教研究，2000（7）.

（1）一拥而上的盲目合并。有些高校合并前未经过认真调查研究和充分论证，片面追求"大"和"全"，把规模与效益等同起来。在高校合并问题上，有些教育主管部门和学校从计划经济时期高校规模过小的极端走上盲目扩大规模的另一个极端。它们对高校合并后的整体效益能否大于各组成学校合并前独立运行的效益之和（而这种整体效益是高校单独运行所达不到的）的预测、论证不够，就把几所单科性院校或几所多科性院校组合起来，片面追求规模扩大，追求"一大二全"。

（2）政策部门缺乏协调，评价机制滞后，政策实施保障不足。目前已有的合并政策，虽然政策目标都是为了实现高等教育的长远发展，但所制定的政策内容往往只是着眼于当时的合并本身，具体内容上较少照顾到合并以后学校自身的发展，并缺乏相应的后期评价和利益补偿。例如，在对A大学调研中，笔者了解到：该校合并后，规模增大了，但拨款没有增加，相对于以前各校的总数之和，反而减少。除教育部外，其他各相关部委与省政府的配套支持政策都没有到位，省政府原应给予的3亿元拨款最终只落实了5000万。在地方性政策上，A大学承担的义务相比以前没有减少，而包括人大代表选举之类的权利却大大减少了，这在很大程度上影响了教职工的工作积极性。

第三节　对我国大学合并政策的反思与建议

自《中共中央关于教育体制改革的决定》和《中国教育改革和发展纲要》颁布以来，我国高等教育管理体制改革在调整中央和地方关系、扭转"条块分割"局面和理顺政府与高校关系等方面都迈出了重要的步子，尤其是最近第三次国务院部门所属学校管理体制的改革，涉及范围之广、影响之大，丝毫不亚于建国初期的院校调整。无疑，这些措施对促进我国高等教育的健康发展具有重要的积极意义。然而，大学本应该是根据条件自由发展的，在自由的发育和多元的发展下，成为相应的类型，而不应该是由政府决定的。就像这场大学合并一样，逐步打破单一所有制下的公办高校体制，却将大学合并统统办成综合性大学或发展成巨型大学，实际上是违背市场规律的①。因此在合并政策实施过程中势必会暴露出诸多矛盾和

---

① 张慧洁. 巨型大学组织变革［D］. 厦门：厦门大学，2003：35.

问题。在大学合并浪潮已经日渐退去的今天，当我们对这场大学合并的政策进行全面综合分析之后，我们有必要重新思考一下这场历时十余年、波及上千所高校的大学合并改革其最初的动力究竟是什么？只有明确了其最初的内在动力，才有可能理清合并过程和模式的内在机理，重新审视这场大学合并改革，为合并后的整合管理和今后的政策提供相应的对策和建议。

一、我国大学合并的动机分析

推动变革的动力是与变革的推动主体有关的。从前面的分析可以看出，对于我国20世纪90年代以来的这场大学合并改革，其突出的特点是政府主导，此外，各参与院校也或多或少有着参与合并的动机，且对于不同类型层次的院校情况各有不同。因此，这场大学合并的推动主体主要是政府（包括中央和地方政府）和高校，相应地，我们将从政府动机和高校参与动机两个方面展开。

1. 政府动机

随着社会主义市场经济体制的进一步完善和科技的发展，对人才素质的要求更加多元化，高等教育体制改革的探索日趋成熟，大学合并重组成为当时的一种理想选择。从某种意义上讲，它适应了环境的变化，今天以审视的眼光来看中国的大学合并，政府的动机和意向很明确，也是主导因素，可以作如下分析。

（1）促进条块结合，实现管理体制变革。如前介绍，20世纪50年代起，中国高等学校曾按照苏联模式进行大规模的院系调整，以适应社会主义计划经济发展的需要。国家各部门都建立自己的院校，培养自己急需的人才。由综合大学分出文、理两类大学，又拆细为单科性的院校，分属各个部委机构。这种条块分割、各自为政，以"统"和"包"为主要特征的高校管理体制，"随着社会主义市场经济体制的建立和改革的不断深化，这种体制已经完全不能适应新形势的需要了"。①

随着我国社会主义市场经济体制的逐步确立，中央政府部门的机构和职能都发生了重大变化。行业结构的调整以及区域经济的发展，需要冲破"条块分割"的牢笼，克服高等学校重复建设、封闭办学的局面。同时，

① 周远清. 周远清教育文集：一 [M]. 北京：高等教育出版社，2001：11.

中央政府部门作为宏观调控部门，没有必要直接管理学校，主要精力应该放在宏观管理和决策上。学校管理权的下放意味着学校必须考虑新的经费获取渠道，有更多的自主选择权，必须适应市场的变化，按照社会的需求来培养人才。党的"十五大"报告指出："真正走出一条速度较快、效益较好、整体素质不断提高的经济协调发展的路子。要通过深化改革，逐步把一部分中央部门所属的学校转由省、自治区、直辖市人民政府管理或由中央部门与地方政府共同建设和共同管理；倡导学校之间合作办学、企业和科研单位参与办学和管理；要按照优化教育资源配置和提高办学规模效益的原则，逐步对有条件的高等学校进行合理调整和合并，特别是在同一地方规模较小、科类单一、专业设置重复的学校要打破原隶属关系的限制，积极创造条件进行适当的调整或合并。"江泽民同志在1996年3月28日同上海交通大学、西安交通大学、西南交通大学和北方交通大学负责人座谈时的讲话指出：稳步发展高等教育，优化教育结构，加快高等教育管理体制改革步伐，合理配置教育资源，提高教学质量和办学效益。

由此可见，我国20世纪90年代以来的这场大学合并改革，首先源自于我国高等教育管理体制打破了"条块分割"，实行中央和地方两级管理，以地方统筹管理为主的决策，即实现高等教育管理体制的变革，这也是我国大学合并最为直接、最为强劲的动机。正如国务院前副总理李岚清所强调的，"改革是我国高等教育发展的必由之路。我们在加大教育投入的同时，必须加大改革力度，对现有教育资源进行合理调整和配置，使其充分发挥效用。我国正在进行的高等学校管理体制改革和布局结构调整，是一项经过充分论证的重大决策，将对我国高等教育改革和发展产生重要影响，并为构筑21世纪我国高等教育体制的基本框架打下良好基础。"[1]

（2）合理配置资源，提高高校的规模效益。我国高等学校一方面经费严重不足，另一方面办学资源严重浪费，造成办学效益差的现象，关键原因就是高等学校的规模普遍过小。有数据统计显示，1991年以前历年高等院校的平均规模主要在1500—1900人之间徘徊，并且一直没有超过2000人的水平[2]，并且20世纪90年代以前我国高等教育总体规模的扩大主要依赖新建学校、增加教师人数等手段来实现，客观上又造成了我国大学布

---

① 尹鸿祝，江涛，温红彦. 北大北医大合并组建新北大 [N]. 人民日报，2000-04-04 (1).
② 刘继荣. 高等学校合并重组的理论与实证研究 [D]. 杭州：浙江大学，2003：66.

点多而分散的状况。市场经济条件下对规模经济的追求和应用影响到高等学校的改革，那就是要充分发挥规模效益。在发展道路上，中国高等教育走内涵发展的道路，提高规模效益是 20 年来高等教育发展政策的主要内容。《国务院批转国家教委关于加快改革和积极发展普通高等教育意见的通知》中指出，"高等教育的发展，要坚持走内涵发展为主的道路，首先使现有学校达到合理的办学规模，同时进一步发挥学校的办学潜力，提高整体效益。到 2000 年，规模效益应有明显提高，校均规模本科院校由现在的 2500 人提高到 3500 人左右，专科院校由 1000 提高到 2000 人左右。"①由该文件的内容可知，合理配置资源、提高高等学校的规模效益便成为政府主导大学合并的一个重要动力。

（3）促进学科综合，培养复合型人才。2000 年，李岚清同志在"北京大学和北京医科大学两校合并成立大会"上曾强调②："这一次改革和调整（指大学合并改革），为提高我国高等教育的质量和效益，为我国创建世界一流大学，提供了良好的机遇和条件。当今世界，高等教育的发展趋势呈现出多学科交叉的特点。一批学术水平一流、杰出人才荟萃、在国际上有重要地位和影响的著名大学，基本上都是综合大学。世界一流的医学院绝大多数都建在综合大学，著名的综合大学绝大多数都有高水平的医学院"。

2005 年，周远清同志在谈我国高等教育的改革与发展时，回顾我国这场大学合并改革，指出合并的主要目的"就是要使一部分学校学科更加综合一点"③，他进一步分析道，"中国在（20 世纪 50 年代）院校调整的时候使中国大多数学校变成了科类单一的学校，清华立刻变成工科的学校，北大立刻变成文科的学校，北农变成农业的学校，这么一些单科的学校培养学生的思维也是很单一。我也跟清华大学的领导同志商量，我说这个工科的脑袋是世界一流的，长期养成的工科学的脑袋或者别的单科学的脑袋不可能办成很高水平的大学。另外科类单一不可能学科进行交叉，产生一些自主创新的思维。中国教育水平很难出高水平的效果。因为科类单一，文理分家……我们过去的学校要么是工科、要么理科、要么文科、要么艺

---

① 国务院批转国家教委关于加快改革和积极发展普通高等教育意见的通知［R］.（1993 - 01 - 12）［2009 - 11 - 13］. http：//www. people. com. cn/item/flfgk/gwyfg/1993/112701199311. html.

② 尹鸿祝，江涛，温红彦. 北大北医大合并组建新北大［N］. 人民日报，2000 - 04 - 04（1）.

③ 周远清. 我国高等教育的改革与发展（在"2005 中国大学生就业高峰论坛上"的讲话）［J］. 中国大学生就业，2005（22）.

术、要么音乐，互不交叉。世界上高等类大学基本上科类都不是单一的。所以要组建一部分科类比较综合的大学，就是这个目的地当时的思路有条件的学校使他更加综合。特别是医学院，医生过去称生理模式、到了心理模式、到了社会模式，要求这个医生不仅仅会开方子，要理解人的心情，理解社会，这就是人文教育和科学教育相结合。过去的学校一般，所以下决心组建了综合性大学。"

最近，周远清同志在"合并大学校长论坛"中的讲话，再一次说明了此次大学合并的目的："中央各部委办了很多高校，各个省、市也办了很多高校，而且，高校科类都比较单一，没有一所文、理、工、农、医、财经、政法都有的真正意义上的综合性大学。北京大学做过一次调查，世界上前 100 所大学基本上都是具有文、理、工、农、医、财经、政法等学科的综合性大学。但是，在很长时间里，中国的大部分高校科类却是单一的。"①

从这些领导的讲话中可以看出，通过合并的方式，建立一批学科齐全的综合大学，改变我国高校科类单一、专业口径过窄的问题，促进学科综合化，使之更好地适应高等教育自身的发展规律和科技发展的需要，是我国这场高等教育管理体制改革和布局结构调整的重要原因。

（4）追求大学卓越，建设世界一流大学。1995 年，我国提出了"科教兴国"的战略，在高等教育方面的努力方向就是要使我国从高等教育大国变成高等教育强国。为此，国家正式启动了"211 工程"，以此来建设一批重点院校希望能够加快向世界高水平大学迈进的步伐，合并则成为解决一些学校在发展过程中所面临的学科建设等问题的权宜之计。1998 年 5 月 4 日，江泽民同志在北京大学 100 周年校庆时作了"创办世界一流大学"的重要讲话，并指出"为了实现现代化，我们要有若干所具有世界先进水平的一流大学"，以此讲话为契机，国家启动了"985 工程"，为建设一批世界一流大学作了资金方面的支持。2000 年，江泽民同志在北京大学与北京医科大学合并时给该校的贺信中说："国之兴旺，教育为本。综合大学在人才培养、科学传播、知识创新等方面具有十分重要的作用，应该成为科教兴国的生力军。"2001 年，在庆祝清华大学建校 90 周年大会上，江泽民同志发表讲话指出："到本世纪中叶，我们要基本实现社会主义现代化，

① 周远清. 高等教育体制改革的重大突破——在"合并大学校长论坛"上的讲话 [J]. 中国高教研究，2006（8）.

实现中华民族的伟大复兴。离开科学教育事业的发展，离开全民族科学文化水平的提高，这一光荣而艰巨的任务是不可能完成的。大学应该成为科教兴国的强大生力军。要继续提高高等教育的质量，加快高等教育事业的发展，努力在全国建设若干所具有世界先进水平的一流大学。"① 在这一讲话中，江泽民同志明确提出了一流大学的质量要求，特别指明了一流大学的内在特征和评价标准。

现代意义上的大学在中国也走过了相当长的历程，在知识经济崛起的 21 世纪，大学已是提升国家竞争力的重要途径。中国也需要拥有世界一流大学，建设一流大学对于带动中国整个高等教育的发展，对于提高国家的国际竞争力，推动经济和社会的发展，具有深远和重大的战略意义。这种意识在国家领导层面和普通公众中都有反映。这也是推动我国大学合并的一个重要原因，北京大学、清华大学等一批国内一流大学即是在这样的背景下通过高水平的院校联合，为建设世界一流大学做着准备。

2. 高校参与合并的动机

需要说明的是，尽管 20 世纪这场大学合并以政府为主导，行政的力量起着关键性的作用，但是不能说高校完全没有参与合并的动机，不同院校情况可能各有不同，提高规模效益、加强学科综合、追求卓越，同样也是高校参与合并的动机。就大学本身来讲，也会出于一些考虑而选择与其他院校合并，概括而言，主要动机有两个：一个是求生存，一个是谋发展。

（1）依附强势学校，主动退出竞争。随着高等教育体系中越来越多地引入市场机制，那些规模小、办学效益差甚至难以为继的院校在竞争中处于不利地位。在这种情况下，这些院校会选择退出，希望通过被合并而起死回生，从而获得生存的机会。

（2）获得更多资源，享受合并优惠政策。实际上，一个大学的退出过程同时也是另外一个大学的扩张过程，而一些本身实力就很强的高等院校在激烈的竞争中，面对在原有体制下形成的资源配置不合理，学校规模小，学科门类单一等长期困扰各大高校发展的问题，为了谋求更好的发展，院校自身会产生出合并的意愿，并向高等教育管理体制中的决策者——政府表达。此外，政府对合并的学校给予的政策倾斜也会激发高校参与合并的动机。

———————————

① 江泽民. 在清华大学建校 90 周年庆祝大会上的讲话［R］. 光明日报，2001 - 04 - 29.

总之，我国的大学合并是一个复杂的现象，有其深刻的社会、经济、政治等原因。现实的、具体的高校合并可能不是仅仅出于某种单一的动机，而是多种动机的综合，是一个多因素的综合平衡过程。

二、对我国大学合并政策的反思

1. 大学合并政策制定和实施过程中的政府行为

正如威斯康星大学的范海斯校长所说："校园的边界就是国家的边界"。自从大学走出象牙塔以来，大学中的任何变革都不仅仅是靠历史的推动以及学校自发的诱致性变迁，而是靠政府的强权。而"教育政策过程，实际上是一个政治过程，既然是政治过程，就不完全是一个学术问题。甚至不完全是一个教育系统自身所能完全解决的事情"①。在我国的高等教育体制中，政府是高等教育的举办者和管理者，也是高等教育资源的所有者，绝大多数高等院校所据有的资源和各种可支配的机会和利益均来自于国家和政府，这一点决定了国家对高校的充分干预和控制，也决定了高校合并决策过程中政府行为的必然性。

当前高校的合并是国家层面的战略调整，涉及高等教育的宏观布局和结构，又处在体制转轨的特殊时期，不可能通过充分竞争和市场选择的途径来实现，政府在这一过程中起着不可替代的特殊作用。约翰·S. 布鲁贝克曾认为："高等教育越是卷入社会事务中，就越有必要用政治观点来看待它。就像战争意义太重大，不能完全交给将军们决定一样，高等教育也相当重要，不能完全留给教授们决定。"② 我国正处于经济体制转轨的特殊时期，市场体系尚不完善。高等教育自身也处在体制改革的关键时期，不具备充分参与竞争的条件。此外，大学合并是以合并学校的建制和机构全部或部分撤销为前提的，是管理体制改革中力度最大的一种形式。即使高校自身有合并重组的内在需求，但在合并过程中，涉及多方利益的冲突和损失，特别是被合并的一方，往往不愿意或者不会主动推动合并。同时，合并所需付出的高昂代价，院校自身难以承受。在这种情况下，必须

① 张力. 张力：教育政策制定过程实际上是一个政治过程 [EB/OL]. （2005 - 03 - 18）[2009 - 11 - 13]. http：//learning. sohu. com/20050318/n224743647. shtml.
② 约翰·S. 布鲁贝克. 高等教育哲学 [M]. 王承绪，等，译. 杭州：浙江教育出版社，1998：32.

加强政府的导向与推动作用。

我国的大学合并很大程度上是政府推动的，政府在大学合并中扮演了很重要的角色。政府对学校合并的方案，是从理顺关系、调整布局结构的大前提出发来考虑的，因此"并"的问题是由政府确定的；但是对于并校带来的多校区如何管理、院系如何设置、学科结构如何优化等问题，则主要由新建院校通过体制改革和创新来解决。如果在推动合并的过程中强加了较多的政府意志，合并个案的特殊背景与约束条件往往得不到足够的重视，政府一相情愿地对自认为可以合并在一起的大学进行动员、筹措，反复做工作以及一手包办到底的做法，导致许多高校的合并效果并不理想。以 A 大学为例，"我们当时也不是很清楚的。只是教育部下发了文件，支持这几个学校合并。尽管学校的校长们也去开会讨论了，但是仍然是没有心理准备的。而且合并也没有筹备期的……"①，"如果再回过头来，我觉得我们的大学合并应该有一个较长的准备期的。"而在政策支持上，尽管合并初期政府及有关部门给了原 A 大学相当多的政策优惠条件和经费支持合并，但是在执行的过程中仍然产生了偏差，甚至是不应该的。"政府支持合并不能停留在表面的文章上，既然合并是政府推动的，那么政府就应当承担这个责任的。不能是把学校合并在一起了，却不管以后的学校发展。最起码在政策扶持力度上应该加大。""合并是政府行为，那么在政策上就应该保证，经费支持上加大力度，不能只是一个政策把这些学校捆绑在一起，而对于学校如何发展却不怎么关注。至少是由若干年的扶持政策，不是说多少年不变，但是应该有优惠的吧，要给予照顾。合校后的学校发展要有经费上的保证，不能说合校后就不存在责任了。"

2. 大学合并的动力：知识驱动，还是经济、政治驱动

作为"控制高深知识和方法的社会机构"②，大学虽然能够为社会的政治、经济、文化发展提供服务，但它的这些服务首先也只能通过自身自主的发展，表现在知识的生产、传播和应用等。从我国这场高等教育管理体制改革的目标来看，强调的是通过高等教育管理体制的改革打破原有的"条块分割"格局，实现资源的合理配置。如前所述，高等教育的繁荣，主要靠其自身合理的制度结构和自主合理的发展来保证。无论来自于外界

---

① 引号中的内容为实地调研时的访谈记录，在后面的引号标注中，若未加特殊说明，同上。
② 伯顿·R. 克拉克. 高等教育系统——学术组织的跨国研究 ［M］. 王承绪，等，译. 杭州：杭州大学出版社，1994：10.

的要求多么强烈，在大学组织内部，都只能依靠一种能准确地判断和决定"什么样的潮流和需求有效的结构"才能做出正确的反应。在这样的情况下，我们实施这场高等教育管理体制改革时，需要的是根据高等教育的本质特征来建构一个高等教育的内在结构，而非将其他的经济的、政治的结构简单地移植到高等教育系统中。

实际上，大学合并绝对不是大学发展的最终愿景，它只能是高等教育发展的政策手段，是为了实现前述来自政府和来自高校的诸多动机的一种改革措施的手段。在分析我国大学合并的政策时，可以发现手段和目标之间存在着一定的断裂现象。比如，追求大学的卓越、创建世界一流大学的目标，其根本上是需要以"追求学术上的（知识上的）卓越"为推动力的，结果由于合并后规模的扩大、效率的下降，大学中的一些学术人员反而需要花更多的时间扮演行政角色，忽略了学术研究，这也说明了政策手段和政策目标间的不匹配。

高等教育管理体制改革，首先需要促进经济发展还是促进学术发展，这是需要我们认真思考的。如前所述，无论是对于国家竞争力的实现，还是对于大学的自身发展而言，通过合并获取到能够推动大学发展的以"对知识的操作为主要技术"的核心能力要素是合并的重要目的之一，基于此，对于大学合并这场高等教育管理体制改革而言，同样的，我们需要的是遵循"底层发展"的需求，而不一定首先来源于经济政治的发展而牵动的"顶层"需要。从大学的自身发展而言，大学合并的动力应该是以满足学术发展的实际需求出发，而非单纯的政治上或经济上的需要。因此，无论是高等教育机构还是政府，在制定和实施大学合并的政策时，都应该首先考虑这样的合并究竟能够为大学在"知识操作"上带来怎样的效果。

3. 政府主导的大学合并，是唯一的政策选择吗

我国 20 世纪 90 年代以来的这场大学合并，从整体上讲是一场政府主导的、自上而下的改革，但是，反思这次改革过程中以及改革发生之后存在的问题和取得的效果，不由得需要考虑的一个问题即是，今后如果在高等教育系统中发生类似的体制变革，"底层"因素是无法也不能忽略的。

一方面，诚如 Lang 所言，由政府所引发的高等教育变革方式，往往

朝向合并（merger）而非其他类型的机构合作方式①。此外，由政府所主导的合并，往往引发两种可能的后果，一是影响大学针对环境的变化寻找自身求取生存的机会，这违反了自然选择的原理。因为，大学合并是一种进化的过程，不能进化者（不论是否通过合并）就会消失；另外一种后果是伴随着合并容易滋生资源的独占。一旦资源稳固之后，也就减少了竞争的动力。由此可见，从政府层面来看，若要以追求大学的学术卓越为目标，也许可以考虑选择其他的机制，以促成高等教育机构之间的联结、竞争与合作。②

　　另一方面，从大学自身的特征来看，大学作为一个知识的组织，其核心力量是在其基层（底层）的，与此同时，由于它是现代社会的"心脏"，聚集了社会上几乎所有的利益集团的（特别是政治的、官僚的）影响，因此，高等教育体制的改革必然是包括学术因素在内的各种因素影响的整合的结果。在这一整合过程中，"底层"的学术因素与"顶层"的政治和官僚以及市场因素的协调尤为重要。正如前面所讨论过的，政府与高校之间的关系既是大学合并政策过程中的一股重要力量，同时，也是影响大学合并效果的重要因素，那么，从大学自身的核心能力的视角来看，若要实施类似于大学合并这样的高等教育变革，我们所需要的就不应该只是以"顶层"因素（政府力量）为主导，实行自上而下的改革，更应该强调的是以"底层"因素（以大学院校为主的力量）为主导，实行有利于调动各方面因素积极性的"下上结合"的改革。

　　此外，当提及大学合并政策时，许多文献引用企业界的合并作为借鉴和讨论的基础。"尽管高等教育的材料不同于企业组织、政府部门和许多非营利性机构，但并非所有各方面都有所不同：实际上，由于其他机构组织以知识、科学和专业为基础，它们与高等教育越来越相似。"③ 然而，需要注意的一点是，企业的成败与否是以利润来衡量的，而扩大市场占有额、降低成本都是提升利润的途径。若把这样的企业逻辑引入到高等教育中，就不是十分合适了。高等教育机构的成败是以其在学术、教学、服务上的表现来评定的，经济效率与大学学术发展、教学或服务功能之间

---

①②　Lang，D. W. A Lexicon of Inter-institutional Cooperation ［J］. Higher Education，2002，44（1）：153 - 183.

③　伯顿·R. 克拉克. 高等教育系统——学术组织的跨国研究 ［M］. 王承绪，等，译. 杭州：杭州大学出版社，1994：10.

有时可能是互相冲突的，企业的逻辑是不能完全应用到高等教育机构中的，因此，在考虑大学合并政策时，也不能完全将企业中的一些做法移植过来。①

三、大学合并政策的原则和出发点

1. 保持高等教育的多元化发展，避免统一模式

伯顿·克拉克曾经指出："实施高等教育的最差的办法就是把所有的鸡蛋往一个篮子里装——高等教育最忌讳单一僵化的模式。"② 多元化也可以促进高等教育的发展和变革，提高高等教育质量。高等教育等级结构的多元化本身蕴涵着一种激励竞争的机制，能够促使高等院校积极主动地提高教育质量。多元化也是我国当前高等教育应该为之努力的方向，应该建立多功能、多层次、多类型的高等教育系统，形成动态的、多样化的高等教育等级结构。诚然，院校合并是扩大规模和增强综合实力的重要举措，也是促进高校流动的重要因素。各个层次的高校必须清楚地认识到自己学校的历史地位、办学环境、办学条件、办学基础和现有水平，科学客观地做好自己的定位，切不可脱离学校的实际，盲目合并，一味追求高标准、追求提高办学层次，盲目提出办"综合大学"、办"一流大学"的目标。

2. 尊重高等教育自身规律，为合并后的融合发展创造条件

高等教育系统自身有着许多不同于一般组织的特征，它以高深知识为核心，以学术信念和学术文化作为组织象征，应该作为独立自主的主体存在。这些独有的特性使得学校在合并之后必然面临着学科与文化的整合等一系列难题，而且这些问题更多地要由学校自身完成。作为合并的决策机构，应该在长期连贯的政策体系中尽可能地为学校内部的这种整合管理创造条件，从制度和物质上给予充分支持。

---

① 需要说明的一点是，本研究后面章节内容中提到的"大学合并后的整合管理"以及"大学合并的效果评估"，虽然也借用了许多企业中的方法和思想，但总体而言是遵循高等教育自身发展规律的，并不是简单地移植。

② 伯顿·R. 克拉克. 高等教育系统——学术组织的跨国研究 [M]. 王承绪，等，译. 杭州：杭州大学出版社，1994：204.

四、大学合并政策制定与实施的建议

1. 合并前要做好充分的、科学的论证工作

院校合并是一项系统工程,其复杂性和艰巨性决定了高校合并必须经过认真分析、科学论证。

首先,要明确合并的目的,分析合并的必要性。要从实际出发,实事求是地分析合并的利弊得失,合并后能否达到预期目标?通过合并是利大于弊,还是弊大于利?合并要解决的问题还有没有更低成本的方式?政府要选准对象,什么样的高校合并最经济、最能增效。参与合并的高校则要冷静地、客观地分析合并的有利条件、合并的程度、合并的效益。若高校合并后整体效能大于各组成学校合并前独立运行的效能之和,而且这种整体效能是高校合并之前所达不到的,则合并是有效益的。

其次,要认真分析合并的条件。因为高校合并的范围是有限度的,不是任何高校都可以合并的。一要看学科是否有互补性,因为只有互补性,才可能实现学科交叉、渗透、融合和发展新兴边缘学科;二要看资源是否能够共享,是否能提高办学效益;三要看学校的总体实力和竞争力是否能够提升;四要看是否有利于提高教学质量,培养复合型、高素质、创造性的人才;五是要看是否有利于承担大型科研任务,实现科技创新,形成产、学、研一体化。

2. 制定科学、合理、可行的合并政策方案

对于经过充分论证有必要而且具备相应条件的学校,都要果断地进行合并。合并决定一经做出,随之就要进行更加深入细致的调查研究,认真制定一套切实可行的合并政策方案。方案是否科学、合理,不仅关系到合并政策能否顺利进行,而且关系到合并工作能否达到预期目的。各地方、各学校的实际情况不同,所以合并的方案也可以是多种多样。但方案的制订要遵循两个原则:一要保证平稳过渡,尽量不影响当前的教学和科研工作;二是要充分尊重合并前各校的传统特色,尽可能照顾各方的心态和利益,合并的进程及具体措施要能被各方所接受,最大限度地避免合并过程中可能出现的矛盾。

3. 政策的制定和实施中要做好充分有效的信息沟通

进行充分有效的信息沟通,提高参与者对合并的认识,力求达到共

识，是合并工作得以顺利开展并达到预期目的的必备条件。合并工作的决策部门必须与参与学校的管理层以及学校教职员工进行全面有效的沟通。从合并必要性和可行性论证到合并决定的做出，从合并方案的制订到每一步实施都应广泛征求学校方面的意见和建议，每一步行动都要有充分的宣传和沟通，只有这样，决策者的意图才能得到大多数人的理解和支持。高等院校是知识和人才高度密集的场所，也是科学、民主、理性气氛最浓厚的地方，领导行为只有获得教职员工从认知、情感到行动意向的全面认同才能产生应有的效应；反之，任何长官意志、家长作风都将遭到广大教职员工甚至学生的抵制。此外，信息沟通也可以使学校教职员工树立顾全大局、互谅互让、求同存异、共同发展的意识，使他们积极主动地参与到合并工作中来，最大限度地调动参与者的积极性，变被动为主动、变阻力为动力，促使合并工作早日见到实效。

4. 增加经费投入，建立价值补偿机制

经费的欠缺与减少，不仅会影响到合并院校的办学水平，影响到其发展和稳定，而且也会增加合并与融合的难度。同时，应对合并过程中必然存在的合理的利益损失，进行一定的价值补偿，有利于坚定并校的信心，降低因利益流失而导致的合并阻抗，缩短磨合期。对此，应对合并院校增加持续的经费投入，并建立相应的价值补偿机制。

5. 建立有效的合并评估机制

有效的评估机制具有诊断、反馈、动态调节的功能。建立高校合并的评估机制可以对合并之前的办学状态进行评估，从而明确合并的初始条件，预测合并的难点与难度；通过合并中的过程评估，及时诊断、纠正合并工作中的一些失误，使磨合的损耗降到最低限度，督促并校工作健康、有序地进行；合并后经过一段时间的正常运行再实施办学的综合效益评估，一方面可检查合并增效的情况，另一方面也有利于发现诸如结构性失衡等深层次问题，及时进行调整。

这种评估要着眼于整体效益，而不是单项效益，即评估经济效益和社会效益的总和。评估应主要从三方面进行：一是教学质量、科研水平的提高情况；二是办学实力的增强情况；三是社会地位、学术名望的确立情况。对于评估合格的高校，应给予更多的优惠和扶持政策，继续推进合并进程，使合并效益得到更大的发挥。对于评估不合格的高校，应敦促有关方面找出原因并采取相应的整改措施，使其在较短时间内实现真正的合

并；如果因种种原因近期内确实难以合并，则应果断停止合并进程，以免造成更大的损失。

6. 推动高等教育管理体制中中介组织的建立，通过中介组织来沟通政府与高校的联系

我国高校合并很大程度上是政府行为，这固然有积极的一面，但同时也应看到，政府行为的单一使用，使合并高校难以超越管理体制的界线而择优自由组合，客观上存在"拉郎配"、硬结合的短期行为。政府行为的过滥使用，也不能调动学校自身的积极性，难以按办学规律优化资源配置，使许多学校内部的问题又反弹给政府部门。今后应该尝试建立独立的由多方面人士组成的中介组织（各种专门的委员会），作为政府与高校之间的缓冲和协调机构，通过科学的评估和论证来帮助政府和高校进行改革。

第四章
我国大学合并的发生进程与合并模式

　　基于对我国 20 世纪 90 年代以来的大学合并的政策背景、政策过程以及合并的动因的考察和分析，可以发现，在这场大学合并中，更多地是以政府行政力量主导的大学合并，缺乏以建构核心能力为导向的合并战略思维。本章首先是对我国 20 世纪 90 年代以来的大学合并发生的过程作系统介绍，并分析了具有典型性的合并个案；在此基础上，我们将合并置于更为广阔的地理空间中加以考察，分析各国和地区的大学合并的过程和模式。基于国内外大学合并的发生情况，本章的最后总结出与大学核心能力形成与培育规律相对应的大学合并的模式，包括大学合并的结合模式（与谁合并）和运行模式（以何方式合并）。

第一节　我国大学合并的基本进程

　　自 1990 年以来，全国共有 31 个省、自治区、直辖市、60 多个国务院部门（单位）参与了这场大学合并改革，根据教育部《1990 年以来高校合并情况统计》①，截至 2006 年 5 月 15 日，我国共有各级各类普通高校（包括职业大学、成人学校、中专、技校等）1085 所参与了高校合并重组，最后组建了 431 所普通高校②，各年度合并高校的数量如下图所示。

---

①② 教育部. 1990 年以来高校合并情况 ［EB/OL］. ［2010 - 01 - 05］. http：// www. moe. edu. cn/
edoas/website18/58/info19558. htm.

由图可知，2000 年是我国大学合并的高峰年，根据参与合并高校的不同类型以及不同时期合并政策出台的不同动因，我国的大学合并大体上经历了四个阶段。①

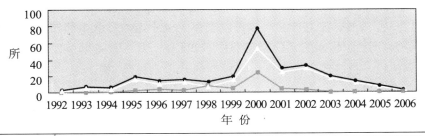

图 4－1　我国 1992 年以来大学合并基本情况

一、第一阶段：单科性院校的合并（1990 年—1995 年）

在 20 世纪 90 年代初期，追求规模效益和综合化的思想指导下进行合并，由于强调内涵扩大再生产，提高规模效益，政府部门通过体制改革将 20 世纪 50 年代遗留下来的一些小规模、专业设置重复的单科性院校进行合并，走综合化发展的道路。此外，将一些归属于不同部门的职工大学进行合并，例如，1992 年由 7 所院校合并成立的扬州大学、由无锡市机械工业联合职工大学等六所职工大学合并成立的无锡市职工大学等。

1992 年初，全国高等教育工作会议在扬州召开，会上总结了前一个时期高等教育管理体制改革的经验和不足，并确立了继续加大对高等教育管理体制改革的力度。以主管部门与地方政府共建以及高校间开展合作办学为主要形式的高校管理体制改革在全国迅速展开，同时，高校之间的合并被作为变革高等教育结构的一种机制加以运用。

1992 年 5 月，江苏农学院、扬州师范学院、扬州工学院、扬州医学院、江苏水利工程专科学校、江苏商业专科学校 6 所院校以及国家税务总局扬州培训中心合并组成新的扬州大学。合并组建前的这 7 家单位，分别

① 这里关于大学合并的阶段划分主要从大学合并的社会动因角度，部分观点借鉴了张慧洁的博士学位论文《巨型大学组织变革》，详见：张慧洁. 巨型大学组织变革［D］. 厦门：厦门大学：2003.

由江苏省教委、省水利厅、省商业厅、国家税务总局 4 个主管部门管辖。由此，扬州大学覆盖了一个很宽的学科范围，成为当时最具综合性的大学。扬州大学的合并组建开创了多学院合并办学的尝试，标志着我国高等学校大规模合并拉开了帷幕。

1993 年 2 月，中共中央、国务院发布了《中国教育改革和发展纲要》，对高等教育管理体制进行了详细阐述。1993 年 7 月，教育部又发出了"关于重点建设一批高等学校和重点学科点的若干意见"，提出了"211 工程"重点建设项目。

1993 年，国家教委又确定了广东省、上海市、机械工业部为高教管理体制改革的试点。广东作为国家教委确定的高教体制试点省，首先对工科类、经贸类和中等城市的高校进行结构性调整合并。

表 4 - 1   1990 年—1995 年我国大学合并基本情况①

合并后学校的名称	主管部门	参与合并学校的名称	合并时间
西安联合大学	陕西省	西安师范专科学校	1990 - 01 - 12
		西安大学	
蚌埠高等专科学校	安徽省	蚌埠食品工业专科学校	1990 - 06 - 06
		蚌埠联合大学	
辽阳师范专科学校	辽宁省	辽阳师范专科学校	1990 - 10 - 17
		辽阳大学	
		辽阳教育学院	
佛山大学	广东省	佛山大学	1990 - 12 - 19
		佛山师范专科学校	
武汉交通管理干部学院	交通部	武汉交通政治管理干部学院	1990 - 12 - 31
		长江航运职工大学	
郑州大学	河南省	郑州大学	1991 - 07 - 02
		黄河大学	

---

① 教育部 . 1990 年以来高校合并情况统计 [EB/OL]. [2010 - 01 - 06]. http://www. moe. edu. cn/edoas/website18/58/info19558. htm. 由于篇幅的限制，在表中只是选取了部分典型的合并事件，全部的大学合并数据可以参见附录，也可以直接到教育部网站上浏览。

续表

合并后学校的名称	主管部门	参与合并学校的名称	合并时间
扬州大学	江苏省	扬州工学院	1992 – 05 – 19
		扬州师范学院	
		江苏农学院	
		扬州医学院	
		江苏商业专科学校	
		江苏水利工程专科学校	
		国家税务局扬州培训中心	
无锡市职工大学	江苏省	无锡市职工大学	1992 – 05 – 29
		无锡市电子仪表工业局职工大学	
		无锡市机械工业联合职工大学	
		无锡市轻工业局职工大学	
		无锡市化学工业局职工大学	
		无锡机床厂职工大学	
北京经贸学院	北京市	北京经济学院	1992 – 06 – 06
		北京财贸学院	
北京工业大学	北京市	北京工业大学	1992 – 06 – 06
		北京计算机学院	
南昌大学	江西省	江西大学	1993 – 03 – 01
		江西工业大学	
天津医科大学	天津市	天津医学院	1993 – 12 – 03
		天津第二医学院	
云南工业大学	云南省	云南工学院	1993 – 12 – 06
		重庆建筑工程学院昆明分院	
		云南化工专科学校	
		成都电子科大昆明分部	

续表

合并后学校的名称	主管部门	参与合并学校的名称	合并时间
青岛大学	山东省	青岛大学 青岛医学院 山东纺织工学院 青岛师范专科学校	1993 - 12 - 07
东北农业大学	黑龙江省	东北农学院 黑龙江省农业管理干部学院	1994 - 02 - 01
湖南商学院	湖南省	湖南商业专科学校 湖南省商业管理干部学院	1994 - 02 - 05
华南理工大学	广东省	广东电力专科学校 华南理工大学	1995 - 03 - 11
广东工业大学	广东省	广东工学院 广东机械学院 华南建设学院（东院）	1995 - 03 - 11
广东外语外经贸大学	广东省	广州外国语学院 广州对外贸易学院 广东财税专科学校（筹）	1995 - 03 - 11

二、第二阶段：不同类型行业院校合并办综合性大学（1994年—1998年）

第二阶段是 20 世纪 90 年代末的扩张，中国高等教育正要迈进大众化阶段，由于扩招我国高校人数增多，陆续出现了一批学科门类颇为齐全、在校生人数达三、四万人以上规模的"航空母舰"型大学，例如，四川大学。

1993 年底，四川大学和成都科技大学在全国率先"强强合并"为四川联合大学，然而这场合并却并不顺利。在 20 世纪 50 年代的院系调整中，这两所大学原来同属于四川大学，仅为一条马路之隔。由于并校改革起步较早，缺乏经验，在前期的操作过程中过多地考虑了各方的格局、利益和情绪，没有一步到位实现实质性的合并，原有建制撤销了，无形的原有建制却依然存在①。直到 2000 年 9 月，四川大学和华西医科大学合并组建了新的四川大学，四川大学才有了新的发展。

上海市高等教育的一大特点是高校林立，部委所属高校多、"条块分割"严重、小而全。1994 年 5 月，上海市与国家教委签署共建复旦大学、上海交大、上海外国语大学的协议。与此同时，又做好中央部委院校转由上海市管理的工作和做好市内不同隶属关系高校的划转工作，不断调整上海市高校布局，进行院校之间的实体合并。此后的三年间到 1997 年 5 月为止，据不完全统计，上海市经过合并重组的具有影响力的高校就有上海大学、上海师范大学、上海铁道学院、上海理工大学、同济大学、华东师范大学。

解决"条块分割"的问题，主要矛盾在于妥当处理中央部委所属的 360 余所高校的管理体制。1997 年，党的"十五大"召开，根据党的"十五大"精神，中央国家机关的机构改革迈出了实质性步伐，一批工业部门被撤并，被撤并部委所属高校的归属问题，首先很现实地提上日程。

1998 年 1 月，在扬州召开高教管理体制改革经验交流会上，国务院副总理李岚清提出"共建、调整、合作、合并"的八字方针，部署了加大改革力度、加快改革步伐、全面推进改革的任务。

1998 年 7 月，国务院办公厅召开撤并部门所属学校管理体制调整工作会议，明确以撤并部委所属 91 所普通高校、72 所成人高校管理体制调整为契机，再用两三年时间，有计划地分期分批地解决部委高校管理体制问题。自此，高校合并开始提速并全面展开。在这一阶段大学合并的基本情况见下表。②

表 4 - 2　1994 年—1998 年我国大学合并基本情况

合并后学校	所属部门	参与合并的高校	合并时间
四川联合大学	国家教委	四川大学 成都科技大学	1993 - 11 - 24

---

① 卢铁城. 并校改革应把握的若干问题 [J]. 中国高等教育，2000（3）. 注：卢铁城为四川大学时任校长。

② 本表中的数据来源是：教育部. 1990 年以来高校合并情况统计 [EB/OL]. [2010 - 01 - 06]. http：//www. moe. edu. cn/edoas/website18/58/info19558. htm. 由于篇幅的限制，在表中只是选取了部分典型的合并事件，全部的大学合并数据可以参见附录，也可以直接到教育部网站上浏览。

续表

合并后学校	所属部门	参与合并的高校	合并时间
上海大学	上海市	上海工业大学	1994 - 04 - 25
		上海科技大学	
		上海大学	
		上海科技高等专科学校	
上海师范大学	上海市	上海师范大学	1994 - 04 - 25
		上海技术师范学院	
北京教育学院	北京市	北京教育学院	1994 - 06 - 28
		北京教育行政学院	
集美大学	福建省	集美航海学院（保留建制）	1994 - 10 - 08
		厦门水产学院	
		福建体育学院	
		集美财经高等专科学校	
		集美师范专科学校	
南开大学	国家教委	天津对外贸易学院	1994 - 11 - 15
		南开大学	
上海铁道大学	铁道部	上海铁道学院	1995 - 03 - 06
		上海铁道医学院	
苏州大学	江苏省	苏州蚕桑专科学校	1995 - 03 - 06
		苏州大学	
哈尔滨理工大学	机械部	哈尔滨科技大学	1995 - 04 - 05
		哈尔滨电工学院	
		哈尔滨工业高等专科学校	
武汉科技大学	冶金部	武汉钢铁学院	1995 - 04 - 05
		武汉建筑高等专科学校	
		武汉冶金医学高等专科学校	
华北电力大学	电力部	华北电力学院	1995 - 05 - 04
		北京动力经济学院	

续表

合并后学校	所属部门	参与合并的高校	合并时间
中国农业大学	农业部	北京农业大学	1995 - 05 - 24
		北京农业工程大学	
佳木斯大学	黑龙江省	佳木斯工学院	1995 - 06 - 27
		佳木斯医学院	
		佳木斯师范专科学校	
		佳木斯大学	
上海理工大学	机械部	华东工业大学	1996 - 05 - 28
		上海机械高等专科学校	
同济大学	国家教委 上海市	上海城建学院	1996 - 07 - 18
		上海建材学院	
		同济大学	
青海大学	青海省	青海大学	1997 - 08 - 13
		青海畜牧兽医学院	
中国人民公安大学	公安部	中国人民公安大学	1998 - 02 - 24
		中国人民警官大学	
新疆医科大学	新疆维吾尔 自治区	新疆医学院	1998 - 04 - 07
		新疆中医学院	
中国矿业大学	国家煤炭 工业局	中国矿业大学	1998 - 05 - 28
		北京煤炭管理干部学院	
北京科技大学	教育部	北京科技大学	1998 - 07 - 20
		北京冶金管理干部学院	

三、第三阶段：实力较强大学合并为"建设世界一流大学"（1998 年—2000 年）

第三阶段是世纪之交的合并，提出的口号是建设世界一流大学。由于世界的多极化、经济全球化、科学技术突飞猛进，对中国的高等教育形成了一个外在的压力，即中国要从一个高等教育大国发展成为一个高等教育强国，要由一批实力较强的大学建设成为世界一流大学。例如，浙江大学、北京大学、复旦大学等。

1998 年 5 月，江泽民总书记在北京大学百年校庆大会上提出，我国 21 世纪要建设若干所世界一流大学。在这一思想的指导下，为了整合教育资源、提高大学的综合实力，逐渐形成了新一轮的高校合并浪潮，高校合并出现了"强强合并"的特点。

1998 年 8 月，同根同源的原浙江大学、杭州大学、浙江医科大学、浙江农业大学合并组建新的浙江大学。中国教育界的第一艘巨型"航空母舰"开始浮出水面，这标志着我国组建高层次的高水平的综合性大学迈出了决定性的步伐，标志着我国层次高、规模大、学科齐全的真正综合性大学的诞生。①

1999 年底，清华大学与中央工艺美院合并组建新的清华大学。2000 年 4 月 3 日，北京大学和北京医科大学合并组建新北京大学。至此，代表我国高等教育最高水平的两所著名学府已分别采取了合并行动。

2000 年的春天，媒体频频出现高校合并信息。由于这些高校合并时间比较集中，仅四、五、六 3 个月就有中央部委所属 48 所高校合并组建 19 所巨型大学，且合并的高校中许多是名牌大学，这一年因而被人们称作高校的"合并年"。

2000 年 4 月 17 日，西安交通大学与西安医科大学、陕西财经学院合并组建新的西安交通大学。2000 年 5 月 26 日，华中理工大学、同济医科大学、武汉城市建设学院、武汉科技职工大学四校合并组建新的华中科技大学。2000 年 6 月 5 日，复旦大学与上海医科大学合并组建新的复旦大学。2000 年 6 月 12 日，吉林大学、吉林工业大学、白求恩医科大学、长春科技大学和长春邮电学院合并组建新的吉林大学，其规模超过了先前合并的浙江大学，成为全国最大的大学。

……

2000 年 8 月 2 日，原武汉大学、武汉水利电力大学、武汉测绘科技大学、湖北医科大学四校合并组建新的武汉大学。武汉大学的合并完成标志着国务院提出的 2000 年改革任务的完成。

① 周远清. 周远清教育文集 [M]. 北京：高等教育出版社，2001：536.

表 4 - 3　1998 年—2000 年我国大学合并基本情况①

合并后学校	所属部门	参与合并的高校	合并时间
浙江大学	教育部	浙江大学	1998 - 08 - 26
		杭州大学	
		浙江农业大学	
		浙江医科大学	
华东师范大学	教育部	华东师范大学	1998 - 08 - 26
		上海教育学院	
		上海第二教育学院	
东华大学	教育部	中国纺织大学	1999 - 08 - 13
		上海纺织高等专科学校	
上海交通大学	教育部	上海交通大学	1999 - 08 - 16
		上海农学院	
北华大学	吉林省	吉林师范学院	1999 - 09 - 01
		吉林医学院	
		吉林林学院	
		吉林电气化高等专科学校	
清华大学	教育部	清华大学	1999 - 09 - 22
		中央工艺美术学院	
中国科学技术大学	中国科学院	中国科学技术大学	1999 - 11 - 23
		合肥经济技术学院	
中国政法大学	教育部	中央政法管理干部学院	2000 - 02 - 28
		中国政法大学	
河海大学	教育部	常州水电机械制造职工大学	2000 - 02 - 28
		河海大学	

---

　　① 教育部《1990 年以来高校合并情况统计》〔EB/OL〕．〔2010 - 01 - 06〕．http：//www. moe. edu. cn/edoas/website18/58/info19558. htm. 由于篇幅的限制，在表中只是选取了部分典型的合并事件，全部的大学合并数据可以参见附录，也可以直接到教育部网站上浏览。

续表

合并后学校	所属部门	参与合并的高校	合并时间
北京信息工程学院	北京市	电子工业管理干部学院	2000 - 02 - 28
		北京成人电子工业学院	
		北京信息工程学院	
华中理工大学	教育部	武汉科技职工大学	2000 - 02 - 28
		华中理工大学	
中央财经大学	教育部	中央财政管理干部学院	2000 - 02 - 28
		中央财经大学	
三峡大学	湖北省	湖北三峡学院	2000 - 03 - 23
		武汉水利电力大学宜昌校区	
北京大学	教育部	北京大学	2000 - 03 - 31
		北京医科大学	
北京工业大学	北京市	北京工业大学	2000 - 04 - 05
		国家建材局管理干部学院	
重庆大学	教育部	重庆大学	2000 - 04 - 11
		重庆建筑大学	
		重庆建筑高等专科学校	
长安大学	教育部	西北建筑工程学院	2000 - 04 - 11
		西安工程学院	
		西安公路交通大学	
东南大学	教育部	东南大学	2000 - 04 - 11
		南京铁道医学院	
		南京交通高等专科学校	
西安交通大学	教育部	西安交通大学	2000 - 04 - 11
		西安医科大学	
		陕西财经学院	
中南财经政法大学	教育部	中南财经大学	2000 - 04 - 11
		中南政法大学	

续表

合并后学校	所属部门	参与合并的高校	合并时间
中南大学	教育部	中南工业大学 湖南医科大学 长沙铁道学院	2000 - 04 - 11
湖南大学	教育部	湖南大学 湖南财经学院	2000 - 04 - 11
同济大学	教育部	同济大学 上海铁道大学	2000 - 04 - 11
北方交通大学	教育部	北方交通大学 北京电力高等专科学校	2000 - 04 - 11
济南大学	山东省	山东建筑材料工业学院 济南联合大学	2000 - 04 - 20
复旦大学	教育部	复旦大学 上海医科大学	2000 - 04 - 21
武汉理工大学	教育部	武汉工业大学 武汉汽车工业大学 武汉交通科技大学	2000 - 05 - 23
华中科技大学	教育部	华中理工大学 同济医科大学 武汉城市建设学院	2000 - 05 - 23
哈尔滨工业大学	国防科工委	哈尔滨工业大学 哈尔滨建筑大学	2000 - 05 - 31
吉林大学	教育部	吉林大学 吉林工业大学 白求恩医科大学 长春科技大学 长春邮电学院	2000 - 06 - 05

续表

合并后学校	所属部门	参与合并的高校	合并时间
福建农林大学	福建省	福建农业大学	2000－06－05
		福建林学院	
郑州大学	河南省	郑州大学	2000－06－12
		郑州工业大学	
		河南医科大学	
对外经济贸易大学	教育部	对外经济贸易大学	2000－06－12
		中国金融学院	
山东大学	教育部	山东大学	2000－07－14
		山东医科大学	
		山东工业大学	
武汉大学	教育部	武汉大学	2000－07－16
		武汉水利电力大学	
		武汉测绘科技大学	
		湖北医科大学	
北京中医药大学	教育部	北京中医药大学	2000－07－26
		北京针灸骨伤学院	
四川大学	教育部	四川大学	2000－09－28
		华西医科大学	

四、第四阶段：地方高校合并（2000 年以后）

2000 年以后，我国的中央部委直属高校的大学合并基本上已经结束，我国的高等教育管理体制改革也已经告一段落，但是大学合并的进程并没有因此而结束。一方面，合并后的中央高校面临着合并后"冲突"伴随着的"阵痛"，需要对合并后新形成高校的各个方面进行不断地调整和完善；另一方面，在不同的省份，一些位于地级城市，并由地市投资、管理或省市共建，主要为本地市服务的普通本、专科公办高校（为便于表述，本文有时也使用"地市高校"这个概念），近些年来伴随着高校的合并进程，纷纷进行了高等教育资源的整合和优化，比较典型的有①：

2002 年 3 月，泰安师范专科学校、泰安教育学院、泰山乡镇企业职工大学、泰安市广播电视大学（资源）、泰安师范学校五所学校合并成立泰山学院，学校向着普通综合性本科院校方向发展。

2003 年 4 月，郴州师范高等专科学校、郴州医学高等专科学校、郴州教师进修学院和郴州师范学校合并组建成湘南学院，学校同时升格为综合性本科院校。

2004 年 5 月，南通医学院、南通工学院、南通师范学院合并组建的南通大学正式挂牌成立，该校现为江苏省属重点高校。

2006 年 3 月，由雁北师范学院、大同医学专科学校、大同职业技术学院、山西工业职业技术学院四所学校合并而成的山西大同大学成立……

合并作为我国高等教育管理体制改革中最为复杂、难度最大的形式，取得的成果已使我国原有高校管理体制发生了变化，通过改革基本形成了中央和省两级管理、以省级政府管理为主的新体制。

第二节　我国大学合并的案例分析

一、案例一：新 A 大学②

2000 年，由原 A 大学、a_1 大学、a_2 大学、a_3 学院、a_4 大学合并组建成新 A 大学，2004 年，a_5 大学移交教育部与 A 大学合并，成为新组建的 A 大学的又一部分。新 A 大学坐落在 A 省省会，是教育部直属的一所学科门类齐全的全国重点综合性大学，是首批进入"211 工程"的国家重点建设的大学之一，也是"985 工程"国家重点建设的大学之一。

1. 参与合并的各高校合并前的基本情况

合并前的 6 所学校，都有着自己的历史。在长期的办学中形成了不同的校园文化和风格，有着自己的特色和优势。

---

① 数据来源是：教育部.1990 年以来高校合并情况统计［EB/OL］.［2010-01-06］. http：//www. moe. edu. cn/edoas/website18/58/info19558. htm. 由于篇幅的限制，只是选取了部分典型的合并事件，全部的大学合并数据可以参见附录，也可以直接到教育部网站上浏览。

② 对 A 大学合并情况的介绍，一部分资料来源于 A 大学网站中"A 大学简介"，一部分资料整理于部分媒体对 A 大学的报道，如，《光明日报》《中国教育报》等，还有一些是来自于研究者赴 A 大学实地调研，对学校相关领导和教师访谈获得。

- 原 A 大学

原 A 大学是一所文理兼备的综合性全国重点大学，是国家基础科学研究和高层次人才培养的重要基地之一，隶属教育部管辖，其前身是××行政学院，创建于 1946 年，1958 年，学校改名为 A 大学。在长期的办学中形成了优良的校风和学风。

在 1952 年的院系调整中，国家计划在东北部属一所重点综合性大学，为学校增加了中文、历史、法律、经济等文科专业和数学、物理、化学等理科专业，并调入了北京大学、清华大学、燕京大学等名校的一批学科前沿教师，自此以后，A 大学的学科优势逐渐突现，在文学、历史学、考古学、数学、经济学、法学、物理、化学等学科实力位居全国前列，学校在发展过程中形成了优良的校风和学风，是一所文理兼备的综合性全国重点大学，为国家培养了大批优秀的高素质人才，取得了许多重大的高水平科研成果，是国家基础科学研究和高层次人才培养的重要基地之一。

原 A 大学有 54 个本科专业、85 个硕士点、35 个博士点、7 个博士后科研流动站，拥有 7 个国家重点学科、6 个国家基础科研与教学人才培养基地。全校有 3 个国家重点实验室，4 个教育部重点实验室，1 个教育部人文社科重点研究基地。藏书 251 万册的校图书馆被确定为联合国教科文组织、联合国工业发展组织和世界银行的藏书馆，是教育部综合性文科文献信息中心之一，并设有东北地区唯一的理科外国教材中心图书室。

- a_1 大学

a_1 大学是教育部直属的全国重点大学，是一所以工为主，以汽车、农机为优势与特色，理、工、管理、文相结合的多科性大学。学校组建于 1955 年，是由原交通大学、华中工学院和山东工学院的相关专业合并而成，1960 年，被国务院批准为全国重点大学，是我国汽车工业和机械工业培养高层次人才和解决重大科技问题的重要基地之一，被誉为"中国汽车农机工业人才的摇篮"。

合并前，学校设有汽车工程学院等 13 个学院、部，有 40 余个本(专)科专业，36 个硕士学科点，14 个博士学科点，2 个国家重点学科，即农业机械设计制造、汽车设计制造和 4 个博士后流动站。拥有国家重点实验室——汽车动荡模拟实验室、国家工科机械基础课程教学基地以及计算机中心、测试中心、材料微观分析中心、人机工程试验中心、柔性加工制造中心等各教学实验中心和 50 余个实验室。

- a_2 大学

原 a_2 大学合并前隶属国土资源部，a_2 大学是一所以地学为特色、以工为主、理工文管经兼备的多科性全国重点大学。该校的地学研究一直处于国内外的前沿，学科发展具有很强的优势，多名中科研院士、工程院院士在这里工作或学习过，师资力量是很强大的，是一所办学特色鲜明的多学科重点大学，为国家培养了大批矿产资源普查、勘探、开采、保护和综合利用方面的人才，并丰富了我国地球科学的理论研究。

- a_3 学院

a_3 学院隶属国家信息产业部管辖，是我国东北地区唯一一所信息通信类工科高等学校。合并前，学院设有 4 个系，4 个 4 年制本科生专业，2 个 3 年制专科生专业。学院设有计算机软件等 10 余个研究所（室），设有邮电第六实验工厂等校办企业，形成了以教学为中心，教学、科研、产业相结合的办学模式和勤奋、严谨、务实、创新的校风。合并前，尽管学校的综合实力不是很强，但属于国家部委院校，学生的就业还是比较不错的。

- a_4 大学

a_4 大学是卫生部直属的高等医学院校，主要为国家培养大批的医学人才。合并前，学校已设有基础医学院、预防医学院、信息学（医药）、第一临床医学院、第二临床医学院、第三临床医学院、口腔医学院、人文社会科学部、成人教育学院及一所中等卫生学校。

- a_5 大学

a_5 大学是培养部队后勤军官的综合性大学。学校办学历史悠久，其前身创建于 1953 年，是一所以军事兽医教育和军事后勤教育为特色的高等军事学校，隶属于中国人民解放军总后勤部，培养了大批高素养的军事后勤人才。

2. 合并发生的过程

自 1998 年以来，全国重点大学强强合并，蔚然成风。除了顺应我国经济社会发展的需要，响应国家建设一流高水平大学的号召外，还体现为大学寻求自身发展的内部动力，尤其是一些重点高校，随着知识经济全球化时代的到来，如何提升学校的竞争力，在国际高等教育激烈竞争中占有更好的地位。A 大学正是在这样的背景下谋求自身更好的发展的。

早在合并前，国家教育部会同有关部委即卫生部、信息产业部、国土资源部等进行了多次的沟通协商，经过反复论证和讨论，为这些学校的合并提供政策支持和保障。原 A 大学、a$_1$ 大学、a$_2$ 大学、a$_3$ 学院、a$_4$ 大学在相互沟通的情况下，从各个方面对合并作了大量的研究，各个学校的领导也多次召开会议讨论合并的相关事宜。

从学校领导的层面来讲，合并的前期工作还是不错的；但是具体到学校内部来说，教职工和在校学生的看法没有得到很好的认同，以至于在后期的合并中也受到了不同程度的震荡。

2000 年 6 月，教育部正式宣布成立新的 A 大学，从此，A 大学的合并进入实质性的阶段。合并初期，原则上以稳定大局为出发点，整体上人事变更不大，对原有的岗位基本上予以保留，但是，进行了相关的调整。教职工队伍的变动不是很明显，但是对领导层面的改革力度还是很大的。

2000 年 5 月，A 大学成立了合并领导小组，主要由原 5 个学校的高层领导和管理人员组成。首先，进行的是党政领导班子的调整，由原来的 a$_1$ 大学校长出任新组建学校的党委书记，原 A 大学党委书记担任新的 A 大学校长。领导班子成立后就对学校的各项工作进行了整合。

A 大学由 5 个不同历史渊源的学校组成，形式上的整合固然重要，感情上、思想上、心灵上的融合才是根本的融合。合并伊始，校长就提出要继承原五校的优良传统，凝练和塑造大学精神。学校党委也很重视师生员工思想上和精神上的融合，组织开展了"了解新 A 大、**热爱新 A 大、建设新 A 大**"的一系列活动，使师生全面了解新 A 大的校情，建立对新 A 大的感情。同时，在师生中开展"A 大精神"大讨论活动，开展丰富多彩的高品位校园文化建设，不断培育新 A 大精神，逐步实现全校师生在文化和精神上的融合。

学科融合和发展是大学发展的核心，也是实现合并优势的关键所在。新 A 大学成立后，学校领导班子就把学科的建设发展放在重要的位置上，通过院系调整、专业撤并、学科整合等多种途径以及相应的教师岗位变动来实现，合并了 47 个重复设置的专业，使专业布局与设置逐步趋于合理。同时，与相关学科交叉融合，产生了一些新兴的学科，如，2000 年成立的生物工程专业，就是利用医学和生物的交叉形成的。截至 2007 年底，A 大学已拥有本科专业 1129 个；国家级重点学科 17 个，一级学科博士授权点由 2000 年的 12 个增加到 18 个，博士授权点数由 2000 年的 91 个增加到 143 个，增幅达到 57%；硕士点数由 2000 年的 178 个增加到 245 个，增幅达到 35%。拥有 27 个博士后流动站，几百个具有现代化研究手段的实验室，其中教育部人文社会科学重点研究基地 6 个，国家重点实验室 5 个，教育部重点实验室 8 个，其他部委重点实验室 15 个。

2002 年 12 月，新一届领导班子接任，时任校党委书记不遗余力地提倡着大学精神，他说，五个学校融为一体，最根本的是学术传统和大学精神的传承与融合。在他看来，21 世纪的大学精神就其核心要素而言，包括了求真务实的科学精神，自由民主的人文精神，开放兼容的认同精神，与时俱进的创新精神和隆法明德的治校精神。要在这样的大学精神下，把 A 大学建成真正的学术共同体，使大家有共同的利益观、共同的价值观、共同的学术规范、共同的理想目标，全校师生都能够形成对 A 大学强烈的认同感、归属感，主动以主人公的心态来对待学校的事业，这样才可以说是实现了实质性融合。惟其如此，新 A 大学才有可能不断提高综合办学实力，实现由"大"到"强"的转变。

在组织结构的调整上，新 A 大学成立了学校、学部、学院三级学术委员会和学科建设办公室，实行学校、学部、学院三级管理的探索模式。针对合并初期设立的校区管理委员会、党工委组织协调各部门的工作仍然存在对各院系的管理上交叉、职能重合的现象，于 2003 年撤销了这些管委会和党工委，但是运行一段时间后仍然存在一些问题，尤其是后勤方面，信息沟通不畅，导致很多事情工作效率低下，总务在提供经费和处理上也带来诸多不便。所以，于 2004 年的下半年又启动了第二轮的学校治理改革。在各个校区设立专员办公室，由总校派遣 1 名专员到各个校区协调学校和各个校区、各个院系的以及设在校区的一些职能部门的工作。

2004 年 7 月，由于校长有新的任职，调离 A 大学，学校又产生了新的领导班子。

2004 年 8 月，a_5 大学正式并入 A 大学，称作农学部。至此，新的 A 大学成为拥有 6 个校区、9 个校园的全国最大规模的大学，其学科门类齐全，涵盖了哲学、经济学、法学、教育学、文学、历史学、理学、工学、农学、医学、管理学、军事学等 12 大学科门类。

3. 新 A 大学的基本情况

新 A 大学经过几年的努力，确实取得了很大的发展，尤其是发挥合并后学校的资源和学科整合方面的成就是显著的，科研实力不断增强，在国内外的声誉和知名度都有了很大的提高，大大增强了学校的综合竞争力。2003 年，A 大学顺应发展的需要，适时提出了向高水平研究型大学的目标迈进，力争"到 2010 年前后，把 A 大学建设成为一所在人才培养、科学研究、学科专业、师资队伍等方面在国内都有明显优势和特色，部分学科达到世界一流水平，在国际上有重要影响的社会主义综合大学"。即经过十年的努力，使 A 大学成为中国特别是东北地区高质量创新人才培养、高水平科学技术研究和成果转化、高层次决策咨询的重要基地，成为在国内有重要地位、在国际上有声望的国内一流研究型大学，从而实现江泽民同志提出的"把 A 大学建成一流的社会主义大学"的目标。

二、案例二：新 B 大学①

1998 年，原 B 大学、b_1 大学、b_2 大学、b_3 大学合并组建新的 B 大学。合并后的 B 大学，学科覆盖除军事以外的 11 个大门类。全校现共有115 个本科专业，39 个博士后流动站，具有一级学科博士学位授权点 41个，二级学科博士学位授权点 237 个，二级学科硕士学位授权点 312 个，另有临床医学专业博士学位授权点以及法律硕士（JM）、工商管理硕士（MBA）、公共管理硕士（MPA）、教育硕士、体育硕士、农业推广硕士、风景园林硕士、兽医硕士、公共卫生硕士、工程硕士、建筑学、临床医学、口腔医学 13 个专业硕士学位授权点。学校现有国家重点学科 24 个，国家重点（专业）实验室 13 个，国家工程（技术）研究中心 5 个，国家人文社科重点研究基地 3 个，国家基础科学研究和教学人才培养基地 7 个，国家工科基础课程教学基地 4 个，国家战略产业人才培养基地 3 个，国家大学生文化素质教育基地 1 个。

1. B 大学合并前的基本情况

B 大学是一所具有悠久历史的全国重点大学，成立于 1897 年，是中国近代史上效法西方学制最早自己创办的几所新式高等学府之一。1952 年，全国高等学校院系进行调整，B 大学的学科和院系设置发生了很大变动，其部分系科调整到省外兄弟院校，部分院系或独立成校或与其他院校组合重新建校。B 大学文学院、理学院的一部分、××大学的文理学院和××

---

① 对 B 大学合并情况的介绍，一部分资料来源于 B 大学网站中"学校大事记"（http://www.zju.edu.cn/xqzl/dsj/dsj4.htm）、"学校概况"（http://www.zju.edu.cn/xqzl/xygk/xygk.htm）和"B 大学历史沿革"（http://www.zju.edu.cn/xqzl/lsyg/lsyg.htm）；一部分资料整理于部分媒体对 B 大学的报道，如，《人民日报》《光明日报》《中国教育报》等。

师范专科学校合并，建立××师范学院，1958 年又与新建的 b_1 大学合并，定名 b_1 大学；B 大学的农学院单独分出成立 b_2 学院，1960 年更名为 b_2 大学；B 大学的医学院与省立医学院合并，成立 b_3 学院，1960 年更名为 b_3 大学。

2. B 大学合并的过程

关于 B 大学的合并过程，在 B 大学的网站上关于 B 大学历史上的重要大事记，有着这样的记载：

◆1997 年 3 月 2 日，苏步青、贝时璋、王淦昌、谈家桢向江泽民总书记写了"××省四高校合并"的建议信。

◆1997 年 4 月 3 日，在学校大操场举行了"B 大学建校一百周年庆祝大会"。国家、省（市）领导、社会知名人士、著名科学家和兄弟院校代表、来自海内外的校友与全校师生共 4 万余人参加了大会。会上，国务院副总理李岚清、全国人大副委员长卢嘉锡发表了重要讲话。

◆1998 年 8 月 26 日，国务院批准将 B 大学、b_1 大学、b_2 大学、b_3 大学四校合并组建成新的 B 大学。新 B 大学是教育部直属重点高校，实行教育部和××省共建共管。

◆1998 年 9 月 15 日，在 B 校区大操场举行了"新的 B 大学成立大会"。会上宣读了"教育部关于 B 大学、b_1 大学、b_2 大学、b_3 大学合并组建新的 B 大学的决定"，决定指出：四校合并组建新的 B 大学，是我国高等教育管理体制改革和布局调整的一项重大举措，对于面向 21 世纪在我国组建若干所规模大、层次高、学科门类齐全的综合性大学具有重要的示范意义，必将对我国高等教育的改革和发展产生重要而深远的影响。国务院副总理李岚清、教育部部长陈至立、中共××省委书记李泽民等国家、部（省）领导在会上作重要讲话。合校后的 B 大学拥有除军事学以外的 11 个门类学科，即哲学、文学、历史学、教育学、理学、经济学、法学、管理学、工学、农学、医学。

实际上，在 B 大学合并的背后，还有一些鲜为人知的故事，据 B 大学的一位老师介绍：

"就 B 大的合并，其实在 20 世纪 80 年代就要合……B 大一些老校友，他们在 b_1 大、b_2 大、b_3 大要回来……B 大合并的优势就在于这四个学校是同根同源的……解放之前，国民政府还是很重视 B 大学的……解放之后，我们学习苏联模式，专业化嘛，那就是进行重新调整。B 大学当时不是最强的，解放以后工科是最重要的，文科的话就分到 b_1、b_2 等大学，所以，这几所学校著名的校长、教授全都是 B 大的"，"20 世纪 80 年代初，改革开放政策刚刚出台，一部分以前老 B 大的学者出于怀旧之情，提出重新合并四校……后来 B 大的一个校长当了省委的人大副主任，以省的名义跟当时的中央教委报告，希望在合适的时间合并 B 大，当时只是一个规划"，"……但是（这个提议）没有通过。没有实现。原因在于这四所学校中有部属学校，还有省属高校，合并之后新学校应该属于省属还是部属，这个问题没有解决，所以没有合并。到了 20 世纪 90 年代，在 1993 年开始建设'211 工程'，1998 年开始建设'985'工程，江泽民在北大百年庆典中提到要建设若干所世界先进水平的一流大学。在这样的背景下，这个期间就有很多大学进行了合并。但是，在此之前的大学合并都不是很成功。所以，B 大的合并有一些政策的导向，它并不是最早开始合并的学校。但不同的是，B 大合并的几所学校都是同根同源的，在 90 年代末的时候，中科院的几位院士，如，苏步青他们，再次提出合校。同时，这一问题也引起了李岚清同志的高度关注，就促成了 B 大的合并。但是，B 大的合并和××大的合并不一样，是实质性的合并。从 1998 年底开始，到 2000 年合并基本上全部完成。总的来说，B 大的合并与其他高校的合并相比，B 大的合并是成功的。"

◆1998 年 10 月—1999 年 2 月，根据干部合理分流和精简机构的原则，学校确定了 33 个（2000 年 9 月，缩减至 25 个）机关部处和 13 个直属单位。

◆1999 年 5—7 月，进行学科调整和院系组建工作，形成了 20 个学院、69 个系的方案。它们是：经济学院、法学院、教育学院、人文学院、外国语学院、理学院、生命科学学院、机械与能源工程学院、材料与化学工程学院、电气工程学院、信息科学与工程学院（2003 年，独立出计算机科学与工程学院）、建筑工程学院、农业工程与食品科学学院、环境与资源学院、生物医学工程与仪器科学学院、农业与生物技术学院、动物科学学院、医学院、药学院、管理学院。2000 年，设有研究机构 140 个研究所（室）和国家、省部级科研基地 41 个。

在合并后的具体运行过程中，包括领导班子的安排、学科建设和院系调整等方面，B 大学有着自己的做法。在学科组织的改革方面，打破原有格局，新组建 20 个学院、30 个系，后又组建了计算机学院和软件学院，同时，大幅度进行专业的并、改、转；在教育教学改革方面，全面实施学分制，重点建设精品课程，加强教学方法、手段改革的力度；实行导师制，建立以宿舍为主的、专业和住宿地相结合的园区式管理体制；在科研组织改革方面，重点建立面向问题的交叉研究组织，对各方面的研究力量进行重新整合，在光通信、集成电路、微系统、脑科学、生物资源与功能基因组等领域组建了一批交叉研究中心，并按照鼓励跨学科研究的原则组织了一批中长期重点项目；在人事制度改革方面，强化人才的流动与师资队伍结构的优化，通过逐步提高教师评聘的标准，改革岗位聘任和职称评审制度等机制性改革，加速优化师资队伍，以不断缩小师资队伍结构与世界先进水平的差距①。

"B 大合并的模式在当时是不同于其他学校的。很多高校在合并的时候并没有实质性合并。各校的财务还是比较独立的，甚至人事制度、管理模式都有自行其是的例子。但是，B 大不同，B 大合并的时候，四校的财务马上冻结，同质的院系必须合并。"

在校级和院系领导的安排方面，B 大学的做法是"一竿子到底"：

"当时四个学校的校级干部加起来有 38 位，要减少 12 位，难度大得不得了，有几个渠道，一个渠道是分流到别的学校去，如，××大学的校长是我们的副校长，还有一位去了××大学做常务副校长，b_1 大也有副校长派到地方院校里去了，这是一批分流的。还有一批年龄大的，比如，56、57 岁的，那就下来了，退了一批。还有原来是校长的后来变得没有职务了，这也不少，原来 b_1 大学校长就下来当教授，也有好几个校长往院级干部走，现在管理学院的常务副院长就是 b_1 大学的副校长。学问搞得也不错，下来后没有位子了，设为常务副院长。还有一个 b_2 大学的副校长下来后变成了中层干部，被低聘了。所以我们的干部安排，也是按照这个来，大部分处级干部也没有岗位，处级干部变一般的干部，有些就转岗当教授。这一点我们做得比较彻底，干部全部推倒重来，按照新的要求重新考核上岗，那是很关键的，如果还是按照原来弄，校区观念很重的，这是一个做得比较好的彻底的干部任用制度。我们各个学院的院长也外聘了好多个，如，我们经济学院的院长是请的，管理学院院长也是请的，都是一些大牌的教授。

---

①　徐有智，叶辉. 浙江大学实施"985 工程"有巨变 [N]. 光明日报，2003 - 05 - 12.

在学科建设方面：

"当初考虑合并的时候，主要就是考虑到一流大学要有多学科，建立综合型大学。解放前 B 大本来就是综合型大学，后来被拆了。影响了 B 大的综合实力，因此，希望通过合并来再建综合型的 B 大。多学科、综合型的目的在合并后是达到了，B 大的农科、医科、工科都比较强大了。实力提升了很多，在学科排名、综合实力上，B 大都有很大进步。合并后学校采取的是实质性合并，相关专业、学院都进行了整合，因此，专业融合得还比较顺利。"

合并之后，在学科建设方面还是出现了一定的问题，特别是有一些教师反映：

"对文科院系的重视不够""主要以工科的标准来要求其他学科，肯定是不合适的。……虽然说合并是为了多学科，但是也不能说只有多学科才是世界一流，我们知道很多国外单科大学也很有影响力。为什么我们要提倡多学科，这可能有一个历史原因，50 年代的专业大学建制，到今天影响了我们大学的发展和实力。……但是，单纯量的堆积也不能说能促进大学的整体实力，真正重要的还是在学科之间进行互补融合。现在都讲究交叉学科，合并后如果你不能利用这个优势，那就没有利用好多学科的优势。大学的学科在进入综合化后，要进行交流、整合，而不能再自行其是。B 大在这方面还在走学科内的整合，学科间的交流整合还不多见，将来要想走在前列，就要利用好多学科的优势，注重学科间的交流。"

也正是因为这样，在对待合并的态度方面：

"一些人文学科的老师，可能就会觉得合并不好，因为他们老觉得合并到 B 大里对学科发展的氛围等并不是很好，还有老师之间的差异也会造成虽合并，但对问题的看法不同。对研究能力很强的老师来说，可能觉得更好，但是对教学能力强的老师来说，他的看法就不同。那么，这些老师也是从自己的利益出发来看待这个问题。完全置身事外来看待合并的老师肯定是没有的。"

对于四校合并组建新的 B 大学，中央领导同志和教育主管部门曾高度评价了它的重大意义："这不但是 B 大学历史上的一个新的里程碑，而且也是中国高等教育史上重要的一页。"教育部希望 B 大学勇于改革、大胆探索，"在高等教育改革与发展中起好示范带头作用。"①

第三节　世界一些国家和地区的大学合并

1960 年以后，伴随社会公众对高等教育需求的不断增加，科学技术使得知识发现和传播的方式以及速度产生了革命性的变化，大学之间在争取教职员工、学生、资源以至国际层面上的学术地位方面都有了重大的转变，合并成为各国重组高等教育机构的主要措施②。尤其是 1980 年以来，西方的一些国家由于新自由主义核心公共管理运动的影响，对效率效益效能的重视，合并成为政府减少大学院校数量，扩大高等教育规模、降低成本、提高学校竞争力、追求学术卓越的重要策略③。"他山之石，可以攻玉"，以国际的视野分析其他国家和地区大学合并的历程，有助于我们了解世界范围内大学合并活动的发展动态，从而对我国 20 世纪 90 年代以来的这场大学合并改革有更为开阔、立体化的认识。

一、美国的大学合并

在美国，大学合并具有长期的历史，美国最早的高等教育整并记录可追溯到 20 世纪 40 年代，当时的合并主要是以私立学校为主。近年来，美国越来越多的大学走上了合并的道路，仅 2001 年上半年，就有 12 所大学合并。④

（1）位于伊利诺伊州湖区森林（Lake Forest）的巴赖特学院（Barat College）并入芝加哥市的德保罗大学（DePaul University），成为该大学的一部分；

（2）纽约州的塔瑞镇的玛丽蒙特学院（Marymount College）与位于布朗克斯（Bronx）的福特汉姆大学（Fordam University）合并，成为后者的一个分校区；

---

① 徐有智，叶辉. 浙江大学实施"985 工程"有巨变［N］. 光明日报，2003 - 05 - 12.
② 戴晓霞. 高等教育整并之国际比较［J］. 教育研究集刊，2003，49（2）：144.
③ 同②，第 145 页.
④ 数据资料来源：王发明，蔡宁. 中国和美国大学合并的比较分析［J］. 高等农业教育，2006（3）；刘宝存. 美国大学掀起合并狂潮［N］. 科学时报，2001 - 07 - 26.

（3）阿里安特大学（Alliant University）与美国国际大学（U. S. International University）合并，组建成阿里安特国际大学（Alliant International University），新组建的大学在加州拥有 5 个校区，并在墨西哥城和内罗毕设有分校；

（4）公立的两年制的维斯塔克学院（Westark College）并入阿肯色大学系统，成为阿肯色大学的福特·史密斯（Fort Smith）分校；

（5）位于下曼哈顿地区（Lower Manhattan）的保险学院（College of Insurance），并入位于昆西（Queens）的圣约翰大学（St. John's University）；

（6）位于佐治亚州亚特兰大的佐治亚浸理会护理学院（Georgia Baptist College of Nursing）并入佐治亚州麦肯市（Macon）的默柯大学（Mercer University）。

另外，还有一些大学正在谈判商讨合并事宜。例如，美国—路易斯大学（National—Louis University）和罗斯福大学（Roosevelt University）、纳什维尔法律学院（Nashville School of Law）和田纳西州立大学（Tennessee State University）、南新英格兰法律学院（Southern New England School of Law）和马萨诸塞达他茅斯大学（University of Massachusetts Dartmouth），都在商量怎样合并的事。

据中国台湾学者陈丽珠研究表明，在美国还有好几百所类似规模的高等教育学府将面临关闭或合并的命运，其决定之关键因素乃是在学校的规模[①]。在 2001 年，美国并入其他大学的院校都是些规模较小的文理学院和专门学院，其中大部分是私立学校。例如，并入德保罗大学的巴赖特学院原是一所罗马天主教派办的文理学院，它已具有 143 年的历史；并入福特汉姆大学的玛丽蒙特学院成立于 1907 年，是一所罗马天主教派办的女子学院；并入圣约翰大学的保险学院原是一所仅有 360 名学生的专门学院；并入阿肯色大学系统并成为阿肯色大学的福特·史密斯分校的维斯塔克学院，原来是一所公立两年制学院。

实际上，对这些并入其他大学的院校来说，与人合并大都是迫不得已的事情。它们要么关门大吉，要么与其他大学合并。在这些弱小的学校

---

① 陈丽珠. 大学整并政策的规模经济观点与盲点 [EB/OL]. [2010 - 01 - 06]. http：// www3. nccu. edu. tw/ ~ tangcm/ doc/ 2. html/ article/ E219. pdf.

中，女子学院首当其冲。在 1960 年，全国大约有 300 所女子学院，到 1998 年只剩下 80 所，其余的 220 所要么关闭了，要么合并了。富兰克林—马歇尔学院院长理查德·尼德勒指出：经济不景气正在迫使这些处境艰难的大学创造性地探讨生存下去的办法，但非常难，就连一些所谓的专家也难以告诉这些学校有什么生存下去的技巧。

二、澳大利亚的大学合并

澳大利亚在过去的四十年间曾经多次利用大学合并的方式来解决高等教育机构重复设置以及学校分散、规模过小等问题，根据 Harman 教授等人的研究，总体来讲，澳大利亚经历过三次大的大学合并浪潮。①

第一次是在 1960 年—1981 年间澳大利亚二元式高等教育系统的形成。1965 年，"澳大利亚第三级教育未来委员会"（Committee on the Future of Tertiary Education in Australia）提交了《马丁报告书》，建议另外设立以职业培训与专业教学为导向的［高等教育学院］（Colleges of Advanced Education，CAEs），以替代学术及研究导向的传统大学之扩张，依据此报告书，当时的澳大利亚政府试图通过合并单科学院、继续教育和多科技术学院，形成一些规模大一些的大学（但是并不同于原来已有的大学），最终在全国创造一个与大学并存的二元式高等教育系统（a binary or two-fold higher education system）②，也就是说将一部分大学集中于研究工作，另一类大学则侧重技术人员及专业人员的培训，其中以理工院校和高级进修学院为主③，由此，导致了澳大利亚高等教育管理体制实行了 20 多年的二元高等教育体制。

第二次合并浪潮是在 1981 年—1987 年间。当时，CAEs 的发展非常迅速，到了 20 世纪 70 年代初期，已经形成了 90 所左右的高级教育学院

---

① Harman, K. Merging divergent campus cultures into coherent educational communities: Challenges for higher education leaders ［J］. Higher Education, 2002: 44, 91 – 114; Harman, K., & Meek, L. Introduction to special issue: "Merger revisited: international perspectives on mergers in higher education" ［J］. Higher Education, 2002: 44, 1 – 4.

② Skodvin, Ole-Jacob. Mergers in higher education: Success or failure ［J］. Tertiary Education and Management, 1999 (5): 65 – 80.

③ 莫家豪. 全球化与大学整并：国际的经验 ［EB/OL］. ［2010 – 01 – 06］. http://www3. nccu. edu. tw/ ~ tangcm/doc/2. html/article/E219. pdf.

（CAEs），其中，不少是小规模的专科学院，并不具备规模经济效益。出于高等教育经费的考虑，1981年，澳大利亚政府决定将30所与教师培训相关的教师进修学院与其他机构合并，否则，政府就不再给这些单位提供经费。①

第三次合并浪潮发生在1987年—1991年，这次合并也是在澳大利亚高等教育历史上规模最大、最剧烈的一次合并。在澳大利亚当时的教育部长John Dawkins的领导下，通过合并策略，将澳大利亚的高等教育管理体制由双轨制变成一元统一的国家体系。

1987年6月，约翰·道金斯（John Dawkins）出任澳大利亚教育部部长职务，随即对高等教育、技术教育和远程教育等方面进行了根本性的变革。他在教育绿皮书《高等教育：政策讨论书》（*Higher Education：A Policy Discussion Paper*）及1988年公布的教育白皮书《高等教育：政策声明》（*Higher Education：A Policy Statement*）中宣布"废除为大学和CAEs提供不同经费待遇的二元高等教育制度"，所有的高等教育学校必须提出正式的申请加入到国家统一教育体系（Unified National System，UNS）以便有资格获取联邦教育经费的继续支持。有三个等级的学校可以获准进入到国家统一教育体系中，每一个等级的高等学校都有自己的基准②：

• 只有拥有2000名以上全日制学生的学校才有资格成为统一国家教育体系的成员。

• 拥有5000—8000名全日制学生的学校才有资格在全部教学领域和部分科研活动上得到政府资金的支持。

• 拥有8000名以上全日制学生的大学并且有宽厚的教学和资源通过重要性的一部分简介从事研究性活动。

这项政策出台之后，各州依据各自大学原有的情况，纷纷进行合并或改制，主要的做法有以下三种方式③：

（1）将高级教育学院并入已有大学，例如，悉尼教育学院（Sydney Institute of Education）、护理学院（Institute of Nursing Studies of Sydney

---

① 戴晓霞. 高等教育整并之国际比较 [J]. 教育研究集刊，2003，49（2）：144.

② Grant Harman. A Merger that Failed：The Case of the University Of New England [J]. Higher Education Quarterly，1993，47（2）：133 – 135.

③ 陈丽珠. 大学整并政策的规模经济观点与盲点 [EB/OL]. [2010 – 01 – 06]. http：// www3. nccu. edu. tw/ ~ tangcm/doc/2. html/article/E219. pdf.

CAE)、Cumberland 卫生科学学院（Cumberland College of Health Sciences）、悉尼艺术学院（Sydney College of the Arts）及新南威尔士音乐学院（NSW Conservatorium of Music）被并入悉尼大学（University of Sydney）。这类合并由原来已有的大学主导，也沿用原来已有的大学名称。

（2）由高级教育学院（或部分 CAEs）之间或高级教育学院和技术学院合并成立新大学。例如，新英格兰大学由前英格兰大学和 ArmidaleCAE 以及北方河高级教育学院（Northern River CAE）和后来加入的南威尔士州中西部的奥林奇派农业学院（OAC）合并而成①；西部悉尼大学（University of Western Sydney）是由 Macarthur 高等教育学院、Nepean CAE 及 Hawkesbury 农业学院合并而成。悉尼科技大学（University of Technology Sydney）则是由 Kuring-gai 高级教育学院和技术及成人教育学院（Institute of Technical and Adult Education）合并而成。

（3）将个别高级教育学院提升为大学，例如，堪培拉大学（University of Canberra）即是由 Canberra 高级教育学院改制而成。

经过此次大学合并改革，澳大利亚的高等教育机构数量大幅度减少，据台湾学者戴晓霞的介绍，以 1994 年为例，19 所大学和 44 所学院（CAEs）经过合并及升格之后，只剩下 36 所大学，大大减轻了国家高等教育的财政压力，提升了大学院校的教育竞争力。②

三、英国的大学合并

第二次世界大战之后，为了满足社会对高等教育的需求，英国政府最初计划将若干所大学中的学院（university colleges）升格为大学、成立高级技术学院（Colleges of Advanced Technology, CATs）。1963 年，《罗宾斯报告》（Robbins Report）提出"每个能力及学术成绩符合高等教育要求的青年，都应该享有接受高等教育的机会"，该报告认为，让更多的人接受高等教育不但能够提升英国的竞争力，促进社会人口的进步，更主要的是这

---

① 新英格兰大学的合并后来证明是澳大利亚大学合并中的一个失败案例，关于新英格兰大学合并的背景、发生过程以及失败的原因，在第五章中有详细的介绍。另外，也可以参考：Grant Harman. A Merger that Failed: The Case of the University of New England [J]. Higher Education Quarterly, 1993, 47 (2): 133-135.

② 戴晓霞. 英国及澳洲高等教育改革政策之比较研究 [J]. 教育政策论坛, 1999 (2), 128-156.

本身就是公民权利的体现，这也是英国高等教育发展的主要依据。① 与澳大利亚当时的情况类似，1966 年，《多元技术学院及其他学院规划》（*A Plan for Polytechnics and other Colleges*）白皮书，构建英国的高等教育二元体系结构，成立了若干所高级技术学院，并将原有的艺术、教育、技术类专科学院合并为 30 所多元技术学院，以满足社会各界对高等教育的需求。②

1991 年，英国政府出台《高等教育白皮书：一个新框架》（*Higher Education: A New Framework*），1992 年又颁布了《继续教育及高等教育法案》，同意将多元技术学院改名为大学，并且具有和大学相等的地位，为此制定了一个消除边界划分的时间表，宣称在新的规划之下将会有"在高等教育机构中有更多的合作和调整"③，该政策对英国的高等教育产生了深远的影响④。根据 Harman 教授的介绍，1992 年—1997 年，英国一共有 25 所小型学院被并入较大的机构中⑤，至此，英国自 20 世纪 60 年代中期以来形成的双轨制高等教育体制宣告终止。

进入 21 世纪以来，英国的高等教育又经历了一次大学合并浪潮，比较典型的例子⑥有：

（1）北伦敦大学与伦敦市政大学⑦

2002 年 8 月 1 日，英国北伦敦大学（University of North London）与伦敦市政大学（London Guildhall University）宣布正式合并为伦敦城市大学

① 戴晓霞. 高等教育整并之国际比较 [J]. 教育研究集刊，2003，49（2）：144.

② 陈丽珠. 大学整并政策的规模经济观点与盲点 [EB/OL]. [2010-01-06]. http://www3. nccu. edu. tw/~tangcm/doc/2. html/article/E219. pdf.

③ Rosalind M. O. Pritchard: Mergers and Linkages in British Higher Education [J]. Higher Education Quarterly，1993，47（2）.

④ 有学者专门针对英国高等教育中的合并和联合政策对英国高等教育所产生的影响作了详细的研究，参见：Rosalind M. O. Pritchard: Mergers and Linkages in British Higher Education [J]. Higher Education Quarterly，1993，47（2）.

⑤ Harman, G. & Harman, K. M. Institutional Mergers in Higher Education: Lessons from International Experience [J]. Tertiary Education and Management，2003（9）：29-44.

⑥ 关于英国大学的合并情况，除了下文介绍的两个合并例子之外，在附录中还提供了英国乔丹希尔教育学院与斯特拉思克莱德的大学合并，该案例来自于乔丹希尔教育学院与斯特拉思克莱德大学的校长 Arbuthnott J. P. 和 Bone, T. R. 合写的一篇文章（Arbuthnott, J. P. and Bone, T. R. Anatomy of a Merger [J]. Higher Education Quarterly，1993，47（2）.），在文章中对 1993 年这两所学校合并的原因、合并时间的选择、前人经验的影响和主要当事者（参议院、学术团体、学生、相关组织等）的态度等进行了详细分析，详见附录。

⑦ 参见伦敦城市大学中文网站：http://www. londonmet. cn/lsyg. htm.

(London Metropolitan University)。前北伦敦大学和伦敦市政大学都位于伦敦市中心，均具有百年以上的历史（分别建校于 1896 年和 1848 年）。合并后的伦敦城市大学位于伦敦的商业中心及东、北伦敦，拥有在校生34000 多人，是全英国第三大综合性大学、伦敦地区最大的大学。学校的学科范围广泛，设有不同程度的课程，不仅有本科层次和研究生层次的课程，还有进修课程、短期课程班以及专业的资格认证课程。合并后的伦敦城市大学有两个校区，分别位于伦敦北二区和伦敦商业中心，共有十三个中心点、十四个院系。

（2）英国伦敦大学的帝国学院（Imperial College）及大学学院（University College London，即 UCL）

2002 年 10 月 14 日，英国伦敦大学的帝国学院（Imperial College）及大学学院（UCL）宣布正在洽谈合并事宜，谋求合并成为"世界第一"的超级大学，新大学最快在 2004 年面世。两所大学一向列在英国大学排名榜前六名之内，两所大学期望通过合并在教育市场上成为"全球玩家"。当时，这场有关合并的谈判也带来了很大的争议，虽然估计这两所大学合并之后学生人数有 27000 人，经费将达到 96 亿港币，每年研究经费也可能超过 49 亿港币①，但该校教师协会却表示，大学学院近两年经费已经严重亏损，合并仅是一种绝望时求生的妥协。而真正的核心问题在于政府长期以来缩减高等教育经费导致长期的经费不足，英国的大学目前已经处在危机中，并已危及高等教育的质量。②

四、日本的大学合并

2002 年，日本文部科学省（原文部省）公布了全国 101 所公立大学合并协商情况的资料。数据显示，已有 24 所大学同意合并，其中有 12 所大学已提出具体的合并对象。③

---

① 莫家豪. 全球化与大学整并：国际的经验［C］//淡江大学教育学院高等教育中心. 大学整并理念与策略学术研讨会议文集，2002.

② 陈丽珠. 大学整并政策的规模经济观点与盲点［EB/OL］.［2010 - 01 - 06］. http：//www3. nccu. edu. tw/ ~ tangcm/doc/2. html/article/E219. pdf.

③ 黄荣村. 国立大学整并现况的检讨与未来展望［EB/OL］//汤志民. 台湾高等教育扩张与整并之探析.［2010 - 01 - 06］. http：//www3. nccu. edu. tw/ ~ tangcm/doc/2. html/article/E219. pdf.

首先，已同意合并的 24 所大学包括：（1）2001 年 10 月合并，2002 年春季入学的学校，主要有：筑波大学和图书馆情报大学、山梨大学和山梨医科大学；（2）2003 年 10 月合并，2004 年春季入学的学校有：东京商船大学和东京水产大学、福州大学和福井医科大学、神户大学和神户商船大学、岛根大学和岛根医科大学、香川大学和香川医科大学、高知大学和高知医科大学、九州岛大学和九州岛艺工大学、佐贺大学和佐贺医大、大分大学和大分医大、宫崎大学和宫崎医大等。

其次，明确提出了合并对象的 12 所大学包括：群马大学和埼玉大学、新潟大学和上越教育大学、富山大学和高冈短期大学和富山医药大学、岐阜大学和市立岐阜药科大学（公立）、静冈大学和滨松大学、滋贺大学和滋贺医大、大阪教育大学和大阪大学和大阪外国语大学等，除了新潟大学、岐阜大学、大阪教育大学之外，其他将进行合并的学校均已提出合并后的学校名称。

根据日本 2003 年 3 月的一份报告，预计在未来的三年里日本 99 所国立大学中至少有 35 所大学计划合并，即到 2005 年 4 月，国立大学的数目将降到 80 所。究其原因，一是日本是世界上出生率最低的国家之一；二是年轻人在人口中的比例下降，由此带来了大学招生的严重不足。[1]

五、中国台湾地区的大学合并

近年来，为了提升台湾岛内高等教育的竞争力，应对来自岛内外的竞争和挑战，台湾省"教育部"于 2000 年初出台了首部"大学教育政策白皮书草案"，强调为避免教育资源浪费、教育质量下降，未来将不再新设公立大学，并鼓励学校合并、转型，以提高公立大学的容量。2000 年 2 月，促成嘉义师院与嘉义技术学院合并为嘉义大学，同时，鼓励各校依地域性、教学性质及学校形态各自发展大学系统及区域联盟。"教育部"强调，高校合并主要有三种方式：（1）校际合作；（2）策略联盟；（3）学校合并[2]。由于合并计划遭遇到不少阻力，台湾"教育部"又以提供经费诱因的方式，鼓励大学以组成大学系统、跨校研究中心及合并等多种方式

① 陈剑琦，编译. 日本大学的合并 [J]. 比较教育研究，2003（8）.
② 台湾首部大学教育政策白皮书草案出台 [EB/OL]. [2010 - 01 - 07]. http://www. moe. edu. cn/edoas/website18/68/info7368. htm.

以共享资源，主要的合作案例①有：

（1）阳明、中央、清华、交通四所大学宣布成立"台湾联合大学系统"（2002 年 3 月），合作领域将跨各领域，设立四校共同研究中心，包括：教育发展中心、脑科学研究中心与纳米科技研究中心等研究领域，以提升国际竞争力；

（2）台大、政大、成大、中山大学合组"台湾大学系统"（2002 年 3 月），将设总校长统筹四校资源整合问题；

（3）台湾大学、国立台北师范大学商量合并；

（4）台湾大学和中山大学在通识教育课程及纳米、生物、海洋科技等重点领域研究计划联盟；

（5）国立台湾师范大学与国立台湾科技大学研议合并，并签约战略联盟（2001 年 12 月）；

（6）国立台湾师范大学、国立台北大学、国立中兴大学与国立中正大学签署合作意愿书，计划将设立六个跨校研究中心，成立"台湾综合大学系统"（2002 年 3 月）；

（7）国立高雄师范大学与国立高雄应用科技大学签订战略联盟（2002 年 2 月）；

（8）台南师范学院、国立彰化师范大学、国立高雄师范大学、国立台北师范学院、市立台北师范学院、新竹师范、台中师范、台南师范、屏东师范、台东师范及花莲师范等全台 11 所师范院校共组"台湾联合师范大学系统"；

（9）中央警察大学与嘉义中正大学完成学术合作备忘录签署，将进行图书、网络信息共享交流，犯罪防治、鉴识两系所学分互修；

（10）淡江大学与东海、东吴、辅仁、文化、中原、逢甲、静宜等 8 所私立大学结盟，达成学分互相承认、图书资源共享等共识；

（11）台北市立师范学院及体育学院合并为"台北市立首府大学"；

（12）花莲师院与东华大学商议合并。

除了大学之外，台湾的技术专业院校和职业学院也在商议合并。比如，在台湾省"教育部"的主导下，推动台中技术学院、台中护理专校及

_____

① 汤志民. 台湾高等教育扩张与整并之探析 ［EB/OL］. ［2010 - 01 - 07］. http：//www3. nccu. edu. tw/ ~ tangcm/doc/2. html/article/E219. pdf.

勤益技术学院三所技专院校合并成立"国立台中科技大学";此外,由昆山科技大学、大华技术学院、明新技术学院及岭东技术学院四校缔结形成了台湾第一个技职体系的策略联盟——"新世纪技职策略联盟",这几所学校跨越北、中、南,有助于吸纳各地的学子。

六、中国香港地区的大学合并提议

2002 年,香港政府提议将香港中文大学(Chinese University)和香港科技大学(The Hong Kong University of Science and Technology)合并。两所大学分别从各自的观点出发,对合并的可行性及其利弊做出了研究。香港中文大学为此组织成立了专门的"探讨大学整合专责小组",就两校合并的"可取性和可行性",举行了十次会议,仔细地研究了各项需要处理的问题,并广泛地咨询了中文大学的全校师生和已毕业校友的意见,形成了《香港中文大学探讨大学整合专责小组向校董会提交之报告》,① 建议校董会应该"表明意愿,欲与政府及科大就进一步发展进行磋商,以期对众多需关注的事项取得理解,才决定是否进行整合"②,而香港政府则需要"正式表明,整合的目的是要提升素质,建立一所有能力与国际最高水平竞争的大学,而并非为了削减成本;政府亦应表明,整合之后,对每名学生的资助额,不会因大学规模加大或效益有所增加而向下调整,好让整合后的大学有资源去达到它的各项目标。"③ "政府原则上也要答应承担大学在过渡期间的额外行政开支(作为成立新大学的前期投入),也要负责斥资兴建新教学楼及办公室,以应付学系和部门搬迁时的需要。政府应与大学磋商此类支出的资助额"④,"从联邦制逐渐过渡至全面合并"。⑤

2003 年 8 月,香港大学教育资助委员会成立了工作小组,由赖能教授(Professor John Niland)出任小组召集人及会议主持。2003 年 8 月至 2004年 1 月期间,工作小组七度召开会议,重点讨论以下两方面的问题:香港高等教育界院校整合构思的可行性及可取性;香港中文大学与香港科技大学进行院校整合(特别是通过合并模式)的潜在利弊,并提交了院校整合

---

①②③④⑤ 香港中文大学秘书长办公室.香港中文大学探讨大学整合专责小组向校董会提交之报告[EB/OL].(2003 - 01 - 29)[2006 - 12 - 18]. http://www.cuhk.edu.hk/cpr/pressrelease/integration-c.pdf.

工作小组报告"香港高等教育院校整合工作意义重大"。①

据有关报道，这两所大学的许多学生和教师都反对合并，他们通过互联网进行了信息联合，表示坚决反对这一合并计划。香港科技大学做了一次民意调查，发现有86%的教师和85%的学生反对合并②。虽然校方声称这一合并计划没有讨论的余地，两所大学的合并计划是势在必行，但香港科技大学的教授们认为，当大多数教师反对这两所大学合并时，这一合并计划的实施将是很困难的③。经过几年的讨论，截至2006年，两所大学仍未合并成功。

通过上述对世界各国和地区大学合并情况的介绍，我们可以看出，各个国家和地区的大学合并都是在不同的政治、经济、文化、高等教育管理体制等条件下提出并展开的，合并的目标和具体的合并途径既有着相似之处，也存在着不少的差异。由此也可以看出，大学合并与不同的文化和经济模式以及学术价值观等也有着复杂的联系，而且从各个国家和地区合并发展的实际状况来看，合并也并非是一个世界高等教育发展的必然趋势，需要看不同国家和地区的需要以及各所大学的实际情况。而事实上，无论是澳大利亚新英格兰大学合并的失败、英国伦敦帝国学院合并谈判的未成功，还是香港科技大学和香港中文大学的合并提议遭到广大师生的反对，都告诉了我们合并本身并不一定是引导大学发展的唯一途径。

第四节 我国大学合并的结合模式与运行模式

从我国以及世界其他国家和地区大学合并的发生情况（包括未发生，仅有合并提议的）来看，大学合并可以有许多不同类型，比如，中央部门所属学校与地方院校之间的合并、中央部门所属学校之间的合并、地方所属院校之间的合并；几所学校结成战略联盟、跨校研究中心合作等。对这些不同的合并情况加以梳理和分析，可以从以下两个方面加以分析，即与谁合并——大学合并的结合模式；如何合并——大学合并的运行模式。如前所述，为了培育和发展大学的核心能力，在合并对象的选取和合并方式

① 赖能教授（Professor John Niland A C）．《香港高等教育：院校整合意义重大》院校整合工作小组报告［R/OL］．［2006－12－18］．http：//www.legco.hk/yr03－04/chinese/panels/ed/papers/ed-ugcrpt-c.pdf.

②③ 贾莉莉．香港两所大学合并受阻［J］．比较教育研究，2003（6）．

中，需要强调的一点，即是"相关性"。

一、结合模式——与谁合并

结合的模式是指大学合并对象的选择方式，即谁和谁合并的问题。以我国 20 世纪 90 年代以来的大学合并为例，媒体上更多报道的即是"强强联合"，提及大学合并首先想到的便是这种结合模式，即实力都较强的大学合并组成一所新的大学，其目标是创建世界一流的、高水平的大学，比较典型的便是北京大学与北京医科大学的合并。这种结合模式很有吸引力，但实际上并非所有的大学合并都能完全达到这样的目标。

Harman. G 和 Harman. K. M① 曾将高等教育的合并以对比的方式分成以下几类，这些分类实际上也体现出了合并的结合模式以及影响合并效果的因素。

（1）自愿与非自愿的合并（voluntary and involuntary mergers）。前者是指由高等教育机构主动实施的合并；后者是指受到外在压力而采取的合并。从前述对我国 20 世纪 90 年代以来的大学合并政策分析来看，我国的大学合并多数情况为非自愿的合并，类似的还有澳大利亚 20 世纪 90 年代以来的大学合并，而日本和美国许多学校的合并则是由学校发起的、自愿的合并。

（2）合并与兼并（consolidation and take-overs）。这是指不同规模的高校之间的合并。合并是指规模相近的机构合并成一个新的机构，即我们在第二章中所介绍的 ABC 模式；兼并是指规模小一些的机构被并入到大机构中，即我们所说的 ABA_1 模式。②

（3）单一单位与跨单位合并（single sector and corss-sectoral mergers）。前者涉及单一高等教育单位的合并，后者则涉及多个单位。以澳大利亚为例，在 1980 年前主要都是教育进修学院进行的合并，20 世纪 80 年代后期则涉及了原先的大学与进修教育学院的合并。

（4）两者与多者的合并（two-partner and multi-partner mergers）。从参与合并学校的数量来看，两者的合并是指只有两个机构的合并；多者的合

---

① Harman. G, Harman. K. M. Institutional Mergers in Higher Education: Lessons from International Experience [J]. Tertiary Education and Management, 2003 (9): 29 - 44.
② 在本章后面的内容中，对这两种结合模式将有详细的介绍。

并则是指两者以上的合并，通常情况下是若干个规模比较小的机构，希望通过合并形成较大的机构，以获得竞争优势。比如，我国20世纪90年代初期成立的新扬州大学、浙江大学以及吉林大学，均是由多个机构合并组成的新大学。

（5）相似与不同的学术取向合并（similar and different academic profile megers）。前者指相同学术领域的合并，或者可称为水平的合并（horizontal merger），后者指不同的学术领域，或者可称为垂直的合并（vertical meger）。前者的合并较具有共同性，但也正因为同质性比较强，所以会涉及重复设置专业的统合、课程的削减、招生人数的减少等问题。

在我国，根据大学合并发生的具体情况，大致可以分为以下几种类型：①按照学校隶属关系来看，可以分为中央部门所属学校与地方院校之间的合并、中央部门所属学校之间的合并、地方所属院校之间的合并；②按照学校的办学层次来分，可以分为本科院校之间的相互合并、本专科院校的相互合并、专科院校的相互合并；③按照学校的办学实力来分，可分为强强式合并、强中式合并、强弱式合并、中中式合并、中弱式合并、弱弱式合并六种。

实际上，对于大学合并的结合模式，我们可以利用经济学在研究企业并购时使用的一些概念，并且将把它们发展成一种简单的可用于解释高等教育合并的模式。在经济学中，合并按照合并双方行业相互关系划分，可以分为垂直合并（或纵向合并）、水平合并（或横向合并）和混合合并。基于这样的划分，我们提出大学合并的以下几种结合模式。

1. 垂直合并

垂直合并的发生是基于这样一个理念，即在工业中存在连续的生产序列，处于系列早期阶段的更靠近原材料，处于系列末期阶段的更靠近成品。在垂直兼并中，同一工业部门的两个公司合并，一个在产业链的早期，一个在其后期，这种"在端点"（end-on）的意味使得这种合并像是垂直的[①]。在高等教育中，对人才的培养和科学研究是其主要任务，高等教育组织同样存在着一条以"知识的保存、传播、生产、应用和转化"为主要任务的"生产链"，其中以研究为主的机构，主要承担着知识生产、

---

① 部分观点参考：Rosalind M. O. Pritchard：Mergers and Linkages in British Higher Education [J]. Higher Education Quarterly, 1993, 47（2）.

应用和转化的作用，更像处于"生产链"的末端，最终以培养出的研究生和研究获得的"知识成果"为"成品"，而以教学功能为主的大学或学院（教学型大学或科研教学型大学），则是以"保存和传递知识为主要任务"，更多地处于"生产链"的前端，以培养本（专）科层次的学生为主。因此，垂直合并就可以被看做是发生在附属于大学的研究机构与大学之间的合并，或者培养研究生的机构与培养本科生的机构之间的合并，这里的合并经常是有着相同或者相近的研究领域（或院校性质的），发生在处于不同学术水平的机构之间。比如，农业大学与农业专科学校的合并、师范大学或教育学院与师范专科学校之间的合并等。

以我国这场大学合并为例，发生于研究型大学与普通本科院校或者是专科院校之间的合并：例如，2000 年 2 月，中央政法管理干部学院并入中国政法大学；2000 年 3 月，上海医学高等专科学校并入上海中医药大学；2000 年 6 月，中国金融学院并入对外经济贸易大学等①。或者是大学与其附属的研究机构之间的合并，比如，2001 年 4 月，中国农业科学院柑橘研究所和四川畜牧兽医学院并入西南农业大学②——均是这种垂直型合并，从合并后形成新大学的模式来看，大多为 ABA_1 型，即处于"生产链"前端的高校 B 并入处于"生产链"末端的大学 A，最终融入 A 中形成新的大学 A_1。如图 4-2 所示。

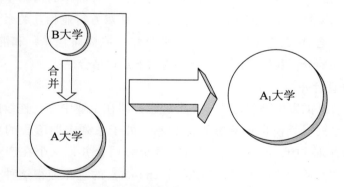

图 4-2　大学合并的结合模式：垂直合并

①② 数据来源：教育部. 1990 年以来高校合并情况统计［EB/OL］.［2010-01-07］. http://www.moe.edu.cn/edoas/website18/58/info19558.htm. 由于篇幅的限制，在举例中只是选取了部分典型的合并事件，全部的大学合并数据可以参见附录，也可以直接到教育部网站上浏览。

2. 水平合并

水平合并或横向合并是在同一行业中发生的合并，有着同样的或重合的顾客，处于生产的同一阶段。从管理学的角度来讲，这是最难成功的合并之一，因为他们包括许多复杂的问题。特别是当合并的主体是在不同的地区的时候。在高等教育中，两个有着相似的声誉的大学之间的合并就可以作为水平合并的例子，典型的水平合并即为我们通常所说的"强强联合"，特别是学校性质类似、水平相当，这样的合并实际上也是最难发生的，可能会面临着许多的冲突。在我国20世纪90年代以来发生的大学合并中，典型的水平合并的例子有①：1993年12月，天津医学院和天津第二医学院合并成立天津医科大学；1998年2月，中国人民公安大学和中国人民警官大学合并成立新中国人民公安大学；2000年4月，上海铁道大学和同济大学合并，成立新同济大学；2000年5月，哈尔滨工业大学和哈尔滨建筑大学合并成立新哈尔滨工业大学；2000年4月，重庆建筑高等专科学校，重庆建筑大学与重庆大学合并成立新重庆大学等。当然，对于重庆大学合并案例来说，由于出现了多个机构的合并，因此其中混合了水平合并和垂直合并两种形式，但是以水平合并为主。水平合并的模式如下图所示：

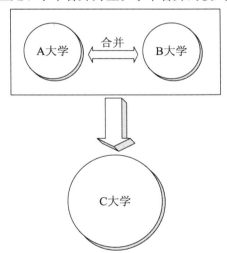

图4－3　大学合并的结合模式：水平合并

---

① 数据来源：教育部．1990年以来高校合并情况统计［EB/OL］．［2010－01－07］. http://www.moe.edu.cn/edoas/website18/58/info19558.htm. 由于篇幅的限制．在举例中只是选取了部分典型的合并案例，全部的大学合并数据可参见附录，也可直接到教育部网站上浏览。

3. 混合合并

混合合并是生产不同产品的公司之间的合并，他们有不同的顾客和分配关系。这种合并能够带来多样性，有利于扩展生产领域或者在新生领域中立足。在高等教育中，两个有不同研究领域的大学之间的合并就可以看做是混合合并，又可以分为水平混合与垂直混合两种。

（1）水平混合合并。主要是指两所或多所办学条件相似、水平相当的单科性院校，通过合并实现学科互补或学科交叉，共同创建综合性大学，提高办学效益；或者是为了弥补原来的综合性大学中学科不足，将部分高水平的医科大学、师范大学等与综合性大学合并，组建新的学科门类齐全的综合性大学，这种情况在我国比较典型的就是将医科大学并入到综合性大学中。比如，2000 年 5 月，北京大学和北京医科大学合并组建新北京大学；2001 年 11 月，中山医科大学与中山大学合并组建新中山大学；2000 年 4 月，上海医科大学与复旦大学合并组建新复旦大学；2000 年 9 月，四川大学与华西医科大学合并组建新四川大学；2005 年 7 月，上海交通大学与上海第二医科大学合并组建新上海交通大学。另一类水平混合合并即是将若干所单科院校合并，打造"航空母舰"式的大规模的综合大学，在我国的典型合并事例有：1998 年 9 月，浙江大学、杭州大学、浙江医学院、浙江农学院四所学校合并组建"航空母舰"式的大学——新浙江大学；2000 年 6 月，吉林大学、吉林工业大学、白求恩医科大学、长春科技大

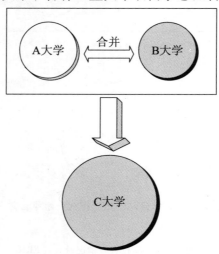

图 4 - 4 大学合并的结合模式：水平混合合并

学、长春邮电学院五所学校合并组建新吉林大学；2000 年 7 月，武汉大
学、武汉水利电力大学、武汉测绘科技大学和湖北医科大学合并组建新武
汉大学等；2000 年 7 月，山东大学、山东医科大学、山东工业大学合并组
建新山东大学；2005 年 7 月，西南农业大学和西南师范大学合并成立西南
大学等。

　（2）垂直混合合并。主要是指综合性大学为了弥补自身的学科门类不
全，将部分单科性质的专科学校或者研究机构并入学校中，类似于水平混
合合并中将部分单科学校并入综合性大学中，只是这里多是指不同研究领
域、不同培养层次的机构之间的合并。例如，1999 年 9 月，中央工艺美术
学院并入清华大学；2002 年 8 月，黑龙江省物资职工大学和黑龙江省物资
学校并入哈尔滨师范大学；2002 年 12 月，太原市教育学院、太原师范学
校、太原市园林技校并入太原大学。

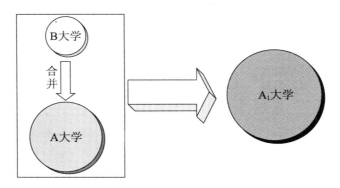

图 4 - 5　大学合并的结合模式：垂直混合合并

二、运行模式——以何方式合并

1. 高等教育机构之间的合作方式

大学合并的运行模式，是指不同的大学以什么样的方式合并在一起。
从世界范围来看，合并并非大学合作的唯一方式，除此之外，还有联盟、
邦联、附属等不同的模式。台湾学者戴晓霞参考相关学者的研究成果，将
高等教育机构之间的合作方式（注：在戴晓霞的文章中，称之为"整并"）
分为以下四种类型[1]：

---

[1]　戴晓霞. 高等教育整并之国际比较 [J]. 教育研究集刊，2003，49（2）：144.

（1）联盟（consortia）。联盟是指几所高等教育机构在自愿或非自愿的条件下协议组成联盟，联盟组织与其原有的成员是分开的，原校的法人资格和行政级别不变，独立办学，单独核算，独立运行。总校（联盟）集中规划建设发展，统筹调整专业设置。新结成的总校（联盟）本身拥有独立的资产与负债、董事会、内部章程；联盟的董事会通常由成员机构的校长组成，并且由董事会聘用联盟的行政主管人员；联盟有自己的职员和预算、收入；联盟成员之间的合作只限于某些活动或服务，其关系较为松散，会员各有独立的资源、角色、目标等；联盟成员可以脱离联盟，特别是大型联盟，会员的进出并不影响联盟的运作；联盟成员可以是同质的（例如，全为大学院校），也可以是异质的（例如，包括大学、技术学院、专科院校甚至是中小学、公司等）。例如，2002 年 3 月，台湾阳明、"中央"、清华、交通四所大学宣布成立"台湾联合大学系统"；台南师范学院、"国立"彰化师范大学、"国立"高雄师范大学、"国立"台北师范学院、市立台北师范学院、新竹师范、台中师范、台南师范、屏东师范、台东师范及花莲师范全台 11 所师范院校共组"台湾联合师范大学系统"等均属于以战略结盟的形式进行的大学之间的合作。联盟的运作模式如图 4－6 所示。

图 4－6　高等教育机构之间的合作方式：联盟模式

（2）附属（affiliation）。附属的合作关系通常发生在大学和没有颁发学位权力的机构之间，最常见于医院和大学所建立的合作关系。附属的主要特征包括：附属模式基本上是一种双边协议，只包含两个机构；高等教育机构可以同时和不同的机构组成附属的整合关系；附属模式不影响参与机构的自主，也不包含资源的重新分配；在附属模式中，通常只有一方有颁授学位的权力；在形成附属关系的院校和机构在学术领域上各有所长，所提供的课程通常不会有重叠。附属的运作模式如图 4－7 所示。

图 4－7　高等教育机构之间的合作方式：附属模式

（3）邦联（confederation/federation）。英国的牛津、剑桥和伦敦大学都是典型的邦联大学。邦联大学的主要特色包括：参与机构的资产与负债独立；参与机构虽有颁发学位的法定权力，但是由主要大学（principal university）来负责学术水平的评估并颁发学位。学生可以在任何参与的机构中选课学习；邦联的主要好处是可以促进机构间的合作，同时在不增加成本的情况下，增加课程的多样性；参与机构保有聘用教师的权力，但其学术水平必须要符合主大学的要求；由于参与机构的财务状况不一，为了维持学术水平，有些主要大学也会将会员机构的收入重新分配，以协助经费不足的机构。例如，1994 年，四川大学与成都科技大学合并成立四川联合大学，便是以邦联的形式合作（虽然诸多因素导致这次合并并未成功）。邦联的运作模式如图 4－8 所示。

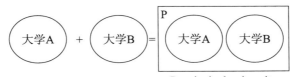

图 4－8　高等教育机构之间的合作方式：邦联模式

（4）合并（consolidation/amalgamation）和兼并/购并（merger/acquisition）。合并是指两个或两个以上原本独立的机构放弃其原本独立的法律地位、自主和文化认同，整合成一个新的机构，原机构所有的资产、负债、责任，包括人员都转移到新组成的机构；兼并则是一个较大的组织将一个较小的组织吸纳进去，其资产、负债、责任、人员完全由较大的组织承受。我国 20 世纪 90 年代以来的大学合并改革以及澳大利亚 20 世纪 80 年代末以来的大学合并，都是采用合并或兼并的形式进行的。合并和兼并的运作模式如图 4－9 和图 4－10 所示。

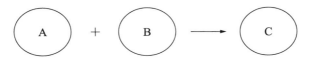

图 4－9　高等教育机构之间的合作方式：合并模式

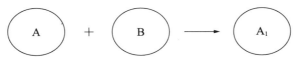

图 4－10　高等教育机构之间的合作方式：兼并模式

这四种合作方式之间的比较如表4－4所示。

表4－4　不同的高等教育机构合作方式比较①

	联　盟	附　属	邦　联	合　并	兼　并
机构名称	不变	不变	不变	新名称	保留主并大学名称
招生	独立	独立	半独立（入学标准需要符合主并大学的规定标准）	由新大学负责	由主并大学负责
教师聘用、考核	独立	独立	半独立（必须符合主并大学规定的考核要求和聘任标准）	由新大学负责	由主并大学负责
公共经费	独立	独立	由主并大学统筹	由新大学统筹	由主并大学统筹
课程设置	独立	独立	半独立（由主并大学监督）	由新大学负责	需要征得主并大学的同意
授予学位	独立	由大学授予学位	由主并大学授予学位	由新大学授予学位	由主并大学授予学位

2. 大学合并的实现模式

从我国大学合并改革的实际情况来看，无论是水平合并、垂直合并还是混合合并，合并之后形成的机构类型无非有两种——完全的新机构或者是以合并前某一学校为主的新机构。这也是我国大学合并的两种运行模式，即 ABC 模式和 ABA$_1$ 模式，两种模式如图4－11所示。

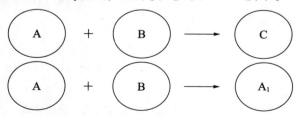

图4－11　大学合并的两种实现模式

---

① 该表改编自：戴晓霞. 高等教育整并之国际比较［J］. 教育研究集刊, 2003, 49（2）: 153. 由于语言表达习惯上有所不同，所以根据我国大陆地区易于理解的语言表达习惯略作修改.

表 4 - 5　大学合并的不同实现模式比较

		ABC 模式（合并）	ABA₁ 模式（兼并）
参与合并的机构	A	取消	继续存在
	B	取消	取消
	C	新成立	——
办学规模和办学条件		A 和 B 规模相当	A 大 B 小
合并前的学校类型		相似，通常为单科型院校	不同，通常 A 为综合性大学，B 为单科型院校
学校名称		新校名	沿用 A 校的校名
学校管理机构		新组建	以 A 校的为主
学校学科专业设置		重新调整建立院系	以 A 校的为主

3. 大学合并后的实体关系

对于合并后形成的新机构，不管是 A₁ 还是 C，根据合并之后的原有各实体之间的关系，又可以分为不同的模式，我国有学者将之归纳为：紧密型联合、松散型联合和半紧密型联合①。参考这一分类，本研究认为，从合并后各个实体之间的关系来看，可以将大学合并后的运行模式分为一元型、联邦型和准联邦型。

（1）一元型合并。一元型合并是指合并前各自独立的高等教育机构所拥有的校园、学院和系、人员，都组织在一个共同的组织中，合并后的大学采用一元化的领导管理体制。新的组织只有一个校长，一个学术委员会，一个统一的管理系统，合并前一些机构的名字甚至也完全消失。权力的重点集中在大学的顶层，与传统大学的领导管理体制基本相同，学校是一个统一的法人。

一元型合并的优点是统一管理，避免重复机构设置，如果管理得当会带来成本的节约，产生协同效益。一元型合并的主要缺点主要集中在以下几个方面：第一，合并的难度比较大，将两套或更多的领导班子合成一套，就不可避免地产生了领导者的过剩，一些原先的领导者将会失去自己的领导岗位，这必然使得合并面对来自领导层的阻力，增加合并的难度。

① 叶复生，葛锁网. 高校联合的理论与实践研究［J］. 教育研究，1998（11）.

第二，存在无形资产的流失问题，合并后一些学校原先的名称会消失，这就意味这些学校原先拥有的无形资产流逝，与之相关的产业、校友会等资源会受到相当程度的影响。第三，整合人力资源系统、学术管理系统、学校行政系统的过程是一个非常复杂且耗费巨大的工程。第四，有可能出现规模不经济的问题，超大的学校可能需要增加更多的管理层级，增加行政人员的数量，导致信息传递缓慢，管理效率下降，组织凝聚力降低等问题。第五，多校区问题，多校区管理对于新的大学来说也是一个挑战，校区之间地理位置的间隔给学校的管理、资源共享带来了很多麻烦，往返于校区之间的时间和交通费用常常会大大增加学校的办学成本，造成浪费。

这种合并模式一般适用于参与合并的高校数量较少，原有学校的隶属关系简单，彼此都面临生存危机或具有互补效应的情况下选用，而且采用这种合并模式时，通常需要外界的压力和支持，比如，来自政府的政策倾斜和经费支持等。一般来讲，涉及合并学校数较少的、以垂直合并或者垂直混合合并的结合模式进行合并的高校，在合并后可以选择这种运行方式。

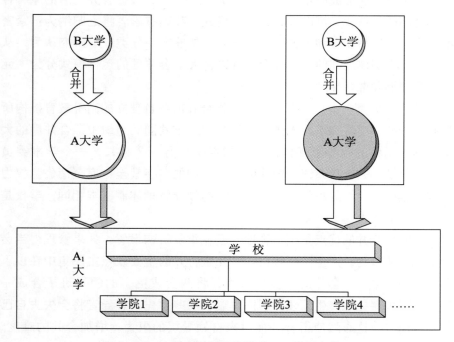

图4-12　大学合并的运行模式：一元型合并

（2）联邦型合并。联邦，实际上是指一种管理体制，权力在中央和各级组成部分之间分配，各组成部分交出自己的主权给中央，同时保留有限的自主权力。比如，美国的国家教育管理体制就是典型的联邦制。把它类比于大学合并的运行模式，这种模式类似于高等教育机构合作方式中的联盟模式和邦联模式。大学合并后，各成员校的领导管理体制基本保持不变，但要建立相应的协调管理机构和管理制度来实现各校间的资源共享、优势互补。

这种合并的好处是在实现资源共享、学科融合好处的同时，又比一元合并多了一些灵活性，既能保持参与合并高校的固有活力，又能在一定程度上形成新的合作优势，合并的成本投入较低，特别是在人事安排问题上，可能比一元合并带来的问题要少很多；这种运行模式的缺点在于新形成高校的内聚力差，不容易形成统一的办学使命；此外，各个机构在招生、学科建设、课程设置、资金使用等问题的协调上也不如一元型合并那样有效。

一般来说，这种联邦型的合并运行模式适合多所高校合并的情况。当然，不同学校的合并具体情况不同，也会依据自身的具体情况而有所选择。一般来讲，原来实力相当的、研究领域不同的若干所高校，以水平合并的结合模式进行合并的高校，在合并后可以选择此种运行模式。

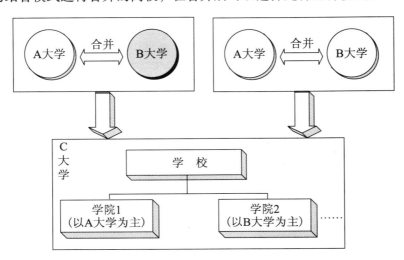

图4-13　大学合并的运行模式：联邦型合并

（3）准联邦型合并。这种合并运行方式，是指合并后的高校采用二元化的领导管理体制，实行集权与分权相结合。一部分权力集中在校部，一部分权力下放给各学院。校部作为法人代表，是学校的决策指挥中心，对各学院实行宏观领导、管理与监督，学院主要是组织实施的实体。但是学校委托的部分决策权，具体的教学、科研工作由学院承担。这种运行模式的主要优点是既能形成统一的办学实体，又能充分调动校、院两级办学的积极性。主要缺点是操作难度大，难点在于如何掌握集权与分权的度，对领导者的领导艺术要求高。

这种合并运行模式适用于参与合并的高校数量多、隶属关系复杂、且参与合并各所学校的办学实力均较强的高校合并时选用。一般来讲，水平合并或者是混合水平合并的结合模式下，可以选用此种运行模式。

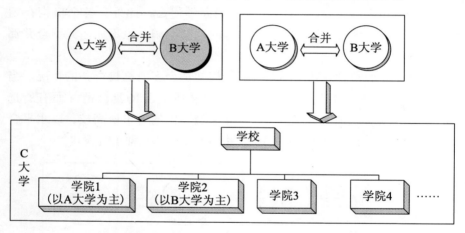

图 4 - 14　大学合并的运行模式：准联邦型合并

第五章
我国大学合并后存在的问题分析

　　发端于 20 世纪 90 年代的我国高等学校合并改革，截至 2008 年笔者成稿，已 10 年有余。这场高等教育管理体制改革，虽然是以政府为主导力量推动实施的，然而，在任务和权力分布较广的高等教育系统中，"大张旗鼓的做法必然导致错误的实验、荒谬的开端、忽左忽右的调整和乱哄哄的行动，其结果总是产生一些令人始料不及的变化"①。每一次组织变革带来的不仅仅是组织结构和硬件资源的调整，而且是人员利益和无形资源的调整，其中往往涉及最为麻烦和复杂的人员利益的调整。另外，大学这个组织本身所具有的独特性又会导致大学机构的文化并不积极接受变革，合并过程又需要很大的成本，大多数院校维持现状的意愿就更为强烈，因而院校之间合并遇到的抗拒力量非同一般。"犹如医学上把器官移植到个体中时会发生生物排异性一样，合并各方也会发生类似生物排异性的危机和冲突。"②

　　实际上，大学合并作为一种政策选择，发挥合并的效益需要在实践中体现出来，这很大程度上取决于大学合并后的整合管理。管理本身就是实践性很强的活动，那么合并后面临的问题就是我们研究的一个任务，也是进行整合管理的出发点。合并双方（或多方）的相关人员在从最初的意向合并到开始做准备，然后，发生大学的合并行为，之后双方进行合并后的整合工作，通过整合达到大学实质性合并的目标与预期效果。在这一过程

---

　　① 伯顿·R. 克拉克. 高等教育系统——学术组织的跨国研究［M］. 王承绪，等，译. 杭州：杭州大学出版社，1994：262.

　　② 刘继荣. 高等学校合并重组的理论与实证研究［D］. 浙江大学，2003：106.

中必然会出现一些影响组织变革的因素和问题，必然影响到组织资源和能力的转移与整合。为了对大学合并后遇到的问题有更清晰的认识，我们对国内发生合并的两所大学①进行了实地研究，主要的调研活动包括：实地观察、访谈，以及查阅这两所学校的相关文档。通过分析调研收集到的数据，我们发现合并过程中学校存在的问题可以归结为以下几个方面。

第一节　我国大学合并后存在问题归结

一、大即是美：几个舢舨组合在一起就是一艘航空母舰

1. 多校区带来的管理资源浪费和效率下降

"大即是美"是促使大学合并背后的典型信念，相信合并后的大学拥有的较大规模可以产生较好的人力团队和多元的课程内容，增强资源共享，为组织改进学校形象，提升在国内外的排名。问题是庞大规模的学校大多拥有多个校区，办学成本相当大，未必能带来节源增效的好处。

以我们实地考察的 A 大学为例，合并后的新 A 大学拥有 6 个校区、9 个校园，各类在校本科生 4 万多，研究生包括硕士、博士有 2 万多，教职工将近 15000 人。将近 8 万人的学校如何在新形势下更好地发展，确实是一个很值得思考的问题。原有各个校区的软硬件基础和使用功能上的差异给学校在统筹资源配置方面带来了不少困难，整体资源的严重不足和局部资源的浪费以及局部资源配置过剩问题同时存在。

> **教师一②**："资源整合很不容易。因为合校后，学生、教师是可以来回流动的，但是涉及一些大的实验仪器设备就比较麻烦，不可能来回移动，同样各个校区的教室、校舍等也是没有办法移动的，盖新房子需要花费很多钱，而有的校区的房子又闲置不用。这样一来各个校区的资源配备就存在不均的情况，很容易造成投资的浪费问题，资源整合起来确实很有难度。"③

---

① 为遵循必要的研究伦理，在本研究报告中分别以 A 大学和 B 大学指代。

② "教师一""教师二"……并非特指某位教师，只是为了行文的方便和材料的区分而做的划分，在本章后面的论述中，可能会反复出现"教师一""教师二"……均为虚指，并非指同一位教师。

③ 根据访谈录音整理，以下未标示出参考出处的均源于此。

教师二："还有教师的上课问题，不可能让学生来回跑的，只能是教师来回运动。这就需要班车，光一年花在这上面的经费就达好几百万呢！"……

在 B 大学，合并后的新 B 大学有 5 个校区。提到多校区带来的资源浪费，该学校的教师同样有很深的感触。

教师一："这个问题应该全国都是普遍的，我觉得校区之间的资源浪费比较严重，相比一个校区来说，同时利用多个校区存在重复建设问题，比如，新建了 a 校区……而其他的老校区，多少年积累下来的资源和文化，一'爆炸'什么都没了。这些都是很可惜的事情。……这些都是国家的土地资产，我个人认为这些都是非常浪费的。这里有一个完整的校区，然后，又重新再建一个，无论是公司或者是家庭，都不应该这么做，以致重复建设的。应该都会想着先把这个地方利用起来，然后，再建另外的地方，或者是说慢慢建起来。"

教师二："合并后想再搬到 b 校区，后来发现成本很大，包括交通费等，来回的奔波，也很费事，造成安全问题。"

教师三："校区很分散。老 B 大有三四百亩地的地方，人文、经管都有，最后没有办法，就把各个学院分开了，如，经济和管理就分开了。初衷是整合，现在由于校区空间的限制，以前在一起的分开了，反而整合不起来了。"

学校的一位负责人很形象地说："学校就像一个家庭，人少的时候吃的是精米白面，人多的时候就只能是解决温饱问题了。"

2. "大学院"下的学科设置混乱和学科文化缺失

如果说硬件资源的重新整合需要一个时间和过程，可以凭借具体的操作和合理的规划就能完成的话，那么对于学科整合和人员安排等非硬件资源的整合，这样的问题就显得至关重要了，因为它不仅仅是一段时间的问题。

学科建设是大学发展的重要生命线。合并后的大学往往拥有多学科，但是众多的学科如何发展很成问题。虽然新 A 大学对学科进行了大幅度的调整，整合了 12 所大学学科门类的 200 多个专业，从这个意义上讲，学科门类齐全，综合化的色彩明显。问题是如何才能发挥出学科综合的优势，体现出学科发展的特色，这是需要考虑的。

以 B 大学的教育学院为例，合并后，在学科交叉、融合的驱动下，某些本非教育相关的专业也被"拉郎配"并到了一起，该大学教育学院的一位负责人向我们介绍了教育学院中的专业设置情况。

> **教师一：** "我们（访谈者注：学院现有）六个单位（访谈者注：高等教育研究所、比较教育研究所、军事教育、体育教育、现代教育技术中心、教育学和教育史），现在学校又要把思政（注：思想政治教育专业）放进来，当时合并的时候门类很多，学校不可能成立很多学院。考虑到体育也是教育的一个门类，体育教育专业给了我们，军事教育也给我们，现在教育技术中心也给我们，越弄越多，这在全国也是很奇特的，所以有时候我在全国开教育学院院长会议，我说我有 200 多人，但真正搞教育学的就少了。体育教育专业毕竟是授予教育学学位的，我们还是能接受的，后来把公体也放进来了，还是不能接受的。（访谈者：公体是?）上学校体育课的，可能学校考虑单独成立系，就会成立一大片学院，相近的就放在一起。比如，现在，思政（注：思想政治教育专业）也要过来，思政原来是法学院的，法学院要单独成立'光华法学院'，结果那些单位没地方去了，也是分到各个学院，那么当时思政说，他们是大教育，学校领导说你们的教育是小教育，小教育和大教育，思政是大教育，反正都是教育，也就进来了，学校强调跨学科和学科交叉，应该有更多的平台，不然很难体现，一个一个割得很细。"

合并后的学科专业在某种程度上还有一个社会认可度的问题：

> **教师二：** "尤其在国外。像现在的汽车工业，国外原来只是知道 a_1 大有此专业，而从来没有听说过我们原大学有这个专业。所以在国外方面确实有学科的认可度问题，合并后对学科的知名度有所影响。"

学科的大而全并不意味着学科的特色和发展潜力，访谈中一位教授对此也是不无担忧。

教师三："合并后我们的一些学科的优势就没有了，倒是组建了许多新的学科，产生了一些新的交叉边缘学科。学校的学科真的是很齐全了。但是这有意义吗？我个人觉得没有必要门门全的，只要能重点扶持和发展一些有特色的学科就行了，大学发展就要体现出特色来，门门学科都要重点发展，结果是学科发展都很糟糕的，因为科研经费不行呀。"

3. 学科文化缺失导致貌合神离

学科建设离不开学术队伍的合作和学术资源的共享。在高等教育机构中，"学科是学术系统主要'关切的事'……每一个学科都有一种知识——即思想范畴——和相应的行为准则。"[①] 在同一个学科下，来自不同学术专业的人"可以分享有关理论、方法论、技术和问题的信念"[②]，正如伯顿·克拉克教授在强调学科文化以及由此形成的范例时指出的，"一个范例是一个科学团体的成员共享的东西；反过来，一个科学团体是由共享一个范例的人们组成。"[③]在经由合并而构建的一个一个"大学院"中，原本来自不同专业、不同学院、甚至是不同学校的人经过重新组合、分配到了一个全新的机构，即使教师"仍怀有'学者共同体'的理想，认为大学是由有持久理智兴趣的因而集中于'问题'研究的人组成的"[④]，然而，合并的现实常常将教师们的理想打碎，不得不重新建构属于自己的以及属于这个新的学者共同体的学科文化和学院文化。

教师一："同专业的教师放到一起，但是工作还是在原来自己的校区工作，大家都在一个教研室，但是负责不同校区的工作，教师之间的沟通据我所知也比较少，除了开大会也没有什么来往，院长们也是开会才在一起。而且大家的房子也不在一起啊，历史上的原因使得老师们就是这样……"

教师二："比如说，我们院里，总共有158人，上课的教师现有110多人，合并十年了，我们的院长、包括我（注：该教师同时担任该学院的副院长职务）都认识不全，没有担任行政职务的教师甚至一半人都不认识。这只是一个学院而已，何况是一个学校呢。合并十年

①②③④　伯顿·R. 克拉克. 高等教育系统——学术组织的跨国研究 [M]. 王承绪，译. 杭州：杭州大学出版社，1994：87.

了，这个问题还没有解决。"

教师三："什么叫资源共享？比如，两边师资力量有差别，这边好老师多，那边好老师少，你不可能让这边整一个几千人的教室听好老师上课，也不可能好老师在北区讲了再到南区讲……"

教师四：实际上太大了也有个内讧严重的问题，相应学科摆不平就产生内讧，人文学科的人表面上都比较客气，但背后很那个的，我接触理工科的，他们当面说掉就说掉了。文科老师当面彬彬有礼什么的，但背后很多话，这样搞起来就很有问题了。我们有两个学院一直在闹独立，人文学内部是有问题的，常务副院长为人要温和一点，他为了摆平，不希望有人走，那挽留，这挽留，却总是挽留不住，希望这个不得罪那个不得罪，最后反而都不好，你还不如干脆强势一点，你走了走了，该引进引进。

对于前面"教师四"所提到的两个学院因为人际纠纷闹独立，研究者又查找了该校的相关文档，并对学校的某行政管理部门的一位负责人员做了访谈，清楚了事情原委的同时，也再一次感受到大学合并对学科文化所带来的冲击。

负责人："（当初合并时）设计学院的时候，我们也考虑过要搞大学院还是小学院，最后搞了个中不溜丘的学院，其实很多学院的名字也没有完全规范，比如，工科的有些是两个一级学科放一起，如，材料化学院、机械能源学院，这些两个本身可以独立的，但关联性还是有的，有些是一级学科放一起，但学院太大了，关系非常强也说不上，文科又不容许规模搞得非常小，我们的人文学院很大，现在又从里面分出来了一个学院。新的学院里的专业就比较杂了，搞思想研究、文化研究，另外一个是相对独立的新闻传媒系。这两个专业的独立也是人际关系起很大作用，他们（注：新学院中的两个系）的带头人与人文学院的领导班子搞不到一起，始终吵，这次换届后，这个头没进到班子里去，人家不投他票，还有新闻传媒带头人也是一样的，他们两个闹独立，闹成功了，人文学院太大，原来有七八个系，文史哲、社会学系、艺术系，艺术系也搞独立，财务单列，与人文学院不合在一起，由一个人文学院副院长分管艺术系这块，还有历史档案图书情报、资源管理系都并到公管学院去了。"

在"办一所什么样的大学"和"如何办好这样一所大学"的问题上，如果全校师生的意见还不一致、不能够得到认同的话，往往会导致决策和行动的犹豫和迟缓，很可能带来质疑：

> 教师一："我不认为大学合并是有多大的好处，也许会有好处，但是我没有看到。看到的也只是学校的庞大无比和办事效率的低下。也许再过十年或二十年，我们的大学将成为一所高水平的研究型大学吧。不过话说回来，几条舢舨组合在一起就能成为一艘航空母舰吗？"

我们应该看到，大学不仅负有教学的职责，也同时必须兼顾研究与服务的任务，所以大学的效能可以借着教学与研究功能的互补，学院之间的资源共享来达成。对于合并后变大了的"航空母舰"来说，真正起决定作用的并非规模的增加，而是应看到规模扩大后无论在管理效率还是学术工作等方面的相应提高。

二、心理冲突：抹不去的印痕

1. 新学校的归属感难以建立

原来没有什么关系的学校走在一起，重新组建成为一所新的大学，这本身就意味着被合并的大学要失去原有的一些东西，比如，被并学校的"位子"（即领导干部、教师及学科带头人的位置减少）"票子"（即原各校创收能力不等而形成的个人收入差距）等，需要去重新定位和发展。这是很不容易被人们在短时间内接受的。尤其是我国的大学合并靠政府的行政力量推动，而事先合并没有充分的协商讨论，对学校教职工的心理震撼是很大的，失落感倍增，同时，在合并初期也难以建立对新学校的归属感。

> 教师一："我们学校合并和别的学校合并是不一样的，我们这几个学校原来都是各个独立的，相互之间没有一点历史渊源……"
> 教师二："我们学校一下子没有了，很伤心呀！怎么会这样呢？"

教师三："我们对合并没有心理准备，也没有什么预期的。我们只是明白我们原来的学校不存在了，心理上还是很失落的……"

教师四："刚刚开始合并的时候，我们要到c校区去开会，我每次走到学校门口的时候，我总感觉这不是我的学校，现在好多了。慢慢磨合的。"

2. 对新学校的认同感不明确

不同校区的教职工对合并后的学校怀有复杂的心态，心理差异会产生各种心理冲突。这种无形的冲突主要体现在教职工的归属感和认同感上。对于原来办学水平较高的校区，教职工自然存在一种优越感，这种优越感使得员工把弱势院校看成是学校的包袱，担心并校之后学校负担加重，合并会降低学校的学术水平，带来自身利益的损失，从而抵制合并动议，即使合并之后也不积极地合作。对于原来实力较弱的校区，教职工对新的学校既有获得较高学校品牌的喜悦，又担心自己受到歧视和淘汰，在新机构中自我认同感降低，不能积极地融入新的学校环境。同时，不同校区的教职工互相熟悉了解程度不同，同一校区的人出于类似的心态，会有潜意识的亲近感，结果造成了教职工群体的小团体现象，合并中优势院校的守成思想与劣势院校的恋旧情节成了新学校首要面临的问题。

教师一："他们的学校和我们原来的学校没有办法比，什么都比较差，合并拖了我们学校的后腿……"

教师二："我不认为我是他们那个学校的，我很怀念我原来的学校，虽然（办学）条件不太好，但是大家都很齐心……"

教师三："我也不知道为什么，反正觉得就是自己原来的学校好，大家都认识，做什么事情都很方便。现在，尽管在一个教研室，可是面孔很生疏，好像做什么都不自在似的。"

教师四："虽说是强强联合，但是强者还是为王的，这也是没有办法的，无论是感觉还是现实，都还是有点的，不能说没有。它（注：指几所合并高校中原来条件较好的一所）还是占优势，哪怕是中层领导啊，因为它确实是比较强的。我是这么理解的。"

教师五："我们这个学校对外都说是强强联合，这也是高层比较关心的一个核心问题。实际上合并的一些人事安排、制度设计还是以它为主，短时间内必然会造成其他3所学校的不适应，有一些优秀师资也就流失了。"

　　教师六："到目前为止，尽管没有校区的概念，但是人们之前的校区的概念还是根深蒂固的。最直观地看，每次开会的时候，各个校区的人仍然坐到一起。"

3. 利益调整带来的不满和不安

新大学对人事制度的改革必然涉及教职员工的利益调整，产生的利益冲突会让很多人产生焦虑、迷茫、不安的情绪和自我保护的意识。

　　教师一："原来我们老师的工资水平还有福利待遇都是很好的，但是合并后学校要按照统一的新大学工资水平，老师们的工资都降低了很多，老师们对此反映挺大的。所以不是很情愿的……"

　　教师二："原来的5个学校的办学层次是不一样的，有的学校办学层次低，连个硕士点都没有，更别提博士点了，教师的水平肯定低呀。这样的话，合校后大家都融合到一起，改革肯定要按照一个统一的标准来评定，由同样的条件来衡量。在职称评定上肯定会造成有些教师心理不平衡的。各个校区的教师要放在一起评定，用同样的学术标准衡量肯定有些问题的。所以说这个问题也比较大，也是不可回避的。"

　　教师三："工资是国家的，合并前后没有变化，还有一部分收入是学校的。学校的部分影响很大，我在原来的学校要高很多。我们原来的那个院长很有天赋，那个时候我们一年的福利高达3万元左右，我们还不是最高的，现在我们就9000元左右。"

　　教师四："其实，我觉得问题还是在于人。当时合并的时候进不了校班子（注：指在学校担任领导职务）的没一个说合并是好的。那么进校班子的多数都是说好的，这里就是有利益的问题。所以合并过程中最重要的还是如何保护好最大多数人的利益，如果利益解决不了，整个合并的进程都会受阻。大家都是共赢的，那么情况就会朝好的方向发展。"

4. 负面消息的传播导致抵制

合并同样也会对学生产生影响，负面的传播更会掀起人们对合并的抵制情绪，降低组织的凝聚力，同样由于涉及个人的切身利益，在学生中间这样的抵制情绪也是有所体现的。

> **学生一**："我不是现在大学的，我是××大学毕业的，尽管我是2000年那一年合并之后毕业的，我不想承认的。因为我以前的大学就业很好的，但是合并后就不怎么好了……"
>
> **教师一**："合并后我们上一届学生的工作就有些难找了，大家有很多怨言的，找的工作就差一些了。"
>
> **学生二**："现在倒是没有什么差别了，都适应了。不过还是经历过一段心理上的不平衡的，不管怎么说，当时是很不愿意合并的呀……"

心理的调适和融合需要时间。对大学合并在归属感和认同感上难以在较短时间内磨合，尤其是涉及人员利益调整的事情更是麻烦。大学合并丧失了诸多无形资产，要在并校的旗帜下都顺理成章地迎刃而解是不可想象的，否则就不会出现并而不合、各自为政的"独联体"式尴尬局面。难怪有人把并校喻为"联姻"，跌宕起伏的"婚后磨合"将是一个很长的过程。

三、校园情结：一道无法逾越的门槛

学校组织文化是指"一所学校在自己的长期活动中所积淀下来的、为全校成员所共同赞成和遵循的价值观念和行为方式的总和"[①]。也有人认为学校组织文化指在学校这个特殊的社会组织里，学校管理者、教师、学生通过教学、科研、生产、生活和文化实践活动中创生出来的学校群体价值观、管理思想、行为规范、行为方式和管理制度及校史传统等，是学校精神的体现[②]。多所大学合并成一所新大学，从操作方面讲，实际上就是把各个大学的组织系统、运行程序和操作步骤有机地组织在一起，是关于如何集中资源提高效率或者节约成本的。人们更多考虑的主要是摆在技术层面的不同大学或学院的人事、财务、组织结构等可操作方面的合并。但是

---

① 陈孝彬. 教育管理学［M］. 北京：北京师范大学出版社，1998：182.

② 李战营. 学校组织文化探析［J］. 长春工业大学学报（高教研究版），2005（6）.

各个学校都有自己的历史和传统，在长期的办学过程中形成了各自独特的学校组织文化，文化结构中最重要的要素就是情感，对原校区表现出深深的情感依恋与文化归属感，这种根深蒂固的文化特性使合并后的文化整合难以与资源和技术整合同步发生。

1. 不同院校传统导致的文化冲突

曾有人形容说："母校情结是离校而去的学子们与大学间割舍不下的情感纽带，那么，对于那些生活于斯、工作于斯、成长于斯的人而言，他们所共同依附的大学就是一座寄托自己精神、感情的岛屿，展现自己智慧人生的舞台。"[1] 历史上形成的办学风格、特色不同，积淀的文化差异很大。本研究所调研的两所大学，均是典型的文理院校和工科院校的合并，合并后首先遭遇的就是不同校园文化的差异，文理院校重视学术自由、教授治校，行政人员的服务意识强烈，研究氛围很浓，重视教学岗位，轻视行政岗位；而工科院校则讲究务实求真、纪律性强，行政岗位重于教学岗位，行政文化浓。在这两种文化中生活的人养成的习惯大不相同。不管是文科、理科还是工科，都会习惯于在"曾经的"或他们工作学习的校园中生活才有安全感，对不习惯的文化本能地排斥，甚至会因某一项规章制度的不满而对整个新组织机构产生反感。

　　教师一："很难说清楚的，对于自己生活了很多年的学校怎么说没有情感呢？总是舍不得的呀！"
　　教师二："我不喜欢现在的学校，跟原来我们学校相比，差远了。校园乱糟糟的，老师很随便，看不惯他们做事的方式……"
　　教师三："我不喜欢现在的学校氛围，我还是留恋我们老大学。原来我们学校的学术和管理两条线。搞管理的就是搞管理的，搞学术的就是学术的。我们那时是很尊重教师的，什么时候教授都是最受人尊重的，处长也是为教师服务的。可是现在的学校就不一样了……"
　　教师四："一个校区受原来的学科背景影响非常深厚（注：该校区合并前为一所以工科院校为主的学校），很实在，某种意义上，这是一种不足和欠缺，可能导致'两耳不闻窗外事，一心只读圣贤书'。然而，另外一个校区就不同，内部机关有矛盾，但一遇到利益分配的

————————————————————

① 阎光才. 大学组织整合的文化视角扫描［J］. 教育研究, 2000（11）.

时候就去争夺，整天叫嚣。实际上，它的研究实力没有多大长进，基础也没有打好。但是，他们会提要求，整天向领导打报告。时间长了，双方也就不理不睬了。这也是一种文化，也有原来不同学校学科传统的差异。"

教师五："从学校真正意义上的学科交叉和文化整合来看，我本人是反对合并的，因为学校的本身没有得到提升，相反，自身的价值被稀释了。"

2. 校庆：谁的校庆？

校区文化是在长期的发展过程中形成的，是代表学校特色的一种组织文化。但是，校区文化不是组织目标，而是形成组织目标的信仰、价值观、理念和宗旨；不是院校的管理结构和体系，而是造成这种结构和体系的观念；不是规章制度本身，而是支配规章制度的学校的使命和宗旨。校园文化具有伴生性，一个历史悠久的高校由于长期与校外环境不断交互作用，在发展过程中将其受到的各种影响整合反映在学校的精神及物质生活的方方面面，从而形成了其本身特有的文化氛围和生活方式，这是新校区根本无法通过主观努力在短期内实现的。

大学合并之后，原来各所大学的所有成员为之奋斗、为之献身并获得认可的大学突然"消失"了，熟悉的同事可能被新的面孔代替，惯有的工作秩序被打破，努力多年的学业阶梯被阻断，在自觉或不自觉中"失去"了原有的身份；同时，对集体归一的新的多校区大学感到陌生甚至怀疑，对学校的认同处于在失落中重新寻找归宿的"无身份"游移阶段。

教师一："比如校庆来说，我们现在已经不是针对某个学校的校庆，而是针对某个学部的庆祝了。今年是工学部成立50年庆贺，实际上是原×大学的50年校庆。明年的60年校庆就是原××大学60年的校庆，而不是别的校区。心不太一样的，毕竟有历史的因素，还有感情的因素在里面的。"

教师二："比如，明年是××周年校庆，我们学校的校友会说是B大校庆，我们一直在这儿的人感觉不很明显，出去的校友很明显，他们觉得B大不是我母校啊，我都要和他们多讲两句，我们两家的校庆是一样的，这样就好很多。"……

四、大学治理：集中与分权的矛盾

合并后的大学是多个校区的聚合体，在原有主校区的基础上又形成了一些地理位置相近的其他校区，历史上形成的办学风格和校园文化的差异以及管理方式的不同，反映在财务政策、人事安排、教学调整、学科建设等方面认识上的差异；办学规模的扩大导致工作任务的加大，等等。因此，多校区办学增加了管理工作的复杂性。

机构庞大会带来管理人数和层次增加，使得原有的管理面临难题，在增加管理成本的同时管理效率却未必会高，另一方面，学校规模的过大，也会导致学校民主管理和参与管理的实施遇到重重阻力。

> **教师一：** "学校大呀，有时候办事就比较麻烦些。比如说学校的公章问题，你不能每个校区都有公章吧，这样一来教师到外面去，报材料的时候就需要学校的公章，教师要跑到总校来盖章。还有教师申报研究课题的时候，即使在各个校区填好各种表格后也要到总校来加盖公章的，有时候也不是很凑巧，这样就增加了教师办事的难度。"

> **教师二：** "我们推行一些政策，通常没有讲究（民主管理），上面决定，下面执行，上传下达。学校也在争取征求意见，但通常采纳的不多。因为学校很大，问题很多，你提的意见可能能够解决某方面的问题，但从系统的角度考虑，它觉得这个方案有问题。最好是提一揽子的方案，能够方方面面都考虑到，这样也许能够采纳。实际上，很多老师都在搞学问，没有那么多的时间去真正地、系统地考虑学校怎么发展。"

由于我国的高等院校多实行校系两级管理模式，规模较小时容易发挥优势，但在多校区的情况下，往往需要派出机构，增加了管理的层次，职能和分工的不明确必然会导致一些问题的出现。

> **教师一：** "开始的时候（注：合并发生的时候），我们是设立了校区管委会，管理协调各个校区的事情。但是运行一段时间后发现党工委、管委会在对各院系的管理上存在着交叉、职能重合的现象。这样

呢，一些好的事情，学校、校区抢着管理，而一些不太好的事情，就没有人愿意管理了。"

教师二："船太大了，就不好掉头了！如果是做校长真的很难，你想这么多校区，有多少人在同时上课呢？事情太多，这边不出事那边就有事，这些事情不是几个人就能管好的……"

合并后一些工作需要其他校区的配合和支持，有些问题则需要校领导直接协调。但是，各个校区由于地域和专业的不同，都在按照本身的要求开展工作，交流较少，互相了解不够。发生问题时才反映到领导层面，贻误了解决问题的最佳时机，造成了信息沟通的滞后。

教师一："我们把管委会、党工委给撤掉了，但是后来发现这样做也存在着问题。因为像学校的许多事情规模大，尤其是后勤方面，有些时候发生的事情没有人知道，总务在提供经费和处理上也带来诸多不便。"

教师二："比如说，教师上课的问题，这么大的学校，我们很难管到每个教师在上课，只能通过下面的人来反映。但是，由于现在的校园网络设施很难满足，所以出现了一些不该出现的情况，有时候学生等了很长时间，教师还没有到……"

在这种缺乏信息沟通的模糊状态下，多校区的管理很容易使人们陷入"群体思考"的陷阱。对于存在心理冲突的双方，在情感上和行为上互相排斥，造成更大的误会和怀疑。如何更好地实现信息畅通，对管理体制也提出了很高的要求。

教师一："去年（笔者注：2005 年），我们进行了第二轮的学校治理改革。在各个校区设立专员办公室，由总校派遣 1 名专员到各个校区协调学校和各个校区、各个院系的以及设在校区的一些职能部门的工作。比如，设在各个校区的后勤办、学生办公室、财务办，等等，总不能让教师为了报销跑到总校来吧。专员归总校统一指挥管理，就是相当于总校派到各个校区的'钦差大臣'。但是运行后如何管理协调也存在着难题，因为专员没有财务权、调度权，在管理上能不能让大家服就有困难……"

五、权利之争：谁上谁下

在大学合并之后，不可避免地在大学内部产生权力之争，特别是涉及组织中原来的领导者时，问题会变得非常尖锐。几所学校合并为一所学校，各个学校中有重复的部门必将面临裁撤的问题，原来的领导者会力图保留自己的职位和权力，本是"平起平坐"的领导者们，因为人员的冗余、新领导结构的调整，不得不面临着彼此之间谁上谁下的权衡与冲突。此外，从行政级别与从属关系来说，无论是校级、学院还是原来各个专业系所的领导，都有可能面临着降级的危险。

教师一："合并中遇到的一个最大的阻力是领导怎么安排，四个学校加起来多少领导，都是切身利益啊。合并过程是利益平衡，是每个利益主体都要考虑的。"

教师二："以我们所为例，原来我们所从级别上讲是处级机构，现在已经是教育学院下面的一个机构，从行政级别上来看只是一个科级机构。这对我们学校没有多大的好处。因为，原来我们所出去的干部很多，省一级的厅级干部采用双推双考的机制，即先通过推荐，再考试，然后选拔为省级干部，它的基本要求是至少是副处级干部。现在，原来的系主任、研究所所长是处级，通通变成了科级，进入省一级行政机关的可能性就减少了。其实，在我们学校，到了院长的级别，其学问已经做得非常好了，也不愿意去做行政。真正要发展的还在于系主任和研究所所长，他们年纪尚轻，学问也上了一个台阶，他们有在行政上发展的欲望。可是，现在的行政体制阻碍了老师们的发展，这个问题非常严重。"

六、绩效评价：重压下的教师面临去留抉择

如何正确评估教师的业绩是目前许多大学都感到棘手的一个问题。合并以后，许多高校都采用量化绩效指标评估的方法，对学校的教学、科研、学科建设以及管理等各项工作的评估等都相应地设置了标准，最终定位于一系列的量化指标，受聘各级各类岗位的人员享受岗位聘任津贴，津

贴的额度与受聘人员的岗位职责、承担的任务和绩效挂钩。为了竞争应聘各级岗位，教师必须努力达到这些要求。我们从实地调研和访谈中了解到，这些标准成了教师身上的压力，很多教师均认为这是合并后学校为追求"规模宏大"的"政绩"而加在教师身上的新压力，甚至有的教师因此离开，导致了人才的流失。

> **教师一：**"学校的政策导向和以前四个学校的做法有一些出入。现在基本延续老 B 大学的思路，老的 B 大学是工科学校，是工科的思路，对于文科就不一定行得通。比如，论文的数量。这就涉及学校的发展定位问题。按照原来的思路，一个教授如果没有争取到一定的经费和出一定数量的成果，就得下岗，这是有问题的。到了教授的位置，已经做出了很多东西，也有了一定的学术水平，让他们下岗和评一个三级教授，不太科学。"

> **教师二：**"合并后的教师评估用业绩点来算，是和饭碗挂钩的，这就是问题所在。一般来说，兴趣和生存保障是学术的基础。现在的问题是把教师的饭碗和工作、成果的数量挂钩，这样教师都为饭碗而工作，先吃饱再评职称。出得快，吃得越饱，出得慢，都没有饭吃。"

> **教师三：**"（合并后学校的发展）看重数据。因为学校的政绩除了数字很难看出来，现在的任期制是短期的。这个时候眼前的数字是最重要的，后面的事情不管，这种短期行为是无法避免的。合并以前没有这么讲数据。……而且考核都由自己所执行。现在，下面的部门都是执行部门，按照学校的指标进行。学院只能比学校的标准高，而不能低于学校。各个学科分类有所不同，但教师的压力都是存在的。"

> **教师四：**"学校跳槽的教师很多，基本上各个学院都有。……在这里，（有的老师）看不到学校很明显把你当做一个人才，那就走了，走了不少，特别是我们有几个学科，外语学科，一合并人比较多了，一般老师都待不住了……"

七、政府的作用：定位在哪里

我国的大学合并很大程度上是政府推动的，政府在大学合并中扮演了很重要的角色。

1. 政策优惠和经费支持在执行中存在偏差

在政策支持上，尽管合并初期政府及有关部门给了原大学相当多的政策优惠条件和经费支持大学的合并，但是在执行的过程中仍然产生了偏差，甚至是不应该发生的事情。

教师一："政府支持合并不能停留在表面的文章上，既然合并是政府推动的，那么政府就应当承担这个责任。不能把学校合并在一起了，却不管以后学校的发展。最起码在政策扶持力度上应该加大。"

教师二："合并是政府行为，那么在政策上就应该保证在经费支持上加大力度，不能只是一个政策把这些学校捆绑在一起，而对于学校如何发展却不怎么关注。至少应该有若干年的扶持政策，不是说多少年不变，但是应该有优惠的吧，要给予照顾。合校后的学校发展要有经费上的保证，不能说合校后就不存在责任了。"

事实上，政府在需要给予新大学的经费支持上，不但没有经费上涨，反而有下降的趋势。而政策优惠的所谓连贯性和保持一致性很有可能就是一纸空文。

教师一："现在学科经费上明显比合并前单个的少得多了。教育部给的经费投入应该加大才对，但是反而下降了。"

教师二："像我们是6个学校合并，你不能说现在用政策把你们捏在一起了，其他的事情包括一些部门就不再管了。现在有些部门就是能关心就关心，关心不上就不关心了。最起码政府应当保持政策上的连贯性，按照原来5个学校的经费投入保证。可是现在学校的经费支持明显少多了，搞得大家的心里都很凉，这也是影响实质性融合的一个重要方面吧。再比如，评优、评奖之类的名额分配吧，我们也只是希望和原来5个学校的持平，不能少得太多了。"

教师三："还有一些地方政策明显就是不合理的。比如说，每年订报纸，学校既然合在一起了，就应该按照新的一个大学来订就行了。但是地方政府仍是按照原来合并前5个学校的指标来征订。其他的部门也存在问题包括共青团、五一劳动奖章，等等。政策上不能保证也是合校后面临的一个大难题。"

2. 合并后升格的高校与地方政府的关系微妙

在我国这场高等教育管理体制的调整过程中，有一部分大学本是归属于省级政府的，随着几所高校的合并、规模的提高、资源的扩张，转而成为国家重点扶持和建设的高校，脱离了地方高校的管理，与地方政府、与当地社会之间也转而出现了较为微妙的关系。

教师一："像××大学，原来只是省里的三流学校，现在却成为省里重点投资的大学，很多资源投向它了，说我们是教育部直属的，所以省里好多资源向他们倾斜。政策一倾斜，他们的资金多，很容易挖我们的人，条件就是给出的津贴头衔等。"

教师二："由于我们学校合并后，提出建立世界一流大学，进行精英教育，那就不能招很多学生。所以，你看B大学合并后招的学生反而少了，比四所大学数量加起来反而少。这样，××省的生源就很吃亏，很高的分数上不了好大学。如果不合并，四所大学都会扩大规模发展，这样合并对××省的招生影响很大，省里对群众就不好交代。这几年，××省主管教育的副省长、教育厅长都找学校的校长希望在××省扩大招生，但是学校一直没松口。因此，造成学校和省政府的关系就很难处理。××省在资金、政策、重点实验室建设上就对其他学校有所倾斜，××大学不是主要考虑的对象。××省肯定愿意建设自己的大学，你××大学是教育部的，听从教育部，那我在资金上就不额外支持，除非是必须配套的资金。"

因而，如何处理好政府和大学的关系，支持合并后大学的发展同样也是一个不容忽视的问题。

第二节　大学合并后整合管理的问题原因分析[①]

大学合并本质上是一种组织的变革。组织总是在一定的环境中生存和发展，大学合并后面临的环境发生了很大的变化，表现为多个不同的校园

① 毛亚庆，吴合文. 合并高校整合管理的文化因素分析 [J]. 高等教育研究，2005（12）.

并存、多种不同的外部关系群体等。大学与社区、与地方政府和主管部门、与其他相关组织的关系以及大学内部的人际关系等，这些关系环境的变化对大学的办学影响是全方位的，关涉合并后大学的管理成败。管理过程复杂多变，尤其是大学组织的要素很多，像上面提到的学校规模大带来的资源整合尤其是学科建设问题、师资队伍问题、管理制度问题、校园情结等都对合并后的整合管理产生影响。这些因素可以在大学内部一个统一框架下进行整合，是互相关联、互为作用的。学科建设和资源共享需要依托一定的组织架构和合理的管理体制，在全体大学成员的凝聚力下，关照大多数成员的文化情感因素，才能更好地实现新大学的一体化。

　　政府等外在力量的影响在大学合并成为既定事实的情况下，已经主要转换为继续的支持和保障，或许更需要自上而下的财政支持和政策扶植。在第三章已经详细地论述，这里就不多做赘述。更为重要的是，大学合并后在寻求统一的管理过程中产生排斥和冲突是不可避免的，上述问题正是冲突的具体体现。这主要是由大学的异质性引起的。

　　当两所或多所大学或学院合并时，从整合管理的角度，人们更多考虑的是技术层面的不同大学或学院在人事、财务、组织结构等可操作方面的合并。在合并后新生成的大学陷入不和谐与无效率时，人们也喜欢在这些方面寻找原因。不可否认，这是设计院校合并时应主要考虑的问题，也是合并不成功的重要因素。但隐藏在组织架构中深层次的文化因素是一个很容易被忽视的影响因素。本着优势互补的目的，当两个或多个高校合并时，通常人们认为这些高校是能够取长补短的。但取长补短在操作层面更多是从资源和技术的角度来说的，而那些在大学历史发展中累积形成的文化所表现出来的根深蒂固的特性，使合并后的文化整合难以与资源和技术的整合同步发生。因此，在高校合并的整合管理中实现文化的认同，是难度最大、耗时最长的一项工作。

一、文化的独立性——高校合并应考虑的内在因素

　　澳大利亚在1988年发布了《高等教育：政策陈述》的高等教育改革白皮书，提出用统一国家系统（United National System）代替双系统制（Binary System），明确提出以教学为主的学校注册学生不得少于2000人，以教学、科研为中心的学校注册学生不得少于8000人；并对30所规模较

小的学校发出必须立即合并的指令，采取不合并不给教育经费的措施，促使这些学校间合并或并入邻近的大学，从而在转制过程中掀起了高校合并的高潮。澳大利亚学者 Kay Harman 在研究这一轮院校合并时认为，组织合并是两个或者更多的组织放弃它们的法律的和文化的独立个性，支持一个新的单一管理系统控制下的统一体的整合①。这里，他将文化作为组织合并概念的重要组成部分，认为文化在组织合并中的地位与法律的地位同样重要。通常在院校合并过程中，那些物质、财务、人事和制度等可见的要素处于操作的最前沿。它们是院校合并的直接操作物，这些显性因素的有效整合配置使合并高校的物质环境得以一体化。但作为一个整体的组织要想有效地运行，还需要关注那些支撑大学物质环境运行的精神力量。这些因素主要是那些难以捉摸的价值观、意识、传统、仪式等，传统上对这些因素的管理由于缺少必要的结构支持而被归于隐性管理的范畴。当组织处于平稳运行状态时，文化作为一种缄默的力量在管理行为中被忽视；但当组织发生变革导致文化的要素发生冲突以致对组织产生威胁时，在管理中就应该把文化问题作为一种独立的要素加以分析和解决。

大学文化是大学中组织成员广泛接受的价值观念以及由这种价值观念所决定的行为准则和行为方式，这种组织文化常常隐含在组织成员的内心深处和思维模式中，被组织成员有意与无意地接受，并自觉与不自觉地在自己的行为中表现出来②。大学文化根植于大学的发展历程中，形成于成员与成员、成员与环境的互动模式中，由交错重叠的象征要素所形成和限定。已经形成的院校文化深受成员的信奉和支持，成为大学成员行为的指导力量并受到大学成员的坚定保护。大学组织中存在着文化的自我强化机制，这种机制使组织文化一旦走上了某一路径，这条路径就会对后来者进行规范并最终导致其认同。这种既定的院校文化在发展中形成的顽固性以及前进中的惯性使它成为大学合并的真正障碍，是一种很难被移植的力量。

不同大学的文化在内容和力量方面是很不一样的：不同的类型——研究型大学、教学研究型大学、教学型大学——营造不同的组织氛围；不同的组织衍生不同的意识形态；不同的意识形态形成不同的学术取向；不同

---

① Kay Harman. Merging divergent campus cultures into coherent educational communities: challenges for higher educations [J]. Higher Education, 2002 (44) 94.

② 毛亚庆. 论市场竞争下的大学发展战略 [J]. 北京师范大学学报（社会科学版），2004 (2)．

的学术文化塑造不同的知识发展模式；不同的知识发展模式培养出知识和经验储备类型不同的学生。总之，不同的历史营造出不同风格的大学文化。大学合并实施时，当两个或多个迥然不同的文化被强制变为一体时，先前缄默存在的文化就会将它们的全部力量显现出来。组织成员通常在主要的组织变化面前根植于对先前自己的组织文化的认同，以至于它们在自己的意识中很少认识到组织文化对自己行为的影响。大学文化的整合在对新生成大学的价值观构建、成员的忠诚感塑造以及对整个大学集体的认同等起着统整作用的同时，又面临着不同文化主体之间尖锐的矛盾冲突。这凸显了在合并大学的整合管理中文化的重要意义。因此，考虑到文化在高校合并中的重要地位，将文化要素作为高校合并概念的显性表述，并置于合并的考虑之中，是有益于合并方案的设计和合并后院校的整合管理的。而正确认识大学文化，主要是认清不同文化的差异所在，并在此基础之上分析整合的必要性与可能性，从而将那些在历史和象征意义上都很不一样的大学文化整合成一个大学的内聚象征力量。

　　鉴于院校文化在大学合并中具有如此重要的地位和作用，那些在大学合并中普遍存在的忽视文化的现象就十分令人惊讶了。在忽视的背后也许是设计者缺乏了解，也许是领导者缺乏理解，而缺乏主动发现、建构的意识，缺乏研究、设计的能力才是这一问题被忽视的主要原因。在合并方案中，也许设计者意识到了文化的存在，但由于文化的不可捉摸和难以说明，他们难有能力将文化的要素融合在合并方案的设计和合并后的整合管理中。大学合并后，成为领导者注意焦点的往往是那些明晰化的表面上的困难，这些困难足以让领导者焦头烂额，而"软"的文化因素只会让领导者感到麻烦而不愿意去理会它。没有正确的工具和支持系统，文化因素将使领导者走进陌生的"沼泽地"。以事实和数字为中心，擅长于解决技术或财务问题的领导者，面对这些文化问题往往感到力不从心。在当前的评价体系下，文化因素也不是那么吸引人，尽管它是矛盾的焦点和解决冲突的关键。大学合并后产生的综合数字，使学校领导者和教育主管部门满足于虚假的表面繁荣，将学校引向一个表面空前强大而内部没有凝聚感和成员各行其是的危险境地。谁会认为一个致力于解决对新生成大学的长远竞争力有利的文化问题的领导者和学校是值得尊敬的呢？谁有能力去进行这些方面的预测与评估？当领导者相信自己没有必要和精力从而缺乏自觉性去处理这些问题时，潜意识里他们会认为：这些问题会自行解决的。但事实并非如此，这一点在澳大利亚一些失败的合并案例中得到了印证。在《大学合并为什么会失败——新英格兰大学合并失败的个案分析》一文中，我们可以看到：一个秉承英式传统、保守、以学术活动为取向、与市场缺乏关联的前英格兰大学与以专业为导向、课程设置应用性很强、与商业市场和市场雇主有着极为密切关系的 Northern Rivers 高级教育学院之间，由于缺乏作为统一大学的强烈使命，在合并过程中该学院不愿承认前英格兰大学任何意义上的较高地位，从而导致合并的分裂。从这一案例中我们可以知道忽视文化因素的后果——必将陷入混乱和分裂。①

二、文化的差异——合并大学文化冲突的缘由

合并后新生成大学内原有不同大学或学院的文化，因为存在巨大的差异而发生冲突，这种冲突源于文化的异质性。文化的差异从产生的机制来看，主要来源于组织的历史差异、规模差异、学校性质差异、气候差异、学校定位差异等。

1. 大学文化的"民族观"：历史的差异

历史是一个民族优越感的来源之一，大学同样如此。大学历史的差异主要指不同大学的发展时间长短不同，不同大学之间的历史渊源不同。"历史悠久的组织形成了更大的经验储备"②，更大的经验储备意味着丰富的大学文化，也意味着顽固的大学文化，顽固的大学文化更加不会轻易地改变自己。当历史悠久的大学合并入历史短暂的大学时，历史的优越感并不会因为新生的大学而在原有成员的心中消失。当原有的历史短暂的大学成员在向往新的象征力量和奋斗感觉的时候，原有的历史悠久的大学的成员却沉浸在自我历史感觉之中，一般不会对新生象征力量产生连接的感觉。而在几个合并成员之间，也会因为历史渊源的不同而对新生学校的认同产生差异。这一点在我国具有特殊性，我国很多大学在建国后已经经历了一次大规模的重组。今天，当具有历史渊源的大学再次重逢的时候，是

---

① Grant Harman. A merger that failed: the case of the University of New England [J]. Higher Education Quarterly, 1993, 47 (2).

② 伯顿·R. 克拉克. 高等教育系统——学术组织的跨国研究 [M]. 王承绪，译. 杭州：杭州大学出版社，1994：92.

百感交集的欣慰，还是分裂后因为不同的发展历程形成水平和声望的差异而在心理上形成的落差呢？那些没有历史渊源的院校合并是否面临着更加艰难的忠诚和集体认同的塑造任务？这些因素无疑是文化的重要情感方面，合并的成功在于如何将各个学校的历史脉络汇聚到新的历史起点上，引导成员对新生大学的忠诚。这不是一个否定历史的过程，而是一个整合历史的过程。

2. 大学文化的"阶层观"：规模的差异

规模的大小会产生文化力量和内容的差异。"较小的单位比较大的单位更能铸造统一的意识形态"①。相对于新生成大学的规模来说，原有成员的规模是各不相同且相对较小的，较小的单位在文化的凝聚感上不会弱于甚或强于较大的单位。而在新的统一体内，规模较小的单位的话语权是相对弱小的，在文化的保持上居于劣势。因而规模较大的成员在合并后会因为相对的规模优势和对抗的需要而产生较之以前更具号召力的文化力量：在新的威胁面前，它们会重新统一起来。这样，大的组织文化便会占据统治地位或凌驾于其他各方之上。即便是号称对等的合并，也会有相对优势区分和竞争存在。占据统治地位的成员在熟悉的环境里会更加舒适，处于新的组织内其他成员的文化阴影之下的成员将会产生失望、沮丧甚至愤恨的感觉。文化的霸权主义不仅意味着心理的歧视，而且意味着资源上的分配不均。一些合并案例中，一些原有规模较小、但是很有影响的院校被拆散后，原有的和外部联系的资源优势也不复存在了。这些组织成员不仅心理上要承受组织消失的痛苦，而且原有的学科共同体赖以存在的物质和象征资源也得不到保障。结果造成原有规模小而在新组织内处于劣势的优秀组织成员的大量流失，合并的资源整合效应期望得到的却是资源的流失，"1＋1＜2"的理论在这里得到验证。

3. 大学文化的"门户观"：性质的差异

也许大学合并过程中最容易引起人们注意的是因办学性质与方向不同而引起的文化差异。一般来说，类型不同的学校会因为学科习惯不同而引起群体思维习惯的差异。不同类型的院校成员会因为学科门类的差异而相互鄙视或者攻击，这是文化冲突的表现。合并有培养复合型人才、发挥学

_____

① 伯顿·R. 克拉克. 高等教育系统——学术组织的跨国研究 [M]. 王承绪，译. 杭州：杭州大学出版社，1994：92.

科互补功能的假设，但这样一种假设忽略了文化的抵制力量的存在。在象征意义上，它们有不同的规范、不同的信念以及不同的追求。如何使大学在不同的学术文化环境下运作，使不同的学术文化相互依存，取长补短？这样的想法是有益的：努力在成员中构建一个大的科学发展观，消除学科文化的狭隘意识，以便服从于一个统一的学术信念，从而使每个合并大学中的学科成员都有在新的组织文化中找到"家"的感觉。

4. 大学文化的"生态观"：气候的差异

组织的气候和组织的文化是休戚与共的。不同的大学会在组织气候方面存在着明显差异。宽松和严谨、松散和紧促、颓废和高昂等都是组织气候中两个极端的表达，各个不同的大学分别处于组织气候两端的某一点上，有些可能接近于截然相反。组织气候的两端在性质上是不同的，分别提供着积极和消极的功能。当积极的组织气候和消极的组织气候相逢时，究竟谁会在新的组织文化中居于优势，这是一个不确定的答案。既有可能出现"优胜劣汰"的皆大欢喜的场面，也有可能出现"劣币驱逐良币"的不良效应，这是一个组织气候如何赢得所处环境"青睐"的博弈结果。当消极的组织气候逐渐在新老成员之间蔓延时，那对于合并大学来说打击是巨大的。产生积极的组织气候使组织走向成功，要求组织决策者在组织适应环境的过程中去主动建设。

5. 大学文化的"类型观"：定位的差异

合并也在研究型大学、教学研究型大学、教学型大学等不同层次的大学之间进行。研究型大学的学者共同体产生研究重于教学的学术文化，教学型大学则处于一种以传授知识为重的教学文化氛围之中，处于两者之间的是那些教学研究型大学。发生在这些大学之间的合并会产生教学、研究孰轻孰重，两者是否能够结合的冲突，这是一种理念冲突和组织冲突的结合。目前我国很多合并后的大学都定位于研究型或教学研究型大学。研究的一套文化能否在不具备研究能力的成员中间传播是很让人怀疑的，仅仅依靠原有研究型大学的力量去强行传播研究文化是不能奏效的。原有教学型大学的成员会因为研究文化的压力使其生存空间处于不利状态而逐渐失去对教学的兴趣，而原有研究型大学的成员也会因为研究资源的分配额度相应下降和研究氛围恶化而逐渐失去研究的动力。这些冲突的解决需要评价体制、学校定位和任务分配的协同作用，解决不好会产生信念的冲突，造成学校定位的操作混乱，而解决的关键在于分析异质文化冲突背后的利益冲突与环境的限制。

三、文化的多重解读——合并大学文化冲突的深层探讨

因为文化难以捉摸的特性，而且文化的建设需要时间的长期检验，因此解决高校合并中文化冲突的任务显得尤为困难。如何将文化冲突降到最低限度，建立一个相对统一的强有力的文化，一个可取的做法是，探究文化冲突背后的因素，通过解决这些隐藏在背后的东西，从而间接地解决文化问题。要解决这个问题，从不同的视角去分析文化是有用的。

1. 功能主义视角

社会学中对文化分析的功能主义视角认为，"一个特定的文化特征的存在是由于其履行了某种重要的社会功能"①。大学通过成员对知识的创造和传播来履行一定的社会功能。大学文化的存在，在于其履行着维系学校的教育功能、服务社会的功能、提供成员找寻满足感的多种功能。这些功能交错存在，共同发展，当大学文化在面临外在冲击的时候，便有可能出现局部的功能失调。"是社团中价值观和文化的力量而不是过程和控制系统，把社团成员团结在一起，激励人们完成共同的使命，激励参与者的创造力和能量。"② 不同的大学文化通过价值观和文化力量的差异，产生不同的激励，发挥不同的创造力和能量，这是不同大学差别的内在机理，差别产生于自身。合并带给学校功能的失调，是从文化激励的失败开始的。文化激励的失败，伴随着组织向心力的涣散，造成创造力和能量供给能力的短缺。当这种情况在合并后的大学里出现时，互相指责与推诿加剧了这一进程，形成恶性循环。履行功能的载体是新组织整体，而不是哪一个个体，联系个体的纽带则是新的共同价值观和使命感。因此，只有通过正确的学校定位，将学校的使命和功能明晰化，使成员知道他们要做什么，才能激励共同的使命感。

不仅如此，大学的抽象功能还会在不同的组织上产生特定的组合。不同的大学由于自身的历史、性质以及地域特点不同，具体的功能是不同的。各个大学在功能的具体表现上都会找到自己的支点：有些大学习惯于在实践中

---

① 戴维·波普诺. 社会学 [M]. 李强，译. 北京：中国人民大学出版社，1999：74.
② 罗伯特·G. 欧文斯. 教育组织行为学 [M]. 窦卫霖，等，译. 上海：华东师范大学出版社，2001：192.

直接服务于社会，有些大学习惯于通过研究为知识宝库积聚资本，有些大学则是在为社会发展提供精神指引；不同的大学服务于不同的行业和社会的不同方面，功能的分散性是各个大学独立存在的依据。合并后组织的趋同效应会使成员在为社会履行功能上集中于核心的功能服务机制，从而有可能使组织丧失一些优势的社会功能。功能的冲突在某种程度上是价值观的冲突，大学成员会在大学履行功能的特定机制中产生不同的价值观，这些不同的价值观产生于特定的学科背景、特定的历史以及特定的社会环境之中。因此，合并大学功能的和谐依赖于不同成员价值观的调节。

2. 冲突论视角

冲突论的视角从文化所代表的利益出发认为，"文化之所以存在是由于它保护或促进了某一社会集团的利益"①。合并后的院校文化仍然有其表现载体，冲突的背后是一定的利益因素。因此，要解决一些重要的文化冲突，主要的还是要分析其背后的利益冲突，当代表文化冲突的利益冲突不存在时，文化冲突也就失去了存在的载体。一个学校积淀下来的学术信仰、研究氛围、学者共同体内的人际关系构成了一个学校的学术文化，对于不同的学校来说，这种学术文化的存在是一代又一代的学术研究人员承担知识创造、适应社会要求并和社会长期博弈的结果。它不仅吸引着为学术人员提供物质和精神的给养，而且有利于维护学校的声誉并为外界对学校的评价提供重要的标准。学者主要是忠于学科的，但是当学科和特定的学校结合并和学校形成休戚与共的关系时，对学校的忠诚也就意味着对学术发展的保护。而这种保障有可能在并校的过程中因为资源和传统的重新组合而消失，这时学者对合并的抵制是强烈的。合并后学校面临着将不同学者群体对学科的忠诚和对新组织的忠诚联系起来的复杂任务，不仅需要给予学者应有的自治，而且应当从全局出发在资源上给予应有的平衡。同时，学生也会在学校的环境下传递着自己的文化，这些代代相传的文化也是学校毕业生在社会联系上的纽带，是社会对这个学生群体的集体认同。这些集体认同在某种程度上来说是该校学生在社会上流通的"硬通货"，是学生心中存在并在行动上加强的信念。并校的发生却有可能使学生长期累积传递的信念大厦坍塌，特别是校名的变更和消失。因此，利益的争夺也许是文化冲突的经济原因，在尊重各个原有不同群体的既有利益的前提

---

① 戴维·波普诺. 社会学 [M]. 李强，译. 北京：中国人民大学出版社，1999：74.

下，建设新的利益平衡体系，引导学校成员为新的任务和荣誉奋斗并由此凝聚在一起，就从基础上化解了文化的冲突。

3. 生态学视角

生态学是和气候观相对应的概念，生态学的视角认为，"文化特性由资源及周围的限制所决定，并随着环境的变化而变化"①。每个学校面对的历史和现实环境都不一样，因而它的发展历史是独一无二的，而且历史也在随着学校走向未来而不断发展。不同的大学由于渊源于不同的历史和传统，在长期应对和适应环境的过程中，逐步形成了富有自己特色和个性的大学文化模式，进而构成了当代大学系统内部无限的多样性。当在一个大的环境下出现资源输入与输出的变动时，往往要求组织适应动态的分化或同化与组合过程。合并的不同成员在信念、价值观的倾向性以及办学理念、教育观念上存在的差异，在新的环境下需要整合，以便合力去应对环境的变化，实现资源输入与输出的对接。生态学角度讲变化不仅是剧烈的，也是一个渐进的过程，大学文化在面对环境的突然变化时，必然出现剧烈的动荡，整合的过程则是渐进的。在适应外部环境的过程中原有的不同成员发生着同化、顺应的互动。在这里，优胜劣汰的规则同样起作用，冲突不可避免，将原有的优良基因加以改造以适应环境的变迁对组织的提升是一个难得的机会。合并后的大学内多种紧张关系、冲突和新发展的结果是大学整体的文化变迁，不仅产生新的大学文化特征，而且原有的成员文化也会逐步适应环境的变化。

从不同的视角对大学文化冲突进行分析，有助于我们从深层次上去探究解决之道，找出问题的症结所在，从而有助于问题的根本解决。

第三节 案例分析：大学合并为什么会失败②

合并前，单一大学都是完整的办学主体，在长期的发展过程中形成了各自不同的办学追求与思维惯性，有自己的专业特色和科研优势，也有自

---

① 戴维·波普诺. 社会学 [M]. 李强，译. 北京：中国人民大学出版社，1999：75.

② Grant Harman. A Merger that Failed: The Case of the University of New England. [J]. Higher Education Quarterly, 1993, 47 (2)：133 – 135.

本案例的主要内容均来自 Harman 教授的这篇文章，根据需要有所缩减和变动，并根据研究者的思路对章节重新组织，赋予了新的标题。

已相对独特的文化氛围和人际关系以及办学的社会资源和公众环境。但当大学合并发生时，不同历史营造的不同风格的大学文化被强制合为一体，其组织隐含的文化力量就会全部显现出来，成为大学合并的真正障碍所在。从这个意义上讲，文化是决定大学合并能否取得成功的关键因素，影响着整合管理的效用。忽视文化因素的影响则很可能使大学陷入混乱和分裂，从而导致合并的失败。

1989 年到 1990 年，前英格兰大学和新南威尔士州北部的三所高等教育学院合并组成了新英格兰大学网络。尽管，这是一次自愿性的合并，但是这四所高等院校也有屈从于联邦政府和州政府的压力。不幸的是合并前的谈判和新大学网络运作都伴随着矛盾冲突，最后联邦政府和州政府的两位负责高等教育的部长同意新大学网络分裂成为两个独立的大学，最迟于 1994 年 1 月 1 日起执行。自从 1970 年中期以来，澳大利亚高等教育已进行了很多所大学的合并，新英格兰大学是迄今第一个明确的合并大学分裂的个案。介绍这一案例的 Grant Harman 教授在 1985 年至 1989 年 6 月进行合并前的四年半时间里，曾在前英格兰大学担任教育管理的主席。作为大学学术委员会的副主席，Harman 教授积极参与了 1988 年和 1989 年期间的关于合并的诸多讨论商议，并且自 1990 年 2 月至 1992 年 12 月，担任新大学学术协商委员会的主席一职。

一、新英格兰大学概述

新英格兰大学（the University of New England）是由早负盛名的一所大学和三所高级教育学院合并而来的，这次大学合并共分为两个阶段进行。第一阶段是在 1989 年 7 月，由前英格兰大学和 Armidale CAE 以及北方河高级教育学院（Northern River CAE）合并。英格兰大学和 Armidale CAE 都是位于新南威尔士地区的北部高原地带，而北方河高级教育学院 Northern River CAE 则是在 Lismore，是位于同一州的北海岸，靠近草原的边界，从 Armidale 驱车 5 个小时就可以到达那里的。第二阶段的合并是发生在 1990 年 1 月，当时位于南威尔士州中西部的奥林奇派农业学院（OAC）。从 Armidale 坐车 7 个小时可以到那里的。这个学院也加入到英格兰大学的合并中。就在 1989 年合并之前，英格兰大学就获得了联邦政府的正式批准并在考夫港的北海岸开设学位课程，考夫港位于 Armidale 的东部。1990 年，考夫港分部获得了作为独立学院的资格。新英格兰大学经过长时间的努力和财力的支持取得了一些成就。但是，尽管大学取得了一些值得可喜的成绩，尤其是拓宽了可资利用的课程范围和新的学术研究领域，新英格兰大学仍然面临着一系列高水平的冲突，特别是在两个主要的校园之间的冲突，现在这两个校园已经彻底地分开了。

二、新英格兰大学合并发生的背景和原因

新英格兰大学的合并是澳大利亚高等教育激烈变革的一个不可分割的部分。澳大利亚的高教改革是发生在 1987 年 6 月份左右，直到 1991 年结束。在 1987 年以前，澳大利亚的高等教育经历了 1975 年学生入学人数的迅速增长，然后，是一个比较递减的增长期和另外一个高峰期前的 1983 年的巩固期。早于 1987 年的十年里，澳大利亚高等教育体系有两个显著不同的部分组成——19 所仿英国风格的大学，大约 50 所高级学院，有点像英国工艺学院和那个时期的美国州立大学。这两部分以及独立的技术学院和远程教育学院等共同组成了澳大利亚第三级教育或者中学教育体系。

1. 合并发生的政策背景

1987 年 6 月，约翰·道金斯出任澳大利亚教育部长职务，随即对高等教育、技术教育和远程教育等方面进行了根本性的变革。高等教育的主要变化包括以下几个方面。

（1）废除大学系统和学院系统两系统对立的体系，改由统一的高等教育国家体系代替；

（2）实施大学合并减少独立单一高等学校的数量，发展规模大的、综合性更强的大学；

（3）划拨额外的经费支持推动学生入学人数的大幅增长；

（4）进行大学行政系统改革，赋予校长更大的权力；

（5）加大研究经费投入和在研究经费上有更多集中权和选择权的政策应用。

以此为基础，道金斯提出了广泛的大学合并政策，即所有的高等教育学校必须提出正式的申请加入到国家统一教育体系中，以便有资格获取联邦教育经费的继续支持。有三个等级的学校可以获准进入到国家统一教育体系中，每一个等级的高等学校都有自己的基准：

- 只有拥有 2000 名以上全日制学生的学校才有资格成为统一国家教育体系的成员；
- 拥有 5000—8000 名全日制学生的学校才有资格在全部教学领域和部分科研活动上得到政府资金的支持；
- 拥有 8000 名以上全日制学生的大学，并且有宽厚的教学和资源。

这个政策策略对后来的四所大学合并组成新英格兰大学有着重要的影响，当时的新英格兰大学只有 5685 名全日制学生，也意识到如果仅凭它自己的力量是不可能成为一所综合性的研究大学的。Armidale CAE 有 1370 名全日制学生，而 OAC 当时只有 378 名全日制学生，这两个学院的学生人数明显都是在 2000 人以下，因而不能单独作为独立的学院加入到新英格兰大学。北方河高级教育学院也只有 1745 名学生，也在 2000 名全日制学生之下，但是它将来能否达到 2000 人是令人怀疑的。

学生人数的增长和联邦政府划拨额外的经费支持大学的发展，为那些希望进行合并的大学提供了一个新的机遇。而文中提到的四所高等教育学院希望通过合并组成新的英格兰大学以获取发展，以及由合并带来多校区管理争取努力吸收联邦政府更多的经费帮助。政府的这种拨款于 1989 年 6 月份到达新英格兰大学，因而随后不可避免地带来这种额外的经费如何分配的争议。新英格兰大学的北方河校区就不断提议它应当获取这次拨款的大部分。

2. 参与合并的各高校的基本情况

并入新英格兰大学的这四所高等教育学院不仅属于不同的高教体系，而且在规模和大学特性上都有很大的差异。这也是为什么合并会如此难的原因之一。合并前的英格兰大学在 1938 年是作为附属于悉尼大学的一所规模较小的大学学院的，1954 年 2 月，独立出来成为一个自治性的大学，并于当年提供远程教育课程即招收外地生源的学生，同样也为当地的学生提供这种服务。到了 1989 年，新英格兰大学的学生入学人数已经达到 9682 人（其中拥有全日制学生 6253 人），涉及 6 个学科研究领域——艺术、自然科学、教育、经济、农村研究和资源管理。三分之二的学生是由远程教育提供服务的外地生源，这就使得新英格兰大学成为澳大利亚高等教育体系中最大的远程教育提供者。当时的大学具有中等教育规模，所研究的领域也很有限，仅在相关的几个学科上，而且还有相对保守和传统的学术文化观。

Armidale 高等教育学院作为 Armidale 教师教育学院，成立于 1928 年。1970 年发展成为独立的高等教育学院，只是有限的发展集中在护理学、多元文化和跨地域研究和一些相关的社会科学领域上扩大规模。到1989年，该学院的学生入学人数已达2072人，其中全日制学生1449人。自从1970年以来，联邦政府和州政府已进行多样化的努力，而Armidale的两所学院本身也在努力进行合并。但是对于每一方来说，努力是很不成功的。直到1980年后期，两所学院的教职员工普遍认为长远的合并是不可避免的，所以，他们接受了合并的观念，尤其是不同的办学使命和发展导向的学院合并。

　．北方河高等教育学院作为Lismore教师学院成立于1960年后期，于1970年早期成为一所独立的学院，但是它的规模扩大得很慢，几乎是停滞不前的，直到Treyvaud博士于1980年中期出任学院的校长才有了大的发展。到1989年，这个学院已拥有在校学生2604人（2296人为全日制学生），学科研究领域也从原始的教育项目扩展到医学、应用科学、商业研究以及影视艺术等领域。

奥林奇派农业学院成立于1970年早期，很多年就是直接接受新南威尔士农业部管理，直到它成为独立的高等教育学院后，它的发展还是很慢的。1989年，该学院的在校学生人数达到769人（其中全日制学生438人），开设农场管理和畜牧管理专业，主要是授予副学位文凭。该学院的主要实力在于它与州政府农业部门和农业相关利益群体的亲近而又互助性的关系。

3. 合并的原因和过程

Armidale高等教育学院和北方河高等教育学院的合并，从严格意义上讲，是自愿的，但是，也有迫于联邦政府和州政府的压力，还有受困于西南威尔士州议会颁布的法令。新英格兰大学关注这次合并，并不仅仅是想保持它的综合性研究和教学型大学的地位，从而要达到全日制学生8000人的基准，而是还有别的原因促成合并的。大学的副校长和一小部分的高层管理者都意识到，联邦政府官员非常希望Armidale的大学合并，如果这两所学院仍然保持独立的话，可能会吸收不到联邦政府为学院新的设施提供的资金帮助。他们希望通过与北方河高等教育学院的合并，能够帮助新英格兰大学吸引更多北部地区的生源，那里的入学人数增长很迅速。并且他们期待，合并后的大学包括北方河高等教育学院在内能够争取到政府更多的财政资金。更为重要的是，在1989年早些时候，联邦政府的就业、教育和培训部已经为新英格兰大学提供资金，支持它在考夫港开设教学课程，考夫港位于Armidale东部约200公里的北海岸，离Lismore北部也仅有200

公里。这对新英格兰大学急于热切回复来自邻近的高等教育学院的请求，进行合并谈判来说，无异于一个很大的"馈赠"。

除了有生存压力外，其他的三个学院要求合并还有另外的动因。Armidale 高等教育学院认为长远的合并是不可避免的，并把 1988 年的合并情势看做是创造一所崭新大学的机遇，而不是简单地融入到新英格兰大学。也有人推测北方河高等教育学院可能证实合并谈判中的有利结盟。北方河高等教育学院期望通过原有的大学合并能立即获得新的大学地位。北方河高等教育学院强烈反对并入 Charles Sturt 大学，通过兼并在 Bathurst 地区的 Mitchell 高等教育学院和 Riverina-Murray 高级教育学院而成为一所新大学即 Charles Sturt 大学。Riverina-Murray 高级教育学院的校区分别在 Wagga Wagga 和 Albury，遂于 1989 年 5 月，同意与新英格兰大学合并，与其他的三所学院开始商谈合并的过程。北方河高等教育学院抢占机遇，摆脱在它看来是很失败的"联姻"，因为如果作为一个独立的学院将会丧失它的身份。从而有意向与新英格兰大学合并，这是因为两个学校在农业教育方面拥有共享的学术利益，而且当时还谣传国家有可能将对学校开展的农业教育合法化，这是伴随一些农业教育学校关闭他们的课程进行的。所以北方河高等教育学院对并入新英格兰大学很感兴趣。

新英格兰大学，Armidale CAE 和 Northern Rivers CAE 的合并谈判过程持续了几个月，直到 1988 年 8 月 10 日，三方的主要负责人和主管主任签署了一份正式合并的文件。

由 9 人（各方三人）组成的合并执行委员会成立了，新英格兰大学的副校长 Don McNicol 担任委员会主席。这个委员会主要起草了两个报告，即合并详细的实施计划和将来的发展方向。但是委员会的工作开展并不是很顺利，时常伴有冲突矛盾，尤其是北方河高等教育学院的成员和其他的成员时常意见有分歧和冲突。这种状况由于一些煽动性的言论和公开诋毁的评论而进一步恶化，特别是当新英格兰大学的一些高级学术人员指责北方河高等教育学院的学术标准，而北方河高等教育学院也批评新英格兰大学的财务和行政管理漏洞时，双方冲突和矛盾激化，使得委员会的工作很难开展下去。

影响合并进程的另一个关键性的因素就是新南威尔士州教育部长和州议会通过的立法章程的干预。1989 年 3 月，新南威尔士州教育部长宣布制定立法草案支持州范围内的高等学校合并，三星期后，这个草案没有多少修改就被众议会通过了。重要的是，1989 年，新英格兰大学制定的学校章程在一些关键的问题上背离当地合并执行委员会拟定的立法草案。代替建立一个统一完整的大学机构，而是用大学网络来运行，把此作为（a）新英格兰大学和 Armidale CAE 的联盟；（b）新英格兰大学和北方河高等教育学院的联盟；（c）还有其他的像大学网络成员的身份运作大学管理。这个章程也要求任命一个总管大学事务的执行管理者，还有各个网络成员的执行管理者，共同负责大学事务的日常管理，允许每个网络成员在副校长的带领下主要向董事会负责，而且拥有自主权。这种变化被认为主要迫于北方河高等教育学院管理者的压力，但是也很奇怪的是，这并没有遭到新英格兰大学的副校长的反对，这是一个很重要的事情。因而，北方河高等教育学院的人员利用这个章程不断施压，要求获得最大程度的校园管理自主权，可是 Armidale CAE 的人员一直坚持认为，他们努力工作就是要创造一个高度统一的新大学。

三、新英格兰大学网络的形成与分裂

新英格兰大学网络形成于 1989 年 7 月 17 日，这个结构给予了每个校园相当大的管理自主权。部分原因正像前面所提到的，是因为这个结构起因于新大学制定的章程，但同时北方河高等教育学院也向它施加压力谋求尽可能多的独立性。作为新大学的副校长，Don McNicol 立刻辞去了担任 UNE-Armidale 校长的职务，同意接受 UNE-Northern Rivers 在 Armidale 建立跨校园的行政管理部门，这个单位从 UNE-Armidale 行政系统独立出来。对于高级人事安排，北方河高等教育学院也表达了异议，认为除非跨校园的行政管理部门能够独立出来，否则 Armidale 校园区是不能占据新大学网络主校区的。新大学网络的学术治理是一个多元复杂的结构。有一个单一的学术内阁作为高层学术体制，但是 UNE-Northern Rivers 被允许仍保留原有的学术委员会，而在 Armidale 校园区的四个学术部门是直接受学术内阁的管理。新大学研究联合会主要协调来自每个校区主要学科领域的不同建议，但事实证明是无效的。

在随后正式合并后的几个月里，投入了大量的精力和财力尝试让新大学运转。这包括把相当大的时间和精力花在高级学术人员和行政人员身上，投入钱财和成立特别行政部门保证合并的有效进行。这也意味着大量的面对面地沟通协调，不仅仅是通过不断增加的视听电视电话会议来沟通。在学术这一方面，除了延展的讨论协商外，还专门成立了一个持久性的大学学术内阁和委员会体系，来代替 1990 年早期的内部学术机构，这个全大学范围的大学管理系统用来处理所有大学内的管理问题，并做出具体的安排。

合并失败的确是由一些观点立场的分歧造成的。在保持合并有效性、教学研究方面的跨校区的长远合作发展，建立一致性的关系，甚至是确保新大学网络的长远未来发展等方面都存在异议。即使在正式的合并官方文件下达前，Armidale 和 Lismore 两个校园之间的关系就不是很好，常常是一个校园的人员公开指责另外一个校园的人事。一旦合并发生后，这种公开的冲突就伴随很多问题的解决而浮出水面，比如，授予大学头衔给前英格兰大学的高级资深学术人员，在北方高等教育学院提议设立一些名誉性的高等学位课程方面，对新大学学术人员的晋升规则上，多校区科研经费的分配和学生教育券的发放，等等。尽管学术行政委员会支持下的研究联合会主要是用来保证学术项目规划上的合作与协调的，但是，要开设任何一个校园区都承认的新大学的学位文凭几乎是不可能的，而且每个校园区都在坚持自己特殊的专业授予权。

在 1992 年早些时候，这种冲突的状况进一步恶化，于是就在 1992 年 5 月 1 日召开的行政董事会上，管理委员会共同商讨解决，并请求新南威尔士州的教育部长以及事务处理把新大学网络分成两个独立的大学，一个基于 Armidale 校区，另一个基于 Lismore 校区，随后更具体的妥协计划就是要遵从这个请求。后来，经过新南威尔士州的教育部长和联邦政府的教育部长的商议，于 1992 年 5 月 15 日，两位部长参与建立了一个自治咨询小组，咨询小组迅速并且有效地开展了它的工作，参访每一个校园，与当地的高层大学管理人员、大学一般教职工以及社区群体座谈。咨询小组于 1992 年 10 月份做出了这个报告，并做出了如下的评议：

（a）新大学必须建立在新南威尔士州北海岸，作为一个有机统一的大学机构，其他的学院应该融入到新大学中来；

（b）自新大学成立的三年时间里，它的运作应该是在一个国际性多元化的大学框架下发展起来的；

（c）奥林奇派农业学院应该和悉尼大学协商谈判处理学院和新南威尔州以及联邦政府都能接受的合并协议，这项实施应不晚于 1993 年 7 月；

（d）新大学应该任命一位临时性的副校长统管和学校相关的所有问

题，拥有充分的自主权，直到大学新法令的出台通过或者是真正的副校长发表就职演说之后；

（e）UNE-Armidale 应该作为一个自治性的大学重新组织它的结构。

两位教育部长很快就接受了咨询小组的建议，不久，即同意新英格兰大学网络分裂成为两个独立的大学，最晚于 1994 年 1 月 1 日起执行。

四、新英格兰大学合并失败的原因

1. 不同办学导向和传统导致合并后的院校冲突

前面也已提到，不仅仅是这两个学校分属于不同的高等教育系统，每一个学校都有自己独特的组织文化和价值观，而且这两个学校还有着不同的办学导向和传统。前英格兰大学是一个非常保守的、传统的英式办学风格的大学，大学内院系学术活动主要是以学科为线索，院系内的人员与外面的市场业务很少有联系，更多的是关注专业学术。它非常强调学术准则，整个学校的运转主要是城市大学的模式，就像悉尼大学一样，在招收海外生源上也有优势。拥有半个世纪的办学历史，作为一所正规的大学，前英格兰大学希望在合并大学中占有相当高的地位，而且毋庸置疑保持它的学术领先地位。而 Northern Rivers 高级教育学院则是一个相对新的学校，富有进取心，急于上进和有冒险精神。它的学术部门的组织主要以专业为导向而不是以学科为导向，学校的课程设置主要是应用性很强的职业课程。它在建立与外界的商业市场、专业和主要的市场雇主等有极为密切的关系上取得了很大的成功。但是这个学院在基础性的或者非应用性的人文学科、社会科学以及物理科学和生物科学方面只有很少的学术研究工作。因而在合并过程中，该学院不愿承认前英格兰大学任何意义上的较高地位，并要求新大学立即处理与学术相关的所有事宜包括荣誉学士学位、研究生硕士学位、博士学位等授予以及基础性研究资金和为资深学术人员颁发教授头衔，等等。该学院还要求与 UNE-Armidale 享有同等的地位，并不准备承认在 Armidale 的英格兰大学的学术指导准则。正是两个大学之间的差异和 UNE-Northern Rivers 的过高要求导致了主要的冲突。

2. 对合并后大学的发展缺乏高度一致的使命感

很大程度上讲，前英格兰大学的教职工认为，要合并的直接动因是英格兰大学要成为综合性的研究大学，它的全日制在校学生人数必须达到

8000 人以上的基准。但是，当前英格兰大学和前 Northern Rivers 高级教育学院合并后，这个目标很明显就实现了，并且很清楚的是联邦政府对于强迫大学在校全日制学生达到这个基准并不是像期望的那样很严格的。再进一步地说，前英格兰大学的高层管理者没有和其内部的人员进行有效的沟通解释，说明为什么要从长远的战略发展的角度与 Northern Rivers 高级教育学院合并的。而另一方面，Northern Rivers 高级教育学院合并后也很快实现了它的预期关键目标，即获得大学独立学院的地位。再者，直到 1991 年，Northern Rivers 高级教育学院一旦一个在校全日制学生少于 8000 人的大学在新英格兰大学合并的框架下成为一个独立性的大学，那么这种可能性和以往成为独立大学的可行性是有显著差异的。

3. 合并后大学的分权管理与人事变更

来自 Armidale 和 Northern Rivers 两个校区的高层管理者都认为在一起合作共事是很困难的事情，因为一些冲突的起因就在于采取了过激性的行动，而一小部分的高层管理者又故意夸大了矛盾，导致分离趋向的加重，另外一个原因就是副校长的管理缺乏连续性。1988 年早些时候，即在大学合并谈判之前，副校长 Lawrie Nichol 教授从前英格兰大学调离，担任了澳大利亚国家大学的副校长，而由 Don McNicol 接任，但他两年后也调任为悉尼大学的副校长一职。因而最后的新大学副校长由罗伯特史密斯担任。这三次高层学校领导人的变更证明是额外的能量损耗和牺牲，但是非连续性的领导人变更也带来了很多负面的效应，尤其是在新大学的战略规划和政策实施上带来了诸多不便。

合并谈判和导致新大学网络分裂的决议事件也是至关重要的影响因素，除了前英格兰大学和前 Northern Rivers 高级教育学院之外，来自 Armidale CAE 的高层人员在合并谈判中扮演了很关键性的角色，使得奥林奇派农业学院顺利且快速平稳地并入到新大学中。在促使新大学网络分裂的决议出台过程中，前 Armidale CAE 的高层人员并没有扮演重要的角色，相反奥林奇派的学院人员还强烈支持新大学继续开展工作，直到部长的新决议下来。

五、案例评论

正如文章的作者所说，"新英格兰大学网络合并失败对澳大利亚高等教育的影响是很难预测的，新英格兰大学网络的合并问题已经引起了很多媒体的关注和评论，最近也有一批合并后的大学正在研究探讨大学合并后的问题以及分离的可能性。1991 年，后联邦政府的合并政策以及要成为统一国家高等教育体系的大学基准已经有所松动了，联邦政府教育部官员也很希望尽可能地做事情，以便其他的合并大学能够很好地协作。"①

　　从新英格兰大学合并失败的这一案例中，我们可以发现，在新英格兰大学合并过程中和合并之后存在许多问题，诸如，多校区的管理、对新大学的认同感的缺乏、不同传统学院的文化冲突等，这些问题在我国大学合并过程中和合并后同样存在着。问题本身其实并不可怕，关键还在于我们如何来分析问题以及提出解决问题的方法。

　　本章主要列举了对我国大学合并后存在的问题，并针对大学合并后整合管理的文化因素对问题存在的原因做多角度分析，这些为我们分析大学合并后整合管理的对策和模式奠定了很好的基础。

---

　　① Grant Harman. A Merger that Failed: The Case of the University of New England [J]. Higher Education Quarterly, 1993, 2 (47): 133 – 135.

第六章
我国大学合并后整合管理的过程与策略

由第五章对我国大学合并后存在的问题和原因分析可知，大学合并是一个系统的工程。这一过程中的每一个环节对合并的进程和合并后的结果都可能会产生重要的影响，从而导致合并后发生"冲突"和矛盾。从大学合并的目的和发生机理来看，如何在合并后对新建高校内部进行有效的要素整合，从而达到核心能力的保护、转移、扩散和发展的目的，[①] 是我们面临的一个关键问题。这就是大学合并过程中的整合管理环节，它是大学合并的重要一环，贯穿在大学合并发生后的全过程中。

本章主要是借鉴企业并购后整合管理的相关理论和实践经验，基于高等教育系统的组织特征和大学合并发生的过程模式和内在机理，提出大学合并后整合管理的过程模式和策略，包括学术性能力系统的整合、信念性能力系统的整合以及组织性能力系统的整合，并以我国的两所合并大学为例，分析大学合并后的整合管理过程和策略。

第一节　大学合并后的整合和整合管理的内涵

关于"整合"，按照《现代汉语词典》的解释："整"可以理解为整顿、整理；"合"则可以理解为组合、整合。故"整合"有"调整与整合"之意，即结构调整，系统整合，由无序到有序，由矛盾到统一，由失衡到均衡，使系统能最大限度地发挥其功能，进而实现系统目标。而《辞

---

① 关于大学合并的目标和发生机理，详见本书第二章。

海》的解释是：整合概念是一个地质学名词，指"新老地层的走向和倾斜一致，其岩石性质与生物演化连续而渐变，在沉积上没有明显间断的接触关系。表示在它们的沉积期间，这一部分地壳只在水下作缓慢的升降运动而没有升出水下侵蚀基准面以上，因而沉积物得以连续沉积。"

　　在社会学研究中，美国社会学家 T. 帕森斯明确提出了"社会整合"的概念，并提出了如下定义：①社会体系内各部门的和谐关系，使体系达到均衡状态，避免变迁；②体系内已有成分的维持，以对抗外来的压力。由此可以看出，从社会学意义上看，整合可以理解为保障或维持社会体系内各个部分处于和谐的状态。对于大学合并来说，有学者就结合社会学对整合理解，将大学合并后的整合理解为："合并后的学校协调与控制各个组成要素，使其融为一体并处于和谐状态的过程。"①

　　在企业管理中，所谓购并后的整合（Post-merger Intergration，PMI），就是指将不同质的资产、不同的权利主体、差别性的业务和技术以及不同的经营理念、管理准则和行为方式有机地融为一体，形成新的核心能力或增强原有核心能力的过程。② 从根本上说，PMI 管理是整个购并过程的核心内容。PMI 战略所包含的内容是极其丰富的，一般来讲，包括公司战略整合、价值链整合、组织结构整合、规章制度整合、资本整合、市场整合、营销整合（广告整合、品牌整合、渠道整合等）、技术整合、信息系统整合、人力资源整合和公司文化整合等诸多方面。③

　　综合借鉴上述关于"整合"和"整合管理"的各种理解，本研究认为，整合是指对事物（实体）的结构或要素进行调整，使之重新组合、共同发挥功能，各个部分保持均衡状态，构成一个统一的有机体。从这一定义可以看出，整合是一个动态的持续过程，强调对原有的事物或状态进行重塑，以保持各部分的和谐和功能发挥。在此基础上，界定整合管理就是涉及整合的主体为了推进合并进程，取得整合实效而采取的一系列优化管理措施、手段和方法等，最终实现系统一体化的活动过程。

　　在企业管理中，购并后的整合过程本身实际上是一种如熊彼特所说的"创造性破坏"的过程，④ 实际上，对于大学合并而言，同样也是这样一种

①　刘继荣. 高校合并的理论与实证研究 [D]. 浙江大学，2003：103.
②　叶学峰. 基于核心能力的企业购并后整合管理 [D]. 浙江大学硕士学位论文，2001：40.
③　齐艳秋，王春. 论购并后整合策略 [J]. 外国经济与管理，2001（9）.
④　转引自：叶学峰. 基于核心能力的企业购并后整合管理 [D]. 浙江大学硕士学位论文，2001：26.

"创造性破坏"的过程。合并行为的发生，一方面打破了原有的系统，无论是 ABA₁ 式还是 ABC 式的大学合并①，均为原有的大学带来了不可避免的破坏；但从另一方面来看，这本身也是对能力进行更新的一种手段。在高等教育系统中，"由于高等教育的任务激增，信念繁多，各种形式的权力往不同的方向牵拉"②，这也导致了"高等教育系统在整合方面遇到许多难以简单地描述和解决的困难"③。对于大学合并后形成的新的高等教育系统而言，同样面临着难以简单描述和解决的困难，同时，合并后的整合过程也是对高等教育系统中各个要素重新组合的重要时机，是培育和更新大学的核心能力的重要途径。

这里的整合，就是指合并后的高校对学校内部的各个组成要素进行调整，使之重新组合、共同发挥功能，最终实现真正的实质性融合；大学合并后的整合管理就是进行合并的大学双方共同采取的一系列旨在推进合并进程、提高整合绩效的优化措施、手段和方法等，最终使合并后的新大学融为一个有机整体的活动过程，它可能会涉及战略重组、财务整合、人力资源建设、校区建设、学科资源的整合和文化重组等方面必须面对和解决的各项工作和问题。大学合并后的整合管理同样是一个动态的过程，由合并动机所维持，为合并目标所引导，并得到合并价值观的矫正。

第二节　大学合并后整合管理的指导原则

从整体上说，作为"控制高深知识和方法的社会机构"④，高等教育系统的基本材料是"构成各民族中比较深奥的那部分文化的高深知识和有关技能"⑤，在这样的系统中，"知识就是材料，研究和教学是主要的技

---

① ABA₁ 式的大学合并，是指一所大学将另一所大学兼并，变成原有大学的一部分；ABC 式的大学合并，是指两所或多所大学合并组成一所新的大学，与原来的两所大学均无关系。详见本书第四章。

②③ 伯顿·R. 克拉克. 高等教育系统——学术组织的跨国研究［M］. 王承绪，等，译. 杭州：杭州大学出版社，1994：153.

④⑤ 同②，第 11 页。

术"①，学术活动所具有的特征促使学术组织的形式与众不同，这也决定了对大学合并后整合管理的过程和策略与一般企业的并购后整合管理过程和策略是不同的；但是另一方面，由大学合并所引起的高等教育系统的变革，同样是"不平常的，渐进的，不连贯的，相互矛盾的"②，考虑到企业并购以及并购后整合管理的特点，可以看出二者实际上又有许多共通之处。在这样的情况下，实施大学合并后的整合管理，既与企业并购后的整合管理有所区别，又有所联系，但总的来说，需要遵循以下几条基本原则。

一、以人为本的原则

与企业中以追求利润为第一价值取向相比，在大学这一"知识载体系统"③中首要的应是劳动分工，大学本质上也就是"许多人单独地或集体地在其中从事各种学术活动的组织结构"④。大学合并后的整合包括多种要素的整合，管理的内容是要通过人的行为才能发挥作用，因而整合管理实质就是对人的管理。大学是由不同文化倾向的管理者、教师和学生等群体组成。整合过程中，每个人的需求和期望都是不一样的，与其对应的资源因素也是不尽相同的。整合的核心和重点就是解决人的观念适应、定位适应、运作适应、组织适应等各种问题，否则很难实现协同效应。尤其是合并后人的心理的复杂性和需求的多样性决定了整合管理工作的艰巨性。如果一味强行整合，会产生摩擦，从而导致凝聚力的下降，出现内耗的状态。所以，"在合并初期，稳定是大事。要让人们有一个心理准备，从大局出发，给教师一个过渡期，实现平稳过渡"。还要经常举办一些活动来努力实现人们思想上的融合。"比如在群（众）团（体）组织上，工会经常组织一些活动让各个校区的教师有机会坐到一起，加强彼此的沟通交流，各个校区的主管部门组织大家经常交流经验，从不同的角度多接触，多沟通，从感情上达成共识，以此来加深广大的教职员工对新大学的感情，从心理上体验新大学的实力，从而树立信心，感受新大学的实力提

---

① 伯顿·R. 克拉克. 高等教育系统——学术组织的跨国研究 [M]. 王承绪，等，译. 杭州：杭州大学出版社，1994：12.

② 同①，第8页。

③④ 同①，第33页。

升，让大家都从内心深处接受。"

在管理中要强调以人为本的指导原则，寻求人与工作平台相适应，尊重人的价值和个人选择，从而实现个人与学校发展目标的一致性，发挥合并后人力资源的效益。

二、以发展促进整合的原则

我国大学实行合并，其目的是适应国家经济发展和社会进步对大学人才培养、科学研究的迫切需要，促进合并大学的跨越式发展。因此，促进合并大学的整合必须紧紧抓住学校跨越式发展这条主线，在发展中化解矛盾，用发展推进学校整合。合并后怎样发挥并校优势？如果把注意力和工作重心仅仅放在调和矛盾与平衡关系上，那就是本末倒置，最终也不可能实现深层整合。如果仅仅局限于合并初期出现的小矛盾，而忽视整合，最终也可能迈不开发展的步伐。"我们要求党员干部'不利于融合的话不说，不利于融合的事不做'，一切以发展来衡量"。只有把发展与整合紧密结合起来，才能使"整合"这一合并大学无法回避的难点、重点和热点问题的解决建立在积极的基础之上。

以发展促整合、以整合求发展，以特色创优势、以创新求发展，以服务求支持、以贡献促共建；推进学校整合，激发学校内在活力，创造有利的外部条件。快速整合应建立在全校稳定的基础之上，但平稳过渡要与改革发展有机结合，一味强调稳定而延缓整合速度并非良策，改革中的稳定是动态的，合并中的很多矛盾和问题都可以在发展中得到解决，有些问题和矛盾在发展中自然不复存在了，同时，也只有通过发展，才能保持真正的稳定。"问题是很多的，再好的办法我们也没有，我们也只是摸着石头过河。但是我们一直强调用科学的发展观来作为学校整体的指导思想，通过发展来解决问题的"。

发展是学校永恒的主题。学校之间的竞争，归根到底是发展速度和发展水平的竞争。发展是并校追求的目标，对于合并组建的新校来说，离开发展的主题谈整合，整合就失去了目的。而且，整合作为一个过程，其中的一些问题要在发展的过程中，依靠发展的成果来逐步解决。因此，围绕发展推进整合、在发展中实现整合，应该作为合并大学改革中一条重要的指导思想。

三、既尊重历史又着眼未来的原则

合并大学一定要从实际出发，要尊重历史、尊重实际、具体问题具体分析，不能搞"一刀切"，不能搞一个模式，不能一哄而起；要考虑参与合并的学校优势互补、强弱搭配、校址相邻以及历史渊源等客观因素；要避免单纯以升格为目的和动力却对大学合并不做科学论证和可行性分析；也要避免不顾客观效果进行简单拼凑的倾向和把精力过多集中在创建规模大、层次高、学科齐全的"巨无霸"学校上面的倾向。

大学合并后，管理者要深入调研原各校的办学传统、校园文化、教学成果、学科特色等实际校情。只有基于对原有校区的清醒认识，开展新整合工作才能做到有的放矢、落到实处。这种调研应当首先从大学表层的机构、学科、资源、师资、制度开始，然后，逐步深入到办学理念、校园文化。对于具体的校情状况，应当深入到师生员工的具体教学、科研、生活、管理工作中去。这样才能获得宝贵的第一手资料，从而避免主观臆断，也可从各大学发展的历史轨迹中寻找答案。"我们合并时的 5 个大学都有自己的优良传统，当然不能放弃，需要我们提炼与挖掘精神内核，形成新的大学精神。"

同时，又不能仅仅局限于历史，要着眼未来，着眼高等教育的发展，遵循高等教育发展的客观规律，制定出行之有效的学校整合与发展战略，并付诸实践。所以，"每一所大学都有不同的发展历程，并逐渐形成了自己特有的基础、风格、文化、品位和价值观。在设定发展目标时，必须尊重自己的历史，发挥自身的优势，既着眼于长远，又不脱离现实，既不夜郎自大，又不妄自菲薄。作为国家的一所重点综合性大学，无论是从历史、现在和未来考虑，我们把自己的奋斗目标确定为'国内领先、国际知名、高水平的研究型大学'都应该是符合实际的。"惟其如此，才能更好地实现大学的新发展。

当然，大学合并后的整合管理总是在一定的组织状态下进行的，自始至终保持畅通的信息沟通渠道，加强大学成员之间的对话与交流，通过沟通去化解封闭倾向，使各方的优缺点在大家坦诚布公的交流中显现出来。通过交流沟通可以预先发现其中存在的冲突迹象，还可以使这些冲突自我化解，从而实现合并大学的一体化。

第三节　大学合并后整合管理的过程

如前所述，大学合并的过程需要经历一系列相互区别又相互联系的环节。合并双方的相关人员在从最初的意向合并到开始作准备，然后，发生大学的合并行为，之后双方进行合并后的整合工作，通过整合达到大学实质性合并的目标与预期效果。对于大学合并来说，合并后的整合实质上就是核心能力要素的整合，通过对信念性能力系统、组织性能力系统以及学术性能力系统中各个要素的整合，最终实现核心能力的保护、转移、扩散以及发展的目的。具体的过程如图 6-1 所示。

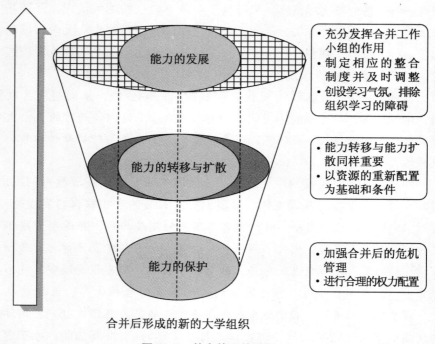

图 6-1　整合管理的过程

一、能力的保护

在大学合并后的整合管理过程中，无论采取什么方法和手段转移、扩散能力或积累新的核心能力，若要想产生预期的效果，首先要对原有大学中的优质能力及其来源进行保护，使其免受破坏。具体而言，需要做好以下两项工作。

1. 加强合并后的危机管理

如前所述，大学合并后几乎会影响到大学中的每一个人，它给大学及其成员（管理人员、教师和学生等）造成的心理冲击和压力无疑都是巨大的，因此往往会被看做是一场激烈的组织变革，甚至是一场组织危机。因此，对于大学合并来说，首要的就是要加强危机管理，主要的做法是将核心部门的行政管理人员和各个院系的负责人员集中起来，让他们集中精力和智慧来缓解或消除由于大学合并所导致的危机，比如，情绪低落、学术水平下降、关键人员的离开等，以防价值破坏，为进一步的价值创造奠定基础，顺利渡过大学合并后的关键时期。可以采取的具体措施包括：

（1）由校级领导或大学直属部门的上级领导直接负责合并事宜；

（2）成立专门的合并委员会；

（3）聘用外部的心理咨询顾问和管理顾问。

2. 进行合理的权力配置

如前所述，大学合并后面临的首要问题就是"班子问题"，即合并后新组建大学的领导阶层谁上、谁下、谁来掌权。实际上，从成功的企业购并经验中可以看出，领导者在合并过程中发挥着巨大的作用。无论是对于校级领导、院系所的领导还是各个行政机关部门的领导岗位调整来说，都是同样的道理，如果决策权掌握在那些缺乏必要专门知识的人员手中，大学蕴涵在组织性核心能力系统中的知识被传递给这些决策权拥有者就会需要过高的成本，从而不能实现决策权和知识的最佳结合。那么，一方面可能导致错误的决策和错误的行动；另一方面，可能导致不能充分利用知识，甚至是教师的大量离职、学院的解体[1]，从而损害大学的核心能力和竞争优势。实际上，对于大学来说，决策权主要体现为大学的"组织性能力系统"中所蕴涵的知识，由于不同的大学原本所掌握的知识是不对称的，这些知识又分散在不同的人员当中，因此要保证大学合并后顺利度过"疼痛期"，参考企业并购后整合管理的做法，必须要解决的一个问题就是"如何以较少的成本完成有价值的知识与决策权的结合"。[2]

---

[1] 如，第五章在分析大学合并后存在的问题时，就曾指出由于院系领导者之间的不合，导致学院的重新组合，部分教师的离开等。

[2] 叶学峰. 基于核心能力的企业购并后整合管理［D］. 浙江：浙江大学，2001：41.

二、能力的转移与扩散

合并的不同大学之间能力的转移和扩散是实现价值创造的必由之路，而且，能力的转移和扩散往往是以其他资源（如，物质资源、财务资源、人力资源）的重新配置为条件的。能力的转移是指能力存在的位置发生了变化，并且能力一旦输出，输出方便不再使用这一能力，从这种意义上来讲，可转移的能力似乎是一种可以像物体一样被"搬运"的资源，这样的资源在大学里最突出的表现就是人力资源的转移。"所谓大学者，非谓有大楼之谓也，有大师之谓也"①。大学合并后，对于原有的学校来说，部分优秀的教授、学者经过资源重组调到了新成立的学院，对于原学校来说，同时也是将其部分核心能力转移到了新的机构中。

能力的扩散是指能力被新的使用者所掌握和运用，但并不会因此改变其原来拥有者对能力的拥有和使用。在大学中，突出的表现为课程设置和专业建设。通过合并，实现了大学的学科综合性，一些原来的工科院校中也开设了相应的人文学科，这实际上便是大学合并后学术性能力系统的知识扩散。对于新大学来说，专业设置增多、学科建设完备，可以更加有利于其对人才的培养和科研的创新，对于原有的机构来说，这种知识的扩散本身并不会影响到自身的学术能力，实际上这也像企业市场竞争中的技术模仿，虽然是被模仿，但被模仿者的技术及其运用却并不会因此而受到损害。实际上，对于大学组织来说，这里的能力扩散与企业中的技术模仿还是有所不同的。在大学组织中，"发现知识是一项无止境的任务"②，"每一个专业都要跨越自己的专业界线进入目前尚未标界的领域才能不断进步"③，其"开放性通过学术组织聚焦和操作的方式得以反映"④，因此，对于不同的专业来说，能力的扩散实际上也是能力的补充，原有专业的知识能力不仅不会由于扩散而受到损害，反而会由于相互补充而得到提高，这也是大学合并能够带来的积极效果之一。

---

① 梅贻琦. 赴清华大学就职演说 ［M］ //杨东平. 大学精神. 上海：文汇出版社，2003：236.
②③④ 伯顿·R. 克拉克. 高等教育系统——学术组织的跨国研究 ［M］. 王承绪，等，译. 杭州：杭州大学出版社，1994：15.

在大学合并中能力的转移和扩散过程中，有两点是需要注意的。

（1）大学合并后的能力转移与能力扩散同样重要。在企业并购后，"一般的资源和能力在要素市场中完全可以购买到，因而购并后通过能力转移所获得的资源和能力与购并企业现有的资源和能力的互补作用可能并不大"①，因此购并后更重要的是能力的转移。但是，对于大学合并来说，合并本身就是获取资源和能力要素的重要途径，而且在我国以政府为主导的高等教育管理体制下，并没有形成完全的针对高等教育的资源和能力进行交易的要素市场，因此通过合并后获得的人力资源、物力资源等能力要素的转移对于大学合并来说是非常重要的。对于能力的扩散来说，一些不可以完全模仿、流动和替代的核心能力（诸如，学科、学术声誉、大学文化等），必须是以"扩散"的形式在合并的双方共同发挥作用。

（2）合并过程中的能力转移和扩散一般是以资源的重新配置为基础。因为核心能力必然是依附在其他的资源之上，而且能力的运用也离不开与之配套的资源，对于大学来说，不仅包括土地、校园建筑、实验仪器设备等物质资源，更重要的是人力资源，以及蕴涵着丰富知识的学术能力系统，即学科资源。合并后对这些资源的重组，实现资源的合理配置、达到规模经济，这既是大学合并的重要目的，也是为了实现更多价值创造的客观需要。

三、能力的发展

对于合并后的大学来说，不仅仅是要保护、转移或者实现原有机构核心能力的扩展，更重要的是要在此基础上培育新的核心能力，或者使原有的核心能力不断发展和创新，只有这样，才能保持大学的竞争优势。如前所述，从大学获得竞争优势的来源来看，最重要的是伴随着由知识的生产和转化而形成的学习机制，也就是说，核心能力得以积累并不断发展的关键就是在大学系统中的组织学习②。在合并过程中，大学系统中的组织学习大致经历了三个阶段：第一阶段主要是认知学习（指为什

① 叶学峰.基于核心能力的企业购并后整合管理［D］.浙江大学硕士学位论文，2001：41.
② 部分观点借鉴：叶学峰.基于核心能力的企业购并后整合管理［D］.浙江大学硕士学位论文，2001：39－42.以及魏江.基于核心能力的企业购并后整合管理［J］.科学管理研究，2002（1）.

么的学习，它导致了人们认识的变化），在这一阶段，主要是成立专门的合并工作小组（或工作委员会），对待合并的几所高校进行系统评价；第二阶段属于经验学习（指认知变化与行为变化间交互作用的一种学习过程），即有认知的学习也有行为的学习，这一阶段主要是通过文化的重塑，让所有组织成员熟悉新的机构，检验新建的管理团队的决策和执行工作；第三阶段主要是行动学习（指如何做的学习，它导致人们行为的变化），在这一阶段，大学中的每一位成员都要学习如何在新的环境中工作，以及接受新的制度。

1. 充分发挥合并工作小组的作用

从我国合并的实际进程来看，几乎每所大学在合并初期都会成立专门的合并工作委员会，用于推进合并工作的进程。工作小组中的所有成员都需要专心致力于合并工作；此外，还要促进合并双方对自己以及对方的文化、历史、战略、学科建设、师资力量、生源等价值链和资源要素有着深刻的理解。借由合并工作小组，一些在合并中存在的问题可能会被发现，这一部分的工作不仅是为了新成立高校的制度的建立，即组织性能力系统的整合，更重要的是，通过共同工作，能够深刻地了解大学运行背后所隐含的信念（比如，大学历史、使命、学科文化、院校文化等）。

2. 制定相应的整合制度并及时调整

在大学合并之后，需要为合并后的大学设计未来的组织蓝图，并设计指导学校各项工作的理念、程序、流程和准则等。比如，第五章中所举案例，在大学合并之后，一些文科院校的教师对理工科院校下的刚性的管理作风和重量化的教师绩效考核制度多有不满，更不愿意接受这样的制度，这就会阻碍制度的执行。因此，在制定相应的整合决策和组织运行制度时，首先要通过培训或必要的说明，让大学中的每一个成员了解和接受，即将这些表现为制度条款的显性知识内化，这是保证决策和设计得以有效执行的前提；其次，这些制度和设计要付诸实施，并在实践过程中接受检验，根据教师、学生等相关利益群体的反馈进行调整、修正和补充。这一过程实际上就是前面所说的行为学习和经验学习阶段，这一过程并不是将大学中信念性能力系统和组织性能力系统中知识的简单应用，从发展核心能力的过程中的知识转化来看，这一过程实际上是知识的社会化和内部化的过程。

3. 创设学习气氛，排除组织学习的障碍

如前所述，在合并过程中有许多冲突和矛盾需要解决，有许多障碍需要克服，比如，对新机构的不信任、对原有学校的怀念、对变化的抵制等，这些都会对组织的学习产生负面的影响。因此，创设良好的组织学习气氛，是大学合并后的整合管理的一项关键任务。通过组织成员之间的对话和沟通，建立明确的愿景，建立双方人员共同参与的团队，让原来的双方成员合作等，都是一些可行的方法。

第四节　大学合并后整合管理的模式

一般情况下，大学合并后进行整合管理通常是从资源、文化和组织结构三个方面来考虑的，如下图所示。在这个整合框架中，资源整合是组织发展的物质基础，结构整合是组织发展的保障，文化整合是组织发展的动力和核心。这三个层面的整合并不能完全区分开来，他们是相互联系、相互作用的系统整体，合并后的大学是通过以上三个层面的整合管理实现新大学建设的。

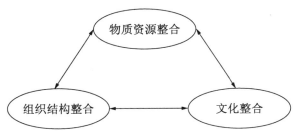

图 6 - 2　一般意义上的大学合并后的整合管理模式

从核心能力的构建和培育的角度来看，参考企业并购整合管理的若干观点，可以发现，对于合并的大学而言，在合并之后需要考虑的是能力的保护、能力的转移和扩散以及能力的发展这一过程。从大学的核心能力构成要素系统内部来看，对于上述框架中物质资源、财产资源等外显性较强的资源，其识别和整合是比较容易的，但是对于那些兼具外显性和内隐性特征的组织结构、人力资源、学术资源以及完全的内隐性资源（大学文化构成的信念系统、能力、制度）等，对其的识别是比较困难的。通过合并来构建和培育核心能力，与简单的招聘新教师、盖新建筑、购买新的实验仪器设备是完全不同的，其根本特征之一就是在合并过程中涉及隐性的

"以知识和技能"为核心构成要素的"组织资本"① 的保存和重构。由前所述，大学核心能力的本质是具有自身特性的技能和知识集群，因此在基于核心能力的大学合并后的整合管理中，技能和知识的转移也是非常关键的活动，具体体现在大学的学术性能力系统、信念性能力系统和组织性能力系统的整合过程中。基于核心能力的大学合并后的整合管理模式如下图所示：

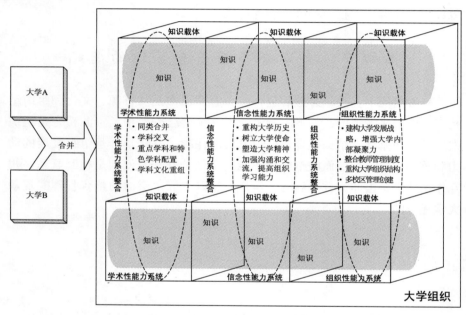

图 6-3　整合管理的要素模式

一、大学学术系统的整合

就大学的学术能力系统而言，在大学中，"其核心成员单位是以学科为中心"② 的，"学科"是大学组织区别于其他组织的特有结构。大学本身就是一种从学科出发，然后，围绕许多学科发展起来的集劳动分工、信念形成、权责分配于一体的、有科层性质的、庞大的综合机构③。大学的

① 魏江. 基于核心能力的企业购并后整合管理 [J]. 科学管理研究, 2002 (1).
② 伯顿·R. 克拉克. 高等教育系统——学术组织的跨国研究 [M]. 王承绪, 等, 译. 杭州：杭州大学出版社, 1994：38.
③ 眭依凡. 关于大学组织特性的理性思考 [J]. 高等教育研究, 2000, (4)：49-50.

所有功能、属性都与学科有关，学科建设的水平直接反映了高等学校的办学水平和教育质量。

从我国现阶段的情况来看，大学合并后，大学的综合性、多科性增强了，学校政策的引导及科研的内在驱动使跨学科的研究所、研究中心的设立成为一种趋势，使得我国高校的基层组织横向联合的研究组织方式快速发展①。据介绍，这种研究组织方式促进了我国高校矩阵式科技体系的发展，在实体的院系框架之外，发展了横向的多为虚构的研究组织②。实际上，受资源条件、研究水平的制约，实质性的交叉合作机制远未建立，多数交叉研究机构形同虚设。不同学科构成的院系"在工作中所涉及的思想和技能性质方面是有所不同的"③，因为他们掌管着"不同知识内容"④，文理学科领域之间、专业学院之间、大学之间，其"操作方式因各自的知识结构的不同而有很大的不同"⑤。所以，"为学术界确立统一标准的任何尝试都会导致强求活动和产品的一致性，而这与特定领域的特定学科内容的要求是格格不入的"⑥。大学的这一学术组织特性决定了，大学中学术性能力系统的知识和技能的整合方式尤其特殊，对于不同学科专属的制度和学科文化、学科中特有的人力资源以及围绕着大学基层单位（院系）运行的学校管理制度而言，都是不具有转移性的组织资本。因此，这三者是在大学合并后学术系统整合方面需要重点考虑的要素。

1. 整合的原则

大学合并学科整合的目的是为了优化学科结构，发挥学科交叉渗透的优势，促进学科建设和发展。学科门类齐全并不是合并追求的目标，同时需要注意的是，学科整合不是简单的同类项合并。简单的同类项合并并不必然带来学科融合。在学科整合过程中，文理可以渗透，理工可以结合，工商可以共生。合并后学科间的交叉渗透、融合互补才是关键所在，在学科整合的过程中，应该遵循以下三个原则。

（1）互补性原则，学科的内容要能够交叉互补，重要的是要寻找相融的结合点，使参与整合的学科在内容上互补。

---

①② 蔡克勇. 合并院校深化改革在于进一步融合 [J]. 中国高教研究, 2006（7）.

③ 伯顿·R. 克拉克. 高等教育系统——学术组织的跨国研究 [M]. 王承绪, 等, 译. 杭州：杭州大学出版社, 1994：43.

④ 同③, 第44页。

⑤⑥ 同③, 第45页。

（2）一致性原则，学科的融合与当代学科发展的趋势相一致时，才能实现真正意义上的学科交叉、互补、渗透，才能多出成果。

（3）合理性原则，要有利于建立合理的学科结构，若缺少对学科兴衰规律的把握，简单地用合并同类项或分解大学科来调整学科的结构，很难发挥学科的综合优势，也很难产生好的效果。

2. 整合的策略

不同学科专属的制度和学科文化、学科中特有的人力资源以及围绕着大学基层单位（院系）运行的学校管理制度，对于这三种能力，根据不同学校的特点和原有组织的依赖性程度，借鉴企业并购后整合的策略①，可以考虑采取不同的整合方式：吸收式、保全式和共生式。其中，共生式整合具有重要意义，因为该方式下两个学校之间建立的相互依存关系可以最大程度地促使双方的能力在彼此之间进行有效传播。为了实现共生式的整合，可以采取同类合并和学科交叉两种整合策略，并通过特色学科和重点学科的培植以及科学研究创新，来实现合并后学术性能力系统中以知识为主要载体的核心能力的转移以及发展。

（1）同类合并。就是把两个（多个）学校的同类专业进行合并，使之整合为一体。我国高校学科、专业结构的重复办学已经成为浪费教育资源、阻碍办学效益提高的一块绊脚石。高校合并调整为减少重复办学提供了契机，因此，许多高校合并后，在调整学科专业结构时，把消除重复学科和专业作为主要手段。例如，新扬州大学合并成立之后，原来各校在经济类学科重复严重，其中，5 所学校同时开设经济类学科。这种利用合并契机，消除合并学校间重复设置的学科、专业的方式，一方面为人、财、物资源的重组和合理利用，以及提高资源的利用率提供了可能；另一方面，有利于学校通过学科调整建立合理的学科结构。

（2）学科交叉。不同学科或专业的相互渗透，即在两种或两种以上学科（或专业）的耦合点基础上，生产新的学科，形成交叉学科。在整合学科专业的过程中，要防止片面追求"大而全"的倾向。因为学科种类增多、学科齐全，并不等于学科结构合理、科学，多学科的学校也不等于"综合性大学"。因此，在高校合并之后的整合管理中，必须强化校际学科之间的相互作用，因地制宜，组建既符合当代社会发展又有自身特色和优

---

① 魏江. 基于核心能力的企业购并后整合管理 [J]. 科学管理研究，2002（1）.

势的学科专业结构。①

（3）特色学科和重点学科的培植。合并后的大学多属于综合性大学，其竞争的优势不在于学科的大而全，而在于特色学科和重点学科的培植，透过学科间的有机融合渗透，培养复合型的人才。实际上，这也是国际上著名大学发展的成功选择。这里一个重要的问题就是学科有自己的发展规律，处于一个历史文化生态的环境中，如果不尊重高等教育的历史文化生态，不考虑学科的自然演进过程，仅依靠简单的合并是很难达到目的的。为此，在学科建设中要坚持"有所为有所不为"的原则。"对那些有潜力的、有特色的学科重点投入保障，给予经费上的重点支持。"② 同时对原有的基础优势要加以保护和发展，不能在合并后一味强调平衡，甚至消强补弱，而应该扶植最有发展前景、最具有竞争力的学科。

围绕科学技术和学校的特色发展，着力进行重点学科和特色学科建设，是提升学校竞争力的关键。"这就需要进行调研，看学科的发展前景如何？能不能在最短的时间内建成有特色、有发展潜力的？给予这么多的经费能不能让学科排在全国的前列？如果能或者挤一挤能排在前列的，学校就要给予大力的支持，甚至是不惜条件的支持；相反，对那些前景不怎么看好的，在市场上反映不怎么好的专业学科就可以考虑了，是淘汰还是分流？只有这样，重点扶植和发展一些学科，才能把学校办出特色和水平来。"按照学科专业的发展战略，打破地域界限，对学科、专业进行优化重组，特别要注意发展新学科和组织新型交叉专业，培育新的生长点，形成新的优势。

（4）重视科学研究，全力推进知识创新。学科建设不仅仅体现在学科的优化和特色建设上，关键还要发挥融合的优势。在学科优化融合的过程中，必须重视科学研究，全力推进知识创新，加大学科间相互渗透和相互融合的力度，努力实现跨学科、跨专业的联合攻关以及科学研究资源的共享，创造出一些交流双方都没有的知识，形成多学科发展的良好生态环境和创新机制。在自由宽松的学术环境中发挥更大的学术自由和教师的创新能力。除此之外，还要树立宽容与批判的精神，学科的发展需要继承和批判，也要求具有宽容的精神，就是对别人的行为有公正的评价，就是要求

① 蔡克勇. 合并院校深化改革在于进一步融合 [J]. 中国高教研究，2006（7）.
② 在我们实地调研的访谈过程中，一些接受我们访谈的教师也为我们提供了许多关于大学合并后整合管理的策略性建议，在此以"楷体"的形式表示，不另加注释说明。

具有不同学术见解的学者之间相互尊重和理解，允许学习或科学探索中的错误与失败。宽容与批判是一体的，没有宽容的批判不是真正的批判，没有批判的宽容也不是真正的宽容，两者的侵害只能产生错误，不可能达到创新的目的。

（5）改革学术组织的组合形式。对于学科的发展来说，需要从机制上或体制上予以保证，即对大学学术组织的组合形式进行改革，发展学科交叉中心，从事学科群建设。我国传统的大学组织设计中按照校—院—系三级建制，过于狭窄的分工很不利于学科群的建设。而实体性的学科交叉中心，是一种自组织特征的内部知识联盟，其核心的目的就是学习和创新，除拥有学科平台外还在人、财、物等方面拥有较大的自主性和独立性，容易发挥综合协调的灵活作用，实现资源共享。组建学科交叉中心要求学科建设管理体现横向性、松散性的要求。以学科为支撑点，模糊院系概念、突破原有的组织结构模式，以立项为形式，以项目为管理对象，按照学科的内涵选择教学科研人员。对这些人员平时由学校人力资源部统一行政管理，教务处进行业务管理，同时，淡化研究中的行政管理因素，减少不必要的干预，发挥学科的优势。

3. 学科文化重组

学科和专业作为知识生产制度化的产物，它是遵循着其内在的逻辑而历史地形成的。伯顿·R. 克拉克说："学科明显是一种联结化学家与化学家、心理学家与心理学家、历史学家与历史学家的专门化组织方式。它按学科，即知识领域实现专门化。"[1] 学科文化是在学科发展中形成的体现学科特点的价值观和哲学思想。为了获得观点的合理一致性，即关于知识的普遍性意义，在同一学科、专业领域人们逐步建立了一套独特的思想范畴和相应的行为准则。每一个学科的成员拥有共同的信念、价值观及生活方式和行为准则。[2]

大学合并一个最为关键的目的就是要发挥学科互补的优势，实现学术资源的共享，培养复合型人才。然而这种应然和实然之间总是有理想的差距，最根本的原因就是忽略了学科文化的力量。尽管单一大学也存在着学科文化的冲突，夹杂着由学术准则和做事方式的不同引发的各种利益之

---

① 伯顿·R. 克拉克. 高等教育系统——学术组织的跨国研究 [M]. 王承绪，等，译. 杭州：杭州大学出版社，1994：34.

② 阎光才. 识读大学——组织文化的视角 [M]. 北京：教育科学出版社，2002：129.

争，但是在大学长期的发展中形成的院校文化某种程度上消解了这种冲突和纷争。合并后的新大学在短时期内却很难受此"恩惠"，学科之间的文化冲突更为激烈一些。这种冲突主要发生在那种以学科为基础建立学院的不同学校之间的合并。对于不同学科与专业间的隔阂，福柯认为是学科和专业规训制度运作的结果①，围绕着理性和感性、价值理性与工具理性、实证和思辨、定量与定性、确定性与模糊性、解释与理解等理论形态或研究取向之间的对峙与交锋，人们少不了要互相贬抑②。从核心能力的构建和要素整合的角度来看，合并大学真正的融合正是体现在学科整合与学科文化融合的问题上，"整合"的过程中必然要经历的就是学科文化的转型。

伯顿·R. 克拉克认为，学科是学术系统的主要"关切的事"，它有自己经过几代人努力而形成的程序。根据独特的理智任务，每一学科都有一种知识传统——即思想范畴——和相应的行为准则。在每一领域里，都有一种新成员要逐步养成的生活方式，在发达的系统中尤其如此③。如何使大学在不同学术文化环境下运作，使不同的学术文化相互依存，取长补短，并且消除学科文化的狭隘意识，以便服从于一个统一的学术信念，从而使每个合并大学中的学科成员都能在新的组织文化里找到"家"的感觉，便是大学合并后的整合管理中面临的一个重要问题。根据厦门大学张慧洁博士的分析，一般来说，合并高校可以通过学科文化转型实现学科文化的重组，主要有吸附式的转型、附加式的转型、代换式的转型和综摄式的转型几种方式。④

二、大学信念系统的整合

就大学的信念系统而言，主要是指由生活、工作、学习于同一所大学的全体师生员工在长期的办学过程中共同培育形成的并被普遍接受、认可、遵循的基本信念、态度和规范，通常被我们称为大学文化。大学文化是大学的核心要素，决定了大学精神的内涵以及大学的办学使命、发展目

---

① 阎光才. 识读大学——组织文化的视角 [M]. 北京：教育科学出版社，2002：127.

② 同①，第 129 - 130 页。

③ 伯顿·R. 克拉克. 高等教育系统——学术组织的跨国研究 [M]. 王承绪，等，译. 杭州：杭州大学出版社，1994：87.

④ 张慧洁. 巨型大学组织变革 [D]. 厦门大学，2003.

标。由于大学文化本身具有潜在隐含性、作用潜移默化等客观特征，也有大学内部成员认识上的不足和操作上的误区等主观因素，而后者往往是影响大学合并效果的主要因素。因而，大学合并要实现完全意义上的成功，就必须重视文化的因素影响，并将此贯穿始终。

在大学合并过程中，对资源和技术的整合效率的迫切需要，使得大学文化被置于边缘的地带。合并过程中对文化冲突的忽视导致组织文化处于混乱和分裂的境地，合并的预期效益也因为文化的分裂而难以实现。但资源和技术的整合如果没有统一的院校信念、忠诚以及价值观的支撑，那么合并大学就很难做到协调健康发展。异质性的文化在一个教育体内相互交融在一起，所形成的合力不仅对学校的技术和资源的整合是有利的，而且也是一所院校赢得自身和外界认同的必要前提。从文化的差异性入手，结合不同的分析视角，大学合并的文化融合将是一个复杂的系统工程。

1. 重构大学历史，使成员形成新的归属感

历史的重构对不同的群体有着不同的意义。不管是对合并大学的哪一个群体，历史的失落感都会存在。不仅对那些具有悠久历史的院校成员来说是如此，对历史沉淀相对短暂的院校成员来说也是如此，伴随着合并失去的不仅是校名，更是多年付诸努力的心血的丧失。对于那些为学校贡献多年的教师来说，心理上的不适是严重的。重构历史也就成为一个沉重的话题，因为它是人们新的心理历程的重构过程。校名的变更是一个历史重构所要面对的首要问题。究竟是为了达到一个折中的效果而为新的大学起一个有现代意义的校名，还是不顾其他成员的抵制和反对，以其中一个校名为新的校名？不同的做法有着不同的难题，不同的难题也意味着今后努力的方向和程度的不同。一个全新的校名也许能使内部的纠纷降到最低点，但能否引起成员和社会的认同是令人怀疑的。新的校名品牌的建设也就成为凝聚大学成员向心力的重中之重，这不仅需要现有成员的努力，而且也要充分利用曾经存在的成员的扩散效应。而一个以原有大学校名为新的校名的做法，则面临着解决内部纠纷和如何弥补因为一些校名的消失而丧失的号召力和外部资源联结渠道的双重困难。校名选择的倾向性其实隐含着资源和技术的倾向性，资源和技术的倾向性和校名引起的文化倾向性一起加剧了文化的分裂，明智的做法是，不要使一些成员一面承受"无形资产"丧失的痛苦又面临"有形资产"的丧失——弥补措施是必要的。"我们"的大学需要的是一致的关心和照顾。

　　伴随校名的整合还需要大学校训以及历史沉淀的大学精神的整合。不同的大学都有各自的英雄故事、传奇人物和不同的文化意义上的仪式。尊重所有的院校历史，在尊重各成员校庆或诸如此类的纪念活动的基础上逐渐建立全局意义的仪式，潜移默化地建立被组织成员认可的新的历史感，公平、全面地延续原有院校的英雄传说，并在新的学校历史环境下赋予新的形式和意义，不仅可以弥补校名变更所带来的难题，而且对新生大学的集体认同感也是大有裨益的。

　　2. 树立大学使命，为大学精神设置新的中心

　　合并后的大学的方向指向何处，怎样走上人类文化传播和创造的轨道，需要大学使命的建构。大学的使命从普遍意义上说，是传播和创造文化以及服务社会的共性存在。依附于不同大学的具体使命则因学校类型和定向的差异而各具特色。这些不同的使命在原有的社会存在中具有不同的功能，发挥着不同的作用，都服务于人类文明的繁衍的重任。现代社会的分工需要多样化的大学存在。在社会发展、历史传统与院校差异间找准自己的定位，在原有大学成员的基础上开发一个新的富有生命力和号召力的使命，对新生大学来说是一个在竞争的大学环境下生存的中心任务。特色学科文化是联结部分成员和社会的纽带，不仅能留存原有成员，而且对学校的整体提升是有作用的。荣誉是有多重表现形式的，凝聚在一起的荣誉才是团体存在的必要。从生态学意义上说，多元化的大学使命才能适应周围的环境。准确定位是大学竞争的前提，兼容并包是大学生存的需要。"具有竞争的独特性是院校文化的锋利刀刃"①。因此，为生存和竞争产生与众不同的使命感，能使不同的成员团结到一面旗帜下，并产生主人公的责任感。

　　一个合理的财政基础和评价模式在这里是必须予以重视的。新使命的确立同时伴随着资源和技术的调整，一个新的激励模式需要相应的物质配合。学术教学任务的分配、资源的划拨以及两者的边界区分都是容易引起冲突的焦点。文化从来都不是绝对的存在物，各种利益的交织加重了文化的复杂性，同时也为文化问题的解决提供了契机。全新的人事、财务制度的结构调整不能威胁到任务的合理分配，这不是文化的问题，但这些问题的解决对于文化问题的解决是一种物质基础和实在土壤。

　　① 伯顿·R. 克拉克. 高等教育系统——学术组织的跨国研究 [M]. 王承绪，等，译. 杭州：杭州大学出版社，1994：92.

3. 塑造大学精神，最终形成统一的价值观

坚定的信念、统一的象征在塑造统一的大学精神中都是必需的。作为一个新的整体，联结的力量是贯穿全校的坚定信念。特别是对于地理位置松散的集合体来说，地理上的分散更需要坚定的信念来弥补。文化的最深层次就是那种缄默的、不为人们所意识到、却指导着所有成员行事的无形力量存在。你可以说一所大学有着民主精神、创新精神或者严谨精神，但要说出它的具体存在是困难的，它无处不在但又不可捉摸，成为一种固化的力量存在于大学的各种形体内。学校的建筑、信息的传递、成员的交流都包含着一定的信念和价值观。因此，继承和发扬原有成员的优良传统，保持原有成员的象征物，并将那种催人奋进的精神在不同成员间交流，是促进学校实质性融合的得力举措。这对于新生大学来说是一个任重道远的建设之路，它需要一代代成员的不懈努力。

4. 加强沟通和知识交流，提高组织学习能力

大学文化可以被看做有关说明学校应该做什么和如何做的一种非公开性的知识。它既是一种隐性知识，又是一种方法性知识，分散在大学成员尤其是教师和学生的脑海中。比如，校园的各种仪式、典礼以及各种关于大学故事、人物传说的宣传，等等。大学文化具有历史路径依赖性，也有不可言说的意会性，其转移和传播以及融合，直接或者间接地与组织内部的交流有关，与组织内部各个群体之间、个人与群体之间、个人与个人之间较长的相互作用有关。因而，合并后的大学不仅仅要重视正式组织作用的发挥，同时，要重视非正式组织的作用，让群体之间互相交流，使组织的信息更为真实可靠，关键是要创造利于知识传播分享的环境和氛围，通过组织学习使集体思维变得越来越默契。一般而言，沟通首先要明确合并目标的实现有赖于沟通；其次，要有明确的沟通目标，并保持灵活性；再者，进行积极的聆听要采用合适的方法。只有这样，保持畅通的知识传播渠道，才能实现知识的共享，提高组织的学习能力，增强大学成员的向心力。

大学文化是经历几代人的奋斗沉淀下来的，这些文化根深蒂固，带有排外的倾向，在大学与大学之间表现出很大的差异，合并不可避免会产生许多分歧。最好的办法就是要鼓励人们接受彼此间的差异，将这种差异视为学校生活的一部分，不要把自己的意愿强加于他人之上。各种文化取向可以共同存在于一个大学之中。因而，大学文化的整合并不是用一种文化

去否定另一种文化，而是在尊重差异的前提下采取宽容的态度进行新大学文化的建设，这必将是一个长期的过程。

我国高校合并主要是由政府主导自上而下地推行的，围绕合并成立新大学的文化建设能否取得功效，对于领导者的文化意识和能力来说是一个挑战。在文化建设的过程中，不仅要有远见和魄力，而且要清醒意识到盲目行事的后果。文化的融合不是要建立一个居于绝对统治地位的文化，面对复杂的内外部环境，文化的多元存在是必要的。大学合并后，新的历史才刚刚开始，文化整合这一耗时最长的工作将随着外部环境的变化而充满变数。从混乱中理出清晰的脉络是困难的，而从分析问题、解决冲突开始，综合利用沟通、分散经营、集中协调等方式是促成大学文化融合的有效手段。关键在于将对大学的忠诚、团结、对大学目标的信仰等抽象概念的管理纳入大学合并后的资源、技术的整合管理之中，不是作为辅助的手段，而是作为一个占有重要一极的有机组成部分，最终建设一个整体存在的大学——文化有机融合的统一体。

三、大学组织系统的整合

这一部分的整合，首先体现在管理制度的整合上，即合并后的双方在各类职能管理制度上实现统一规范、优势互补，由此带来管理上的协同效应。制度是用来指导实践的，对它的整合可以通过共同的组织活动来逐步进行。可在合并之后颁布新的制度初期，有意识地组织相应的活动，让组织成员熟悉新的制度，经过逐步摸索和学习，进行调整和巩固，最终实现双方能够对新的管理制度或者原有一方的管理制度达到认同、实现高度融合。组织系统整合的另一个主要方面涉及管理能力，它包括决策能力和实施能力。第三个方面是组织机制的整合。在企业并购后的整合管理中，组织机制整合过程不应是一个"打补丁"式的过程，而应该是一个与资源重组紧密相关的组织再造过程①。对于大学合并来说，合并过程本身也是一种类似熊彼特所说的"创造性破坏"的过程②，因而可以把组织机制整合看做是对公司能力进行更新的一种手段。具体而言，包括重新配置企业中

———————————

① 魏江. 基于核心能力的企业购并后整合管理［J］. 科学管理研究，2002（1）.

② 该观点参考我国学者魏江分析企业并购的过程时所提，参见：魏江. 基于核心能力的企业购并后整合管理［J］. 科学管理研究，2002（1）.

的人力资源和物力资源，并提供相应的管理制度，比如，教师岗位聘任方法、绩效评估方式等。由于这一部分的重组可能会牵涉大学内部各利益相关者的利益，因此，首先是要使大学中的每一个成员对大学合并后的发展远景都有清楚的认识，并能够接受；其次是有效地组织安排，这也是整合成功的重要保证，包括组织运作方式、过程和目标的重构；三是实现组织资源的快速转移，具体而言，主要体现在大学合并后教师管理制度、大学发展战略的建构以及大学合并后的多校区管理方面。

1. 教师管理制度整合策略

目前合并高校对人力资源优化重组的主要途径有如下几种：一是通过岗位的导向作用促进人力资源的合理流动，实现资源优化；二是启动系列人才培养计划，通过对人力资源的开发、培养，实现优化；三是建立人才流动机制，通过吐故纳新保持人力资源的长期优化。具体而言，教师的人事管理制度整合主要包括以下内容。

（1）教师职称系统整合，合并各方有着不同的教师职称系统，这些不同的职称系统必须相互沟通，在合并各方共同的合作与参与下建立适合合并后新学校的职称评定系统。

（2）薪资系统整合，合并各方的薪资水平可能存在很大的不同。学校的管理层必须就薪资问题进行探讨。有两种策略可供选择，一种是公平策略，即所有的教师都被纳入同一薪资系统中；一种是调整策略，即来自不同合并方的学校员工适用不同的薪资制度。

（3）福利系统整合。

（4）教师与职责的整合。

（5）教师重新任命与辞退标准整合。如果合并将带来人员的辞退，变动，就必须就此制定明确的标准，以便于执行人事计划。

（6）形成新的教师工作手册，新的员工手册将反映合并后高校各种制度变化，是整个合并高校发展战略与制度的组成部分。

（7）教职工发展计划，教职工发展计划是合并高校教师队伍整合的重要组成部分，合并各方教师队伍实力存在差异，充足的职业发展机会对于稳定实力较弱的一方教师的情绪，鼓舞士气有非常重要的作用，员工发展计划应当与学校发展战略相结合，因为员工的发展本来就是学校发展的重要途径。

2. 建构大学发展战略，增强大学内部的凝聚力

大学发展战略是大学把学校的未来志向与将来的行动计划有机整合起

来，专注于未来以及决心要做什么，从而具有全局性、前瞻性。大学发展战略指引大学发展方向，决定大学的办学使命和发展目标，因而能够最大程度地为教师、学生、学校领导者、行政人员理解和认同，并愿意在此目标的指引下共同努力。在大学合并后整合管理的组织性能力系统的整合可以通过制定学校的发展战略来实现。大学战略规划需要深入研究多校区大学系统及各个校区的办学规律和机制，分析大学和各个校区所处的环境、学科结构以及学校资源和相关战略能力，分析各个校区的办学特点、学科结构以及各个校区的优势和劣势，正确对各个校区的功能进行定位，了解学校有关个人和团体的价值观和期望是什么，对学校的愿望和要求是什么，在战略制定、评价和实施过程中会有哪些反应，这些反应又会对学校战略实施产生怎样的影响和制约。同时，还要研究维持系统全面、长期、稳定协调发展的调控机制。

一般来讲，大致应当结合三个方面来考虑自身的发展战略目标：一是学校自身已有的办学条件和特色；二是国家建设与发展的需要；三是世界高等教育与科学技术发展的趋势。大学只有将这三个方面结合起来，统筹考虑，制定的战略目标才会反映世界科学技术与高等教育的发展潮流，才会体现国家与民族的意志，同时，也才符合大学自身发展的追求，这样的大学目标是高瞻远瞩的，也是切实可行的。在设定发展目标时，必须尊重自己的历史，发挥自身的优势，既着眼于长远，又不脱离现实；既不夜郎自大，又不妄自菲薄。惟其如此，大学在新的竞争环境下才能更好地发展，也为大学成员的发展提供更好的平台，从而增强大学内部的凝聚力。

3. 进行多校区管理创新，发挥整合优势

多校区的大学管理一直是大学合并后的重点，也是难点。从对合并后遇到的问题也可以证实这一点，尤其是规模庞大的学校受到地理位置和各个校区文化因素的影响，在管理的方式、内容、风格等方面都体现出了新的特点，对领导者提出了严峻的挑战。从目前我国大学合并的实践来看，对于在地理位置上紧密相邻的各个学校的合并，比较容易做到按照新的学校的目标打破原来各校的分割，从机构、资产到人员进行整合，实行相当于一个校区的集权制管理模式，而对于在地理位置上有一定距离的学校之间的合并来说，天然形成多个校区。

我国相关政府部门的负责人对于合并后的多校区管理的态度是，"院校合并后，如果校区多、区域分散，必将增加学科融合的难度，增加管理的成本，从而影响学术水平的提高和导致办学效益的下降。"① 因此主张要尽量避免多校区的局面。时任教育部部长周济同志在教育部直属高校工作咨询委员会第 13 次会议上指出："历史的经验反复证明，单校区是福，要尽量避免多校区的局面。即使不得已有了多校区，也必须集中力量建设一个主校区。这样，有利于学生的成长，有利于学科的融合，有利于学校的管理。"② 以沈阳师范大学为例，沈阳师范大学原先分散 3 处办学，占地总面积不足 200 亩，规模只相当于一所中学。但是，该校虽然校园面积狭小，却位于市中心，有极高的商用价值。1995 年，学校领导大胆做出决定，利用小校园地处市中心黄金地段的有利条件，将 3 处校园转让 2 处。1998年，沈阳师范大学以现在看来十分低廉的价格在沈阳北郊购地 1035 亩，建起一座花园式新校园。校园面积增加了 6 倍、招生能力扩大了 5 倍。5 年来，辽宁省 75 所高校中有 35 所高校通过资产置换和吸引社会资金改进和新建了校园，累计投资 163.4 亿元。辽宁高等教育毛入学率由 2000 年的17% 提高到 2005 年的 33.6%，高等教育进入大众化阶段。

实际上，对于已经天然形成的多个校区，将其中的大部分校区转让、变多校区为单校区或另建新校区固然是不错的选择，但这也同样涉及大量的物质资源和资金的消耗。此外，固有的旧校区情结难免会让许多师生产生失落感③，而对于多校区的情况来看，实际上也可以有不同的管理模式，基本上是集权和分权两种模式。

（1）集权模式。是以校长办公室为首的校级管理机构集中在某一校区内，各个校区只设置一个校区管理办公室，该模式打破了各校区的管理体系，实行的是一个校本部、一套管理机构进行管理的运行机制，"按条条进行集权制管理"，其优势是学校可以统一配置各校区的资源，弊端是管理成本大大增加，学校的管理效率较低，难以形成相互竞争的各个办学实体，学校长久的发展后劲可能受到制约。

（2）分校分权制。"以块为主"进行管理，各校区是一个相对独立的学校，具有相对完整的与学校的管理总部相配套的管理机构，并拥有较大的办学自主权。一定程度的分权导致一定程度的自治，分散权力也意味着分散责任，倘若在教育决策中出现失误，分权自治可以减少一个新合并大学在其全部校区发生错误。

---

① ② 蔡克勇. 合并院校深化改革在于进一步融合 [J]. 中国高教研究，2006（7）.
③ 关于"旧校区情结"，参见本书第五章。

实际上，合并必然伴随着管理权力从分散走向集中的过程，合并后的大学校部势必向原学院收权，集中管理权限，增强统筹功能，建立统一的指挥系统。在合并后的一段时期内，权力向上集中，容易造成统得过多、管得过死的弊端，抑制基层的积极性和创造性。所以还要发挥采用分权的方式，积极寻找集权与分权之间的均衡点，采用分权和集权相结合的方式，从而，有利于促进学术管理和事务管理的协调运行。因此，可以建立"校院系三级建制、校院两级管理、以院为主"的内部管理体制。在校、院、系三级管理体系中，校部是领导决策层，主要负责制订发展规划、统筹学科建设、进行经费预算以及其他涉及全局性的重大事务；学院是中间管理层，应当成为教学、科研和行政组织的基本运作单位，负责制订教学计划、组织教学科研活动、自主开发经营、承担学科与师资建设工作、负责内部人事调度与经费分配及其他日常事务；系科是执行实施层，主要负责实施教学计划、进行课程建设、开展科研活动等事务。只有校、院、系三级职责分明，统筹集中与分散管理相结合，才能取得满意的管理效果。

需要强调的是，大学管理系统是在大学开放的环境下进行的，无论是决策指导还是协调控制，都必须重视信息技术的作用。因为计算机和网络的发展能让学校的管理信息系统及时收集、处理和传递管理信息，提高管理的效率，强化内部交流，弱化分割的校区地域因素对学校的不利影响，因此构建跨校区的统一化的管理信息系统很必要。

第五节　案例分析：新 A 大学的整合管理模式与策略

A 大学是由原 A 大学、a_1 大学、a_2 大学、a_3 大学和 a_4 大学 5 校合并而来，于 2000 年 6 月 12 日挂牌成立。2004 年 8 月，a_5 移交教育部与 A 大学合并，成为新组建的 A 大学的又一部分。A 大学是根据国务院关于高教管理体制改革和布局结构调整的决定，成为新时期一所真正意义上的综合性大学。合并前的 6 所学校，都有着自己的历史，在长期的办学中形成了不同的校园文化和风格，有着自己的特色和优势。早在合并前，国家教育部会同有关部委即卫生部、信息产业部、国土资源部等进行了多次的沟通协商，经过反复论证和讨论，为这些学校的合并提供政策支持和保障。原 A 大学、a_1 大学、a_2 大学、a_3 大学在相互沟通的情况下，从各个方面对合并作了大量的研究。各个学校的领导也多次召开会议讨论合并的相关事宜。从学校领导的层面来讲，合并的前期工作还是不错的。但是具体到学校内部来说，教职工和在校学生的看法没有得到很好的认同，以至于在后期的合并中也受到了不同程度的震荡。①

A 大学的合并在整合管理方面具有典型的代表性，包括多校区的管理、不同学校组织文化的融合，等等。从 A 大学内部来看，合并扩大了大学单体规模，但是也带来了很多问题，合并后形成 5 个校区 8 个校园，规模过大，管理环节增多，管理就会越来越复杂；机构庞大，也会导致信息、管理上的过度损耗；规模增加后还存在大学内部比例协调问题，包括院系规模、人力资源规模优化组合问题、学科整合问题、不同层次教育的学生规模及培养问题等都对合并效益有深刻影响。合并前的各个学校是带着不同的管理理念突如其来地组合到一起的，没有经过时间的磨合与互融，历史形成的不同办学追求与思维惯性在寻求统一的碰撞中产生冲突是不可避免的，这主要是大学的异质性引起的。A 大学的合并因此也给新的领导者和管理者提出了挑战，他们必须形成一套新的组织机构、运行机制和组织文化，以适应合并后的 A 大学发展战略目标的实现。此外，还要面对合并前后不同的主管部门、不同的校友群体、不同的校区文化底蕴、不同的社区环境等，这些利益集团或影响集团对新 A 大学的发展发挥着很大作用。下面就从大学合并后的整合管理模式，对 A 大学合并后的整合管理过程以及存在的问题进行详细的分析。

一、学术系统的整合

学科融合和发展是大学发展的核心，也是实现合并优势的关键所在。新 A 大学成立后，学校领导班子就把学科的建设发展放在重要的位置上，通过院系调整、专业撤并、学科整合等多种途径，以及相应的教师岗位变动来实现。合并了 47 个重复设置的专业，使专业布局与设置逐步趋于合理。同时，与相关学科交叉融合，产生了一些新兴的学科，如，2000 年成立的生物工程专业，就是利用医学和生物的交叉形成的。截至 2005 年 6月，A 大学已拥有本科专业 1129 个；国家级重点学科 17 个，一级学科博

---

① 关于 A 大学合并的过程以及合并前各所学校的具体情况，详见本书第四章。

士授权点由 2000 年的 12 个增加到 18 个，博士授权点数由 2000 年的 91 个增加到 143 个，增幅达到 57%；硕士点数由 2000 年的 178 个增加到 245 个，增幅达到 35%。拥有 27 个博士后流动站，几百个具有现代化研究手段的实验室，其中教育部人文社会科学重点研究基地 6 个，国家重点实验室 5 个，教育部重点实验室 8 个，其他部委重点实验室 15 个。

A 大学在合并后对学科进行了大幅度的调整，融合了 12 大学科门类的 200 多个专业，从这个意义上讲，学科门类齐全，综合化的色彩明显。问题是如何才能发挥出学科综合的优势，体现出学科发展的特色？这是需要考虑的。

实施名牌学科战略，打造 A 大品牌和 A 大学派。对于名牌学科的建设，首先要确定哪个学科能够成为我们 A 大的名牌学科，这是一个首要问题。我们要建立一个适当的评估体系，真正把学校的优势学科选拔出来。既要看到学科发展现状，也要看到发展前景和潜力，同时也要根据社会发展的需求来进行甄别、来进行选拔。这样一种对学科的评估，实际上是一种自我认识、自我诊断。要本着"有所为有所不为"这样一个基本思路，把有限的资金集中在那些优势学科、新兴学科和名牌学科上面。我们希望从今天起，通过有效的选拔机制把全校公认的名牌学科分期分批地进行建设，或者成熟一个建设一个。

比如，A 大学备受关注的生命科学领域，如果医学科学与分子生物学、生物化学等学科结合，或与信息材料、环境等学科结合，就会在这些领域中形成自己的特色。以特色取胜，是学校必须坚持的发展战略。同时，加大对学科的投入支持力度，制定一些学科建设的平台，对一些有潜力的、有特色的学科重点投入保障。从众多的学科当中抽出有特色的学科加大投入、重点保障。

二、信念系统的整合

A 大学由 5 个不同历史渊源的学校组成，形式上的整合固然重要，感情上、思想上、心灵上的融合才是根本的融合。合并伊始，校长就提出要继承原五校的优良传统，凝练和塑造大学精神。学校党委也很重视师生员工思想上和精神上的融合，组织开展了"了解新 A 大、热爱新 A 大、建设新 A 大"的系列活动，使师生全面了解新 A 大的校情，建立对新 A 大的感情。同时，在师生中开展"A大精神"大讨论活动,开展丰富多彩的高品位校园文化建设,不断培育新A大精神,逐步实现全校师生在文化和精神上的融合。

走在A大学的校园里,问及很多人对当年合并的印象,也许感触最深的就是当年的书记说的"五个学校融为一体,最根本的就是学术传统和大学精神的传承与融合",至今让有些人还记忆犹新。A大学的合并难度是很大的,原来没有任何关系的学校走在一起,重新组建成为一所新的大学,这本身就意味着被合并的大学要失去原有的一些东西,去重新定位和发展。而这又很不容易被人们在短时间内接受。

大学合并除丧失了诸多无形资产,被并学校"位子"(即领导干部、教师及学科带头人的位置减少)、"票子"(即原各校创收能力不等而形成的个人收入差距)、"历史情结"(即为原校付出许多心血,一下子被并掉而产生失落感)的问题,要在并校的旗帜下都顺理成章地迎刃而解是不可想象的,否则,就不会出现并而不合、各自为政的"独联体"式的尴尬局面。有人把并校喻为"联姻",跌宕起伏的"婚后磨合",即使能逐渐"磨合"到位,并校初期的质量也会受到不利影响,效益的提高更无从谈起。

面对这样大的合并,对6个校区9个校园的A大学来说,人心的融合是至关重要的。原有的每一所学校都有自己的历史和传统,在长期的办学中形成了不同的校园文化。在解放战争的硝烟里,在社会主义建设的热潮中,为培养革命和建设人才,A大学、a_1大学、a_2大学、a_3大学先后应运而生。以匡亚明、李四光等为代表的第一代A大人,为学校优良学风、校风的形成、教学科研水平的提高和办学实力的增强作出了卓越的贡献。他们是原五校的开拓者,他们身体力行、求真务实、敢于创新的科学精神,不讲条件、甘于奉献的敬业精神,艰苦奋斗、立志图强的拼搏精神是原五校发展壮大的根本动力。原A大以自由、奋进的校园文化氛围著称,逐步形成了"求实创新、励志图强"的A大精神。被誉为"汽车工业人才的摇篮"的a_1大以求实、严谨为特点,逐步形成了"团结、求实、进取、创新"的a_1大精神。原a_2始终把培养"政治坚定、技术优良、白求恩式医务工作者"作为学校的办学方针和人才培养目标,遵循"团结、勤奋、求实、创新"的a_2大精神开拓进取。原a_3大坚持"以理论与实践相结合的方法,培养具有高级文化水平的、掌握现代科学技术,全心全意为人民服务的高级建设人才"的办学方针,以"刻苦、求实、团结、创新"的a_3大精神不断鼓舞着广大师生员工奋发进取。原a_4大始终把实施素质教育、提高人才培养质量作为办学的根本方针，逐步形成了"勤奋、严谨、务实、创新"的 a_4 大精神。原 a_5 大是培养后备军官的学校，一直把人才培养质量作为学校建设和发展的生命线，形成了教学、科研、科技服务三环相融的教学模式，按照"厚基础、宽口径、强能力"的要求，努力培养知识、能力、素质统一，管理、技术、指挥兼容的高素质新型军事人才。这些是原六校留给新 A 大人的最宝贵的精神财富，是新 A 大精神的基石。

心理的融合需要时间，而无形的冲突主要是体现在教职工的归属感和认同感上。不同校区的教职工对合并后的学校怀有复杂的心态，对高校的合并在归属感和认同感上难以在较短时间内磨合。对于原来办学水平较高的校区，教职工则担心并校之后学校负担加重，影响教职工的实际利益。对于原来实力较弱的校区，教职工对新的学校则既有获得较高学校品牌的喜悦，又担心自己被歧视和淘汰。同时，不同校区的教职工互相熟悉了解程度不同，同一校区的人出于类似的心态，会有潜意识的亲近感，结果造成了教职工群体的小团体现象。

要做到大学的实质性融合，关键还是思想上的融合。可以说没有思想上和精神上的融合，就没有新大学精神的树立，抽出精神，大学何以成为大学？因而，新 A 大学精神的树立和认同就显得非常重要。A 大学党委书记说："一个大学是不是有品位的大学，在于她有没有提升人性、塑造人格、凝聚人心、感召人情的大学精神；一个大学是不是一流的大学，在于她有没有独具特色的教育理念；一个大学有没有魅力，在于她有没有自己的故事，那种曾经发生在校园里的让人们铭记在心的大学故事，那种演绎着催人奋进、涤荡心灵的校园故事。"

A 大学需要什么样的大学精神？"我们认为需要继承和发扬原来学校的优良传统，提炼与挖掘精神内核，提升凝聚力。群团组织、工会经常组织一些活动让各个校区的教师有机会坐到一起，加强彼此的沟通交流，各个校区的主管部门组织大家经常交流经验，从不同的角度多接触、多沟通，从感情上达成共识，就是通过方方面面的努力，多沟通交流，这样无论是对促进学校的实质性融合还是教师思想上的融合都是有好处的"。

三、组织系统的整合

A 大学是由 6 校合并而来，合并后的学校规模目前是全国最大的，拥有各类在校本科生 4 万多，研究生包括硕士、博士有 2 万多，教职工有将近 15000 人。将近 8 万人的学校如何在新形势下更好地发展，确实是一个很值得思考的问题，早在 2004 年 7 月新一届学校领导班子产生后，就不断地对此问题进行决策和思考。时任校长就说：

"目前，A 大学已经进入了快速发展的关键时期，我们的目标是要把 A 大学建设成为一所世界知名的高水平研究型大学，成为国家高素质人才培养、高水平科学研究和科技成果转化，以及提供决策咨询的重要基地。我相信，经过全校师生员工的共同努力，这个目标一定能够尽早实现。"

这么大规模的大学，管理的成本相当高。尽管 A 大学的综合排名在全国大学的排行榜位于前列，但是按照人均计算的话，就不怎么好了。比如，科研项目众多而标志性成果稀少，通过鉴定的成果较多而真正转化为生产力的成果较少等现象。正如学校的一位负责人很形象地说：学校就像一个家庭，人少的时候吃的是精米白面，人多的时候只能是解决温饱问题了。然而，在"办一所什么样的大学"和"如何办好这样一所大学"的问题上，如果全校师生的意见还不一致，学校的发展战略规划以及学科建设和校园建设规划还有待确定，而认识上的不一致往往导致决策和行动的犹豫和迟缓。

如前所述，在组织结构的调整上，新 A 大学成立了学校、学部、学院三级学术委员会和学科建设办公室，实行学校、学部、学院三级管理的探索模式。针对合并初期设立的校区管理委员会、党工委组织协调各部门的工作仍然存在对各院系的管理上交叉、职能重合的现象，于 2003 年撤销了这些管委会和党工委，但是运行一段时间后仍然存在一些问题，尤其是后勤方面，信息沟通不畅，导致很多事情工作效率低下，总务在提供经费和处理上也带来诸多不便。所以于 2004 年的下半年又启动了第二轮的学校治理改革。在各个校区设立专员办公室，由总校派遣 1 名专员到各个校区协调学校和各个校区、各个院系的以及设在校区的一些职能部门的工作。

在学校的人事制度改革上，按照统一标准对教师实行按需设岗、竞争上岗的办法，以用人制度改革为突破口，完善教师成长机制和管理体系，以学术梯队建设为中心，加速教师队伍结构调整和全面优化，进一步完善"人才工程"，积极创造条件，引进各类急需的人才，努力提高教师待遇，稳定师资队伍。同时加强人才的引进保护工作，修改并完善了《师资队伍建设"十五"计划和 2010 年发展规划》，加强了对教师的管理和考核，建立了动态的考核指标体系。在中青年教师中选拔了一批优秀骨干教师和优秀拔尖人才，予以重点培养。并且在全国高校中率先提出了"名师工程"，并开展了校内"教学名师奖"和"教学示范教师"的评选。

在学生管理上，学生在校生活丰富多彩，成立的学生社团组织达 190 多个，积极为学生服务。几年来，A 大学的生源质量不断提高，学生在专业选择和学校教育方面拥有了更多的自主权和灵活性。有学生就这样说道："本人现在就正在攻读第二学历，马上就可以拿到学位证了！完全可以选择自己喜欢的专业攻读，而以前这根本没有办法实现！特别是像本人一样学工科的同时攻读国际贸易的二学位！因为以前的 A 大是没有工科的，而 a_1 大有工科却没有国际贸易这门学科！从这方面来看，合校确实带来了不可否认的优点！"

第七章
地方合并高校的整合管理与发展定位

第一节 我国的地方高校合并概况

地方高校，指那些位于地级城市，并由地市投资、管理或省市共建，主要为本地市服务的普通本、专科公办高校，也可称为地市高校（为便于表述，本文有时也使用"地市高校"这个概念）。近些年，伴随着高校的合并进程，地市都纷纷进行了高等教育资源的整合和优化。根据教育部《1990年以来高校合并情况》，截至2006年5月15日，我国共有各级各类普通高校（包括职业大学、成人学校、中专、技校等）1057所参与了高校合并重组，最后组建了431所普通高校，在这431所高校中，地方高校为159所，占了36%的比例。[①]

1992年，扬州大学由扬州师范学院、江苏农学院、扬州工学院、扬州医学院、江苏水利工程专科学校、江苏商业专科学校6所高校合并组建而成，现属江苏省属重点综合性大学，是全国率先进行合并办学的高校。

1995年6月，由佳木斯工学院、佳木斯医学院、佳木斯师范专科学校、佳木斯大学合并组成新的佳木斯大学挂牌成立，学校为省属综合性大学。

1997年5月，宁波大学、宁波师范学院、浙江水产学院宁波分部合并成为新宁波大学，学校属于省属重点性综合大学。

---

① 教育部.1990年以来高校合并情况 [EB/OL]. [2010-01-07]. http：//www. moe. edu. cn/edoas/website18/58/info19558. htm.

2000 年 3 月，六安师范专科学校、皖西联合大学、六安师范学校三所学校合并为皖西学院，学校升格为普通本科类院校。

2000 年 6 月，河南省南阳市、商丘市、洛阳市、安阳市四城市所属的高等师范专科学校与当地教育学院合并，升格为师范学院，同时走向综合性的发展道路。

2002 年 3 月，泰安师范专科学校、泰安教育学院、泰山乡镇企业职工大学、泰安市广播电视大学（资源）、泰安师范学校五所学校合并成立泰山学院，学校向着普通综合性本科院校方向发展。

2003 年 4 月，郴州师范高等专科学校、郴州医学高等专科学校、郴州教师进修学院和郴州师范学校合并组建成湘南学院，学校同时升格为综合性本科院校。

2004 年 5 月，南通医学院、南通工学院、南通师范学院合并组建的南通大学正式挂牌成立，该校现为江苏省属重点高校。

2006 年 3 月，由雁北师范学院、大同医学专科学校、大同职业技术学院、山西工业职业技术学院四所学校合并而成的山西大同大学成立。①

合并后，地方高校在办学层次、发展规模、学科及专业设置、招生人数、师资队伍等各方面都获得了极大的发展，学科门类齐全，万人大学已不鲜见。作为地方的最高学府和人才集中地，无论是从人才培养还是学科发展的角度来看，合并带来的办学规模扩大、办学层次的提升都是有益于当地社会经济发展的。但是，市场经济的主要特征就是细分市场，突出特色，大而全的时代已经一去不复返了。这也基本上可以确定这类学校单纯追求自身规模，求大求全的意图是违背社会发展规律的，而且在当前高等教育竞争加剧以及大学生就业难问题的凸显下，因单纯追求规模引发的问题更是值得深思：

专业设置上，许多地方高校忽视地方社会、经济和文化的发展需求，忽视地方的产业结构，尤其是基础产业、主导产业以及特色产业对专业人才的需求，热衷于大上快上扩充新专业，贪多求全，追求综合化的表面效应。但由于因新兴专业的师资、科研、实验水平不高，学科竞争力低，只是作为学科综合化的一个点缀，其发展难成气候，同时，也导致教学质量下降，人才培养质量不高。

---

① 教育部 . 1990 年以来高校合并情况 [EB/OL] . [2010 - 01 - 07] . http://www. moe. edu. cn/edoas/website18/58/info19558. htm.

人才培养上，许多地方高校忽视当地经济发展的实情，只关注学校本身一些数字的提高，人才培养看数量，不重质量，关心进，不关心出，在校生人数和毕业生人数每年的增幅都很大，加之学科专业的薄弱，学校对当地市场需求比较大的技能型、特色型人才的培养重视不足，学生缺乏竞争力，本来就是弱势群体的地市高校，使得就业难的问题更加突出，这也是引发地市高校成为"考研基地"的一个主要原因。关于这类事实，《中国青年报》（2004 年 10 月 11 日和 10 月 15 日）、人民网等都曾给予过专题报道。因为不管怎样，地方对人才、对专业的需求和吸收都是有限度的，何况还有来自于部级、省级重点高校学生的竞争压力。就业是学校生存的根本，一旦就业成为突出问题，学校的发展质量就值得追究了，可持续发展也就无从谈起。

发展定位上，追名逐利，在扩大规模的过程中，部分地方合并高校禁不住利益的驱动，追求数量和规模的提升，求大求全，总是将学校建设与发展目标定位在追求"世界一流""全国一流""全省一流"上，这种定位是否科学，是否符合地方高校的实际，是否能适应地方经济发展的现实和未来需求，值得研究。还有一些地方高校为了提升办学实力和规模效益，争创国内外知名大学，一些高校盲目更改校名，其结果不仅学校的办学效益没有明显提高，反而学校原有的办学特色也被丢掉。

市场经济的一个主要诉求就是集约化和资源的优化、整合。地方高校合并也是顺应这个形势进行的，意在整合当地教育资源，提升教育质量和层次，适应新形势下地市对高等人才的需求。合并的意图是符合社会发展的，但是，为什么一些学校合并后的发展会出现以上问题呢？让我们从地方高校的定位和使命谈起。众所周知，地方高校源于地方，其生存的意义就在于地方赋予它的给养，其定位的着眼点就是地方，肩负的基本使命就是为地方发展服务。如果合并脱离了地方这个基本的着眼点和基础，那么，地方合并高校的发展就会因定位不科学或不明确而偏离正确的发展轨道。因此，如不尽快理清地方高校合并出现的这些问题，端正办学态度，科学定位，势必偏离地方高校合并的本来意义，并最终影响地方高校以及地方社会经济的发展。

第二节　相关概念界定

一、城市

按区域经济学的观点，城市作为区域的核心和枢纽，具有明显的阶梯式特点。就其不同的地域影响而言，就有不同层级的区域以及区域中心城市，大概分为三级：国家中心城市（直辖市级别）、省级中心城市（省会城市以及同等级别城市）、省级以下地方中心城市，也就是通常所说的地级市。本研究中所涉及的地理范围主要是第三级，地级市（地区、州、盟）市区及其地理区划范围内的各县市①（这里的市是与县级别相当的县级市）。为了表述方便，根据文中内容的需要，本文有时"地方"和"地市""区域"这两个词交替使用，表达的是同一意思。

与其他国家相比，中国城市功能的集中性更为明显。一座城市，往往成为其影响范围内的政治、经济、文化、教育、信息中心，每个城市都有鲜明的向外辐射作用。因此，大部分高校都分布在大大小小的城市，这也是城市集聚效应的一个体现。

二、地方高校

目前对于"地方高校"这类外延宽泛的概念，学术界还没有统一认识，这与地方的划分标准不统一是一致的，一般的学术论文都是对其直接使用。

笼统认为，地方高校指的是中央各部委所属以外的，由省、自治区所属的各类高校。按照地方说，从管理层次上，地方高校又可分为二类：一是省属高校；二是省以下，主要由地级市投资、管理或省市共建的各类高校。②

胡春光所写的《当前地方院校发展面临的若干问题论析》一文认为，

---

① 徐同文. 区域大学的使命［M］. 北京：教育科学出版社，2004：12.
② 孔凡莉，于云海. 浅析地方高校的社会职责及区域分工［J］. 黑龙江高教研究，2000，(2)：97－98.

地方院校主要是从地域划分角度来讲的，指依托中心城市（主要是地级市），适应和服务一定地方的社会经济发展需求，并与该地区共生共荣的高等院校。我们通常称其为"市办大学"或"地方大学"等。①

何冬林所写的《地方人才的摇篮，区域经济的引擎——论地方性高等学校作用的发挥》一文认为，地方性高等学校简称地方高校，即中共中央以下各级行政地方，在国家统筹安排和指导下，由地方政府投资、社会筹资兴办的属地方行政管理的各类普通高等院校，它涵盖公办或民办的职业学院、进修学院、成人高校等各类普通高等院校。这个概念界定的范围比较广泛。②

华中科技大学李达轩的博士论文《论地方中心城市高校的建设和发展》中对地方中心城市高校的界定是校园在省级以下中心城市，归省或省级以下中心城市管辖的地方性高等院校。③

武汉理工大学张元树的硕士学位论文《中心城市高校的地位与办学模式研究》一文中对中心城市高校的界定是由中心城市主办的普通高等学校，也称市属高校、市办高校，其办学类型包括职业大学、高等专科学校、职业技术学院，也有少数多科性本科院校。其主办主体是中心城市，由市政府主管并投资，以服务于本地的经济建设和社会发展为办学宗旨，培养当地需要的各类高级专门人才，是各中心城市不可忽视的人才培养基地。④

尚钢的《高校分类与地方高校定位》一文对地方高校概念作了辨别，认为：从现在人们通常所使用的"地方高校"这一概念的含义来看，它是与部属高校和高职高专相区别的一种高等教育的类别或类型，也是我国高等教育中一个相对独立的办学层次。一方面，在我国，地方高校是与国家主办的大学亦即部属高校相对应的一个概念，这一点，应该已经成为人们的共识；另一方面，地方高校也是与高职高专相区别的一种高等教育的类别或类型。过去，我们从广义的概念出发，通常也把高职高专纳入地方高校的范畴；近年来，随着高等教育人才培养层次化的特征日益突出，人们

① 胡春光. 当前地方院校发展面临的若干问题论析 [J]. 黑龙江高教研究，2004（10）：78－80.

② 何冬林. 地方人才的摇篮，区域经济的引擎——论地方性高等学校作用的发挥 [J]. 湖南农业大学学报（社会科学版），2005，6（3）：61－63.

③ 李达轩. 论地方中心城市高校的建设和发展 [D]. 武汉：华中科技大学，2004：13.

④ 张元树. 中心城市高校的地位与办学模式研究 [D]. 武汉：武汉理工大学，2002：39.

把高等职业院校和高等专科院校作为一个类型，概括地称为高职高专，并将其作为一个相对独立的办学层次，从地方高校这层类中剥离开来，这样的区分，对于我国高等教育的分类与定位是有益的……地方高校就是一种以应用型人才培养为主要任务和目标相对独立的办学层次。

综上可见，目前关于地方高校这类概念还没有非常严格的界定和划分，地方高校、区域高校、地方性高校、地市高校、地方中心城市高校等概念往往混合或者交叉使用。结合以上概念的共性以及对"城市"概念的理解，本文对地方高校的界定主要是：在国家和省级中心城市以外的，分布在地级市（地区、州、盟）区划之内的普通本、专科公办高校①。更确切地说，本研究中的地方高校是特指那些驻于地市、并由地市拨款管理或省市共建、主要为本地市服务的普通公办性质高校，也可称为地市高校、区域高校。

三、地方合并高校

面对地方经济发展对高层次人才的急切需求以及提升地方核心竞争力的形势，地方高校也纷纷进行了多种形式的合并和升格。一般是以当地师范学院为主导，将一些中等师范院校、教育学院、职业技术学院、各类专业性的中等、高等专科学校等进行学科、师资、生源等多种资源的重组、优化或调整。经过整合后，一般是以××师范学院、××学院或××大学的形式形成一所多科性本科层次的综合性大学。这类学校在本文界定为地方合并高校。一般来说，地方合并高校是区域及所在城市的最高学府，是区域最有文化气息也是最能引导当地文化发展的机构，承担着本地在职进修和培养、各类高等人才培养以及地方发展所需的各类工农业高新技术研发的任务，在当地具有较高的知名度、影响力和辐射力。在高等教育步入大众化阶段以及在近些年倡导的打造地方竞争力的影响下，地方合并高校承担的任务更为艰巨，发展的使命更为深远，因此，对这类群体的发展进行研究也更有意义。

① 徐同文. 区域大学的使命 [M]. 北京：教育科学出版社，2004：12.

第三节　地方合并高校发展定位的理论基础

一、高等教育内部关系的视角

按照潘懋元先生对我国高校的分类，我国高等教育阶段应该分为三大类：第一大类是研究型的综合性的，这一大类大体上是现在我们的重点综合大学（有的名字是工程类，实际上也是综合类的）；第二大类是应用型的、专业性的，培养各行各业各种专业的应用性的高级专门人才，包括一般的高等学校，尤其是地方高等学校；第三类是技术技能型的职业性的①。这也是我国高校目前通行的分类方法。而本文所研究的地方合并高校就基本属于第二类，就是一种以实用型、应用型人才培养为主要任务和目标的相对独立的办学层次②，其人才培养的指向主要是面向所在地方，其办学方向也主要是为当地经济社会发展服务。

一所高校的办学类型和层次，既是国家高等教育体系在历史发展过程中长期分工与磨合的结果，也是地方经济社会发展长期影响的结果。因此，地方合并高校的办学类型与层次定位，首先要从国家经济社会的发展大局和整个高等教育体系的发展大局出发，尊重高等教育的发展规律，根据国民高等教育的整体性要求，在高等教育系统中找准自己的位置，各就其位、各司其职，在同一类型和层次上办出特色，办出水平；其次，从自身所处层级和面向看，要根据地方发展需要和地方经济社会发展水平，结合自身办学历史、办学现状与办学潜力，在地方经济发展中找准自己的位置③。只有在各个层面的交叉结合中，找到属于自己的坐标，找对位置，才能真正谈到发展。

二、高校与地方经济发展关系的视角

地方高校一般都是地方政府投资管理，地方政府成为其直接主管，地

---

① 潘懋元. 中国高等教育的定位、特色和质量（潘懋元先生在南京审计学院演讲的整理稿）[J]. 中国大学教学，2005（12）：4-6.

② 尚钢. 高校分类与地方高校定位 [J]. 黄冈师范学院学报，2006，26（2）：54-56.

③ 惠泱河，杜育峰. 地方高等学校的合理定位与发展策略选择 [J]. 西北大学学报（哲学社会科学版），2006（3）：142-145.

方政府投资也成为地方高校发展最主要的经费来源，而地方政府投资发展高等教育的一个重要动力就是希望高等教育更便利地为地方经济和社会发展提供人才、智力和技术等方面的支持。

因此，地方高校的科学定位，就必须着眼于地方，从地方需求的方方面面做文章。教育外部关系规律理论、第三职能理论、新增长理论、区域竞争理论、全息结构论都从某一个视角为地方高校定位于地方提供了相应的理论依据。

1. 教育外部关系规律理论——地方高校科学定位的理论支撑

主要观点有三：其一，教育外部关系规律的核心是"适应"，一方面教育受社会的经济、政治、文化所制约；另一方面，要为一定社会的经济、政治、文化的发展服务。其二，高校与社会的经济、政治和文化有着紧密、直接的联系。其三，对某一所地方高校而言，在遵循教育外部关系规律上，其突出的表现就是为地方经济的发展服务，正确处理好高校与地方政府关系、社区关系和媒介关系等。①

对地方高校而言，要获得持续健康发展，一方面，其办学规模、专业设置、学科研究等都要以所在地方的发展现状和未来需求为基础，考虑到地方的特殊性，并把这种特殊性转化为自身的特色；另一方面，地方高校还要主动适应社会以及地方的未来需求，并对此做出敏锐的反应，使得自身既满足地方政治、经济、文化方面的需求，又适当超前，引领整个地方发展。

2. 第三职能理论——决定地方高校有着更广阔的发展空间

高校的职能是随着近现代高等教育的发展、社会生产力的提高和科学技术的进步逐步由单一职能向多元职能发展变化的，即由单纯培养人才到以教学、科研两个中心再到实现教学、科研、生产三结合。第一个科学园创始人特曼教授说过："大学不应该仅仅是教学的场所，而且应该是在本国的工业生产中起具有重要经济意义的作用。"② 在高校的三大职能中，比较突出和比较薄弱的是科研功能和经济功能，尤其是经济功能，如，科研与市场的结合上，科技成果转化为生产力方面，高校这方面的能量和优势还未充分施展。正因此，现阶段，高校尤其是地方高校，第三职能的发挥

① 周江林. 高等教育区域化理论基础述评［J］. 理工高教研究，2003（5）：10 - 11.
② 王保星. 美国高等学校社会服务职能的回顾与前瞻［J］. 北京师范大学学报（人文社会科学版），2001（2）：61 - 66.

有很大的发展空间，并应当注重地方经济发展现实和未来需求，关注所在地方产业结构、基础产业、主导产业以及地方发展特色，发挥自身优势，打造办学特色，提高学校的科研竞争力和办学能力。

3. 新增长理论——地方高等教育在地方发展中所处的核心地位

新增长理论认为，内生的技术进步是经济增长的决定因素，技术（或知识）、信息、人力资本具有溢出效应，这种溢出效应的存在是经济实现持续增长所不可缺少的条件①。新增长理论揭示，知识将取代物质资本，成为经济发展中最重要的物质要素，现代经济比以往任何时候都依赖于知识生产、知识应用与知识扩散②。知识是地方经济增长的决定性内生变量，知识的积累取决于经济当事人用于研究与开发、教育与培训等方面的投资，而地方高等教育是创新知识、传播知识、应用知识的服务行业，是知识积累与人力资本积累的主要途径，与技术进步——这一经济增长的源泉具有天然联系。地方高等教育通过人才输送与科学研究，直接、间接地促进技术进步，从而，与地方社会互动发生必然联系③。因此，在知识经济时代，以地方高等教育为核心的"技术进步"是地方经济发展的决定因素，地方高等教育已成为地方经济增长的动力源。

4. 区域竞争理论——地方高等教育可以为提升地方核心竞争力有所作为

以高等教育为源泉的"国民素质与科学技术"是提升区域竞争力的核心要素。区域竞争力主要是指在经济全球化环境中一个国家或地区经济的国际竞争力。在国际竞争力八大要素中，科技竞争力、国民素质竞争力是核心竞争力。国民素质竞争力的44项指标中有22项、科技竞争力的26项指标中有19项与教育相关，尤其与高等教育相关。根据IMD《世界竞争力年鉴》中的数据计算，国民素质排名与国际竞争力排名的斯皮尔曼等级相关系数为0.902，居诸相关系数之首，国内经济实力位居第二，为0.791，教育结构位居第三，为0.783④。可见，在当前大力倡导提升区域核心竞争力的形势下，作为地方高等教育载体的地方高校肩负着区域教育

① 张振助. 高等教育与区域互动发展研究——中国的实证分析及策略选择 [J]. 教育发展研究，2003（9）：39-44.

② 周江林. 高等教育地方化理论基础述评 [J]. 理工高教研究，2003（5）：10-11.

③ 李先武. 湖北省地方高等教育与地方社会互动问题研究 [D]. 武汉：华中师范大学，2005：5-15.

④ 中国人民大学竞争力与评价研究中心研究组，中国国际竞争力发展报告：2001 [R]. 北京：中国人民大学出版社，2004：342-345.

服务和区域经济发展助推的重要使命，有着广阔的发展空间和拓展空间，并且能够大有作为。

5. 全息结构论——地方社会系统发展的共同需要

全息结构理论认为，全息结构是一个由彼此联系、相互制约的四个子系统（物质再生产、精神再生产、人力再生产、自然再生产）构成的"四位一体"空间网络结构。它的主要特征是，任何一个微观子系统的内在结构都反映出宏观大系统的一般结构特征。地方社会物质生产系统是生产物质财富的经济活动系统，它的一个重要方面是满足人们社会物质生活需要的经济活动，经济活动既为科技活动提供物质成果和发展源泉，又为教育活动提供实践基地、新的内容和服务；地方高等教育系统是生产知识、信息和精神财富的科学文化系统，它的一个重要方面是从事知识、信息和技术生产的科技活动，科技活动又为经济活动提供知识、信息和技术，经济和科技、教育密切相关、相互促进。①

在地方系统中，地方高等教育和地方社会其他子系统同生共存，处于同样重要的地位，也同样具有全息结构的特征。地方社会作为一个相对完整的有机系统，其内部诸要素之间的联系表现为地方内的教育、经济、科技、文化的互动作用。地方高等教育与地方社会其他子系统的并行发展与配合，是高等教育与地方社会获得发展的必要条件。

上述理论从不同的层面、不同的视角归纳出同样的结论——地方高校定位于地方，能够大有作为。通过学校的人才培养、科研技术研发和转化、文化传播和辐射等自身职能的发挥，为实现地方经济协调发展提供智力支撑和不竭动力。

第四节 地方合并高校的相关研究

一、地方高校的发展定位研究

关于地方高校的发展定位，这方面的研究虽然没有涉及合并问题，但是，同为地方高校，这方面的研究对于地方合并高校的发展定位具有很高的参考价值。

————————————————

① 李先武. 湖北省地方高等教育与地方社会互动问题研究 [D]. 武汉：华中师范大学，2005：5 – 15.

刘森、陈世民的《地方高等学校的科学定位》① 从高等教育科学定位的内涵出发，办学方向和目标的定位——突出为经济服务的理念；办学类型和层次的定位——坚持人才培养的应用性和多样性；办学水平和特色的定位——瞄准自身的生存和发展空间，三个层面对地方高校科学定位给予阐述。孙晓峰的《地方高校功能定位与区域经济社会发展》② 首先探讨了地方高校与区域政府的关系，然后指出地方高校的发展定位原则，进而指出地方高校要获得可持续发展，高校和政府应分工协作，同心同力；王道红的《高等教育大众化与地方本科院校的定位》③ 一文从高等教育大众化的大背景出发指出地方本科院校科学定位的几个关键点：办学思想的定位——以职业为导向，服务面向的定位——以地方为导向，办学层次的定位——以本科为导向，人才类型的定位——以应用为导向等几个角度探讨地方高校的定位问题；尚钢所撰写的《高校分类与地方高校定位》④ 提出：所谓高校分类，实际上包含着高校办学类型的区分与办学层次的划分这两个方面的内容。我国现阶段高校分类理论研究与实践运作中存在的最主要的问题，就是高校层次划分不清，问题的症结则在于研究型大学与高职高专之间的中间层次的高校定位不明确，地方高校就处于这个中间层次，进而探讨了地方高校科学定位的必要性和重要性。包娟丽的《论地方高校的精确定位和职能的充分发展》⑤ 一文首先指出了地方高校在自身定位和职能发挥上存在的误区和问题，针对问题，地方高校要科学地定位，以特色求发展，正确地发挥地方型高校办学的职能，实现地方高校的可持续发展，等等。

另外，南京农业大学龚怡祖的《高校发展定位活动中的政府作用——基于政府与大学关系的分析》⑥ 一文指出，高校发展定位活动横跨两重权力领域，在市场经济体制下，高校发展定位活动纳入高校办学自主权范畴，但仍离不开政府的导向作用。从政府的角度提出政府调控的范围和行

① 刘森，陈世民. 地方高等学校的科学定位 [J]. 河北师范大学学报（教育科学版），2006 (1).
② 孙晓峰. 地方高校功能定位与区域经济社会发展 [J]. 安庆师范学院学报（社会科学版），2006，25 (4).
③ 王道红. 高等教育大众化与地方本科院校的定位 [J]. 教育现代化，2006 (4).
④ 尚钢. 高校分类与地方高校定位 [J]. 黄冈师范学院学报，2006，26 (2).
⑤ 包娟丽. 论地方高校的精确定位和职能的充分发展 [J]. 渭南师范学院学报，2007，22 (1).
⑥ 龚怡祖. 高校发展定位活动中的政府作用——基于政府与大学关系的分析 [J]. 高等教育研究，2006，27 (8).

为，即调控目标是分层分类规划与激励；调控手段以需求诱导实现供给约束；行政干预原则是公益、法定、正当。这为本研究提供了一个新的思路：从地方政府的角度探讨地方合并高校发展存在的问题。

综上而言，关于地方高校定位问题，大致的研究内容都是从高校自身功能定位以及地方政府的视角来探讨地方高校与所在地方的关系，主动为地方经济发展服务是地方高校可持续发展的必由之路和长远之计。这些研究为本文探讨地方合并高校的发展定位提供了翔实的参考资料和理论指导。

二、地方合并高校的发展研究

国内关于地方合并高校发展方面的研究很多，主要的视角也都是从地方合并高校如何发展来研究的，这为本文研究地方合并高校在科学定位基础上的可持续发展提供了翔实的参考。

张朔的《地方合并高校可持续发展探讨》① 探讨了可持续发展理念的内涵，并从校园规划与建设、学科调整与融合、师资队伍建设、内部管理改革、后勤社会化几个层面对地方合并高校的可持续发展实践提出了对策；范明的《论地方合并型高校发展的基本策略》② 从拓展外延与丰富内涵、机构合并与内在融合、集中管理权限与管理重心下移、巩固改革成果与不断推进改革、教学与科研、科学教育与人文教育、传统学科与新兴学科、人才引进与自身培养八个层面探讨地方合并高校的发展策略；樊华的《试论合并后地方高校的可持续发展》③ 一文从可持续发展的内涵和外延出发，探讨了地方合并高校可持续发展的有利因素和制约因素，并给出了一些发展对策；吴静的《地方合并高校的目标定位与发展战略选择》④ 则是以科学发展观作为地方合并高校定位和发展的指导思想，在此基础上，提出了科学定位的原则以及地方合并高校发展的战略重点；王德芳、刘宗南

① 张朔. 地方合并高校可持续发展探讨 [J]. 三峡大学学报 (人文社会科学版)，2002, 24 (5).
② 范明. 论地方合并型高校发展的基本策略 [J]. 高校理论战线，2002, 12.
③ 樊华. 试论合并后地方合并高校的可持续发展 [J]. 化工高等教育，2004 (4).
④ 吴静. 地方合并高校的目标定位与发展战略选择 [J]. 温州大学学报，2005, 18 (3).

的《地方合并高校科学发展的探索与实践》① 主要是从科学定位、资源整合、打造师资队伍、提升教学质量四个方面探讨了地方合并高校科学发展的道路，等等。这些研究主要是从理论的角度来探讨地方合并高校的目标定位，提出一些理论基础和定位原则，宏观分析科学定位的意义，以及发展对策，如，要促进学科融合、增强师资力量、推动文化建设、关注地方发展等，内容相似，只是各自的着眼点有所侧重而已，并且所论述的内容大多局限在学术层面，没有深入到可执行的层面。

三、地方合并高校的发展定位研究

吴淑娟在《论合并地方高校的定位和发展》② 就高校定位问题进行研究，介绍了高校定位的基本内涵和依据，并指出了当前地方合并高校在定位方面存在的误区和不良倾向，并以长江大学为案例，介绍该校办学经验，探讨地方合并高校的发展；文锦的《新合并升格高校必须走特色化发展道路》③ 探讨了目前合并升格学校的发展困境，并提出特色化发展定位是合并升格学校发展的必然趋势，在此基础上提出了一些发展对策：学科建设有所不为、建设品牌战略、重点突破等；庾建设的《以"一定"促"三优"——地方合并高校快速发展的路径抉择》④ 以科学定位为前提和基础，从打造优良师资、优势教育、优质学科三个维度，提出了地方合并高校快速发展的路径。

还有一些研究是个案形式，研究对象是地方合并高校，主要是介绍这些地方合并高校与区域互动发展的经验，其中内容都涉及地方合并高校的发展定位。扬州大学徐体高执笔的《充分发挥合并办学优势，积极为地方经济建设服务——扬州大学合并办学实践综述》⑤ 一文以扬州大学为个案，介绍学校在"以合并上规模、以合并出效益、以合并升水平、以合并创特色、以合并促发展"理念的指导下，学校取得的发展成就：在人才培养、科学研究、

---

① 王德芳，刘宗南. 地方合并高校科学发展的探索与实践 [J]. 中国高等教育，2005 (15) (16).
② 吴淑娟. 论合并地方高校的定位和发展 [J]. 石油教育，2004 (5).
③ 文锦. 新合并升格高校必须走特色化发展道路 [J]. 云梦学刊，2005 (1).
④ 庾建设. 以"一定"保"三优"——地方合并高校快速发展的路径抉择 [J]. 高等教育研究，2006 (8).
⑤ 徐体高. 充分发挥合并办学优势，积极为地方经济建设服务——扬州大学合并办学实践踪述 [J]. 高等农业教育，2000 (10).

社会服务和科技创新等方面初步探索了一条"产学研"结合、"农科教"结合、"科教经"结合的办学之路；吴启运写的《南通大学建设与区域经济互动》① 以及程晓强、陆晓武的《地方高等教育与区域经济的科学发展——以南通大学为例的实证简析》②，都是以南通大学为案例，从地方高校与地方发展互动关系的理论基础，探讨南通大学的发展定位，并介绍了新南通大学与南通地方经济发展良性互动发展的经验；孙玉萍的《对地方合并高校与地方互动发展的思考》③ 以及《论地方合并高校与地方的互动发展》④ 两篇文章是以三峡大学为个案，从地方合并高校的角度提出地方高校要科学定位，为地方发展提供人才支持、智力支持、思想支持，为地方建设服务；《众校长会诊长江大学：新合并地方高校如何定位》⑤ 一文以长江大学（由坐落在湖北荆州的原江汉石油学院、湖北农学院、荆州师范学院、湖北省卫生职工医学院四校合并而成）为分析对象，其中，中国地质大学校长张锦高提出要办出特色，以优势带动弱势；三峡大学党委书记陈少岚指出大学合并院校必须跳出原来几所的圈子思考发展方向和目标，等等。

四、美国高校发展定位简介

关于美国介绍地方合并高校发展定位的相关研究资料很少，但是美国高校分层定位以及与区域互动发展的经验对本研究具有参考价值。

美国对各类地方大学都有明确定位。这种定位是长期形成的，并得到全社会包括各类学校的教职工、学生及学生家长的认同。各类学校在自己的职责范围内尽力办好学校，在同类学校之间竞争，但不同类学校之间不互相攀比，各学校校长和教师都以办好自己的学校为荣。

对学校的定位主要包括两个方面，一是明确为地方（州、市、社区）服务，每一所区域高校的存在和发展都服务于不同的社区和群体；二是不

---

①　吴启运. 南通大学建设与区域经济互动 [J]. 南通大学学报（哲学社会科学版），2004（4）.

②　陆晓武. 地方高等教育与区域经济的科学发展——以南通大学为例的实证简析 [J]. 南通大学学报（教育科学版），2006（3）.

③　孙玉萍. 对地方合并高校与地方互动发展的思考 [J]. 中国电力教育，2003（3-4）.

④　孙玉萍. 论地方合并高校与地方的互动发展 [J]. 长春工业大学学报（高教研究版），2003，24（2）.

⑤　黄义武，杨元妍. 众校长会诊长江大学：新合并地方高校如何定位 [J]. 中国教育报，2003-12-16.

同类型学校在服务内容上有分工。如，第二类大学（各州的州立大学属于此类），主要为本州服务，在学科、专业设置和科研等方面均充分考虑本州的特点和需要，有力地推动州内各地区及中心城市的科技、文化、教育水平的提高和经济、社会发展；第三类大学是一种很有特点的大学，其规模较小，建校历史较长，在某些领域或某一地区有一定影响。在过去它主要进行人文教育（即博雅教育）和通识教育，目前在美国高等教育大众化、传播科学知识、提高公众文化及道德素养等方面起到积极作用；第四类大学的办学方向十分明确，它在社区办学，面向社区，为社区服务，并得到社会及公众的认同和支持。①

卡内基高等学校分类法是美国最具有影响力和代表性的高等学校分类法，自 1970 年创立以来，该分类法历经多次修改，在美国高等教育界产生了很大影响，高等学校将其视为衡量其办学水平的一个标准，《美国新闻与世界报道》也将它看做每年高校排名的重要依据。② 卡内基基金会大学分类标准中，美国 3900 多所高校根据培养目标任务及发展传统不同，分为若干层次。根据这一分类，高校在各自的层次上办出特色、办出高质量、办出一流水平，并展开竞争，在竞争中谋求发展所需的办学资源。但不同层次的高校间并不构成竞争关系，如，社区学院不会与有博士授予权的研究型大学竞争或是一味向研究型大学看齐。在他们看来，各个层次的高校都有自己的一流，都有自己的高质量，都可以办出自己的社会声望，而高等教育的资源配置是市场化的。办得有质量、享有良好社会声望的高校在资源配置中就处于优势地位，获得适应需要的资源配置，无论这种资源配置是来自政府（政府同样可以运用市场机制配置资源），或是非政府。③ 这也是美国大学分类比较成功、卡内基基金会大学分类标准赢得声誉和享有权威的重要因素。从比较借鉴的角度，当前我国高校分层定位和发展需要解决的一个重要问题，就是资源配置的行政主导和政府干预。

美国地方高校最突出的特点，一是定位明确，二就是为地方服务。

美国是最早以法律的形式保证区域高等教育与区域社会经济发展紧密结合的国家。美国地方高校服务区域发展的责任得到国家法律、政策的保

---

① 王发明，蔡宁. 中国与美国大学合并的比较分析 [J]. 高等农业教育，2006（3）：83-86.
② The Carnegie Foundation for the Advancement of Teaching: Classification Descriptions [EB/OL]. [2010-01-07]. http://classifications. carnegiefoundation. org/descriptions 2007. 1. 2.
③ 刘宝存，李慧清. 2005 年卡内基高等学校分类法述评 [J]. 比较教育研究，2006（12）.

证。1862 年通过的《土地赠与法》赋予美国高校一项新的职能——服务，该法案的核心内容是以政府提供土地赠与为基础创立新的"赠地大学"，并强调必须为农民和普通人提供服务。1887 年，美国又通过哈奇法案，该法案规定每年为每所"赠地大学"提供一笔经费，用以建立农业实验基地。哈奇法案使大学在研究、试验推广等方面迅速发展，农民分享到了大学的研究成果，得到了大学研究人员的指导和帮助，使美国农业得到了空前发展。①

随着时间的推移，"赠地大学"的服务内容不断拓展和丰富，早已不仅仅服务于农村和农民，已向城市居民延伸，现在基本上以全社区居民为服务对象。当今美国，大学服务社会早已不仅仅局限在原有意义上的"赠地大学"，无论公立私立，大学都已把服务社会列为自己的职能。公立大学都设有专门的服务机构，形成了美国高校的教学、科研、服务社会三位一体的高校职能，把知识的创造、传播和应用有机统一起来。

五、小结

综上所述，当前对区域高校的合并和发展关注日益升温，但很多研究都是从区域高校合并和发展的一个角度论述，即学校如何发展，即便谈到地方合并高校发展存在的问题，也没有对问题做出进一步的深入研究，关于地方高校发展定位或者与区域互动发展的个案研究基本都是学校自身发展经验的介绍，没有谈到问题。因此，要深入分析问题，探究出问题的根源，研究的视角就有待拓宽，思考的深度有待提高。

当前，地方社会经济文化的发展，对地方高校人才培养、学科专业设置、社会服务等提出了更高的要求。在这种形势下，地方高校合并应运而生，整合了高等教育资源，提升了办学层次和人才培养层次，顺应了形势的发展和需要。但如果合并进程以及发展没有科学明确的定位，那么，地方高校合并的发展过程就会对地方经济发展现状和需求估量不足或者考虑不全，从而忽视自身的服务使命，单纯追求自身规模发展，最终必将脱离健康发展的轨道。

因此，很有必要理清地方高校合并和发展中出现的问题，并探讨问题

---

① 赵国森. 美国高校的办学理念与服务职能——赴美国考察的学习体会与启示 [J]. 北京广播电视大学学报，2005（4）：32 - 35.

背后的原因，是什么原因使得地方合并高校不能坚守办学层次，单纯追求自身规模。在分析问题的基础上，再谈地方合并高校的科学定位，把发展的关注点和突破口放在所在的区域上，主动为区域发展服务，并从地方合并高校及其"主管"政府的层面提出二者的应有所为，充分发挥各自优势，最终实现二者的互动发展，共生共荣。

第五节　一所地方合并高校的整合管理与发展定位分析

本研究以地方合并高校为主线，选取一所地方合并高校作为个案，通过实地调查研究、访谈、文献梳理等方法，对该校涉及的有关对象包括校领导、教职员工以及学生的主要代表等作非结构化的访谈，了解学校合并时的基本情况，了解目前发展面临的一些问题，该怎样理解地方合并高校与地方的互动发展等，并进一步追究问题的根源。在分析问题的基础上，寻找解决问题的途径，首先对地方合并高校科学定位提出几点原则，在这些原则的指导下，对地方合并高校如何在尊重地方实情和需求的基础上主动服务区域，与区域互动协调发展提出关键策略。同时，也对地方合并高校的主管——地方政府进行角色定位。需要说明的是对于合并地方高校个案的选取，并不具有代表性和普适意义，只是按照当时的研究条件来进行的。

一、学校及学校合并的基本情况

1. 学校所属区域的基本概况

个案所在地市为内陆城市，平原和山区并存，是我国著名的革命老区之一。该市土地面积 1.72 万平方公里，2005 年末人口 1035 万，位居全省第一位，农村人口占总人口的 81.65%。该市广大山区的开发建设处于初级阶段，相当比例的山区人口仍处于贫困状态，部分甚至没有解决温饱问题。

2005 年，该市实现 GDP 1212 亿元，总体实力位居全省（共辖 17 个地级市）第 7 位。但人均 GDP11931 元，所属省为 20044 元，位列全省后三位。

2006 年，该市 GDP 1404.86 亿元，综合实力位列全省第 8 位，人均 GDP 13639 元，位列 17 地市的第 16 位，而所属省为 23546 元，超过全国平均水平（15930.79 元），位居全国 31 个省市自治区中第 6 位。可以看出，虽然按经济总量来看，该市也属于省经济强市，但人均 GDP 仍是该省最低的地区之一。

该市工业基础非常薄弱，主要以劳动密集型的传统手工业和自产自销的轻工业为主。改革开放后，以民营为主兴办的食品、建材工业已成为该市的主导产业，但由于科技含量低、产品质量和档次不高等，企业效益低下。

20 世纪 90 年代以来，该市利用自身的地理优势，逐步发展起了以生活必需品交易为主的商贸批发业，现已成为全国著名的十大商贸市场之一，与之相应的交通、餐饮等产业也逐步发展起来，但由于整体文化水平比较低，管理水平比较低下，观念落后，并没有形成地方规模和品牌。

该市是文化大市，旅游大市，自然资源丰富，历史文化悠久，有着深厚的文化资源和文化底蕴，而且又是全国著名的革命圣地，发展文化产业，有着得天独厚的优势。但该市的文化发展却仍处于探索阶段，各种资源亟待开发。

占全市人口 1.83% 的大专以上学历人才中，充实在工业、农业、第三产业的一线科技人员不足 30%，而是主要集中在教育、医疗和政府机构（占了 70% 的比例），而全市文盲人口却占总人口 10.43% 的比例，接受小学教育以及初中教育的分别占到 37.72% 和 33.51% 的比例。这种人才结构直接制约了经济结构的优化改革，发展后劲不足，城市文化层次不高，城市化水平较低。

由该市的经济发展现状和未来发展趋势可以看出，发展尚处于起步阶段，对人才的吸收和消化能力是有限的。

另一方面，该市的经济现状和产业结构决定了作为该市最高文化学府和知识集中地的个案，在这片各项资源亟待开发的地方将会有着更大的发展空间和发展潜力。地方高校也应借合并之契机，把不断壮大的办学实力发挥到服务地方的舞台上。

2. 学校及学校合并的基本概况

个案（也称××师范学院）的前身是××师范专科学校。

1999年3月，并入当地办学比较困难的教育学院（其前身为该市的教师进修学校，是一所成人高校，培养层次为专科，主要采取函授形式教学），成为该校的南校区。2000年4月，升格为本科层次，改名为××师范学院。这时，××师范学院为省市共管、所在地市财政拨款为主的普通本科高校，是典型的地方高等学校，也是该地区唯一的本科院校。

2001年9月，经省政府批准，本着"优化教育资源"的原则，××师范学院并入该市的两所中等职业学校：农业学校和工业学校（两所学校因人才培养层次较低，教育质量不高，办学陷入困境，在当地政府的主导下，并入××师范学院，原校址成为该校的东、西两个校区），与原相关系科结合组建了工程、农林和职业技术三个二级学院，招生类别为高职高专类学生。

2002年5月，××师范学院与该省一家路桥建设总公司联合建设另一所民办性质的二级学院，但发展只持续一年，不过为学校带来了招生指标的扩充。

2002年9月，××师范学院合并该市一所办学举步维艰的民办学院，并在此基础上创办该校的第二所民办二级学院，学校因此获得了4000人的招生指标。

2002年，该校本着"走出去""国际化"的办学方向，开展国际办学。该校与美国两家实力雄厚的公司签署了投资建设意向书，当地政府出土地3500亩，外资方投资1亿美元，共建另一个二级学院。由于后来外资方投资没有到位，该学院发展也不了了之。这项合作为××师范学院带来了招生指标和校区规模的扩张。

2003年，××师范学院与该市所辖县的两所中等师范学校以"3+2"的形式联合培养师范专科生。即初中毕业生经过师范3年培养达到高中毕业水平，再由××师范学院培养2年达到专科毕业水平。这些学生全都住在师范学校，降低了培养成本，有利于贫困地区的子女接受高等教育。这项合作使××师范学院扩大了招生规模、两所师范学校得以生存，而贫困地区的子女获得了接受高等教育的机会。

经过学校两年积极的争取和努力，该市政府举全市之力，在省政府支持下共同创建××综合性大学，由××师范学院负责软件、市政府负责硬件建设。2005年5月，新校区一期工程3000亩校区正式投入建设；总投资21亿元，容纳本科在校生3万人。这时学校的占地面积已经从2000年的556亩跃升到7102亩。2006年6月，作者进行调研时新校区的部分教学、办公、住宅等已投入使用。①

这时的××师范学院已经有六个校区，分别是北校区、南校区、东校区、西校区、二级学院校区，以及筹建中的新校区，占地面积7300亩（2006年数据），34308名全日制在校生（2007年3月数据）。拥有10个学院（文学院、法学院、商学院、外国语学院、生命科学学院、信息学院、地理与旅游学院、工程学院、农林学院、国际交流学院），8个直属系（数学系、物理系、化学系、音乐系、体育系、美术系、历史与社会学系、教育与管理科学系），51个本科专业，73个专科专业（2006年数据），办学规模位居该省三甲。

新校区二期工程将在统一规划的大学城内实行多元化投资，多层次和多主体办学，主要兴办以高职和专业性院校为主的不同类型、不同体制的高等教育组群，争取在10年左右使办学规模再扩大3万人左右。再加上其他不同层次、不同体制的高校，总规模达到6—8万人之后，每年将有2万左右毕业生在××就业，这样就会达到规模目标。大学组群由大学与政府统一规范协调质量标准和服务方向，共同完成人才培养任务。

2000年起，学校就确立了"立足当地，面向全省，辐射周边三省，以本科教育为主，多层次办学，多渠道服务"的办学定位。并且学校在几年的办学过程中一直从定位出发，不断探索，形成了今天学校全新的办学思想："为区域服务"的办学宗旨，"教学为本、质量立校、以学生为中心"的办学理念和"取自社会、服务社会、融入社会"的发展思路，这些都是办学理想的精髓。

2005年，学校二届三次教（工）代会审议通过了《××师范学院"十一五"发展规划》，主要强调：

学校办学定位与培养目标：培养区域经济社会发展所需要的应用型高级专门人才，把学校建设成以质量著称的、具有核心竞争力的区域性品牌大学。

---

① 涉及个案的相关数据和信息均来自该校提供的相关资料，以下如不特别标明，均源于此。

学校办学宗旨：为××服务。

实现一个目标：建设"强配置、国际化、高质量、大规模"的综合性大学。

实现两大战略：国际化发展战略、品牌大学建设战略。

重点推进三大突破：办学结构的突破、学科专业的突破、学术科技的突破。

狠抓四大建设：师资队伍建设、专业建设、课程建设、教育资源配置建设。

办学规模：到 2010 年，全日制普通本专科在校生达到四万人左右，高等职业技术教育、继续教育在籍学生规模有较大增长。不断新增本科专业，建设有较强办学实力、相对独立运行的二级学院，其中 3—5 所学院通过内涵扩张、国内外联合嫁接等手段形成强势品牌，具备较突出的学科优势，并能开展研究生教育。

由个案的合并进程来看，该校的合并具有地方高校合并的普遍性特征和步伐：以一所主体学校为基础，并入当地教育学院、中等学校等，扩大学校规模，再建新校区。在发展的基础上创建二级学院，开展国际合作办学等。但也不难发现，很多项目都没有真正运作起来，带给学校的只是规模的扩大和招生机会的增加。

二、学校的现实发展状况及存在问题

1. 合并为学校带来跨越式发展

从前面谈到的该校合并进程可以看出，合并后，学校的办学层次、招生规模、资源配置等方面都获得了更多的机遇。从 2000 年起，短短几年间，学校便获得了跨越式发展：校区规模从 2000 年合并之初的 556 亩扩大为 2006 年的 7300 亩，并且新大学城一期工程仍在建设中；在校生人数从 2000 年的 3000 余人发展到 2007 年上半年的 34308 人，仅仅 2007 年招生计划就已达到 8300 人，均居全省同类院校之首。学校专职教师从建院之初的 263 人发展为 2005 年的 1316 人，其中具有硕士、博士学位的教师占 60.8%，具有教授、副教授职称的占 40.46%（2006 年数据）。学校每年投入 4000 万—6000 万元加强教育资源建设，每年投入 1000 万元购置图书，生均图书资源位列全省第一。在省教育厅公布的省属本科办学条件和教学质量评估 8 项指标中，该校有 6 项居于全省本科院校前 5 名。在"全省本科教育科研仪器情况排序表"中，该校以 41% 的增长比例名列全省高校前茅。

学校在自身获得发展的同时，其办学实力的提升也为区域发展提供了更好的人才、科研等方面的支撑。

第一，人才输出。该市基础教育比较发达，但随着高校毕业生实行自主择业，当地通过高考及其他形式出去发展的人才，毕业回到家乡就业的比例逐年降低，2002 年，已经低于 10%。人才的外流使得当地劳动力就业结构以及文化结构的整体层次偏低，而且该市经济发展又急需各类人才，为此，学校提出：自己培养人才，服务区域发展的发展目标。学校通过整合各类教育资源，扩大办学规模，毕业生人数逐年增多，2003 年为 3500 人，2005 年为 6000 人，在当地就业比例为 25%，2006 年已达到 8000 人，在当地就业比例为 30%，为该市社会经济发展输送了大批急需人才，这样批量的人才输出仅靠一个个孤立的、办学艰难的学校是不可能办到的，体现了高校合并的一个积极效应，即地方社会服务的集中化和规模化。

第二，智力下乡。学校利用自身的规模优势和智力优势，加大社会服务力度，通过科技咨询服务、技术指导等形式，组织开展各类"三下乡"活动和服务团，最为知名的组织教授博士下到基层，下到农村山区的活动，将其专业科研优势、服务项目以及副高以上专业技术人员全面推向社会，倡导其争做本地区该领域的首席专家，力争人人都有面向地方开展的科技服务项目。其中，"无公害"茶叶技术的推广、"专用化肥"的研制成功、无融合生殖玉米新种植技术等已使当地数万农民及部分企业受益。

五年来，学校先后与该市七个县（区）签订了科技合作意向书，××师范学院的科技成果在历次该市科技项目洽谈会、推介会上都深受全市企事业单位的欢迎。现已有 70 余个科技项目、150 余个服务项目应用到当地工农业生产中，为当地经济社会的发展作出了积极贡献。

第三，文化辐射。2006 年 4 月 25 日，响应中宣部、中央文明办等 11 部门联合发出的"关于开展全民阅读活动"的倡议，校方宣布该校图书馆所有图书文献资料即日起全部向市民免费开放。此外，学校体育基础设施也同步向社会开放。该市的地方文化研究和传播中心、教育规划发展中心等机构都设在该校，并由该校师生共同努力研究。学校还积极参与该市举办的公益宣传、文艺下乡、各种社会主题活动，充分发挥自身优势，承担起向地方传播文化、辐射文化的责任，走进基层、走进社区、走进农村，推动地方文化快速健康发展。

该校积极响应团市委号召，组织广大师生，到农民群众最需要的地方去，积极搞好"三下乡"社会综合服务，服务范围包括法律、法规知识、"三农"政策宣传、外出务工人员技能培训、青少年思想道德建设等，走遍了该市全部下辖县的 200 多个乡镇，接受服务人数近 60 万，对改变人们生产生活方式、更新观念等产生了广泛影响。为此，当地人编成小调："大学进山村，就像当年八路军，教我们过上新生活，好似二次闹翻身。"①

2. 学校发展中的问题显现

办学规模的扩张和办学实力的提升，也为地方合并高校的发展定位及其服务区域带来了一些问题。

（1）学校不断扩张的办学规模忽视了地方经济的承受力。从个案合并以及聚集各类资源探索多体制办学的过程中可以看出，学校对合并合作办学就是"来者即可"的态度，没有选择性，也没有考虑到学校的长远发展。合并的主要目的是为了规模扩张，教育经费的增加以及招生人数的提高。关心数量，却忽视了培养质量。集聚过来的各类办学资源办成的三个二级学院已经停止办学，但其招生指标却被纳入学校其他院系。学校全日制在校生人数从 2000 年的 3895 人，到 2002 年的 16906 人，再到 2006 年的 32000 人，学生毕业留在当地就业的比例 2005 年为 25%，2006 年为 30%。

目前，该市以农业经济为主导，地貌也主要是以山区为主，广大山区资源开发尚处于初级阶段，工业基础非常薄弱，主要以劳动密集型的传统手工业和自产自销的轻工业为主。而且该市人均国内生产总值和城乡人均纯收入在全省是最低的地区之一，从经济上来看，该市属于省内最穷的地方。在调研中也发现该市主要工业、农业、教育、行政等机构每年的进人指标非常少，并且偏向于重点高校，高学历人才，虽然很多职位本科生可以完全胜任。

---

① 资料来自对学校高等教育研究中心负责人访谈录音的整理。

在调研中，一位退休老教师也感慨地谈道："学校只看重招生，招来这么多学生，很多孩子都是农村过来的，读书很不容易，现在就业压力又那么大，我们这种学校的压力更不用说了，很替这些孩子担心。"而该校即将毕业的几位学生也谈道："学校有些基础性专业和学科都是为了综合大学的需要设置的，这些专业在当地根本找不到就业机会，加上外面重点学校的竞争，专业竞争力很低，就业很难，只有考研，不管怎样，考出去再说。""我们是当地的，毕业很想留在家乡工作，但机会太少了，而且还有那些重点学校学生、本科生的竞争，我们这些大专生留下来就更难了。"①

据不完全测算，对于地方高校而言，效益最好的规模是专科在校生4000—5000人，本科在校生8000—10000人，否则，效益将会下降②。在达到一定的规模和数量后，发展重点就应转移到质量提高和内涵提升上来，坚持以内涵为主，树立科学的规模观。而学校的"十一五规划"给出的目标却是："建设有较强办学实力、相对独立运行的二级学院，其中3—5所学院通过内涵扩张、国内外联合嫁接等手段形成强势品牌，具备较突出的学科优势并能开展研究生教育。"而该校提供的另一份资料上也写道："学校目前的在校生人数为32000人，新校区建成后，计划总规模达到6万—8万人，每年将有两万左右毕业生在当地就业，这样就会达到规模目标。"

由该市社会经济的基本现状以及调研中发现的一些问题可以看出，学校的发展规模已经远远超出了所在地方的承受力，加上地方每年对人才的消化和吸收能力是有限的，致使学校每年日益增多的毕业生在就业竞争如此激烈的社会现实中，显得非常艰难，而且要想实现学校提出的"我们培养的人才大部分都留在当地，服务当地"的目标，更是难上加难。就业是学校生存之本，这些问题如果不尽快得到改善，由合并而产生的正效应将逐步消减，而由此也会引发更多的新问题。

（2）较高的考研率及专升本比率与为区域培养人才目标的双重矛盾。地方，尤其是欠发达地方的人才吸收和消化能力还不高，加上扩张效应，每年毕业生人数日益增多。可是在高校毕业生就业难的社会现实下，日益增多的毕业生又要到哪里奔波寻求就业呢？或许刚开始的一两年毕业生实

---

① 说明：根据访谈录音整理，以下未标示出参考出处的均源于此。

② 周绍森，储节旺．地方高校如何走出误区科学定位［J］．中国高等教育，2004（2）：8-10．

现大部分学生在当地就业还是可以的，个案合并扩招后毕业生就业的第一年即 2005 年，学生在当地就业比例为 25%，2006 年为 30%，可见，比例并不是很高，其他更多比例的毕业生去向又是怎样的呢？

该校高等教育研究中心的负责人介绍道，我们的办学理念是"以学生为中心"。一方面不断完善学校的资源配置；另一方面大力拓展学生就业，并鼓励学生通过专升本、考研等途径出去发展，在这些方面我校在全省一直是名列前茅。（注：本科生考研率 45% 以上，最高达到 51.86%，专升本人数比例在 75% 以上，考研复试成功率在 96% 以上，数字来源于《××师范学院院报·65 周年校庆特刊》）

"我们的办学理念就是为区域发展服务，为区域培养自己的人才。学生就业时大部分留在本地，为本地发展服务。"

作者在该校的校庆宣传特刊上发现，各院系的宣传都不约而同把本院系的考研率、专升本考取比率作为学生就业的主要内容。摘录一些院系的介绍：

化学系：专升本录取率连年名列全省第一，本科考研率达 50%。

体育系：2005 年首届毕业生考研、考公务员达到 13 人；2006 年毕业生参加硕士研究生招生考试过线 30 多人；专升本考取率在安徽省同专业中连续 5 年保持领先。

历史系：一系列的教学管理措施使得该系取得了较好的成绩——四、六级英语过关率名列全省高校前茅；专升本率、考研率始终处于全省同专业前列，2005 年考研录取率达到 51.38%。

文学院：近年来，专升本录取率一直占参加专升本考试人数的 50% 以上；配备了最好的教学设施和最强的师资力量强化考研课程的辅导，考研过线率最高时达到 45% 以上。

法学院：2000 级思想政治专业 56 人毕业，36 人参加研究生考试，录取 21 人。2001 级该专业 80 人毕业，52 人考研，24 人录取。专升本率为 54%，一次就业率达到 100%。

生命科学学院：始终坚持"以质量求生存，以特色促发展"的强院方针，连续几年来本科毕业生供不应求，专科生就业率 98% 以上（包含专升本比例），专升本率居全省同专业第一，考研过线率达 61.6%，录取率达 46.5%。

……

而学校统计的数据：本科生就业率100%，这其中包括上面写到的考研录取以及专升本录取的学生比例，而且这些学生占了大部分的比例。可见，该校学生的就业取向本科生接近一半的比例选择了考研，专科生75%的比例选择升本。

同时，学校又一直把"为地方服务"，"为当地培养更多的各类层次的人才"，"我们扩大专业是为了地方社会发展的需要是为地方培养更多人才的需要"，"为了不使更多的从我们这里出去的人才流失外地，我们自己培养自己的大学生"，"学校目前的在校生人数为32000人，新校区建成后，计划总规模达到6万—8万人，每年将有两万左右毕业生在当地就业，这样就会达到规模目标。"作为自己的目标，这显然是自相矛盾。本来以考研率来衡量学校办学成就本身就不可取，也是学校办学盲目心态的一个体现，而该校不遗余力强调的一点就是每年学校的考研率有多高，专升本比例有多高，有些学生宿舍集体考研成功，学校大幅给予报道和表扬，近来，各大媒体纷纷报道很多地方院校成了名符其实的考研基地，这从一方面反映出了学生就业难、就业压力大的问题，并且学校一直在宣传。可是每年如此高比例的学生通过考研、专升本的途径走出去，就能保证他们学成回来吗？地方需要的所有人才一定要地方培养吗？自己培养的人才就一定能保证不外流吗？如果因本地消化能力有限，流失到外地，那么，学校一直倡导的培养自己的人才服务地方的目标又如何得以实现呢？

（3）人才培养模式单一，忽视地方经济发展的需要。市场经济强调优势互补，细分市场，特色生存。从招生范围和服务面向看，我国高校分为全国性普通高校、区域性普通高校、社区性普通高校①。显然，地方高校属于区域性普通高校，要面向区域提供人才支撑。地方对人才是什么样的需求，地方需要什么样的人才，哪类人才是需求重点，这些提供人才输出的区域高校要有充分的估量，并在人才培养规格和层次上适时给予调整。

从该市人才交流中心提供的统计资料看，2005年以来，该市市场营销类、技工类、服务类、管理类、国际贸易类、化工类、财务类、计算机类、机械制造类人才的缺口比较大，营销和技能型人才需求最旺。

但学校人才培养以本科生教育为基础，以教育教学为主要方式，并且

———————————————————————————————————

① 张慧. 中国普通高等学校分类与定位问题研究 [D]. 西安：西北工业大学，2005：32-34.

调研中发现，部分院系的教育教学的导向都是学生考研、专升本为主的，如，数学系：不断加强宣传、教育与奖励力度，形成了良好的学风和考风，营造学生主动学习、积极学习的良好氛围，学生专升本、考研连年取得突出成绩；文学院：配备最好的教学设施和最强的师资力量，强化考研课程的辅导，考研过线率最高时达45%以上；法学院：第六学期，将涉及学生考研的课程全部开完，为学生考研打下坚实基础，第七学期，分类指导，强化考研学生的外语和专业课辅导，学生考研连年取得显著成效。目前，学校一直致力于申办研究生教育，力争在综合性本科层次基础上再次提升。

2005年，该市三次产业结构比例为13.5:52.2:34.3，所属省为10.4:57.5:32.1，全国为12.4:47.3:40.3；2006年，该市三次产业结构比例为12.7:52:35.3，所属省为9.8:58.2:32.0，全国为11.8:48.7:39.5。由以上数据对比可以看出，该市三次产业结构不尽合理，低于全国平均水平，没有形成突出的产业优势，要实现地方经济快速发展，就必须优化农业产业结构，优化农村劳动力的就业结构，改善传统的生产方式，引导农村劳动力向二、三产业转移，而这需要更多的实用型、技能型和特色型人才的充实。

但是，从学校宣传的重点和学生就业的去向可以看出，学校的发展导向是教育教学为学生考研、专升本服务，这就使得学校发展步入一个自我设定的怪圈，没有考虑到地方对人才的需求（2003年以来人才交流中心的统计资料显示，该市主要是营销和技能型人才需求最旺，而学生超过一半的比例都选择考研、专升本），也没有从学校发展的角度去坚守自己的办学层次，反而致力于硕士点申办，追求更高的办学层次，从该市经济发展的未来趋势来看，对高层次人才是有一定需求的，但是从自身基础看，一定非要自己来培养吗？自己培养出来的高层次人才就一定高质量吗？而且就一定会留在本地工作吗？这些问题的答案显然都是需要讨论的。

（4）专业设置追求综合，没有形成地方化的特色专业和学科。合并为学校专业和学科的发展带来了机遇，校方提供的资料中提到：2006年，学校已经拥有20个院系，11个研究所，123个本专科专业，涵盖九大学科门类。但从数字来看，已经完全赶上甚至超出部分综合性大学学科专业的规模。

重点实验室：分析实验室；

优质教研室：哲学教研室、基础数学教研室、古代文学教研室、政治经济学教研室、教育学教研室、体育基础理论教研室、动物学教研室。

学校致力于申办硕士研究生教育的四个学科点为运筹学、数学、地理和高等教育。

那么当地都需要哪些专业类型的人才呢？又急需哪些专门人才呢？前面提到该市人才交流中心提供的统计资料：2005 年以来，该市市场营销类、技工类、服务类、管理类、国际贸易类、化工类、财务类、计算机类、机械制造类人才的缺口比较大，营销和技能型人才需求最旺。

而且，该市市长在该市经济社会发展战略讨论会上讲到，今后五年的发展重点是优先发展有战略优势的食品、机械、化工等主导产业，改造提升建材、纺织等传统产业，积极发展电子信息、生物制药、新材料和新能源等高新技术产业……延伸壮大食品、木业、化工、医药、机械、建材、纺织、能源等八大产业链和培育特色产业聚集带为重点，扶持龙头产业……努力把该市打造为农产品加工业发达、建材生产量大、机械化工医药制造先进的加工制造业基地。要进一步改造提升传统的商贸流通业，加快发展旅游业，大力发展信息、咨询、教育、文化等新兴服务业，特别要积极发展以第三方物流为主的现代物流业，整合物流资源，构筑全市物流运输及信息平台，叫响物流品牌，形成一批规模大、功能强、信息化、标准化的现代物流强市。①

可见，学校虽然一直称把为区域服务作为自己的办学宗旨，但是在人才培养、专业设置这两个关键的区域服务点和结合点，学校都没有全面考虑到政府的发展规划以及对区域及市场进行调查和估量，学生培养以及重点发展的学科和专业都与当地的需求关联不大。

该校一位新成立院系的教师谈道："有些专业包括自己所在的院系都是当年为了申报本科需要而设立的，现在学校发展追求快，这几年目标是升综合类，又新设了一些专业，还要和国际接轨。本身就是个地方院校，条件根本不够，设备、设施、师资都不够。"在问及学校的特色专业与地方发展的结合时，他还谈道："本来学校是有很多发展机会的，我们这山区的樱桃、茶叶、土豆等都是远近闻名的，如果学校以及农林学院能以此

———————————

① 摘自该校人事处提供的 2001 年 10 月 19 日该市日报发表的该市市长在该市经济社会发展战略讨论会上的讲话。

为突破口，重点致力于这方面研究，不管是对于发展经济还是提高学校竞争力都是有益的，但是学校为综合发展，不断扩充专业，专业太多了，肯定就会削弱优势专业的发展。现在看上去是什么都有，门类齐全，其实水平都不高。"这里引用前面谈到的一位大四学生的话："学校有些基础性专业和学科都是为了综合大学的需要设置的，这些专业在当地根本找不到就业机会，加上外面重点学校的竞争，专业竞争力很低，就业很难，只有考研，不管怎样，考出去再说。"学科缺乏竞争力，没有形成品牌，学校也只是地方高校，这种情况势必会引发就业难及考研热。显然，为地方服务并不等于开设地方发展所需的一切专业学科，也不需要培养地方发展所需要的全部人才，事实上，这也不可能实现。由此，可以看出，学校区域服务的层面局限在基于地方需要的科研开发以及社会活动的积极参与，参与面和覆盖面都比较窄，应当就此拓展出更大的服务空间。

为此，潘懋元先生就吉首大学开设的民族特色专业谈道："你们（指吉首大学）一切围绕少数民族的特色，你们将来的发展不仅在中国著名，而且会在世界著名。现在经常有国外的跑到（吉首大学）这里来合作，搞些少数民族艺术、音乐、美术什么的。要著名还不容易？要走一条道，不要走大家都走的道。中国人很多跟在人家屁股后面叫做随大流，随大流搞不出特色，要创新、要冒尖很难。你前进了，人家比你前进得更快。所以我的意思是一定要搞出特色。""现在大家都奔一条道，都想往综合化、研究型的大学去挤，放弃了自己应有的培养目标。几千万大学生培养出来都是一个模式，行吗？像高职高专这种学校放弃了它应该走的道路而一心想专升本，升了本以后就搞理论型的，搞了理论型的就参加评估，通过评估以后就招硕士生、博士生，然后说我要成为清华、北大。如果全中国的大学都成为清华、北大的话，中国就完了，连饭也没有吃的了，因为你不能叫清华、北大的毕业生都去种粮食。"①

三、问题根源追究

1. 高校层面：发展定位受制于高等教育资源配置方式
合并为学校发展带来了新跨越，办学实力得到了很大提升，学校发展

① 潘懋元. 中国高等教育的定位、特色和质量（潘懋元先生在南京审计学院演讲的整理稿）[J]. 中国大学教学，2005（12）：4-6.

定位于为区域服务，也提出了"教学为本、质量立校、以学生为中心"的办学理念，这些在合并之初以及之后一段时间的发展都为学校带来了良好的发展机遇，也收到了很好的经济效益和社会效益，学校发展赢得了人心。之后的几次合并，虽然合并办学不尽如人意，但是为学校争取了数千人的招生指标，使得学校的规模越来越大。

在这些表象下，学校的办学心态发生了微妙的变化，把规模扩张的表象看做自身追求综合性发展的必然。于是，学校便难以安守办学定位，逐步淡忘了自身的发展使命，忽视了地方产业结构和经济发展结构对人才类别的需求，学科专业的设置、人才培养的类别和规模完全按照综合性大学的标准走，追求大而全，加之所在地方发展的现状对人才的消化吸收能力有限，本身又是地方院校，学科竞争力不高，大规模招生使得学生就业难，就业竞争加剧，于是，学校就以升学为导向来回避就业，根本没办法履行所承诺的"培养自己的人才，在当地就业"的办学目标。

规模的扩张并不代表学校的发展定位和办学宗旨发生了变化，学校依旧是地方高校，地方高校的基本使命就是服务地方，学校发展的生命力也来自所在地方的汲养。学校理应以自己不断壮大的办学实力和规模更好地服务于地方的发展，在地方这片广阔的空间，大有作为。但该校 2005 年审议通过的《××师范学院"十一五"发展规划》中写到，学校办学规模的目标"不断新增本科专业，建设有较强办学实力、相对独立运行的二级学院，其中 3—5 所学院通过内涵扩张、国内外联合嫁接等手段形成强势品牌，具备较突出的学科优势，并能开展研究生教育"。

2005 年，在以××师范学院基础上筹办××综合性大学的奠基仪式上，校领导也谈到："争取在十年左右使办学规模再扩大三万人左右。再加上其他不同层次、不同体制的高校，总规模达到 6 万—8 万人之后，每年将有两万左右毕业生在××就业，这样就会达到规模目标。"

地方高校在自身发展中，也承受着来自中央政府（教育部）、省级政府（教育厅）、地方政府（教育局、人事局、财政局）三重行政规制的约束，同时，自身发展还受制于当地社会和市场的需求约束，而这些约束和需求时常发生着矛盾与冲突。地方大学既要符合国家办学标准（如，教育部的合格评估或水平评估），又要依据市场需求信号调整办学策略；既要面向地方，对地方政府和纳税人负责，又要"跑部（步）钱（前）进"，为学校争取发展的资源；既要面向社会和市场办学，又要遵从中央、省级政府的办学规范；既要听命于地方政府的指挥，又要按照大学自身的规律行事，如此等等，不一而足。①

究其原因，主要是我国高等教育资源配置的行政主导方式使然。虽然很多地方合并高校都有自身的办学定位和办学宗旨，但要各安其位却是有其苦衷，甚至难以接受的。这里常常有两种情形，即不愿与不能。

所谓不愿，主要是高校不愿意就于低位，更不愿各安其（低）位，而热衷于力争"上位"。导致这一现象的因素主要有以下两个方面：一是传统意识认为，低层次意味着低水平。在许多人看来，一所高校的水平同其所处的层次是一致的，研究型高校自然是高水平的，而教学型高校或高职高专必然是低水平的，甚至是低质量的。这一认识又从高考招生的生源状况里得到了某种印证。二是低层次意味着低声望。这是以上"两低"的必然结果，很难想象一所低水平和低资源配置的高校会在社会上享有高声望。由此可见，由低定位带来的无论是哪一"低"，对任何一所高校来说都是不愿接受的，这便必然导致一些高校在发展层次定位上"有条件要上（位），没有条件创造条件也要上（位）。"②

所谓不能，则表现为目前我国高等教育的资源配置方式是政府主导的，地方合并高校办学经费的主要来源是政府投资。在以办学层次、招生指标等来衡量教育经费投入的现实情况下，处于弱势地位的地方合并高校为了获得更多的办学资源，只有不断地升高办学层次，获得更多的招生指标，向综合性大学看齐。其办学思想就是只有不断追求上位，才能在高等教育系统中占据一席之地。

这些地方高校为了生存和发展不得不在科层制的行政架构中谋求自己的一席之地，自然形成"上层次"的竞争，上不了就"攀比"，这是很自然的事。通过"升格"来保障其在高等教育行政序列中的位子，并以此增加与地方政府和社会讨价还价的资本，争取更多的人、财、物的资源，形成地方大学发展战略以追赶传统大学为目标的现状。

2. 政府层面：政府权力大于高校自有的自主权

地方高等教育作为区域经济发展系统的一部分，一方面要为区域经济发展提供人才、科研等方面的支撑，另一方面又要受区域经济发展全局规

---

① 刘晖. 地方大学的适切性——从大学与政府和社会关系的角度分析 [J]. 江西教育科研，2006（9）：37-39.

② 卢晓中. 对高等教育分层定位问题的若干思考 [J]. 高等教育研究，2006（2）.

划的局限。

从我国政府和高校的关系来看，我国大学发展受政府权力制约比较大，而地方高校的表现更为突出，上面谈到，地方高校承受着来自中央政府（教育部）、省级政府（教育厅）、地方政府（教育局、人事局、财政局）的三重行政规制的约束。

从我国高校现行资源配置模式来看，高校资源配置仍是政府为主（民办高校除外）和政府主导的，因而政府对高等教育发展的价值取向和对高校的评价标准直接影响着高校的资源配置。长期以来，政府对高校的评价基本上是"学术导向型"的，比如，根据高校的重点学科（国家级、省部级等）、博士点和硕士点等方面的情况来对高校进行评价，并主要据此来决定对高校的投入。无疑，这一评价取向和资源配置方式在很大程度上起着对高校发展的"指挥棒"作用，同时，也引导或影响着社会评价取向乃至社会资源流向。

在地方合并高校的发展定位中，政府主管部门的角色不可忽视。在我国现行高等教育宏观管理体制下，政府主管部门的定位对于高校自身的定位，乃至高校发展往往是至关重要的，如，"211 工程""985 工程"等实质上就是政府的定位工程，这一定位使有关高校获得了相应的政府资源的优势配置和相应的社会声誉，高校也根据这一"官方定位"来给自己定位，诸如，研究型大学、教学科研型大学等，由于政府定位并不完全是建立在公平竞争的基础上，多少有点计划经济的色彩。而且，它所依据的更多的是高校的过去，即高校过去的成就和声望等，这与定位着眼于未来存在一定的矛盾。比如，对那些虽然没有辉煌的历史但有发展潜质的高校，显然在这种定位中就不会是获益者。此外，政府的定位在不同时期有不同的定位方式，各种方式又相对独立，并且，每种方式常常关注的是少部分高校，大部分高校是在政府定位的视野之外，这其中的缺陷是不言而喻的。这种缺陷也使得这些不被关注的学校通过追赶综合性大学的办学方向和办学层次，期望获得关注，期望获得更多的办学经费和办学资源。

目前，地方合并高校一般都采取了"省市共管，以市为主"的做法。地方政府成了地方高校的直接主管，地方政府投资是地方高校发展最主要的经费来源。地方政府的发展规划以及对于区域高等教育发展的重视程度以及对区域高等教育在区域发展中发挥作用的认识程度能从很大程度上决定区域高等教育发展的速度和规模。

从个案而言，区域社会经济的发展对人才、专业有了更高的要求，而该市的部分中专及民办学院人才培养层次低、教学质量欠佳、发展举步维艰。因此政府极力推动高等教育资源的整合和优化，通过合并等方式，使得这些学校逐步并入××师范学院。在访谈该校院长时，他谈到，学校的合并是政府的决策，我们学校是没有选择权的。合并过来的学校一般发展都比较困难，师资水平比较低，并入后，直接就成了我们这所本科学校的教师，其实是影响了学校整体师资实力，为此，我们通过人事改革、鼓励传帮带等、引智工程（聘任名校相关学科专业教师来校讲学）等方式，来改善目前的现状。通过合并，学校获得了更多的招生指标和办学用地。

学校合并后的跨越式发展也源自政府发展规划和发展理念的引导、鼓励和大力支持。

2002 年，该市市政府提出了建设"大××、新××、大区域"的发展规划以及在 2020 年追上该省的人均 GDP 水平的发展目标，要将该市打造为文化古城、商贸名城、江北水城。首先，利用地理交通优势作为突破口，以物流商贸带动产业结构的调整和其他行业的发展，向着标准化、现代化的物流强市的目标迈进，这需要巨大的智力支撑和人才资本以及整个社会环境的支撑。为此，该市提出了软环境建设，要加快科技教育文化的发展，为实现发展规划培养和输送更多的人才，提供持久的支撑。

要实现"在 2020 年追上该省的人均 GDP 水平"的发展目标，如果按照通常的发展方式，最多只能维持到和其他城市一样的速度，不足以解决追赶的问题。因此要使用非常规手段，那就是要先使该市今后 17 年的劳动力素质水平追赶到所属省的平均水平，特别是就业人口中受高等教育人口的比例。而要使用非常规手段，提高受高等教育人口比例，仅仅有一个师范学院是不够的，就必然要力争在 3—5 年时间建设一所综合性大学。

在此背景下，该校提出在××师范学院的基础上，筹建综合性大学。为此，"我们政府投资大学的热情非常高，对我们建设综合性大学非常支持"，"市政府给大学的筹建贷款 26 个亿，由政府负责偿还，学校负责建设和管理"，"我们大学的经营模式是政府负责硬件，学校负责软件，政府负责投资，学校负责管理"，"市长为大学筹建委员会主任，并专门安排一位副市长专门负责大学筹建工作"。

由此可见，学校办学规模的扩大、招生人数的剧增、专业学科的增加都是与政府的发展规划紧密相关的。政府对高等教育的重视以及对投资建设综合性大学的支持，都是使得学校发展突飞猛进的一个重要因素。

第六节　从个案看地方合并高校的发展定位

一、地方合并高校的发展定位原则

高等学校的发展定位，就是根据高等教育系统及其在特定条件下所具有的功能要求，确定一所或一类高等学校在高等教育系统中的合适位置。[①]简单讲，是高等学校对"建设一所什么样的大学"和"怎样建设这样的大学"所进行的目标设定和蓝图设计。

和个案的发展事实一样，很多地方合并高校，不管是强强联合还是强弱组合，办学规模扩大了，办学实力增强了，办学层次提高了，服务的地方、领域也随之发生了变化，为此，都根据自身实际提出了更完善、更响亮的发展定位和办学方向。个案就提出"培养区域经济社会发展所需要的应用型高级专门人才，把学校建设成以质量著称的、具有核心竞争力的区域性品牌大学"的办学定位和办学目标以及"学校发展要为区域服务"的办学宗旨，广东五邑大学确立的办学方针就是"面向地方，服务社会"，江苏扬州大学的办学目标就是"建设高水平地方综合性大学"，湖南吉首大学提出了"立足本土，服务地方，不盲目模仿重点大学，追求特色化的办学道路"，等等。对学校的长远发展而言，重要的不是提出这些理念，而是怎样在以后的办学过程中能安守办学理念和办学定位，避免出现单纯追求自身规模，忽视内涵发展，脱离区域发展需求，从而背离自身的办学宗旨。

要坚守办学理念和办学定位，从地方合并高校的角度看，重要的是对区域发展现状以及市场需求进行全面的调研，获悉市场需要什么样的人才，需要什么规格的人才，需要哪些方面的科研支持，然后再摸清自身家底，根据这些需求和需要，学校能做些什么，怎样做才能更好地满足这些

————————————
①　朗群秀. 地方高校发展定位的理论与实践思考 [J]. 中国高教研究，2006（12）：49 - 50.

需要，只有这样，学校才能在激烈的竞争中找到生存和发展的空间。但这并不意味着学校可以随意地根据市场调整办学，违背高等教育发展的规律，而是要把握好科学发展的原则。

1. 适度原则

所谓适度，就是主体根据自己实践的需要，适时地稳定或者打破事物的度，使主观的努力与客观事物相符合，从而掌握分寸，把握火候，防止"过"和"不及"，达到主体的目的。就目前的实际来看，我国的高等教育仍然满足不了经济建设和社会发展对人才的需求，不能适应人民群众接受高等教育的要求。因此，为了缓解社会对高等教育需求的矛盾，推动经济和社会发展，必须适度超前发展高等教育。但是必须要掌握好超前发展的"度"。

"适度超前发展"应该是在规模、结构、质量和效益协调发展基础上的超前发展。地方合并高校的定位也必须遵循适度原则。为了满足地方经济社会发展对各类人才的需求，同时，实现学校自身的跨越式发展，实施"适度超前发展"的战略是可行的，但是，合适的"度"的把握必须以充分的调查研究和科学论证为基础，根据地方人力资本需求、人口变化趋势以及财政投入等各种资源指标来预测高等教育发展的规模和趋势，从而，科学制定本校的目标定位和发展规划。好高骛远和瞻前顾后都是不可取的，只有抱着实事求是的态度全面审视、科学判断，才能实现学校的正确定位。

2. 特色原则

竞争是市场经济最基本的法则，社会主义市场经济体制的建立，毫无疑问地将竞争法则带入高等教育内部，各院校之间争生源、争经费、争师资、争科研和管理人员、争办学设备等资源、争人才、争产品及科技产品的推销市场，竞争靠什么取胜，回答只有一个"办出特色"，只有办出特色，高校才能增强自身的竞争能力，才能生存与发展。①

办学特色是高校参与竞争的"通行证"，没有特色就没有生命力。正如中国科学院院士、复旦大学教授杨福家所指出的："每个学校应明确自己的坐标位置，如果把高等教育比作一架钢琴，每个高校犹如琴键，不同学校发不同的音，经和谐组合成美妙的音响。一窝蜂地弹出一个调是奏不出妙曲的。"②

①　文锦. 新合并升格高校必须走特色化发展道路 [J]. 云梦学刊，2005 (1)：111 - 113.
②　孙萍茹，李双辰. 论高等学校发展定位的战略选择 [J]. 华北电力大学学报（社会科学版），2003 (3)：37 - 39.

对于合并高校而言，关键是在充分考虑地方发展特色的前提下，结合学校自身的基础，把两者的优势给予总结、提炼、融合、创新，形成学校新的办学特色和发展优势，并凭借着这些特色和优势与全国重点大学和同类院校竞争。因此，在学校定位时必须实施特色战略，弘扬办学个性，凸显办学差异，充分体现学科特色、地方特色和人才培养特色，力争实现特色出质量、特色出效益、特色出水平、特色创一流的目标。

3. 有所不为原则

与其他省属以及部属高校相比，地方合并高校在自身发展以及资源获取方面都处于弱势地位，并且自身发展存在一定的不足，在建设和发展过程中会面临千头万绪的工作。因此必须坚持"有所为，有所不为"原则，才能突出重点，抓住影响学校发展全局的重点问题进行局部突破，然后坚持以点带面，提升整体办学水平。

具体而言，就是坚持比较优势原则，从学校发展与为区域服务的关键点和结合点着眼，并进行有效突破。合并高校要着眼于社会需求和市场需要，立足学科发展，关注人才培养，充分发挥学校的特长，挖掘办学潜力，努力把学校办出个性。并凭借这种个性（独特性、独到性）对内组织和动员全校师生员工，最大限度地激发他们的积极性、主动性和创造性，把发展的重点放在自身可以为而且可以大有作为的事业上，对外则以此为社会提供良好的、有特色的服务，从而获取更多更好的办学资源。在发展过程中，一定要对所在地方的实情以及学校自身的客观条件进行充分估量和调研，要切实了解自身能做什么，能做好什么，什么不能做，什么是做不好的。切忌盲目跟风，什么专业热门就上什么专业，别人上什么专业就跟着上什么专业；盲目攀高，不顾自身客观条件，单科型院校向多科型发展，多科型向综合型发展，不断扩充专业，追求升格、换牌，使得学校发展超出地方经济承受力，逐步陷入办学困境。

二、地方合并高校的关键性发展策略

目前，地方政府是地方合并高校的"主管"，也是其发展经费的主要来源，在这种关系下，地方高校要获得更多的资源和支持，首先就要更好地服务于地方，定位于地方，因为地方政府投资地方高等教育的一个重要动力就是希望高等教育更便利地为地方经济和社会发展提供人才、智力和技术等方面的支持。只有更好地为地方提供服务，推动地方社会经济发展，反过来，地方社会经济发展才能更好地支撑学校的发展。从地方高校发展的现状以及和地方政府间的逻辑关系来看，地方高校合并只有坚守并不断完善服务地方的办学定位和办学使命，才能获得持久的发展动力和更多的支持。

学校工作千头万绪，为地方主动服务，在准确定位的基础上，怎样安守定位，要找准发展的关键点，即对于实现学校战略目标和地方发展战略目标具有关键意义的环节和部分。惟其如此，抓住主要矛盾，找准发展关键，才能真正谈及发展和服务。

1. 学科发展——以地方化、特色化为主线

合并高校在学科建设方面必须坚持有所为和有所不为，在学校发展的基本目标上不宜盲目求大求全，而要集中有限资源，瞄准地方的特殊需求，合理适度设置专业，形成特色和创造品牌。

在具体的学科设置上应以地方人才市场为导向，本着"立足当地，注重实用，着手现在，着眼未来"的原则，采取"扬优、支重、改老、扶新"的方式，积极进行学科专业调整改造，以满足地方经济、科技、文化和社会发展的需要，形成人才培养"需、产、销"的良性循环。据悉，如今一些地方高校就专门成立了包括用人单位在内的专业课程建设委员会，根据社会发展和用人单位的需求，不断调整课程设置。同时，根据用人单位的需要定向培养学生，更加拉近了学生理论知识与工作实践的距离，从而大大增强了毕业生就业的适用性。

学校要对这样的目标："大学规划设立 20 个二级学院，涵盖众多学科门类，办学规模 3 万—5 万人。"保持冷静，而要想着怎样从地方的需求上做文章。一所高校不可能发展所有的学科门类，而是有选择、有重点地进行学科布局。即使是世界著名大学的著名学科，也是以其在该学科中取得的特色成就而著称，地方院校则更需如此。从该市人才交流中心提供的统计资料看，2005 年以来，该市市场营销类、技工类、服务类、管理类、国际贸易类、化工类、财务类、计算机类、机械制造类人才的缺口比较大，营销和技能型人才需求最旺。学校要充分认识到这样的需求，并能预测未来变化，在专业设置上，冷热结合，灵活应变对于体现自身特色和水平而市场暂时又不旺的专业，应根据市场需求对专业进行调整改造，不能因为市场需求不旺而任意削减。对于社会急需自己又不具备优势的热门专业，可根据自身条件，合理设置专业以适应社会的需要。切勿设置专业不从自身的办学优势出发，盲目攀比，升格成风，漠视地方经济发展的需要，逐渐偏离地方化的本义，最终出现毕业生"下不去，用不上，留不住"的尴尬境地。

绍兴文理学院结合地方产业结构的特点和优势，加强学科专业建设，在现有40个本科专业中，学校将与绍兴支柱、主导产业发展需要紧密对接的纺织材料与纺织品设计、机械设计及理论、应用化学、地方经济学、细胞生物学等10个专业作为重点建设学科。① 而据清华大学21世纪发展研究院和公共管理学院的一项调查，浙江某地区正在建设临港大工业、优势传统产业和高新技术产业三大产业群，建设石化、能源、造纸、服装、家电和电子信息等产业基地，而当地综合实力最强的某所高校的5个重点学科是水产养殖、工程力学、国际贸易、电路和系统、基础数学，与当地的整体产业发展需求差距较大。在对该地区近20家企业的调研访谈中，80%的企业未与这所大学开展技术合作，主要原因是学校缺乏当地企业所需要的优势专业。②

可见，学校只有把地方的特色和优势转化为自身发展的特色和优势，并着力打造地方化的特色学科和专业，回归地方发展需求，才能获得可持续发展的动力。

2. 人才培养——尊重地方发展需求

大多数地方高校都要甘于作为国家大学系统的基础部分，明确以教学性大学为主要办学目标，以培养地方发展需要的生产或社会活动一线的实用型人才为重点任务，有限的科学研究也必须立足于地方的特殊资源与特殊需求，或者围绕人才培养目标的实现而展开。要从强调"我能做什么、我能培养出什么样的人才"转变为强调"需要我做什么、需要我培养什么样的人才"。这种"需要"来自社会、企事业单位，也来自个人。③ 当社

① 王建华. 在合作服务中追求共生共荣——谈地方高校与政府、社会关系的建构 [J]. 当代教育论坛校长教育研究, 2007 (3): 44－49.
② 方勇. 地方高校：你完全有理由自信自立自强 [N]. 中国教育报, 2005－03－18 (4).
③ 郑亚娟. 试从现代大学的基本职能来探讨地方高校的发展 [J]. 黑龙江高教研究, 2004 (5): 44－48.

会认为学校的人才培养质量（毕业生质量，包括类型与规格、知识、能力、素质结构）不能很好地适应社会的发展需要时，学校应当以社会对本专业人才的类型、规格要求为参照基准，对专业的培养目标、培养规格进行必要的调整，进而根据培养目标与培养规格，调整专业的培养方案与培养途径，使之更好适应社会需要，符合社会经济发展与高等教育发展的趋势。

该校不应当致力于"我们目前在致力于硕士点的突破，主要是运筹学、数学、地理和高教四个学科点"这样的目标，也不应当追求较高的专升本率、考研率和培养层次（"我们专升本、考研的比例一向很高。生物系2005年达到53%的考研率。"），这从另一个方面也凸显了学校的办学就业困境，而应从自己必须承担的实用型、技能型人才培养的目标出发，从该市的市场需求（营销类、技能型人才缺口比较大）出发，坚持自己的培养层次，坚持走内涵为主的发展道路。如果培养出来的学生不能满足社会需求，就不具备足够的社会竞争力，也不利于服务地方发展，学校最终也会失去自身的竞争力。这方面××师范学院应当予以思考，并做出实际行动。

人才培养，一方面要有前瞻性和战略性。全面建设高水平小康社会，必须加快产业结构调整，提高工业化、信息化水平，改造传统工农业，提高科技含量和创新水平。地方高校要适应这一形势，在培养高级专门人才方面充分发挥先导性作用，在制定学校学科专业设置、招生数量规划时，要对所在地方产业结构调整和产业结构转移现状和发展趋势进行深入的调查分析。专业设置和招生数量既要克服盲目跟风，追逐热门学科专业，更要注意遵循人才培养具有周期性的规律，防止和避免滞后性，为地方经济建设始终提供超前的专业人才储备和支撑。①

朱镕基总理曾赞誉"吉首大学是湖南的骄傲"。地处湘西的吉首大学并不是湖南最高水平的大学，但吉首大学是最具特色的大学。湘西是少数民族地区，吉首大学充分利用自身在民族研究方面的特色和优势，开设少数民族特色的体育专业、舞蹈专业、语言专业，为当地发展民族事业输送了大批专业人才，就连学校进修培训也是围绕为少数民族培训师资、培养

---

① 朱中华. 论地方高校在全面建设小康社会进程中的地位和作用［J］. 江苏高教，2004（2）.

干部，所到之处到处都会碰到吉首大学的毕业生。县级官员 50% 以上都是吉首大学的毕业生，地级官员 40% 是吉首大学的毕业生，中学教师、小学教师基本上是吉首大学的毕业生，连唱歌、跳舞的也是吉首大学的毕业生。①

另一方面，地方高校还要着眼于现实发展的需要。地方院校的人才培养目标定位，主要是为地方经济建设社会发展培养实践能力强的、面向基层一线的、应用型人才。随着我国经济发展水平的提高，中小城市的崛起，高新技术产业的发展，不同阶层的应用型、实用型人才需求量将越来越大，大批在岗的技术人员、经营管理人员、乡镇企业人员、农村经营大户等也都迫切需要知识、技术、思想观念的更新。所以，地方高校要处理好普通教育与成人教育、学历教育与非学历教育、城市社区教育服务与农村乡镇实用技术教育培训的关系，做好文化教育服务工作，做到"重心下移"，贴近基层一线、贴近社区百姓、贴近乡村贫困农民。要构建更加开放的教育体系，利用教育信息化手段在更加广阔的范围内利用和整合更多的教育资源，为地方经济建设提供多层次、多方面、多样化和覆盖面广泛的教育服务，如，多种形式的远程教育、网络教育、职业资格教育以及适应产业结构调整的转岗培训等，努力提高所服务地方的广大劳动者的素质。

在当前建设小康社会，尤其是大力提倡建设社会主义新农村的大好形势下，地方合并高校便迎来了一次发展的良好契机，在为当地培养各类所需人才的同时，应该承载起通向农村高等教育的任务。农村人力资源的开发与利用，各级各类教育和培训的开展，基层管理人才和科技人才的培养，以及为所在地方尤其是广大农村培养高级专业人才也成了其义不容辞的责任。让高等教育的文明真正惠及农村、服务于农村，真正引领农村经济社会快速发展，让地方高校成为地市农村经济社会建设重要问题得以解决的智囊库、地市农村高级专业人才培养的摇篮。②

3. 产学研结合——走出校园，走进社会

深入推进地方与高校产学研合作，高校要利用合并带来的规模优势，

---

① 潘懋元. 中国高等教育的定位、特色和质量（潘懋元先生在南京审计学院演讲的整理稿）[J]. 中国大学教学，2005（12）：4-6.

② 李中国. 地市高校在农村小康社会建设中的角色与认知原则 [J]. 黑龙江高教研究，2005（6）：13-15.

增强为地方经济发展主动服务的意识，把自己作为地方创新体系的重要组成部分，主动寻找发展空间，并形成长效机制。

学校要充分发挥自己的科技人才聚集、信息资源丰富的优势，拓展服务空间，主动与地方单位联合承担科研任务、共建公用技术平台和重点实验室，并从当地企业的生产实际中、从地方发展的战略目标中寻找课题，共同承担关键技术和重大科研项目的攻关，促进有优势的研究成果直接在当地转化为现实生产力。绍兴文理学院与30多个企业建立了"校企合作培养应用型人才"合作项目，邀请行业专家、企业领导来校授课、讲学或提供毕业设计题目，实行校企合作的多段式人才培养，让企业直接参与人才培养过程。此外，还主动了解社会需求，发挥自身优势，主动为绍兴市重点企业培训专业技术人员；为企业单独招生设班，提供"订单式"培养；与绍兴市工商局联合开设了绍兴首家民营企业管理学院，提供高层次的人才培训。①

在全面建设小康社会和社会主义新农村的大背景下，学校的产学研之路要实现长效发展，更要走向广大资源尚待开发的地方寻找项目，寻找更广阔的发展空间。如，农村闲置资源包括土地、人力等的开发和利用、农业科技服务和创新、农村实用技术培训和指导、外出务工人员培训、农民致富信息的传播和致富服务等，把自身优势层层向下铺展，服务基层、服务农村、服务农业发展。地方高校还应成为地方社会经济发展献计献策的智囊团，尤其是在经济决策的参与制定、企业和农村经济发展战略、经济文化体制的改革和规划、法制建设、文化建设等领域，为地方政府的决策提供咨询服务。

个案在这方面的实践值得借鉴。该校首先把教师推向服务地方的前沿，几乎每个教师都有自己服务的项目和服务的地方，学校组织的各类社会实践小分队、技术指导团等深入基层，深入社区，深入田间地头，在当地传为佳话。其次，与该市所辖的十几个县区政府签订科技合作协议，建立以当地支柱产业或特色产业为主要项目的科技推广试验基地，定期举行博士科技服务推介会。学校在这一方面的做法非常成功，收到了良好的社会效益和经济效益，同时也扩大了社会声誉和影响，社会各界捐助接近1个亿，不仅为学校发展提供了资金上的支持，也为学校的持续发展留下了

---

① 王建华. 在合作服务中追求共生共荣——谈地方高校与政府、社会关系的建构 [J]. 当代教育论坛，2007（3）：44 - 49.

一笔宝贵的精神财富。

三、政府在地方合并高校科学发展中的角色定位

从区域经济理论上分析，区域经济作为一个整体的有机系统，其内部诸要素之间的联系十分密切，表现在区域内的经济、教育、科技、文化的有机结合与协调发展上。为此，区域经济的发展客观上需要高等教育的配合与服务，而高等教育的发展以及主要的经费来源也同样需要区域经济的支撑。二者的发展是互为前提和基础的。

我国目前的高等教育资源配置方式是政府主导型的，尤其对于地方合并高校，一般的管理采取的是"省市共管，以市为主"的做法，政府成为地方高校的"主管"，在地方合并高校科学定位、发展以及社会服务中所扮演的角色非常关键，只有准确定位，才能确保地方合并高校的发展方向。

1. 政策和制度方面的支持和重视

我国高校的举办者是政府，政府主管高校，除民办高校外，主要的经费来源基本上都是来自中央、省、地（市）的财政投入，高校合并的主要动力理所当然也来自政府。以上海高校合并为例，高校合并主要靠地方、行业主管部门行政撮合，或由主管部门扶持促成，整个过程都由政府主管部门组织合并高校协商、策划，政府部门参与度甚高。[①]

××师范学院的几次学校合并也是政府牵线，整合当地高等教育资源，以实现提升学校办学层次及人才培养层次，满足地方经济发展对高规格人才的需求。因此，对于合并学校的发展，地方政府应当给予政策、制度等方面的支持和重视，以实现其最初合并的目的，更好地使其服务于地方经济的发展。

××师范学院的主管单位，当地市委、市政府高度重视当地高等教育发展，"市领导对办大学极其重视。新市长上任后，提出本届政府是教育政府，在大学选校址等方面都给学校最大的支持，给新校区的建设投入26个亿。"该市市委书记曾经说过："建设××大学，我是带着感情来的，能参与建设这一造福子孙后代的伟大工程，我感到十分荣幸，更觉责任重

---

① 王发明，蔡宁. 中国与美国大学合并的比较分析 [J]. 高等农业教育，2006（3）：83-86.

大。"新市长他曾很有信心地说："希望在我的任期内，看到一所一流的、美丽的大学如期建成"。这些都反映出了该市高层领导对高等教育的重视。

政府除了在大的宏观目标给予支持外，还应当对包括投资体制、评估机制、激励机制、法律监督机制和宏观调控机制等各项体制和机制进行创新；加快有关立法进程，创造高校依法办学的条件；进行强有力的宏观调控，提供持续、稳定、配套的政策保证。建立和健全政府、社会与高校之间的中介机构，积极发挥在咨询、信息、评估、监督等方面的作用，甚至建立高等教育发展专用通道，减少办事审批的层级，提高办事效率，专事专办。"学校需要在人事政策上获得市政府的支持和保证，但由于省、市政策衔接上的困难，致使改革难度加大。例如，我们按照两厅批复的专业技术岗位比例设置各类专业技术岗位，市人事局对此不认可，致使晋升职务人员不能及时兑现工资待遇；我们竞争选任的部分科级干部长时间不能备案，兑现不了待遇；我们按照校内岗位核定发放的教学、科研和管理津贴，被市有关部门查来查去，又要稽查又要罚款，给我们许多工作造成被动。"①

2. 办学方面的监督和调控

地方政府是地方合并高校的上级主管，当地方高校办学过程中出现困难和问题时，当地方政府为地方高等教育发展出谋划策时，或当地方高校与地方发生纠纷时，应当适时行使地方政府的行政指导和调节性引导权能。对目前地方高校出现的单纯注重自身的建设与规模发展，而脱离当地政府的发展规划及当地经济社会发展水平、速度、规模，导致一些地方高校发展定位不够准确，从而导致发展受阻或培养出来的学生不能适应当地经济发展的需要等问题，更要及时给以引导和调控，确保职能发挥到位，指导地方高校明确定位，使其回归到为地方服务，与地方互动协调发展的道路上。

地方政府对地方高校的办学监督，集中体现在办学方向、办学过程、办学水平的监督，归根到底是对人才培养质量的监控，就是要确保"合格的产品为用户所满意"。社会大变迁带给教育最大的变化就是教育必须直面市场。地方高校培养人才的质量，最终要由市场及其决策引导管理者——地方政府来评价。因而，地方政府应充分行使对高校办学的监督，

---

① 摘自校方提供的在所属省高校改革工作座谈会上，该校的发言稿。

及时提供相应信息，给出对应评价，使地方高校在办学过程中更好地为地方政府经济建设和社会发展服务，打好地方品牌。

3. 高校和市场之间的中介桥梁

政府应凭借其管理和调控的职能，在地方高校建立科研基地，使高校与当地政府之间信息畅通，人才、科研设施等资源实现共享，从而提高二者科研工作的针对性和实效性。

地方高校要获得持久的发展动力，就必须深入地方，主动寻找发展机会和空间。而政府在很多方面都是重要的中介和桥梁。

第一，地方政府可为地方高校与地方企业牵线搭桥，引进资金，积极搭建产学研政策、管理、技术和信息服务大平台，从体制、机制、政策等各个方面推动创新，这样不但能够有力推动地方经济与社会发展，而且也可以加强高校与社会的联系，为高校增添教学、科研新课题。

第二，地方政府在建设地方文化方面也会大有作为。政府牵头，鼓励学校将自身积极健康的校园文化以各种方式向地方传播和辐射，积极参与该市举办的公益宣传、文艺下乡、各种社会主题活动，充分发挥自身优势，承担起向地方传播文化、辐射文化的责任，走进基层、走进社区、走进农村，推动地方文化快速健康发展。

第三，学生就业，政府要充分发挥自身功能，提供信息、政策、制度方面的就业平台。政府及人才交流中心，一方面，要及时提供相应的就业信息和就业途径，积极开拓就业市场。另一方面，也要及时将市场对人才类型、缺口专业等信息及时反馈到学校，引导学校适时调整，紧跟社会的需求，鼓励学校打造出具有地方特色的专业和学科，既增强学校的学科竞争力，也推动地方经济的发展。

第七节　结　论

从目前我国高校资源配置方式来看，地方合并高校的发展定位需要学校和地方政府的分工协作。地方高校与地方政府都应当借合并之契机，充分利用与整合地方高校与地方政府的资源优势，扮演各自的角色，成为互为发展的支撑和平台，地方高校由此才能获得科学定位，与地方经济社会协调发展。

一方面，高校要本着为地方经济社会发展服务的出发点，科学定位，并坚守办学层次，从学科建设、专业设置、人才培养目标等区域服务的关键点和结合点入手，着重研究地方和市场的发展需求，特别是要根据地方经济、产业和技术结构的特征和特殊的文化资源筹划学科建设，确定专业设置与从事课程开发，为地方发展培养更多的急需专门人才，承担为地方公众提供终身教育服务的任务。二要加强与企业、政府的合作，积极推进与企业间的联合共建，实现优势互补，推进产、学、研一体化进程。结合地方支柱产业发展，不断加强科研基地建设，建设一批适应地方行业特色并引导地方经济发展的研发中心、重点实验室，加速科技成果转化，当好地方科技发展的孵化器。三要积极参与社会改造，在人才培养、科学研究、社会服务的基础上，担负起推动社会发展、引导社会规范、维护社会稳定的责任。

另一方面，地方政府的优势则在于管理与规划，在于调控和监管，在于决策和政策，以确保各项工作协调有序。地方政府应从全局、整体、长远的角度，制定相应政策、法规，引导和激励地方高校、政府机构和社会三方的相互合作与服务；统筹地方经济发展以及高校的科研与社会服务职能的发挥，给予政策和制度方面的优先，保证地方高等教育既要紧跟地方发展实际，又要适度超前。另外，地方政府应设立相应的组织管理协调机构，从人才共享、文化辐射、科技创新和转化等方面，提供信息，提供空间，提供指导，组织和推动高校与社会的全面合作。

第八章
大学合并效益的实证研究

　　伴随着我国高等教育管理体制改革的逐步展开，学术界对我国的"大学合并"现象也展开了持续而广泛的研究。在大学合并效应的评估方面，我国的研究与国外大多数国家里的学者一样，"往往在合并酝酿和实际发生的时候，对这一事件给予了极大关注，然而一旦合并计划实施，新的合并机构进入正常运转之后，人们也失去了对合并作进一步研究的兴趣"。虽然合并改革已经过去多年，然而，时至今日，处于后合并时代的人们对这次合并的效果仍旧褒贬不一。有人认为，此次合并优化了中国高等教育结构，提升了高等教育的办学质量，是高等教育内涵式发展的好路子，从总体来说，不论强强联合也好，优势互补也好，集中优势也好，都优于过去低水平重复建设，从整体上提高了高等教育资源的利用效益；另一些人看到高校"磨而不合"的困境和"有规模无效益"的窘境，尖锐地指出，如此大规模、一刀切的高校合并对中国高等教育的负面影响可能超出其正面的影响，它不但不能实现增强实力的美好愿望，而且可能会使中国高等教育付出很大的磨合成本，造成新的资源浪费；更有人对通过合并就能实现学科交叉、培养综合性人才持怀疑态度，认为原来的单科型院校一样培养了许多优秀的专业人才，单科型院校的优势不可低估。从合并的结果来看，大学合并的效益存在着一定的延时性，立竿见影的只有数量上的变化，真正实质性的影响需要经历较长的时间考量。在合并浪潮经历十几年之后并已日渐消退的今天，我们有必要客观地对这场"大学合并改革"的效益问题进行分析。

通过合并重新组建的大学，其产生本身就是"适应保存知识和学术成就孕育而生的制度性安排"①，合并对大学产生的影响主要体现在对综合性大学的完善、对多学科的追求。大学作为"控制高深知识和方法的社会机构"②，知识的生产和转化的提高是大学取得发展的重要标志，而科研能力的变化是其直接的表现，当我们探究大学合并效益时，探究科研水平的变化可以被认为是评估大学合并是否取得成功的一个重要表现（John D. Millett, 1976；Julia Eastman & Daniel Lang, 2002；Grant Harman, 2003, 2004），为此，本研究将从大学合并后"科研能力"——知识生产能力的变化情况对大学合并效益进行分析。

第一节　实证研究一：合并高校的科研能力变迁分析

一、评价方法和评价的指标体系

评价高校的办学水平，其中一个重要的指标就是高校的科研能力，本研究采用在企业兼并效益评价中常用的前后比较法分析框架，利用 SPSS 统计分析软件，采用主因素分析法处理高校科研数据，根据因子分析的结果判断合并对高校科研能力的影响。

1. 评价的方法——前后比较法

（1）前后比较法思想。企业界分析兼并有效性的分析框架有成本——收益分析方法、反常收益法、净资产收益率法（"牛鼻子"指标法）、有无比较法以及前后比较法。

前后比较法是指用企业经营能力综合指数（Z）这一指标对兼并前后的变化进行比较评价的方法。前后比较法的思想可以用公式简单地表达为：

$$\Delta Z = ZL - ZF$$

公式中 ΔZ 表示兼并前后企业经营能力综合指数的变化，ZF 为兼并前经营能力综合指数值；ZL 为兼并后经营能力综合指数值。

---

① 毛亚庆. 高等教育发展的知识解读 [J]. 教育研究，2006（7）.
② 伯顿·R. 克拉克. 高等教育系统——学术组织的跨国研究 [M]. 王承绪，等，译. 杭州：杭州大学出版社，1994：204.

当 $\Delta Z > 0$ 时，表示兼并后企业综合经营能力比兼并前有所提高，则兼并是有效的；当 $\Delta Z \leqslant 0$ 时，则表示该兼并是无效的。

与其他分析框架相比，前后比较法采用综合能力指标作为评价合并效益的依据，比采取单一的盈利指标或股价收益指标等方法更加全面和客观，因此，在本研究中，就采用了前后比较法来分析高校合并前后高校科研能力的变化。

（2）前后比较法评价高校科研能力变迁。由于高校科研能力以及为了合并而投入的成本是包含了多种因素的复杂的社会现象，比如，高校科研能力就包括科研队伍的数量与质量，科研投入资金的多少与科研设备和场地条件，以及学校各类科研成果论文的、专著的数量和影响力水平。这些因素常常具有不同质性，很难采用"货币"或"股价受益"来衡量其变化，因此，成本——收益法、超常收益法等思想很难用来解决高校合并问题，前后比较法从企业"综合经营能力指数"入手评价企业兼并的有效性，避免了财务指标的片面性，能够更好地反映合并对企业的综合影响。因此，本研究借鉴前后比较评价法的思想，选取能够反映高校科研能力的各项指标组成高校科研能力综合指标体系，采用因素分析的基本思想，将各原始可测变量进行处理，得到高校科研能力综合指数，通过高校科研能力综合指数在合并前后的变化，判断高校合并的有效性。

2. 高校科研能力评价指标体系

科学研究，简称科研，指人们对科学技术进行有目的的探索和运用，其内容包括创造知识和整理知识，[①] 联合国教科文组织用研究与发展（Research and Development，即 R&D）来表示科学研究的概念，而这一概念已经得到了广泛的认可。

在知识经济时代，高校已经成为知识生产的中心、研究中心和科学技术的发源地。高校科研作为高校的一大功能，其水平的高低已经成为评价高校水平的重要指标。而高校的科研能力则由科研势能和科研动能组合而成，科研势能是指高校开展科学研究活动所固有的、潜在的态势，是开展科研活动的基础和条件，其内容包括科技队伍的素质、科研基地、图书资料等硬件条件，以及科研经费和科研管理能力；科研动能是科技显现能力，包括信息的加工处理能力，学术知识的积累与储备能力，科技创新能

① 王凭慧. 科学研究项目评估方法综述［J］. 科研管理，1999，20（3）.

力以及科技转化能力。①

　　自《中国教育改革和发展纲要》提出要加强对我国高等教育的评估之后，有关高校评估的研究就开始多起来。在笔者收集的资料中，最早和最全面的高校科研评估指标体系是 1995 年由韩彦峰在其论文《主分量法在高校科研工作综合评估中的应用》中提出的，② 韩彦峰在综合分析高校科技统计资料以及科研工作特点的基础上提出，高校科研评估指标体系应当是包括科研投入能力（人力与经费）、科研产出能力（论文、专著等）、人员投入产出效率、经费投入产出效率、技术管理投入产出效率五个方面共 26 项操作性指标。1996 年，华东六省一市开展了六省一市普通高校科研能力综合定量评估工作，其采用的《普通本科高等学校科研能力定量评估指标体系》将高校科研能力分为科研人员投入、经费投入、课题与学术交流、研究成果与水平、科技成果推广与应用、科研基础条件、科研管理七个方面 45 项指标。③ 2003 年，天津市教委科技发展基金资助项目成果《高等学校科研能力评估方法研究》，④ 该研究将高校科研能力分为科研投入、科研活动、科研成果、科研产出与推广率四个因素。

　　欧美各国科研评估体系也是各具特色，德意志研究联合会（DFG）的高校科研评价指标体系主要包括四个方面：科研队伍情况、高校获得的科研经费与资助数量、高校承担课题项目以及高校发表论文的计量学分析数据。⑤ 英国高等教育拨款委员会（HEFCE）⑥ 通过对高校的科研人员组成、研究人员主要研究成果、参与研究的学生及提供的奖学金、从学校以外获得的研究经费，其中主要依据高校研究成果水平的高低对科研机构做出评价，并以此为依据确定对高校的拨款水平。

　　综合分析已有的科研评价指标体系，笔者发现，虽然高校科研能力是一个复杂的概念，并且在学术界并没有公认的科研能力评价指标，但是大部分评价体系都反映出，有这样一些因素的确与高校科研能力的高低存在密切的关系：

　　① 朱文藻. 高校科研能力评价指标体系的建立及评价 [J]. 安徽工程科技学院学报（自然科学版），2003，18（3）.
　　② 韩彦峰. 主分量法在高校科研工作综合评估中的应用 [J]. 数据统计与管理，1995，14（2）.
　　③ 蔡吉庆，程理民. 高校科研能力评估初探 [J]. 研究与发展管理，1998，10（2）.
　　④ 刘兵王，等. 高等学校科研能力评估方法研究 [J]. 科学学与科学技术管理，2003（12）.
　　⑤ 郑英姿，朱星. 德国科研机构评估及其启示 [J]. 中国科学基金，2005（2）.
　　⑥ 张文和. 英国大学教育评估体系概述 [J]. 宁波大学学报（教育科学版），1999，21（5）.

（1）人员投入。科学研究是一种复杂的脑力劳动，学校科研队伍的素质与水平直接决定了高校的科研实力。作为知识生产中心、研究中心和科学技术的发源地，作为高层次专门人才的培养基地，使大学不断向前发展的核心资源是大学的人力资源。清华大学前校长梅贻琦说："大学者，非大楼之谓也，乃大师也。"拥有一流的大师，意味着有一群知识精英在从事着尖端的科学研究与探索，意味着大学有能力吸引更多优秀人才前来从事学习和科研，意味着学科发展有了强大的人力基础。因此，在考察一个学校的科研能力时，学校科研人员的数量，科研人员的职称情况以及优秀人才的数量是主要因素。

（2）科研经费指标。世界一流的大学大都是在发达国家，这并不是偶然，一流大学的确需要一流的国力来支撑和建设，这种支持主要反映在高校经费的数量，经费数量是大学办学条件和办学实力的保证，也是办学实力的集中体现。经费的多寡决定了大学效能，大学对人才的吸引能力，并决定了学校科研工作开展的深度和广度。在一个公平开放的竞争环境中，高校科研经费的强度还是学校科研实力的一个重要体现，反映了高校在同行中所处的地位，经费额度的大小，也是科研困难程度和科研成果价值的体现。因此，在确定高校科研水平评价指标时，高校科研经费的数量是不可或缺的因素。

（3）科研条件。科学研究是知识高度密集的智力活动，不仅应有一定数量的人才和经费，还需要有一定的设备场所、图书资料，在信息时代，高校信息设备的条件和水平也是一项重要因素。科研基地建设为争取国家和省部级科研任务、完成重大项目、出高水平科研成果等提供坚实的基础和有力的保证，是培育造就优秀中青年骨干和学术带头人的摇篮，也是巩固已有优势学科、促进学科间的交叉与综合、推动学科向国际水平迈进的平台。它又是科研顺利实施的重要保障，在创建良好科研环境、吸引人才方面具有重要作用。重点研究基地建设，一方面是学校学术水平的集中体现，担负着学校部分科研任务，几乎都是博士点和科研流动站的挂靠点；另一方面是学科建设发展、科研成果开展转化的主要力量，特别是与企业共建的科研基地，更是引导大学学科力量进入经济领域，提升企业技术创新能力的重要方法和途径。文献是信息的载体，其中凝结着古今中外的各种知识和智慧，记载着各个领域的大量事实和数据。通过充分利用文献且有效地吸收文献中的信息，科研人员不仅可以优化自己的知识结构，提高认识客观世界的能力，而且能够避免科研重复，加快科研进程，多出科研成果，提高科研质量。因此，文献的投入及其利用能力是构成学术机构科研投入及其利用能力的一个关键因素。在世界已经迈入信息化社会的今天，高校信息网络的发达与畅通，是科研人员从事科研工作的又一个不可低估的条件。因此，反映高校科研基础条件的指标应当包括高校科研设备条件、实验室条件、国家重点实验室的数目、图书馆藏情况以及科研网络的情况。

（4）科研活动水平指标。科研课题与学术交流活动能够反映高校科研活动的活跃程度与水平。由于科研课题的层次存在差异，一般来说，经费投入强度大、级别高的科研课题其难度与创造的价值也更大，因此，科研课题的数量与经费能够反映学校科研活动能力的一个重要方面。国际国内的学术交流活动为国内外同行之间交流信息、增进了解有着重要的作用。一个科研机构参与高级国内学术交流的人数本身就体现了科研机构在学术界的影响能力与科研水平，因此，参加国际国内交流的人员数也可以反映高校学术活动能力和水平。

（5）科研产出指标。不论在国外还是在国内，高校科研成果产出都是评价一所高校的重要依据，有时甚至成为科研机构评价的唯一依据。科研产出包括科技成果、专利以及科技文献等。[①]

科技成果是科技活动中具有创新性，经试验验证具有良好的重复性，能够解释一定的自然现象和客观规律，经过同行专家鉴定或评议，或以其他形式得到社会公认，具有一定学术价值、社会价值或经济价值的研究成果。对科技成果评价既要考虑成果总数，又要考虑科技成果获奖次数。专利是专利权的简称，即发明人就自己的某项创造发明向某个国家专利局申请专利，经批准授予专利后，发明人和权利受让人对其发明成果在一定年限内依法享有独占权或专用权。科技文献是在研究与发展活动过程中形成的知识形态产物。科技文献通常以各种出版物，尤其是以科技刊物为媒介，传播最新信息。因此，科技文献是最直接的科学输出形式之一，是检查基础研究和应用研究成果的重要依据，长期以来，科技文献被公认为科技活动的重要产出内容。随之而生的文献计量法也是评价科研机构能力的重要方法。科技文献主要有这样几类：

---

① 王文博，赵昌昌. 统计学——经济社会统计［M］. 西安：西安交通大学出版社，2005：410－424.

◆论文，研究成果在经审议的期刊杂志上发表；

◆著作，研究成果经同行专家评议出版；

◆学术报告，在重要专业会议上应邀作专题发言、提交经评审的论文或其他报告；

◆会议记录，研究成果收入经审议的会议记录。

（6）科研效率。评价学校科研能力，不能仅看高校成果数量，还要看科研产出效率。对于高校来说，科研效率可以从人均产出效率与经费使用效率两个角度来分析。在社会统计学中，人均产出效率可以采用科技人员劳动效率来表达：

科技人员劳动效率＝某调查范围内某时期取得的成果数、专利数、专著数、论文数/R&D 人数

参照人员劳动率计算方法，经费使用效率可以采用下式表达：

科技经费使用效率＝某调查范围内某时期取得的成果数、专利数、专著数、论文数/R&D 经费数

从上面的分析中可以看出，虽然目前并没有学术界公认的高校科研能力评价指标体系，但是在诸多有关高校科研能力评价的理论与实践中，我们还是可以感受到有一些指标是共同的，能够反映高校科研实力情况。在本研究中，出于资料收集的考虑，拟采用这样一些指标构成高校科研能力综合评价指标体系，以此为基点分析高校科研能力变化。

3. 因素分析法与高校科研能力

采用前后比较法分析高校合并前后高校科研能力的变迁，高校科研能力指数的获得非常重要。由于高校科研评价指标体系中各指标具有异质性，这就使得通过原始数据分析高校科研能力出现了困难，而在多元统计分析中，因子分析的思想以及 SPSS 软件能够帮助我们处理这一问题。

（1）因子分析的基本思想①。因子分析就是将描述事物性质或特征的一组较多变量用少数几个综合变量（即因子）的线性组合来替代的多元统计分析方法。因子分析的基本思想就是根据原始可测变量之间的相关系数矩阵，导出一个因子个数少于原始变量数、能够反映原始变量间的内在本质联系和事物特性的因子负荷矩阵，因子分析所获得的有关事物的全部信

---

① 胡咏梅．教育统计学与 SPSS 软件应用［M］．北京：北京师范大学出版社，2002：147．

表 8-1　高校科研能力评价指标体系

科研能力	科研投入	科研人员总数（X_1）
		高级职称人数（X_2）
		高职称比例（X_3）
		科研经费总数（X_4）
		人均科研经费（X_5）
	科研活动	科研课题数（X_6）
		总课题投资金额（X_7）
	学术成果	专著数（X_8）
		科研论文发表总数（X_9）
		国外及全国性刊物论文发表数（X_{10}）
		鉴定成果数（X_{11}）
		技术转让合同数（X_{12}）
		合同收入（X_{13}）
		成果获奖数（X_{14}）
	科研效率	人均论文数（X_{15}）
		万元论文数（X_{16}）

息就蕴藏在这一矩阵中。然后，从因子负荷矩阵元素体现的结构特点出发，取得对因子的解释。也就是说，因子分析的目的就是找出变量之间的内在本质联系，用反映这一本质联系的少数几个基本因子（即公共因子）来描述较多变量需要说明的原因或特性。本研究基于因子分析的思想，根据指标相关性将体现高校科研能力的指标进行分组，同组之间相关性较高，不同组变量之间的相关性较低，通过对相关矩阵内部结构关系的研究，找出影响高校科研能力状况的几个综合指标，称之为主因子。根据因子分析结果构建高校科研能力综合指数得分函数，对高校合并前后四年间高校科研能力综合指数的变化判断高校合并的有效性。

（2）因子分析的一般数学模型。因子分析的一般数学模型是：

设有 m 个可测变量 $x_1, x_2, \cdots, x_m$，它们线性地依赖于 n 个不可观测的变量 $f_1, f_2, \cdots, f_n$，即它们可以用下式表示

$$x_i = a_{i1}f_1 + a_{i2}f_2 + \cdots + a_{in}f_n + \varepsilon_i, i = 1, 2, \cdots, m$$

其中 $f_1, f_2, \cdots, f_n$ 称为公共因子；$a_{ij}(i = 1, 2, \cdots, m, j = 1, 2, \cdots, n)$ 称为因子负荷；$\varepsilon_1, \varepsilon_2, \cdots, \varepsilon_m$ 称为特殊因子。上述模型假定特殊因子 $\varepsilon_1, \varepsilon_2, \cdots, \varepsilon_m$

互不相关（即相关系数为 0），且与公共因子 $f_j (j = 1, 2, \cdots, n)$ 互不相关。

因子负荷 $a_{ij} (i = 1, 2, \cdots, m, j = 1, 2, \cdots, n)$ 是第 i 个变量 x_i 在第 j 个公共因子 f_j 上的负荷（当假定 $x_1, x_2, \cdots, x_m, \varepsilon_1, \varepsilon_2, \cdots, \varepsilon_m, f_1, f_2, \cdots, f_n$ 均为标准化变量时，a_{ij} 正好是 x_i 与 f_j 之间的相关系数），它反映了变量 x_i 在公共因子 f_j 上的相对重要性，同时，它也是确定公共因子内涵的依据。

（3）因子分析的一般步骤。①

① 建立关于指标体系的原始矩阵 Z；

② 原始数据标准化，得到标准化矩阵 X；

③ 计算 Z 或者 X 的相关系数矩阵 R；

④ 根据因子方差贡献率，确定因子个数；

⑤ 计算特征向量和初始因子载荷矩阵 A；

⑥ 如果因子意义不明显，不妨对初始因子进行旋转，一般采用方差极大的旋转，得到旋转后的主因子解；

⑦ 构造主因子得分和综合因子得分；

⑧ 根据主因子和综合因子得分情况，给出相应的评价。

二、研究过程和方法

1. 研究过程

在已有的研究中，采用因子分析的思想对国家科技实力②、国家教育竞争力③、地区高等教育状况④、城市竞争力⑤进行评价的研究已经有很多。这些研究共同的特点是由于竞争力或者说能力是包含多个方面、受到多种因素影响的抽象的概念，各个影响因素之间具有异质性，难以比较。通过因子分析对多种因素做归一化处理，根据因子分析的结果，找出竞争力的构成要素，并计算因子得分，根据因子得分，即可判断竞争力强弱的情况。

---

① 廖为鲲，蔡国梁，涂文桃. 基于因子分析法的城市经济发展评价 [J]. 统计与决策，2005（24）.

② 徐小阳，黄莞苓，李光久. 科技实力国际比较的因子分析 [J]. 统计与决策，2003（1）

③ 薛海平，胡咏梅. 国际教育竞争力的比较研究 [J]. 教育科学，2006（1）.

④ 张提，张长春，张式芬. 我国高等教育现状的区域比较 [J]. 统计观察，2004（12）

⑤ 周春应，黄涛珍. 中心城市竞争力综合评价 [J]. 决策参考，2004（9）.

高校科研能力具有抽象性、综合性的特点，会受到科研经费投入、科研人员数量、外部经济条件、学校科研设施等多个方面的影响，表征高校科研能力的指标也存在多样性。因此，因子分析法是分析高校合并前后科研能力变迁的理想方法。因子分析不但可以体现出科研综合实力的变化，通过各个主因素的分析，我们还可以判断到底合并会对高校科研能力的哪些方面造成怎样的影响。借鉴已有的研究，本研究对高校科研能力变迁的影响分析方法如下。

第一步，收集高校合并前一年、合并当年以及合并后两年的科研数据，构成原始数据矩阵。

第二步，将原始数据标准化。在 SPSS 软件中，系统自动将数据标准化，以消除量纲差异带来的影响。

第三步，求出标准化的数据相关系数矩阵 R。

第四步，计算相关系数矩阵的特征根 $\lambda_i(i = 1,2,\cdots,n)$。

第五步，计算各主成分的方差贡献率 $a_i(i = 1,2,\cdots,n)$。

第六步，确定主成分。一般要求各主成分的累计方差贡献率大于等于 85%，这样所选主成分能解释原始变量中 85% 以上的信息。

第七步，计算不同年份不同学校的科研能力得分 Z。

第八步，比较同一学校不同年份综合得分对比变化量 ΔZ。

第九步，分析 ΔZ 的变化情况，如果大部分高校合并前后 ΔZ 均为正，则说明高校合并对高校科研能力有正面的促进作用，反之，则证明高校合并对高校科研能力有负面的影响。

2. 研究样本的选择

本研究随机选择了 2000 年合并的 25 所高校组成研究的样本[①]（见表 8-2）。

表 8-2 样本高校名录

序号	合并后校名	所属部门	合并前院校	合并时间
1	河海大学	教育部	河海大学 常州水电机械制造职工大学	2000-02-28
2	苏州大学	江苏省	苏州大学　苏州医学院	2000-03-29

---

① 样本选自：教育部.1990 年以来高校合并的情况［EB/OL］.［2010-01-07］. http://www. moe. edu. cn/edoas/website/18/58/info19558. htm.

续表

序号	合并后校名	所属部门	合并前院校	合并时间
3	北京大学	教育部	北京大学　北京医科大学	2000 - 03 - 31
4	湖南大学	教育部	湖南大学　湖南财经大学	2000 - 04 - 11
5	重庆大学	教育部	重庆大学　重庆建筑大学 重庆建筑高等专科学校	2000 - 04 - 11
6	同济大学	教育部	同济大学　上海铁道大学	2000 - 04 - 11
7	中南大学	教育部	中南工业大学　湖南医科大学 长沙铁道学院	2000 - 04 - 11
8	北方 交通大学	教育部	北方交通大学 北京电力高等专科学校	2000 - 04 - 11
9	西安 交通大学	教育部	西安交通大学　西安医科大学 陕西财经学院	2000 - 04 - 11
10	东南大学	教育部	东南大学　南京铁道医学院 南京交通高等专科学校	2000 - 04 - 11
11	长安大学	教育部	西北建筑工程学院　西安工程学院 西安公路交通大学	2000 - 04 - 11
12	复旦大学	教育部	复旦大学　上海医科大学	2000 - 04 - 21
13	武汉 理工大学	教育部	武汉工业大学　武汉汽车工业大学 武汉交通科技大学	2000 - 05 - 23
14	华中 科技大学	教育部	华中理工大学　同济医科大学 武汉城市建设学院	2000 - 05 - 23
15	哈尔滨 工业大学	国防 科工委	哈尔滨工业大学 哈尔滨建筑大学	2000 - 05 - 31
16	福建 农林大学	福建省	福建农业大学　福建林学院	2000 - 06 - 05
17	吉林大学	教育部	吉林大学　吉林工业大学 白求恩医科大学　长春科技大学 长春邮电学院	2000 - 06 - 05

序号	合并后校名	所属部门	合并前院校	合并时间
18	河南大学	河南省	河南大学　开封医学高等专科学校　开封师范高等专科学校	2000 - 06 - 12
19	郑州大学	河南省	郑州大学　郑州工业大学　河南医科大学	2000 - 06 - 12
20	首都医科大学	北京市	首都医科大学　北京医学高等专科学校　北京职工医学院	2000 - 06 - 14
21	山东大学	教育部	山东大学　山东医科大学　山东工业大学	2000 - 07 - 14
22	武汉大学	教育部	武汉大学　武汉水利电力大学　武汉测绘科技大学　湖北医科大学	2000 - 07 - 16
23	北京工业大学	北京市	北京工业大学　北京水利电力函授学院　华北水利水电学院北京研究生部	2000 - 07 - 18
24	四川大学	教育部	四川大学　华西医科大学	2000 - 09 - 28
25	新疆大学	新疆	新疆大学　新疆工学院	2000 - 10 - 20

三、数据处理与分析过程

　　课题组采集了合并前一年（1999 年），合并当年（2000 年）以及合并后两年（2001 年、2002 年）共四年的高校科研数据，形成原始数据矩阵①。研究中采用的数据来源是中华人民共和国教育部科学技术司主编的《2000 年高等学校科技统计资料汇编》《2001 年高等学校科技统计资料汇编》《2002 年高等学校科技统计资料汇编》《2003 年高等学校科技统计资料汇编》。使用 SPSS 统计分析软件，采用因素分析法处理原始数据②。因子分析的过程与结果如下。

————————

　　① 注：合并前一年数据的处理方式是把合并前各个高校当做"一个学校"，在运算中将如科研人数、经费数等指标直接相加，效率指标用总的成果数除以人员数或经费数，例如，人均论文数 = 参加合并各校论文总数/参加合并各校科研人员总数。
　　② 原始数据见本书附录。

1. 评价指标相关性分析

Correlation Matrix

指　标	RD人数	高职称数	高职称比	总科研费	人均科研	课题数	总课题费	专著	论文	内外论文	鉴定成果	技转合同	合同收入	获奖数	国家奖励	人均论文	万元论文
Correlation RD人数	1.000	0.892	-0.159	0.582	-0.001	0.774	0.557	0.296	0.677	0.664	0.702	0.512	0.162	0.472	0.477	0.094	-.216
高职称数	0.892	1.000	0.214	0.648	0.124	0.632	0.616	0.306	0.763	0.746	0.644	0.491	0.233	0.534	0.599	0.051	-0.240
高职称比	-0.159	0.214	1.000	0.191	0.425	-0.074	0.166	-0.019	0.153	0.166	-0.111	-0.012	0.162	0.099	0.268	0.372	-0.160
总科研费	0.582	0.648	0.191	1.000	0.719	0.659	0.968	0.287	0.729	0.737	0.295	0.354	0.243	0.280	0.335	0.340	-0.337
人均科研	-0.001	0.124	0.425	0.719	1.000	0.263	0.681	0.077	0.315	0.335	-0.155	0.030	0.137	-0.038	0.071	0.456	-0.395
课题数	0.774	0.632	-0.074	0.659	0.263	1.000	0.641	0.260	0.641	0.664	0.477	0.439	0.120	0.358	0.373	0.116	-0.268
总课题费	0.557	0.616	0.166	0.968	0.681	0.641	1.000	0.291	0.700	0.695	0.267	0.291	0.191	0.227	0.277	0.342	-0.297
专著	0.296	0.306	-0.019	0.287	0.077	0.260	0.291	1.000	0.333	0.329	0.195	0.033	0.014	0.193	0.150	0.106	-0.063
论文	0.677	0.763	0.153	0.729	0.315	0.641	0.700	0.333	1.000	0.985	0.414	0.496	0.214	0.534	0.579	0.566	-0.153
内外论文	0.664	0.746	0.166	0.737	0.335	0.664	0.695	0.329	0.985	1.000	0.382	0.516	0.270	0.497	0.571	0.559	-0.178
鉴定成果	0.702	0.644	-0.111	0.295	-0.155	0.477	0.267	0.195	0.414	0.382	1.000	0.368	0.056	0.681	0.390	-0.123	0.020
技转合同	0.512	0.491	-0.012	0.354	0.030	0.439	0.291	0.033	0.496	0.516	0.368	1.000	0.351	0.297	0.407	0.098	-0.131
合同收入	0.162	0.233	0.162	0.243	0.137	0.120	0.191	0.014	0.214	0.270	0.056	0.351	1.000	0.099	0.327	0.081	-0.097
获奖数	0.472	0.534	0.099	0.280	-0.038	0.358	0.227	0.193	0.534	0.497	0.681	0.297	0.099	1.000	0.634	0.205	0.103
国家奖励	0.477	0.599	0.268	0.335	0.071	0.373	0.277	0.150	0.579	0.571	0.390	0.407	0.327	0.634	1.000	0.244	-0.098
人均论文	0.094	0.051	0.372	0.340	0.456	0.116	0.342	0.106	0.566	0.559	-0.123	0.098	0.081	0.205	0.244	1.000	0.172
万元论文	-0.216	-0.240	-0.160	-0.337	-0.395	-0.268	-0.297	-0.063	-0.153	-0.178	0.020	-0.131	-0.097	0.103	-0.098	0.172	1.000

图8-1　指标相关性矩阵

从上表可以看出，本研究中采用的高校科研能力评价指标间具有不同程度的相关性，但基本能反映我国高校科研能力。

2. 因子分析的适当性检验

KMO and Bartlett's Test

Kaiser-Meyer-Olkin Measure of Sampling Adequacy.		0.737
Bartlett's Test of Sphericity	Approx. Chi-Square	1903.074
	df	136
	Sig.	0.000

图 8-2 KMO 检验结果

上图为采用 SPSS 软件进行 KMO 分析的结果。一般认为，如果 KMO 值大于 0.7，则中等程度的适合做因子分析；如果 KMO 值大于 0.9，则非常适合做因子分析。本研究样本的 KMO 值为 0.737，认为适合做因子分析。另外，Bartlett 球形检验的卡方统计量为 1903.074，自由度为 136，其显著性水平值小于 0.01，因而零假设"相关系数矩阵是一个单位矩阵"应当被拒绝，即说明各原始变量之间有共同因素存在，适合用因子分析方法。

3. 因子函数的确定

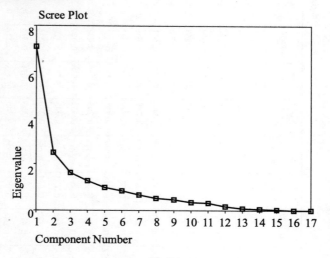

图 8-3 碎石图

从碎石图中我们可以看出，当提取了四个因子之后，曲线变得平坦起来。

Total Variance Explained

Component	Initial Eigenvalues			Extraction Sums of Squared Loadings			Rotation Sums of Squared Loading		
	Total	% of Variance	Cumulative %	Total	% of Variance	Cumulative %	Total	% of Variance	Cumulative %
1	7.108	41.809	41.809	7.108	41.809	41.809	4.615	27.144	27.144
2	2.488	14.635	56.444	2.488	14.635	56.444	3.872	22.777	49.922
3	1.634	9.609	66.053	1.634	9.609	66.053	2.568	15.104	65.025
4	1.272	7.484	73.537	1.272	7.484	73.537	1.447	8.512	73.537
5	0.993	5.840	79.377						
6	0.843	4.960	84.337						
7	0.662	3.893	88.230						
8	0.511	3.006	91.236						
9	0.455	2.677	93.914						
10	0.345	2.030	95.944						
11	0.313	1.843	97.787						
12	0.176	1.033	98.821						
13	9.461E-02	0.557	99.377						
14	6.568E-02	0.386	99.763						
15	1.836E-02	0.108	99.871						
16	1.345E-02	7.912E-02	99.951						
17	8.412E-03	4.948E-02	100.000						

Extraction Method：Principal Component Analysis.

图 8 - 4 方差贡献率

图 8 - 4 显示的是按因子分析法求得的所选高校科研能力指标相关矩阵的特征值及其所对应向量的贡献率，其中最大的四个特征值分别为：7.108、2.488、1.634、1.272，它们所对应的权重分别为41.809、14.635、9.609、7.484，在选取四个公共因子的情况下，其累计贡献率已达73.537%，已能反映所选指标的绝大部分信息。由此可得高校科研综合指数的计算公式为：

$$Z = 27.144\% \times F_1 + 22.777\% \times F_2 + 15.104\% \times F_3 + 8.512\% \times F_4$$

4. 因子载荷矩阵

表 8 - 3 因子载荷矩阵

Component Matrix[a]

指 标	Component			
	1	2	3	4
论文	0.915	7.187E-02	0.177	0.156
内外论文	0.914	0.100	0.160	0.108
高职称数	0.876	-0.240	-5.73E-02	-0.105
总科研费	0.841	0.374	-0.253	7.473E-02
RD 人数	0.816	-0.434	-0.274	2.678E-03

指 标	Component			
	1	2	3	4
总课题费	0.800	0.381	−0.277	0.144
课题数	0.780	−0.114	−0.311	9.626E-02
国家奖励	0.645	−0.175	0.429	−0.275
获奖数	0.591	−0.391	0.438	8.408E-02
技转合同	0.573	−0.226	4.665E-02	−0.372
人均科研	0.398	0.811	−0.166	−6.81E-03
鉴定成果	0.576	−0.612	2.082E-03	5.873E-02
高职称比	0.186	0.525	0.404	−0.310
人均论文	0.357	0.551	0.582	0.306
万元论文	−0.272	−0.273	0.563	0.413
合同收入	0.307	8.272E-02	0.166	−0.637
专著	0.363	−3.73E-02	−9.83E-02	0.446

Extraction Method：Principal Component Analysis.

a. 4 components extracted.

表 8 - 3 为经计算的因子载荷矩阵，我们可以看到各因子在很多指标上都有比较大的载荷，为了使得因子更加清晰，我们采用最大正交法旋转，得到表 8 - 4。

经过最大正交旋转后，各主因子的含义就显现出来，由表 8 - 4 可以看出，第一主因子在鉴定成果数、研发人员数、获奖数、国家级奖励数、论文数、高职称人数等指标上有较大的载荷，体现了一所高校的科研人力状况和科研成果的水平，可以将该因子命名为"科研产出能力因子"；第二主因子在科研经费、人均经费、课题经费上有较大的载荷，反映了高校科研经费投入能力情况，可以将之称为"科研经费因子"；第三主因子在高职称人数比与人均论文数上有高载荷，可以将之命名为"科研效率因子"；第四主因子在科技转让合同数与合同收入上有较大的载荷，可以命名为"高校科研服务能力因子"。

表 8 - 4 旋转后因子载荷矩阵

Rotated Component Matrix[a]

指 标	Component			
	1	2	3	4
鉴定成果	0.828	9.349E-02	− 9.84E-02	− 7.83E-02
RD 人数	0.815	0.499	− 0.125	− 1.83E-02
获奖数	0.761	− 8.97E-02	0.337	3.102E-02
高职称数	0.756	0.473	0.118	0.172
国家奖励	0.638	3.325E-02	0.355	0.416
论文	0.608	0.482	0.543	3.419E-02
内外论文	0.583	0.504	0.531	8.107E-02
技转合同	0.554	0.217	4.813E-03	0.408
总科研费	0.266	0.848	0.352	6.124E-02
总课题费	0.229	0.843	0.346	− 1.40E-02
人均科研	− 0.332	0.701	0.461	0.169
万元论文	0.115	− 0.647	0.275	− 0.359
课题数	0.558	0.640	3.590E-02	− 6.48E-02
人均论文	− 3.70E-02	7.843E-02	0.925	− 2.00E-02
高职称比	− 0.176	6.491E-02	0.534	0.498
合同收入	0.172	0.100	7.462E-02	0.700
专著	0.264	0.284	0.181	− 0.398

Extraction Method：Principal Component Analysis.

Rotation Method：Equamax with Kaiser Normalization.

a. Rotation converged in 17 iterations.

5. 因子得分系数矩阵

表 8 - 5 为因子得分系数矩阵，根据此矩阵，我们可以得到各因子得分计算公式：

$$F_1 = 0.172 \times 科研人员数 + （0.145 \times 高职称数） + （− 0.091 \times 高职称比） + \cdots + （0.119 \times 经费效率）$$

$F_2 = 0.107 \times$ 科研人员数 $+$ （$0.056 \times$ 高职称数）$+$ （$-0.063 \times$ 高职称比）$+ \cdots +$ （$0.290 \times$ 经费效率）

$F_3 = -0.168 \times$ 科研人员数 $+$ （$-0.057 \times$ 高职称数）$+$ （$0.219 \times$ 高职称比）$+ \cdots +$ （$0.268 \times$ 经费效率）

$F_4 = -0.051 \times$ 科研人员数 $+$ （$0.072 \times$ 高职称数）$+$ （$0.324 \times$ 高职称比）$+ \cdots +$ （$-0.259 \times$ 经费效率）

其中 F_1 代表科研产出因子得分，F_2 代表科研经费投入因子得分，F_3 代表科研效率因子得分，F_4 代表科研服务因子得分。需要说明的是，各指标得分是标准化后的数据，SPSS 软件会自动完成各因子得分的计算。

表 8-5　因子得分系数矩阵

Component Score Coefficient Matrix

指　标	Component			
	1	2	3	4
RD 人数	0.172	0.107	-0.168	-0.051
高职称数	0.145	0.056	-0.057	0.072
高职称比	-0.091	-0.063	0.219	0.324
总科研费	-0.053	0.241	0.033	-0.046
人均科研	-0.211	0.241	0.122	0.048
课题数	0.074	0.176	-0.094	-0.105
总课题费	-0.060	0.249	0.040	-0.101
专著	0.040	0.073	0.077	-0.341
论文	0.089	0.023	0.176	-0.070
内外论文	0.078	0.034	0.163	-0.034
鉴定成果	0.230	-0.055	-0.087	-0.075
技转合同	0.120	-0.015	-0.090	0.280
合同收入	0.017	-0.038	-0.051	0.510
获奖数	0.217	-0.191	0.153	-0.021
国家奖励	0.156	-0.153	0.111	0.263
人均论文	-0.055	-0.104	0.460	-0.107
万元论文	0.119	-0.290	0.268	-0.259

Extraction Method：Principal Component Analysis.

Rotation Method：Equamax with Kaiser Normalization.

Component Scores.

表 8 - 6　各主成分相关矩阵

Component Score Covariance Matrix

Component	1	2	3	4
1	1.000	-1.35E-16	0.000	0.000
2	-1.35E-16	1.000	0.000	0.000
3	0.000	0.000	1.000	1.167E-16
4	0.000	0.000	1.167E-16	1.000

Extraction Method：Principal Component Analysis.

Rotation Method：Equamax with Kaiser Normalization.

Component Scores.

从表 8 - 6 中因子得分的协方差矩阵可以看出，四个公共因子之间是相互独立的，从不同的方面反映了高校的科研能力。

四、结果分析

1. 高校科研能力变化情况

表 8 - 7　高校科研能力综合得分

编　号	校　名	Z_{1999}	Z_{2000}	Z_{2001}	Z_{2002}
1	北京大学	0.515534	0.593693	0.585288	0.519907
2	北方交通大学	-0.16865	-0.25199	-0.26629	-0.20487
3	吉林大学	0.282981	0.230936	0.045148	0.261778
4	哈尔滨工业大学	1.250363	0.535043	0.447955	0.515014
5	复旦大学	0.011823	0.10632	0.108929	0.162164
6	同济大学	0.293425	0.550108	0.395457	0.560697
7	东南大学	0.20691	0.142851	0.138642	0.200587
8	河海大学	-0.2302	-0.28716	-0.21671	-0.17903
9	山东大学	0.305922	0.073082	0.169368	0.294013
10	武汉大学	0.540441	0.286042	0.273201	0.179739
11	华中科技大学	0.2981	0.659548	0.719471	1.023947

编 号	校 名	Z_{1999}	Z_{2000}	Z_{2001}	Z_{2002}
12	武汉理工大学	−0.08366	−0.05594	−0.15025	−0.04991
13	湖南大学	−0.34388	−0.3465	−0.31726	−0.26031
14	中南大学	0.246735	0.191558	0.199258	0.346461
15	重庆大学	0.001925	−0.0989	0.02427	0.14862
16	四川大学	0.289819	0.017816	0.224812	0.296186
17	西安交通大学	0.307962	0.222991	0.36199	0.383651
18	新疆大学	−0.43698	−0.54633	−0.5018	−0.51171
19	北京工业大学	−0.38938	−0.29916	−0.26981	−0.1765
20	首都医科大学	−0.60718	−0.60728	−0.62586	−0.58984
21	苏州大学	−0.25391	−0.35728	−0.27904	−0.27571
22	福建农林大学	−0.49054	−0.50015	−0.41436	−0.43647
23	郑州大学	−0.23699	−0.21991	−0.37585	−0.34817
24	河南大学	−0.54634	−0.5486	−0.5783	−0.54022
25	长安大学	−0.32903	−0.39792	−0.34274	−0.20363

（注：Z_{1999}、Z_{2000}、Z_{2001}、Z_{2002} 分别为各校 1999 年—2002 年科研综合得分，分值的高低代表高校整体科研能力的高低）

表 8 - 8　各高校科研能力综合得分变化情况

编 号	校 名	Z_{00-99}	Z_{01-00}	Z_{02-01}	Z_{02-99}
1	北京大学	0.078159	−0.0084	−0.06538	0.004373
2	北方交通大学	−0.08334	−0.0143	0.06142	−0.03622
3	吉林大学	−0.05205	−0.18579	0.216629	−0.0212
4	哈尔滨工业大学	−0.71532	−0.08709	0.067059	−0.73535
5	复旦大学	0.094497	0.002609	0.053235	0.150341
6	同济大学	0.256682	−0.15465	0.16524	0.267271
7	东南大学	−0.06406	−0.00421	0.061945	−0.00632
8	河海大学	−0.05696	0.07045	0.037681	0.051172
9	山东大学	−0.23284	0.096285	0.124646	−0.01191

续表

编　号	校　名	Z_{00-99}	Z_{01-00}	Z_{02-01}	Z_{02-99}
10	武汉大学	-0.2544	-0.01284	-0.09346	-0.3607
11	华中科技大学	0.361447	0.059923	0.304476	0.725846
12	武汉理工大学	0.02772	-0.0943	0.10034	0.033757
13	湖南大学	-0.00262	0.02924	0.056957	0.083572
14	中南大学	-0.05518	0.0077	0.147204	0.099726
15	重庆大学	-0.10083	0.123171	0.124351	0.146695
16	四川大学	-0.272	0.206996	0.071374	0.006367
17	西安交通大学	-0.08497	0.139	0.021661	0.07569
18	新疆大学	-0.10935	0.044538	-0.00991	-0.07473
19	北京工业大学	0.090224	0.029347	0.093314	0.212885
20	首都医科大学	-9.9E-05	-0.01857	0.036019	0.017344
21	苏州大学	-0.10336	0.078242	0.003322	-0.0218
22	福建农林大学	-0.00961	0.085787	-0.02211	0.054072
23	郑州大学	0.017076	-0.15594	0.027682	-0.11118
24	河南大学	-0.00226	-0.0297	0.038074	0.006112
25	长安大学	-0.06889	0.055176	0.139106	0.125394

（注：Z_{00-99}、Z_{01-00}、Z_{02-01}、Z_{02-99}分别为各年度高校科研综合得分差值，体现合并前后高校科研能力的变化，若差值为正，表示高校科研状况有所提升，若差值为负，表示高校科研状况有所下降）

表 8 - 9　合并前后综合得分之差的均值及正值比率

Z 差值	Z_{00-99}	Z_{01-00}	Z_{02-01}	Z_{02-99}
均值	-0.05369	0.010507	0.070435	0.027248
正值比率	0.28	0.56	0.84	0.64

（注：Z 差值，表示不同年份的综合得分差值；均值，是指综合得分差值的算术平均，表示整体高校科研能力变动的相对程度；正值比率，是指综合得分差值为正的样本数与总样本数的比值）

从表 8 - 9 中我们可以看出，高校合并年（2000 年），七成合并高校的科研综合指数在下滑，合并后第一年（2001 年）科研水平下滑的趋势有所遏制，有近一半的高校科研水平比合并年（2000 年）有所提升。实现合并后的第二年（2002 年），高校科研水平回升的趋势非常明显，我们可以看到，有 84% 的高校科研综合指数高于 2001 年。比较 2002 年与 1999 年高校科研综合得分，我们可以看出，到了 2002 年，过半的高校科研指数高于未合并年 1999 年，当然，从综合得分差值的算术平均值可以看出，与未合并年 1999 年相比，2002 年高校科研能力增长幅度不大。

2. 合并前后科研产出能力因子变化情况

表 8-10　高校合并前后科研产出能力因子得分情况

编号	学校名	$F_{1(1999)}$	$F_{1(2000)}$	$F_{1(2001)}$	$F_{1(2002)}$
1	北京大学	1.1361	0.39803	0.17841	0.26364
2	北方交通大学	-0.67092	-0.85127	-1.45252	-0.99175
3	吉林大学	2.23016	1.37059	0.43517	0.85523
4	哈尔滨工业大学	4.46177	0.5119	-0.45946	-1.36298
5	复旦大学	0.0142	0.19744	0.23395	-0.10342
6	同济大学	0.86913	2.3568	0.46207	0.14859
7	东南大学	0.71843	0.36582	-0.0076	-0.10561
8	河海大学	-0.37025	-0.91351	-0.60787	-0.85992
9	山东大学	1.95043	0.80753	0.87395	0.9997
10	武汉大学	2.0704	1.07813	0.95836	0.43029
11	华中科技大学	0.80508	0.85882	0.57148	0.95771
12	武汉理工大学	0.13443	-0.26392	-0.61219	-0.64321
13	湖南大学	-0.63251	-0.91924	-1.41513	-1.0519
14	中南大学	1.23372	-0.12048	-0.52491	-0.93281
15	重庆大学	0.47605	0.1023	0.5967	0.89324
16	四川大学	1.23401	0.21546	0.48506	0.55398
17	西安交通大学	1.35803	-0.11332	-0.15097	0.14293
18	新疆大学	-0.8639	-0.87633	-0.84107	-0.94594
19	北京工业大学	-1.02058	-1.16062	-1.40701	-1.55582
20	首都医科大学	-0.75937	-0.81144	-0.74745	-0.80551

续表

编号	学校名	$F_{1(1999)}$	$F_{1(2000)}$	$F_{1(2001)}$	$F_{1(2002)}$
21	苏州大学	0.22474	-0.47243	-0.39152	-0.63962
22	福建农林大学	-0.33507	-0.71023	-0.85673	-0.76607
23	郑州大学	0.59951	0.52804	0.03023	0.01548
24	河南大学	0.94318	-0.76692	-0.64083	-0.75117
25	长安大学	-0.8145	-1.24781	-1.28775	-1.72307

（注：$F_{1(1999)}$、$F_{1(2000)}$、$F_{1(2001)}$、$F_{1(2002)}$表示各年高校科研产出因子得分，分值的大小反映高校科研产出水平的高低）

表 8-11 科研产出因子得分变化情况

编号	学校名	$F_{1(00-99)}$	$F_{1(01-00)}$	$F_{1(02-01)}$	$F_{1(02-99)}$
1	北京大学	-0.73807	-0.21962	0.08523	-0.87246
2	北方交通大学	-0.18035	-0.60125	0.46077	-0.32083
3	吉林大学	-0.85957	-0.93542	0.42006	-1.37493
4	哈尔滨工业大学	-3.94987	-0.97136	-0.90352	-5.82475
5	复旦大学	0.18324	0.03651	-0.33737	-0.11762
6	同济大学	1.48767	-1.89473	-0.31348	-0.72054
7	东南大学	-0.35261	-0.37342	-0.09801	-0.82404
8	河海大学	-0.54326	0.30564	-0.25205	-0.48967
9	山东大学	-1.1429	0.06642	0.12575	-0.95073
10	武汉大学	-0.99227	-0.11977	-0.52807	-1.64011
11	华中科技大学	0.05374	-0.28734	0.38623	0.15263
12	武汉理工大学	-0.39835	-0.34827	-0.03102	-0.77764
13	湖南大学	-0.28673	-0.49589	0.36323	-0.41939
14	中南大学	-1.3542	-0.40443	-0.4079	-2.16653
15	重庆大学	-0.37375	0.4944	0.29654	0.41719
16	四川大学	-1.01855	0.2696	0.06892	-0.68003
17	西安交通大学	-1.47135	-0.03765	0.2939	-1.2151
18	新疆大学	-0.01243	0.03526	-0.10487	-0.08204

续表

编号	学校名	$F_{1(00-99)}$	$F_{1(01-00)}$	$F_{1(02-01)}$	$F_{1(02-99)}$
19	北京工业大学	-0.14004	-0.24639	-0.14881	-0.53524
20	首都医科大学	-0.05207	0.06399	-0.05806	-0.04614
21	苏州大学	-0.69717	0.08091	-0.2481	-0.86436
22	福建农林大学	-0.37516	-0.1465	0.09066	-0.431
23	郑州大学	-0.07147	-0.49781	-0.01475	-0.58403
24	河南大学	-1.7101	0.12609	-0.11034	-1.69435
25	长安大学	-0.43331	-0.03994	-0.43532	-0.90857

（注：$F_{1(00-99)}$、$F_{1(01-00)}$、$F_{1(02-01)}$、$F_{1(02-99)}$分别为各年度高校科研产出因子得分差值，体现合并前后高校科研产出情况的变化，若差值为正，表示高校科研产出有所提升，若差值为负，表示高校科研产出有所下降）

表 8-12　合并前后科研产出因子得分之差的均值及正值比率

F_1差值	$F_{1(00-99)}$	$F_{1(01-00)}$	$F_{1(02-01)}$	$F_{1(02-99)}$
均值	-0.61716	-0.24564	-0.05602	-0.91881
正值比率	0.12	0.36	0.4	0.08

（注：F_1差值是指不同年份的科研产出因子得分差值；均值是指产出因子得分差值的算术平均，表示整体高校科研产出能力变动的相对程度；正值比率是指科研产出因子得分差值为正的样本数与总样本数的比值）

　　从科研产出因子变化情况可以看出，在合并年 2000 年高校科研产出受到很大的冲击，与合并前一年 1999 年相比，绝大部分（88%）高校科研产出能力有所下降。合并后第一年 2001 年，高校科研产出能力下降的趋势有所遏制，36% 的高校科研产出有所提升，合并后第二年 2002 年，高校科研产出比 2001 年又有所好转，体现出回升之势。但是有趣的是，绝大部分高校 2002 年科研产出因子得分都不及未合并年 1999 年的科研产出因子得分。也就是说，四年中，科研产出表现最好的是未合并年，高校合并后，高校科研产出能力没有提升，反倒明显下降。

3. 高校合并前后经费投入因子变化情况

表 8 - 13　高校合并前后高校科研经费投入因子得分

编号	学校名	$F_{2(1999)}$	$F_{2(2000)}$	$F_{2(2001)}$	$F_{2(2002)}$
1	北京大学	− 0.63391	0.94442	0.10804	1.00034
2	北方交通大学	− 0.31368	0.24227	0.28441	0.00098
3	吉林大学	− 0.67533	0.42449	0.28685	1.48942
4	哈尔滨工业大学	0.19416	0.48449	2.28929	2.53986
5	复旦大学	0.09899	0.41851	0.6491	0.7433
6	同济大学	0.41147	2.03527	2.10925	2.83169
7	东南大学	− 0.2006	0.3162	0.96533	1.22764
8	河海大学	− 0.91613	0.14782	0.25344	0.4687
9	山东大学	− 1.55821	− 0.85334	− 0.95255	− 0.57278
10	武汉大学	− 1.06972	0.05505	0.18357	0.56092
11	华中科技大学	− 0.19433	0.24615	1.11327	1.05875
12	武汉理工大学	− 0.82695	− 0.16728	0.07579	0.5652
13	湖南大学	− 0.27678	− 0.15857	0.25201	0.27942
14	中南大学	− 0.84782	0.17359	0.71806	1.51808
15	重庆大学	− 0.46856	0.15095	0.30465	0.55814
16	四川大学	− 0.4758	0.07229	0.83826	1.2049
17	西安交通大学	− 0.79646	0.6903	1.21645	1.41334
18	新疆大学	− 1.49741	− 1.82276	− 1.07798	− 1.24964
19	北京工业大学	− 0.29492	0.13851	0.428	0.68954
20	首都医科大学	− 1.26327	− 0.86807	− 0.92597	− 0.43461
21	苏州大学	− 1.41503	− 0.61874	− 0.23573	− 0.10753
22	福建农林大学	− 0.8514	− 0.52906	− 0.63133	− 0.71108
23	郑州大学	− 0.89177	− 0.67341	− 0.7839	− 0.90459
24	河南大学	− 4.09509	− 0.47043	− 0.94995	− 1.01239
25	长安大学	− 0.44737	− 0.54307	− 0.37684	0.17118

（注：$F_{2(1999)}$、$F_{2(2000)}$、$F_{2(2001)}$、$F_{2(2002)}$ 表示各年高校科研经费投入因子得分，分值的大小反映高校科研经费投入水平的高低）

表 8 - 14   科研经费因子得分变化情况

编号	学校名	$F_{2(00-99)}$	$F_{2(01-00)}$	$F_{2(02-01)}$	$F_{2(02-99)}$
1	北京大学	1.57833	−0.83638	0.8923	1.63425
2	北方交通大学	0.55595	0.04214	−0.28343	0.31466
3	吉林大学	1.09982	−0.13764	1.20257	2.16475
4	哈尔滨工业大学	0.29033	1.8048	0.25057	2.3457
5	复旦大学	0.31952	0.23059	0.0942	0.64431
6	同济大学	1.6238	0.07398	0.72244	2.42022
7	东南大学	0.5168	0.64913	0.26231	1.42824
8	河海大学	1.06395	0.10562	0.21526	1.38483
9	山东大学	0.70487	−0.09921	0.37977	0.98543
10	武汉大学	1.12477	0.12852	0.37735	1.63064
11	华中科技大学	0.44048	0.86712	−0.05452	1.25308
12	武汉理工大学	0.65967	0.24307	0.48941	1.39215
13	湖南大学	0.11821	0.41058	0.02741	0.5562
14	中南大学	1.02141	0.54447	0.80002	2.3659
15	重庆大学	0.61951	0.1537	0.25349	1.0267
16	四川大学	0.54809	0.76597	0.36664	1.6807
17	西安交通大学	1.48676	0.52615	0.19689	2.2098
18	新疆大学	−0.32535	0.74478	−0.17166	0.24777
19	北京工业大学	0.43343	0.28949	0.26154	0.98446
20	首都医科大学	0.3952	−0.0579	0.49136	0.82866
21	苏州大学	0.79629	0.38301	0.1282	1.3075
22	福建农林大学	0.32234	−0.10227	−0.07975	0.14032
23	郑州大学	0.21836	−0.11049	−0.12069	−0.01282
24	河南大学	3.62466	−0.47952	−0.06244	3.0827
25	长安大学	−0.0957	0.16623	0.54802	0.61855

（注：$F_{2(00-99)}$、$F_{2(01-00)}$、$F_{2(02-01)}$、$F_{2(02-99)}$分别为各年度科研经费投入因子得分差值，体现合并前后高校科研经费投入情况的变化，若差值为正，表示高校科研经费投入有所提升，若差值为负，表示高校科研经费投入有所下降）

表 8-15　合并前后经费投入因子得分之差的均值及正值比率

F_2 差值	$F_{2(00-99)}$	$F_{2(01-00)}$	$F_{2(02-01)}$	$F_{2(02-99)}$
均值	0.76566	0.252238	0.28749	1.305388
正值比率	0.92	0.72	0.76	0.96

（注：F_2差值：不同年份的经费投入因子得分差值；均值：经费投入因子得分差值的算术平均，表示整体高校科研能力变动的相对程度；正值比率：经费投入因子得分差值为正的样本数与总样本数的比值）

从以上数据可以看出，高校合并后，高校科研投入能力有了极大的增长。合并年（2000 年），高校科研经费投入因子增长幅度最大，绝大部分学校（92％的学校）科研经费投入因子得分比上年有所增长。合并后两年（2001 年、2002 年）增长的势头有所放慢，但是依然保持了增长的势头。比较 2002 年与 1999 年经费投入因子，我们可以看出，合并后高校科研投入能力远高于未合并时的投入能力。

4. 合并前后科研效率因子变化

表 8-16　合并前后各年效率因子得分情况

编号	学校名	$F_{3(1999)}$	$F_{3(2000)}$	$F_{3(2001)}$	$F_{3(2002)}$
1	北京大学	0.28515	0.25727	0.7533	0.49486
2	北方交通大学	0.00715	-0.44048	0.29026	0.44465
3	吉林大学	-1.20334	-1.54171	-0.58904	0.13092
4	哈尔滨工业大学	-0.23697	0.91414	0.81729	2.48629
5	复旦大学	-0.0806	-0.11638	-0.52201	0.29558
6	同济大学	-0.19773	-2.75452	-0.87802	-0.22272
7	东南大学	-0.02464	-0.64098	-0.60035	-0.37006
8	河海大学	0.24266	-0.27665	-0.46152	-0.09299
9	山东大学	0.40223	0.04976	0.91991	0.53013
10	武汉大学	1.35378	0.08628	-0.10499	-0.15565
11	华中科技大学	1.00037	2.84062	2.15771	4.0002
12	武汉理工大学	0.09433	-0.192	-0.14561	-0.39753
13	湖南大学	-0.65573	-0.33105	0.14518	-0.04329

续表

编号	学校名	$F_{3(1999)}$	$F_{3(2000)}$	$F_{3(2001)}$	$F_{3(2002)}$
14	中南大学	0.87461	1.15249	0.94758	1.4918
15	重庆大学	-0.57068	-1.05773	-1.46818	-1.51664
16	四川大学	0.39711	-0.57335	-0.31882	-0.46272
17	西安交通大学	0.46321	0.81096	0.62202	0.34272
18	新疆大学	1.17434	0.93409	-0.12808	0.29213
19	北京工业大学	-0.62718	-0.69365	-0.36005	0.09697
20	首都医科大学	-0.37388	-1.13608	-1.15047	-1.6378
21	苏州大学	0.56759	-0.40295	-0.65701	-0.19863
22	福建农林大学	-1.12032	-1.21188	-0.25088	-0.37857
23	郑州大学	-1.02381	-1.29458	-0.98042	-0.69384
24	河南大学	2.61973	-1.24636	-0.77303	-0.40644
25	长安大学	-0.08994	0.33827	0.47972	1.47515

（注：$F_{3(1999)}$、$F_{3(2000)}$、$F_{3(2001)}$、$F_{3(2002)}$表示各年高校科研效率因子得分，分值的大小反映了高校科研效率水平的高低）

表 8 - 17　效率因子得分变化情况

编号	学校名	$F_{3(00-99)}$	$F_{3(01-00)}$	$F_{3(02-01)}$	$F_{3(02-99)}$
1	北京大学	-0.02788	0.49603	-0.25844	0.20971
2	北方交通大学	-0.44763	0.73074	0.15439	0.4375
3	吉林大学	-0.33837	0.95267	0.71996	1.33426
4	哈尔滨工业大学	1.15111	-0.09685	1.669	2.72326
5	复旦大学	-0.03578	-0.40563	0.81759	0.37618
6	同济大学	-2.55679	1.8765	0.6553	-0.02499
7	东南大学	-0.61634	0.04063	0.23029	-0.34542
8	河海大学	-0.51931	-0.18487	0.36853	-0.33565
9	山东大学	-0.35247	0.87015	-0.38978	0.1279
10	武汉大学	-1.2675	-0.19127	-0.05066	-1.50943
11	华中科技大学	1.84025	-0.68291	1.84249	2.99983

续表

编号	学校名	$F_{3(00-99)}$	$F_{3(01-00)}$	$F_{3(02-01)}$	$F_{3(02-99)}$
12	武汉理工大学	-0.28633	0.04639	-0.25192	-0.49186
13	湖南大学	0.32468	0.47623	-0.18847	0.61244
14	中南大学	0.27788	-0.20491	0.54422	0.61719
15	重庆大学	-0.48705	-0.41045	-0.04846	-0.94596
16	四川大学	-0.97046	0.25453	-0.1439	-0.85983
17	西安交通大学	0.34775	-0.18894	-0.2793	-0.12049
18	新疆大学	-0.24025	-1.06217	0.42021	-0.88221
19	北京工业大学	-0.06647	0.3336	0.45702	0.72415
20	首都医科大学	-0.7622	-0.01439	-0.48733	-1.26392
21	苏州大学	-0.97054	-0.25406	0.45838	-0.76622
22	福建农林大学	-0.09156	0.961	-0.12769	0.74175
23	郑州大学	-0.27077	0.31416	0.28658	0.32997
24	河南大学	-3.86609	0.47333	0.36659	-3.02617
25	长安大学	0.42821	0.14145	0.99543	1.56509

（注：$F_{3(00-99)}$、$F_{3(01-00)}$、$F_{3(02-01)}$、$F_{3(02-99)}$分别为各年度科研经费投入因子得分差值，体现合并前后高校效率的变化情况，若差值为正，表示高校科研效率有所提升，若差值为负，表示高校科研效率有所下降）

表8-18　合并前后科研效率因子得分之差的均值及正值比率

F_3差值	$F_{3(00-99)}$	$F_{3(01-00)}$	$F_{3(02-01)}$	$F_{3(02-99)}$
均值	-0.39216	0.170838	0.310401	0.089083
正值比率	0.24	0.56	0.6	0.52

（注：F_3差值是指不同年份的科研效率因子得分差值；F_3差值：不同年份的科研效率因子得分差值；均值是指科研效率因子得分差值的算术平均，表示整体高校科研效率变动的相对程度；正值比率是指科研效率因子得分差值为正的样本数与总样本数的比值）

分析：从合并效率因子变化情况可以看出，高校合并发生当年（2000年），高校科研效率严重下滑，正值比例仅为0.24，但合并后两年中，高校科研效率迅速回升。比较2002年与1999年科研效率因子得分，我们可以发现，超过一半的学校科研效率高于未合并年，但从整体上来说合并效率的提升并不明显，也就是说合并对高校科研效率的正面影响比较微弱。

5. 合并前后社会服务因子变化情况

表 8-19 合并高校 4 年间社会服务因子得分

编号	学校名	$F_{4(1999)}$	$F_{4(2000)}$	$F_{4(2001)}$	$F_{4(2002)}$
1	北京大学	3.62391	2.72184	4.68132	1.71233
2	北方交通大学	0.98487	-0.11245	0.22742	-0.0359
3	吉林大学	0.15506	-0.05784	-0.57967	-3.86966
4	哈尔滨工业大学	0.36217	1.73483	-0.84827	-0.81123
5	复旦大学	-0.02825	-0.29393	-0.27697	-0.27854
6	同济大学	-0.07456	-1.61129	-0.91371	-1.06874
7	东南大学	0.7203	0.80293	0.1352	0.06494
8	河海大学	0.49714	-0.36512	-0.46671	-0.45021
9	山东大学	0.8301	0.47857	0.11938	0.85815
10	武汉大学	0.20708	-0.37801	-0.15144	-0.48532
11	华中科技大学	-0.3203	-0.68942	-0.17765	-0.95578
12	武汉理工大学	0.63384	0.97268	0.24266	0.65781
13	湖南大学	-0.11873	-0.12764	-0.14648	-0.37457
14	中南大学	-0.31883	0.12512	0.41194	0.33563
15	重庆大学	0.77098	-0.01518	0.17229	0.09522
16	四川大学	0.03821	0.34616	-0.58304	-0.69005
17	西安交通大学	0.59662	-0.30506	0.37534	-0.33866
18	新疆大学	-0.45575	-0.40388	-0.10126	-0.1696
19	北京工业大学	0.58207	1.04675	0.81065	0.87066
20	首都医科大学	-0.66792	-0.20807	-0.44988	-0.29166
21	苏州大学	-0.92041	-0.32014	-0.23303	-0.55925
22	福建农林大学	-0.42823	-0.04483	-0.00139	-0.11023
23	郑州大学	-0.49299	-0.16831	-0.67459	-0.48791
24	河南大学	-3.11676	-0.52898	-0.83673	-0.52098

续表

编号	学校名	$F_{4(1999)}$	$F_{4(2000)}$	$F_{4(2001)}$	$F_{4(2002)}$
25	长安大学	0.0886	0.15734	0.23711	0.02678

（注：$F_{4(1999)}$、$F_{4(2000)}$、$F_{4(2001)}$、$F_{4(2002)}$ 表示各年高校科研服务因子得分，分值的大小反映高校科研服务情况的好坏）

表 8−20　合并前后高校科研服务因子变化情况

编号	学校名	$F_{4(00-99)}$	$F_{4(01-00)}$	$F_{4(02-01)}$	$F_{4(02-99)}$
1	北京大学	− 0.90207	1.95948	− 2.96899	− 1.91158
2	北方交通大学	− 1.09732	0.33987	− 0.26332	− 1.02077
3	吉林大学	− 0.2129	− 0.52183	− 3.28999	− 4.02472
4	哈尔滨工业大学	1.37266	− 2.5831	0.03704	− 1.1734
5	复旦大学	− 0.26568	0.01696	− 0.00157	− 0.25029
6	同济大学	− 1.53673	0.69758	− 0.15503	− 0.99418
7	东南大学	0.08263	− 0.66773	− 0.07026	− 0.65536
8	河海大学	− 0.86226	− 0.10159	0.0165	− 0.94735
9	山东大学	− 0.35153	− 0.35919	0.73877	0.02805
10	武汉大学	− 0.58509	0.22657	− 0.33388	− 0.6924
11	华中科技大学	− 0.36912	0.51177	− 0.77813	− 0.63548
12	武汉理工大学	0.33884	− 0.73002	0.41515	0.02397
13	湖南大学	− 0.00891	− 0.01884	− 0.22809	− 0.25584
14	中南大学	0.44395	0.28682	− 0.07631	0.65446
15	重庆大学	− 0.78616	0.18747	− 0.07707	− 0.67576
16	四川大学	0.30795	− 0.9292	− 0.10701	− 0.72826
17	西安交通大学	− 0.90168	0.6804	− 0.714	− 0.93528
18	新疆大学	0.05187	0.30262	− 0.06834	0.28615
19	北京工业大学	0.46468	− 0.2361	0.06001	0.28859
20	首都医科大学	0.45985	− 0.24181	0.15822	0.37626
21	苏州大学	0.60027	0.08711	− 0.32622	0.36116
22	福建农林大学	0.3834	0.04344	− 0.10884	0.318

续表

编号	学校名	$F_{4(00-99)}$	$F_{4(01-00)}$	$F_{4(02-01)}$	$F_{4(02-99)}$
23	郑州大学	0.32468	-0.50628	0.18668	0.00508
24	河南大学	2.58778	-0.30775	0.31575	2.59578
25	长安大学	0.06874	0.07977	-0.21033	-0.06182

（注：$F_{4(00-99)}$、$F_{4(01-00)}$、$F_{4(02-01)}$、$F_{4(02-99)}$分别为各年度社会服务因子得分差值，体现合并前后高校社会服务水平的变化情况，若差值为正，表示高校社会服务能力有所提升，若差值为负，表示高校社会服务能力有所下降）

表 8 - 21　合并前后科研服务因子得分之差的均值及正值比率

F_4差值	$F_{4(00-99)}$	$F_{4(01-00)}$	$F_{4(02-01)}$	$F_{4(02-99)}$
均值	-0.01569	-0.07134	-0.31397	-0.401
正值比率	0.52	0.52	0.32	0.4

（注：F_4差值是指不同年份的科研服务因子得分差值；均值是指科研服务因子得分差值的算术平均，表示整体高校科研服务水平变动的相对程度；正值比率是指科研服务因子得分差值为正的样本数与总样本数的比值）

从总体上来说，合并后高校科研服务水平呈逐年下滑的趋势，在合并当年高校科研服务有微弱下滑，2001 年、2002 年两年高校科研服务下滑趋势更加明显，2002 年下滑尤为严重。2002 年，合并高校整体科研服务能力弱于未合并年 1999 年。

五、讨论和结论

（1）各高校的整体科研能力在合并前后呈现先降后升的变化。整体而言，各合并高校的整体科研能力在合并前后呈现出先降后升的变化趋势。在合并发生年（2000 年）大部分高校的整体科研能力下降（17 所高校的 Z_{00-99} 得分为负值，Z_{00-99} 的平均值为 -0.05369），此后，各合并高校经过两年的"磨合期"，整体科研能力逐步恢复到合并前的水平，并比未合并时有微弱的提升（15 所高校的 Z_{02-99} 得分为正值，Z_{02-99} 的平均值为 0.027）。数据分析的结果表明，大学合并的发生并不会为各合并高校的科研能力带来立竿见影的促进作用，相反地，由于合并伊始不同高校必然会经历合并带来的"阵痛"和合并后的"磨合"，因此，合并新组建高校的整体科研能力会出现一定程度的下滑，但是，随着大学合并后各方面整合管理的不断完善，各项工作步入正轨之后，各高校的整体科研能力也相应地有所提升，并随着时间的发展逐渐接近并超过合并前的水平。由此可见，大学合并对各高校的整体科研能力的提升会产生积极的影响，但这种影响并非是立竿见影的。

（2）大学合并对高校的科研经费投入能力有积极的影响。数据分析结果表明，从四个主因子的变化情况来看，科研经费投入因子的得分变化是比较独特的，这种独特性在合并当年（2000 年）尤其明显。在 2000 年，尽管合并高校的科研产出因子、科研效率因子和社会服务因子的得分均呈下滑趋势（$F_{1(00-99)}$、$F_{3(00-99)}$ 和 $F_{4(00-99)}$ 的均值分别为 -0.617、-0.392 和 -0.016），独有科研经费投入因子大幅增长（$F_{2(00-99)}$ 的均值为 0.766），在合并之后的两年中，这种增长趋势有所减少（$F_{2(01-00)}$ 和 $F_{2(02-01)}$ 的均值分别为 0.252 和 0.287），但是总体而言，高校合并后科研经费的投入比合并之前有了很大的增长。

从我国 20 世纪 90 年代以来的这场"大学合并"发生的背景和目的来看，这场改革是由政府主导的，在合并之初，中央和地方政府相继投入了大量的资金资源，这在一定程度上保证了合并的顺利开展。在合并高校方面，借由"合并"的发生而聚集并整合原来分属于不同高校和政府的资金和物质资源，无疑为大学自身的进一步发展创造了良好的条件，这也是大学合并对合并高校产生的积极影响之一。

（3）大学合并之后，合并高校的科研产出能力持续下降。因子分析的结果表明，高校科研能力的第一主因素是高校科研产出因子。在合并发生当年，合并高校的科研产出因子得分大幅下降（$F_{1(00-99)}$ 的均值为 -0.617），这也是合并之初高校整体科研能力指数下降的主要原因。在其后的两年间，科研产出依然在下滑，只是下滑的幅度有所减轻（$F_{1(01-00)}$ 和 $F_{1(02-01)}$ 的均值分别为 -0.246 和 -0.056）。从这一结果我们可以看出，合并发生之后合并高校的科研产出能力持续处于下滑状态，一方面导致了各合并高校的整体科研能力未能得到显著提高；另一方面也提醒着我们有必要认真思量这场大学合并改革所带来的效益和合并高校内部整合管理中存在的问题。大学组织是以知识生产为其重要任务之一的，科研产出能力的下降表明大学合并这场改革并没有在促进大学的知识生产方面发挥出应有的作用；此外，伴随着科研经费投入的大幅度增长，科研产出能力却持续下降，这也能够反映出在大学内部的科研管理机制和政策导向上存在着一定的问题。

第二节 实证研究二：大学合并的效应 分析——从知识生产的角度

一、研究背景

正如洪堡提出的那个引人注目的表述，大学所具备的一个独特的特征就是"把科学和设问设想为处理最终无穷无尽的任务——它们从事一个不停的探究过程……"① 知识的生产和转化的提高是大学取得发展的重要标志，而科研能力的变化是其直接的表现。对大学这一"探究的场所"②，以合并对其"知识生产能力"的影响作为评判合并效应的视角，其必要性也是不言而喻的。从引言中关于合并效应分析的相关研究的介绍中，我们发现学者较少从"合并大学科研能力变化"的维度对大学合并效益进行实证性的研究，同时，也缺少关于合并效益的长期追踪的评价。课题组于 2006 年力图从"合并大学科研能力变化"的维度，对 2000 年合并重新组建的 25 所大学的合并效益从自然科学研究状况进行分析，研究结果表明"合并高校整体科研能力在合并前后有微弱的变化……合并对科研投入有积极的影响，而对社会服务、科研效率等影响不大"③。这一结论从一定程度上可以说明合并所取得的效果，但由于数据只截止到 2002 年，④ 时间较短，且仅分析了自然科学（科技）的研究状况，未涉及高校的人文社会科学研究情况，研究有待进一步深化。

本研究是对前述研究⑤的延续，通过合并高校人文社科研究能力的变化情况及其发展趋势（数据至 2005 年）来分析合并高校的效益。在本研究中，主要借鉴企业并购效应评估中的"综合经营能力指数评判"思想对

---

① 伯顿·R. 克拉克. 探究的场所——现代大学的科研和研究生教育［M］. 王承绪，等，译. 杭州：浙江教育出版社，2001：5.

② 同①，第 10 页。

③ 对本研究的详细介绍参见本章第一节。

④ 2003 年以后，教育部科技司组织的高校科技统计中不再对各个学校的具体情况进行统计，故无法获得实际数据。

⑤ 参见本章第一节。

大学知识的生产和成果转化进行量化评价，构建能够反映高校人文社会科学研究能力的综合指标体系，借助因子分析的方法对这些抽象的指标进行划一处理，计算得出高校人文社科科研能力综合指数得分作为分析的基础数值，进而从纵向时间序列和横向同类比较两个方面分析 20 世纪 90 年代以来的"大学合并"的效益。

二、研究过程和方法

1. 研究样本

（1）研究组（合并高校）。自 1992 年以来，全国共有 923 所高校经过合并重组，形成了 369 所高校,① 其中重点院校和一般院校（本科）271 所（占重组高校的 73.4%）,② 其中省属院校 221 所，教育部和其他部委直属高校 50 所。2000 年是合并的"高峰年"，经合并后新形成学校 78 所，占合并高校总数的 21.3%，各部委直属院校 24 所，占总数的 48%，省直属院校 54 所，占总数的 21.7%，明显高于其他年份。

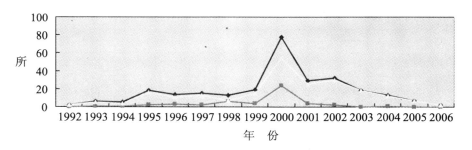

图 8-5　大学（重点和本科院校）合并基本情况

本研究样本的选择采用分层随机抽样方法，选取 2000 年经合并形成的部委直属院校 24 所作为第一级分层样本。考虑到数据的可获得性和研究结果的典型性与代表性，从这 24 所学校中随机选取 20 所中央部委直属院校

---

① 数据来源：中华人民共和国教育部. 1990 年以来高校合并情况［EB/OL］.［2010 - 01 - 07］. http://www. moe. edu. cn/edoas/website18/58/info19558. htm.

② 中华人民共和国教育部. 全国普通高校名单［EB/OL］.［2009 - 01 - 07］. http://www. moe. edu. cn/edoas/website18/12/info1245740273339612. htm.

作为本研究的研究组样本，并从 2000 年合并的省属高校中随机选择 10 所作为样本。如表 8 - 22 所示。

表 8 - 22　研究的样本

编号	合并后新形成学校	隶属单位	编号	合并后新形成学校	隶属单位
1	北京工业大学	北京市	16	苏州大学	江苏省
2	福建农林大学	福建省	17	内蒙古民族大学	内蒙古
3	贵州工业大学	贵州省	18	上海中医药大学	上海市
4	郑州大学	河南省	19	西南科技大学	四川省
5	湖南师范大学	湖南省	20	新疆大学	新疆
6	北京大学	教育部	21	A 大学	教育部
7	重庆大学	教育部	22	对外经济贸易大学	教育部
8	东南大学	教育部	23	山东大学	教育部
9	西安交通大学	教育部	24	武汉大学	教育部
10	中南大学	教育部	25	四川大学	教育部
11	湖南大学	教育部	26	哈尔滨工业大学	国防科工委
12	同济大学	教育部	27	河海大学	教育部
13	复旦大学	教育部	28	北京中医药大学	教育部
14	华中理工大学①	教育部	29	武汉理工大学	教育部
15	华中科技大学	教育部	30	北方交通大学	教育部

（2）参照样本组的选择。对合并行为带来的效果进行横向的比较，以国家教育部和其他部委直属院校中从未发生过合并行为的学校作为参照样本。目前我国教育部和其他部委直属院校共有 105 所，② 从未发生过合并行为的学校有 57 所，将其进行编号作简单随机抽样，选取其中的 20 所作为参照样本组。最终确定的结果为：

---

① 原为华中科技大学，2001 年更名。
② 该数据是根据全国普通高校名单（截至 2006 年 5 月 15 日）整理而得，其中包括教育部直属院校 72 所，国家民委、国防科工委、外交部等部委直属院 33 所，数据来源：教育部网站 http://www. moe. edu. cn/edoas/website18/12/info1245740273339612. htm.

表 8 - 23　参照样本组

学校名称	隶属单位	学校名称	隶属单位	学校名称	隶属单位
北京林业大学	教育部	南京农业大学	教育部	北京航天航空大学	国防科工委
北京师范大学	教育部	北京理工大学	国防科工委	合肥工业大学	教育部
北京邮电大学	教育部	中国地质大学	教育部	华中农业大学	教育部
北京外国语大学	教育部	天津大学	教育部	南京大学	教育部
大连理工大学	教育部	中央民族大学	国家民委	中国海洋大学	教育部
东北林业大学	教育部	西南交通大学	教育部	中国人民大学	教育部
哈尔滨工程大学	国防科工委	厦门大学	教育部		

2. 研究指标的确定

结合目前国内公开发表的统计年鉴（教育部社政司，1998—2005）数据公布的维度，在本研究中，确定了如下指标用以评估高校科研能力：科研人员总数、高级职称人数、高职称比例、科研发展经费总数、人均科研经费、研究课题总数、当年拨入课题经费、专著数、发表学术论文总数、在国家级和国外学术刊物发表论文数、鉴定成果数、成果提交有关部门数、成果获奖数、国家级和省部级奖励数、人均论文数、人均获奖数、人均鉴定成果数、百元论文数、百元获奖数、百元鉴定成果数。

本研究收集的数据为前述所有样本（包括合并高校和未合并高校）1999 年—2005 年的各项指标原始数据，[①] 原始数据来源于中华人民共和国教育部社政司主编的《高等学校人文社科研究统计资料汇编（1999—2005）》。

3. 因子分析

因子分析是将描述事物性质或特征的一组较多变量用少数几个综合变

————————————

① 合并前一年的数据处理方式是把合并前各个高校当做"一个学校"，将参加合并的各校科研指标相加，合并为一个记录。由于资料获取存在困难，本研究数据中缺少 2004 年的数据，但是从研究结果来看，对结论的得出并不存在显著影响。

量（即因子）的线性组合来替代的多元统计分析方法，其目的是要找出变量之间的内在本质联系，用反映这一本质联系的少数几个基本因子（即公共因子）来描述较多变量需要说明的原因或特性。

（1）公共因子的提取。本研究样本的 KMO 值为 0.791，适合做因子分析。采用主成分分析法提取公共因子，其中最大的五个特征值分别为：7.489、3.026、2.487、1.857 和 1.305。它们所对应的权重分别为：37.446%、15.128%、12.434%、9.285%、6.524%，在选取五个公共因子的情况下，其累计贡献率已达 80.6395%，已能反映所选指标的绝大部分信息。对因子载荷矩阵采用方差极大正交转轴法进行旋转，旋转后得到的载荷矩阵如表 8-24 所示。

表 8-24 旋转后因子载荷矩阵（旋转方法：方差极大正交转轴）

指 标	Component				
	1	2	3	4	5
科研发展经费总数	0.925	0.147	-0.082	-0.018	-0.020
当年拨入课题经费	0.901	0.133	-0.027	-0.036	0.023
研究课题总数	0.893	0.073	-0.004	0.141	0.093
发表学术论文总数	0.887	0.072	0.057	0.267	0.167
高级职称人数	0.873	-0.047	0.048	0.217	0.269
专著数	0.818	0.015	-0.003	0.159	0.449
科研人员总数	0.817	-0.191	0.095	0.236	0.229
在国家级和国外学术刊物发表论文数	0.733	0.016	-0.059	0.064	0.175
高职称比例	0.027	0.878	0.003	0.127	0.083
人均论文数	-0.069	0.827	0.011	0.073	-0.020
人均科研经费	0.375	0.743	-0.102	-0.087	-0.118
人均鉴定成果数	0.015	0.642	0.098	-0.022	0.606
百元获奖数（每100元经费投入）	0.037	-0.032	0.959	0.046	-0.082
百元论文数（每100元经费投入）	0.032	-0.023	0.948	0.007	-0.100

续表

指 标	Component				
	1	2	3	4	5
百元鉴定成果数（每100元经费投入）	−0.075	0.034	0.772	−0.017	0.192
成果获奖数	0.209	0.023	0.001	0.925	−0.018
国家级和省部级奖励数	0.331	0.069	0.031	0.846	0.033
人均获奖数	−0.059	0.650	0.005	0.675	0.022
成果提交有关部门数	0.460	0.061	0.006	−0.039	0.755
鉴定成果数	0.308	−0.061	−0.025	0.041	0.741

（2）公共因子命名。根据此前的因子负荷矩阵，可以看出，所提取的五个公共因子分别能够解释以下指标，根据这些指标情况，对各公共因子依次命名（见表8-25）。

表8-25　公共因子及其所能解释的指标

公共因子	因子命名	所能解释的指标
F_1（公共因子1）	科研投入	科研人员总数、高级职称人数、科研发展经费总数、研究课题总数、当年拨入课题经费
F_2（公共因子2）	科研人员效率	高职称比例、人均科研经费、人均论文数、人均鉴定成果数、人均获奖数
F_3（公共因子3）	科研经费效率	百元论文数、百元鉴定成果数、百元获奖数
F_4（公共因子4）	科研成果获奖情况	成果获奖数、国家级和省部级奖励数
F_5（公共因子5）	科研成果转化	专著数、成果提交有关部门数、鉴定成果数

（3）计算公共因子得分。根据得分矩阵可以得出各个公共因子得分的计算函数，如下所示：

$$\begin{cases} F_1 = 0.114 \times x_1 + 0.122 \times x_2 - 0.015 \times x_3 + \cdots - 0.040 \times x_{19} + 0.027 \times x_{20} \\ F_2 = -0.097 \times x_1 - 0.046 \times x_2 - 0.303 \times x_3 + \cdots + 0.012 \times x_{19} + 0.003 \times x_{20} \\ F_3 = 0.033 \times x_1 + 0.016 \times x_2 + 0.008 \times x_3 + \cdots + 0.311 \times x_{19} + 0.392 \times x_{20} \\ F_4 = 0.059 \times x_1 + 0.034 \times x_2 - 0.013 \times x_3 + \cdots - 0.019 \times x_{19} - 0.007 \times x_{20} \\ F_5 = 0.028 \times x_1 + 0.036 \times x_2 + 0.002 \times x_3 + \cdots + 0.123 \times x_{19} - 0.078 \times x_{20} \end{cases}$$

由因子得分函数我们可以计算出各年度各类型高校的因子得分，而根据综合判定公式 综合判定 $= a_1 F_1 + a_2 F_2 + a_3 F_3 + a_4 F_4 + a_5 F_5$（余建英等，2003），可以得出各高校在科研能力的综合得分：

$$Z = 37.446\% \times F_1 + 15.128\% \times F_2 + 12.434\% \times F_3 + 9.285\% \times F_4 + 6.524\% \times F_5$$

4. 比较分析

（1）合并学校在不同年份的科研情况变化比较。以各年份各合并的部属高校的综合得分和各个公共因子得分为分析数据，运用 LSD（最小显著差异法）进行单因素方差分析，比较不同年份、各学校的科研得分是否存在显著差异。

（2）合并与未合并学校在不同年份的科研情况变化比较。以各年份各所学校的科研综合得分和各个公共因子得分为分析数据，运用 LSD（最小显著差异法）和 S-N-K（q 检验）显著性检验法进行多因素方差分析，比较不同年份间合并与未合并学校的科研变化情况是否存在显著差异。

三、数据分析结果

1. 中央部委直属高校合并前后科研变化情况

（1）中央部委直属高校合并前后"科研能力"整体变化情况。根据科研综合水平得分情况，由图 8 - 6 可知，自 2000 年合并发生以来，合并的中央部委直属高校的"科研综合能力"呈现出逐年提高的发展态势，与未发生合并的中央部委直属高校比较而言，两条线基本上平行，但合并高校"科研综合能力"的提高幅度更大一些，自 2000 年到 2005 年"科研综合能力"得分分别提高了 0.47 和 0.26。

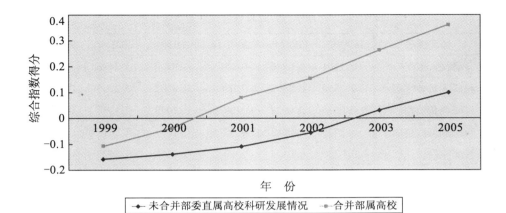

图8-6　合并前后高校科研综合能力变化情况

　　将这20所学校作为一个整体，通过 LSD 法进行单因素方差分析，比较不同年度科研整体变化情况。根据变量的 Homogeneity 检验方法得出相伴概率为0.126（>0.05），可以认为各组的总体方差相等，满足方差检验的前提条件。由 LSD 法多重比较的结果可知，1999年，各高校的总体科研水平（Z 分数）与2002年、2003年、2005年均存在显著差异（相伴概率分别为：0.010、0.009和0.001），而与2000年、2001年之间并不存在显著差异（相伴概率分别为：0.619和0.137）。由此可知，在大学合并发生之后的2000年和2001年，各参与合并高校的科研水平并没有发生变化，自2002年以后，合并高校的科研整体水平才有所提高。

　　（2）中央部委直属高校合并前后各个科研公共因子变化情况。本研究采用主成分分析法提取了五个公共因子，分别表征高校科研的整体投入情况、科研人员效率、科研经费效率、科研成果获奖情况和科研成果转化情况。图8-7表示的是参与合并的中央部委直属高校在合并前后其各个公共因子得分的均值变化情况，表8-26列出了合并中央部委直属高校各个公共因子的逐年得分。由图8-7和表8-26可知，中央部委直属高校的科研整体投入水平在合并后逐年提高，各高校的科研人员效率自2000年至2002年有了明显的提高，并以2002年为转折点，其后科研人员效率逐年下降；而科研经费效率则在合并前后没有显著变化（2005年的科研经费效率因子得分均值比2000年的降低了0.02）。无论是科研成果获奖情况还是科研成果转化情况，从因子得分的结果来看，自2000年高校合并以来均逐年呈现下降趋势。

表 8 - 26　合并中央部委直属高校各因子逐年得分

公共因子	1999 年	2000 年	2001 年	2002 年	2003 年	2005 年
科研投入因子	-0.2301	0.0236	0.1705	0.3759	0.7478	1.0846
科研人员效率因子	0.2850	0.2675	0.0768	0.8502	0.2995	0.0729
科研经费效率因子	0.0335	0.0928	0.0838	0.1042	0.1226	0.0567
科研成果获奖因子	0.2726	0.0683	0.3575	0.1049	0.2672	0.4069
科研成果转化因子	0.0250	0.0144	0.1020	0.1418	0.3420	0.1469
综合得分	-0.1075	-0.0377	0.0803	0.1554	0.2630	0.3627

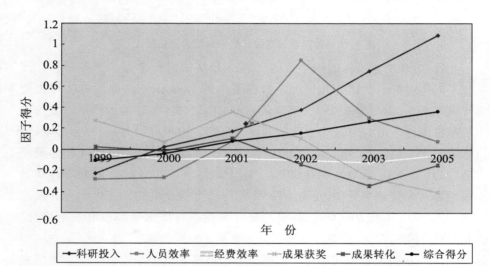

图 8 - 7　合并中央部委直属高校各科研因子得分变化情况

2. 省属高校合并前后科研能力变化情况

（1）省属高校合并前后"科研能力"整体变化情况。根据科研综合水平得分情况，本研究样本选择的 10 所参与合并的省属高校的"科研能力"综合得分均值的变化情况如图 8 - 8 所示。由图 8 - 8 可知，自 2000 年以来，省属高校的"科研能力"整体水平逐年提高，但总体而言变化并不明显。此外，省属高校的"科研能力"整体水平明显低于中央部委直属高校的"科研能力"整体水平。

将这 10 所学校作为一个整体，通过 LSD 法进行单因素方差分析，比较不同年度科研整体情况的变化情况。根据变量的 Homogeneity 检验方法，可知，相伴概率为 0.063 （>0.05），因此，可以认为各个组的总体方差是

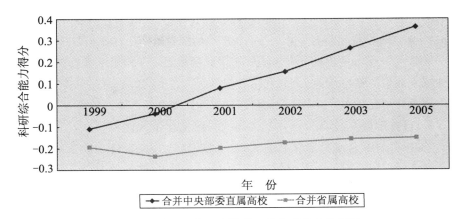

图8-8　合并前后省属高校科研总体水平变化情况

相等的，满足方差检验的前提条件。从 LSD 法多重比较的结果可以看出，各高校的总体科研水平逐年之间均不存在显著差异，由此可知，尽管从均值变化来看科研整体水平有所提高，实际上，自2000年大学合并以来，省属高校的整体科研水平并未发生显著变化，不同学校分别有所变化。

（2）省属高校合并前后各个科研公共因子变化情况。由图8-9可知，自2000年以来，省属合并高校的科研投入水平逐年提高，与"科研能力"综合水平的发展情况两条线几乎平行，表明科研投入水平的提高对科研整体水平的提

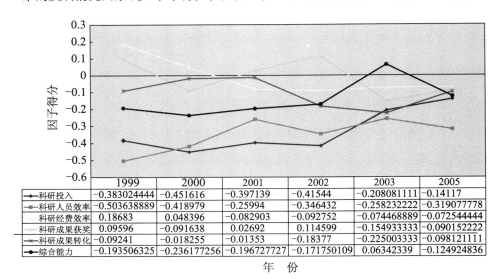

	1999	2000	2001	2002	2003	2005
科研投入	-0.383024444	-0.451616	-0.397139	-0.41544	-0.208081111	-0.14117
科研人员效率	-0.503638889	-0.418979	-0.25994	-0.346432	-0.258232222	-0.319077778
科研经费效率	0.18683	0.048396	-0.082903	-0.092752	-0.074468889	-0.072544444
科研成果获奖	0.09596	-0.091638	0.02692	0.114599	-0.154933333	-0.090152222
科研成果转化	-0.09241	-0.018255	-0.01353	-0.18377	-0.225003333	-0.098121111
综合能力	-0.193506325	-0.236177256	-0.196727727	-0.171750109	0.06342339	-0.124924836

年　份

图8-9　省属高校合并前后各科研公共因子变化情况

高有一定的影响。在科研效率方面，各高校的科研人员效率总体而言有一定的提高，虽然在 2002 年略有下降；各高校的科研经费效率在合并发生当年（2000年—2001 年）明显地出现下降，随后几年保持稳定。在科研成果的产出方面，科研成果获奖情况与科研成果转化二者之间呈交替变化的景象，总体而言，科研成果获奖情况基本保持不变，而科研成果转化则略有下降。

3. 合并部属高校与未合并部属高校科研变化情况比较

（1）科研综合水平变化情况比较。以各所合并与未合并高校的"科研能力"综合得分作为分析数据，运用 LSD（最小显著差异法）和 S-N-K（q 检验）显著性检验法进行多因素方差分析，判断合并与大学在不同年份间的自身发展这两个因素对高校科研整体水平的提高的影响程度（分析结果见表 8-27）。

表 8-27　合并行为和大学自身发展对高校科研能力
综合得分影响的多元因素方差分析

Source	Type III Sum of Squares	df	Mean Square	F	Sig.
大学自身发展（年份）	3.814	5	0.763	4.250	0.001
是否发生合并行为	2.170	1	2.170	12.089	0.001
Error	38.773	216	0.180		
Total	45.410	228			
Corrected Total	45.105	227			

a R Squared = 0.140（Adjusted R Squared = 0.097）

从表 8-27 可以看出，对于中央部委直属高校而言，"大学自身的逐年发展"与"是否发生合并"这两个因素对大学"科研能力"综合得分的变化均有显著影响（$F = 4.250$，Sig. < 0.05；$F = 12.089$，Sig. < 0.05），进一步分析可知，"大学自身的逐年发展"因素贡献的离差平方和为 3.814，均方为0.763；"合并行为"这一因素贡献的离差平方和为 2.170，均方为 2.170。由此可见，"合并行为"对"科研能力"综合得分的影响程度大于"大学自身的逐年发展"。进一步对未合并高校逐年的变化情况作单因素方差分析，运用 LSD 法作多组比较，可以发现不同年度之间各高校的"科研能力"综合得分没有显著性差异，可以进一步验证"大学合并行为是导致'科研能力'综合得分发生变化的重要影响因素"这一结论。

（2）科研投入因子变化情况比较。由图 8-10 和表 8-26 可知，在整体科研投入方面，合并学校与未合并学校均呈现逐年上升的发展趋势，相比而言，合并院校的上升幅度更大（1999 年至 2005 年的逐年因子得分依次为：－0.2301、0.0236、0.1705、0.3759、0.7478、1.0846），特别是在合并当年（2000 年）和第二年（2001 年）尤为明显。

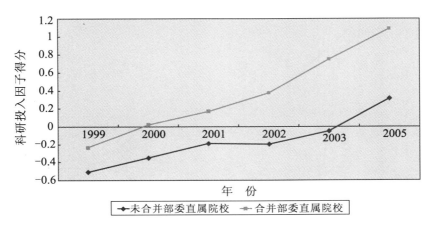

图 8－10　合并与未合并中央部委直属高校的科研投入情况比较

（3）科研人员效率因子变化情况比较。合并当年（2000 年）合并高校的人员效率明显有所提高，持续提高到 2002 年后，合并高校的科研人员效率开始下降（见图 8－11 和表 8－26）。

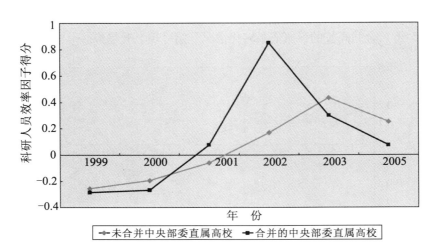

图 8－11　合并与未合并中央部委直属高校的科研人员效率变化情况

（4）科研经费效率因子变化情况比较。合并高校的科研经费使用效率在合并当年（2000 年）和第二年（2001 年）有所提高，此后逐年下滑，但是到 2005 年，合并高校的科研经费使用效率有所提高（见图 8 - 12）。

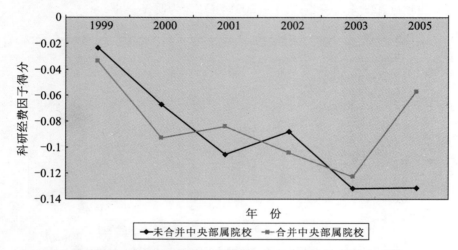

图 8 - 12　合并与未合并中央部委直属高校的科研经费效率变化情况

（5）科研成果获奖和成果转化因子变化情况比较。在科研成果获奖和成果转化方面（见图 8 - 13，图 8 - 14），合并高校在合并当年（2000 年）都出现了明显的提高，与未合并高校在同一时期恰好出现截然不同的结果，而在后续的发展中，二者又是趋同，整体而言均出现下滑的发展状态，而近年来（2005 年）合并高校的科研成果转化情况开始呈现上升趋势。

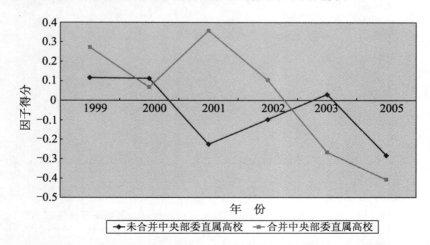

图 8 - 13　合并与未合并中央部委直属高校的科研成果获奖因子变化情况

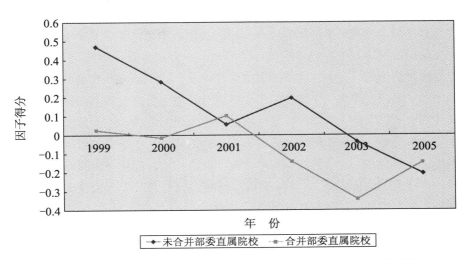

图 8-14　合并与未合并中央部委直属高校的科研成果社会转化因子变化情况

四、讨论

1. 大学合并是否有利于大学的知识生产

由数据分析结果可知，合并高校的"科研能力"综合得分自 2002 年以来逐年增加，表明合并大学的"科研能力"整体水平有所提高。根据本研究对合并高校五个公共因子得分变化的分析结果可知，"科研投入因子"对"科研能力"的贡献率是最大的（权重为 37.446%），而且这五个公共因子中得分变化最大的也是"科研投入因子"，逐年均有大幅度的提高。由此可见，之所以会出现合并后"科研能力"整体水平有所提高，"科研投入"的逐年增多是其中的最主要因素。"投入"的增多、规模的增大，保证大学合并已经实现了"做大"。进一步分析其他各个公共因子的变化情况，伴随着"投入"的增多，整体而言，合并高校在科研经费效率和科研人员效率方面并未体现出明显的提高，而且科研成果的获奖情况和成果转化都呈现出逐年下降的趋势。

由此可见，就各合并高校的科研能力整体水平而言，由于投入的增加，整体水平有了提升，合并"做大了蛋糕"。但是，在大学组织这一知识生产系统中，知识生产的效率以及知识产品的社会转化是其特色所在，合并发生之后的变化并没有体现出大学组织中知识生产的特色，合并并没有完全实现

"做强"。澳大利亚学者 Key Harman 在研究澳大利亚的院校合并时认为，组织合并是两个或者更多的组织放弃它们的法律的和文化的独立个性，支持一个新的单一管理系统控制下的统一体的整合。合并中的"做强"，实际上不仅仅体现为物质、财务、人事和制度等可见的、处于合并操作最前沿的要素的增多、增强，作为一个整体的组织要想有效地运行并发挥其功能，还需要关注那些能够支撑大学物质环境运行的精神力量的强大，主要就是那些难以捉摸的价值观、意识、传统、仪式等文化的因素。从本研究的数据结果可以看出，大学合并对大学的知识生产产生了促进作用，但这一由投入增多而导致的"虚假的表面繁荣"，实际上很容易将学校引向一个表面空前强大而内部没有凝聚感和成员各行其是的危险境地。

2. 大学合并对知识生产能否起到持续的促进作用

数据分析结果表明（见表 8 - 26），合并高校的科研人员效率在合并后的第一年（2001 年）和第二年（2002 年）均发生了明显的提高（因子得分分别增加了 0.34 和 0.77），此后得分下降（2002 年、2003 年和 2005 年的因子得分分别是 0.8502、0.2995、0.0729），而科研经费效率、科研成果获奖和科研成果转化在合并后的第一年也出现了提高（因子得分各增加了 0.01、0.29 和 0.12），此后逐年下降（数据见表 8 - 26），我国这场"大学合并"改革在合并发生后的第一年，合并大学在科研投入、科研人员效率和科研经费效率以及科研成果的获奖和社会转化等方面都得到了提高，取得了"正效益"，然而，在此后几年的时间里，伴随着科研投入的持续增加，科研人员效率和科研经费效率并没有得到相应的持续增加，而且科研成果的获奖和社会转化能力也有所下降。

分析产生这一结果的原因，合并的发生使得原本属于不同高校的人力和物力资源迅速集中发挥作用，带来了规模扩张的同时也会遇到"学校文化的冲突"和"学校内部管理的阵痛"（毛亚庆，吴合文，2005），而大学合并后，"伴随着投入的增加，科研效率和科研成果却出现了下降"，这一结果便是这一冲突和管理阵痛期在大学知识生产方面的集中体现，一定程度上也能反映出在合并大学内部管理机制中存在着一定的问题。值得一提的是，大学合并发生后的真正融合必然是需要经历这样的"阵痛期"和"磨合期"的，大学合并之后的整合管理也需要一个过程，虽然合并之初合并行为对高校的知识生产并未起到持续的促进作用，然而，"短期繁荣"之后的下滑并非是"长久的退步"，本研究结果表明，到 2005 年各合并高校无论在科研效率还是在科研成果产出方面，均又开始呈现出上升的发展态势。

3. 合并对不同类型的大学产生的影响相同吗

从本研究的结果来看，大学合并之后中央部委直属院校的"科研投入因子"有着明显的提高，其变化程度（因子得分增加了1.31）大于合并省属高校"科研投入因子"的变化程度（因子得分增加了0.24），并且进而带动了"科研能力"整体水平的提高，而省属院校的"科研能力"并未发生显著变化。

究其原因，近年来，我国高等教育发展的导向是"坚持走内涵型发展道路，要区别不同的地区、科类和学校，强调高等院校的分层"，政府对不同层次高等院校的变革方式也会有所不同，集中体现在对不同学校有不同的政策倾斜和经费支持。就合并这场变革而言，无论是政府还是合并大学自身，都希望通过"大学合并"扩大学科面，凸显学科群优势，进而提高大学的知识生产能力，这样的希望对于一些研究型大学或者以研究为主的研究教学型大学（目前主要是中央部委直属高校）而言是具备现实可行性的，本研究的数据分析结果也表明，合并对中央部委直属高校的"科研能力"的影响更显著。然而，对于一般的教学科研型大学和教学型院校来说，学校的定位和政府的投入情况也导致了"合并"并不会对大学的"科研能力"的提高有显著影响。

4. 大学所生产的知识正去向何处

数据分析结果表明，合并的中央部委直属高校在合并发生后的第一年，其科研成果获奖和科研成果转化都有提高（因子得分分别提高了0.29和0.12），自2001年以后逐年下降，而且科研成果获奖的下降幅度（2005年比2000年的因子得分降低了0.76）大于合并科研成果转化的下降幅度（2005年比2000年因子得分降低了0.25）。从合并发生的状况来看，在合并当年，"科研成果获奖"的因子得分要高于"科研成果转化"，这也可以反映出当时高等教育组织所追求的知识产品的认同方式。我国现阶段政府主导的高等教育管理体制导致了政府依旧掌握着高校的"生杀大权"，财政拨款来自政府，声誉的提高、自身定位的获得均来自行政力量，大学的知识产品也在寻求来自行政力量的认同，以追求获奖为典型特征。

从研究结果中进一步分析合并之后的状况可以看出，尽管大学合并"短期繁荣"之后（2002年后），科研成果的获奖和社会转化水平均出现了下降，但仅就"获奖"和"成果转化"二者比较而言，目前大学生产出的"知识产品"越来越多地倾向于"成果的社会转化"，在人文社会科学研究中主要体现在提交给有关部门和出版专著等形式。究其原因，随着社会的不断进步和高等教育管理体制的不断完善，高等教育在当今的知识型社会中扮演的角色已经从"社会中的高等教育"转化到"社会的高等教育"，知识生产不再仅仅是"高校的专利"，而高等教育自身也被要求呈现外在于高等教育系统的知识。作为"高等教育知识生产"的产品，科研成果的社会转化是"知识社会认同"的主要形式，合并高校 2003 年以来的发展情况也表明，大学所生产的知识已经逐渐从"追求获奖"走向"强调科研成果的社会转化"。

五、结论

本研究以高校科研能力的变迁为切入点，以 2000 年发生合并的 20 所中央部委直属高校作为研究对象，采用因子分析的方法计算出高校合并前后其在人文社会科学研究中的科研能力综合得分指数和科研投入因子、科研人员效率因子、科研经费效率因子、科研成果获奖和科研成果转化因子的得分，以此为依据，通过纵向时间序列和横向同类比较分析各高校科研能力的变化情况及其发展趋势（至 2005 年），从而更好地理解和认识 20 世纪 90 年代以来的这场"大学合并"改革所产生的效益。主要得出以下结论。

（1）大学合并之后，发生合并的中央部委直属高校"科研能力"整体水平总体上有了提高，这主要得益于科研投入水平的提高。以 2002 年（合并发生两年后）为转折点，此后，各高校的总体科研水平发生了显著提高。各高校的科研经费效率在合并前后没有发生显著变化，科研成果获奖和科研成果转化则先提高后下滑，总体呈下降趋势，表明合并所取得的效果并未体现出高校知识生产的特色。

（2）大学合并之后，在合并发生后的第一年，合并大学在科研投入、科研人员效率和科研经费效率以及科研成果获奖和社会转化等方面都得到了提高，自 2002 年起，伴随着科研投入因子的持续增加，其他因子得分下降，表明合并大学内部在整合管理机制中尚存在着一定的问题，合并并未对大学的知识生产起到持续的促进作用。

（3）就"获奖"和"成果转化"二者比较而言，目前大学所生产的知识已经逐渐从"追求获奖"走向"强调科研成果的社会转化"。

结　语

　　大学合并作为我国20世纪90年代高等教育改革的一种政策选择，既与我国高等教育发展的历史阶段相关，又与人们对高等教育制度和结构的观念变化有关，还与整个高等教育的大气候相关。促使我国大学合并的动因很多，既有追求规模效益的动机，也有学科综合化的寻求，还有大学自身竞争力提高的意愿等诸多因素的影响，是一个多因素的综合平衡过程，但是政府的主导作用是很明显的。

　　合并后的大学面临整合上的许多困难，主要有：资源整合的困难、校区情结的影响、人们的内心冲突、大学治理上分权与集权的困惑，学科建设和学术资源共享的难题，还有政府经费支持的不到位和政策不连贯性带来的困扰。这是大学合并后环境的变化导致的，取决于大学合并后的整合管理能力。抛开政府等外部因素的作用，主要是与大学文化密切相关。究其原因分析发现，合并后的大学冲突是由于大学文化差异的存在，文化是制约大学合并整合管理成败的关键因素，需要我们高度重视文化因素的影响。在整合管理中充分发挥文化的作用，实现大学新的发展。

　　经过研究认为，要实现大学合并后的整合管理，就需要发挥文化整合的力量，进行大学文化的重构，塑造新的大学精神，增强大学成员的认同感和归属感。着力发展特色学科和重点学科的建设，建立学科交叉中心，实现学科群的大发展，提高大学的竞争力。同时，进行管理创新，变革管理理念，构建新的大学管理系统。

　　但是，究竟如何有效进行大学合并后的整合管理，并没有一个万能的模式可循，本文也只是做出了一些简单的尝试，仅是对一个大学出现的问题所做的分析，不具有普适性。具体的整合管理措施方法仍要根据合并大学的实际情况做出具体的决策。而且，我国的大学合并是在政府自上而下的主导下进行的，合并后的组织整合不能忽视与政府关系的处理，尤其是政府需要加大经费投入力度，保持政策支持的稳定性和连贯性。也许综合了多种因素的考量，才能实现完整意义上的大学合并效益。

　　需要说明的是大学合并是一个庞大的系统工程，其合并后的管理涉及方方面面的因素，需要一个长时期的过程，问题在过程中出现，也在过程中解决。

参考文献

1. 文件/史料

[1] 国家教委办公厅. 中国教育改革与发展文献选编 [M]. 北京：人民教育出版社，1993.

[2] 国家教育委员会高等教育司. 积极推进高等教育体制改革：全国高等教育体制改革座谈会文件汇编 [M]. 北京：中国铁道出版社，1995.

[3] 李岚清. 李岚清教育访谈录 [M]. 北京：人民教育出版社，2003.

[4] 中共中央文献编辑委员会. 邓小平文选：第二卷 [M]. 北京：人民出版社，1994.

[5] 中共中央文献编辑委员会. 邓小平文选：第三卷 [M]. 北京：人民出版社，1994.

[6] 中华人民共和国教育部发展规划司. 中国教育年鉴 [M]. 北京：人民教育出版社，1989—2004.

[7] 中华人民共和国教育部发展规划司. 中国教育事业统计年鉴 [M]. 北京：人民教育出版社，1989—2004.

[8] 中央教育科学研究所. 中华人民共和国教育大事记（1949—1982）[M]. 北京：教育科学出版社，1983.

[9] 中央教育科学研究室. 周恩来教育文选 [M]. 北京：教育科学出版社，1984.

[10] 周远清. 周远清教育文集 [M]. 北京：高等教育出版社，2001.

2. 专著/译著

[1] 伯顿·R. 克拉克. 高等教育系统——学术组织的跨国研究 [M]. 王承绪，等，译. 杭州：浙江教育出版社，1994.

[2] 伯顿·R. 克拉克. 高等教育新论——多学科的研究 [M]. 杭州：浙江教育出版社，2001.

[3] 保罗·A. 巴萨蒂尔. 政策过程理论 [M]. 彭宗超，等，译. 北京：生活·读

书·新知三联书店, 2004.

[4] 卡尔·帕顿, 大卫·沙维奇. 政策分析和规划的初步方法 [M]. 孙兰芝, 等, 译. 北京: 华夏出版社, 2001.

[5] 陈学东, 李钢, 张润贵. 高等院校发展战略转型 [M]. 太原: 山西科学技术出版社, 2004.

[6] 成有信, 等. 教育政治学 [M]. 南京: 江苏教育出版社, 1993.

[7] 陈振明. 政策科学——公共政策分析导论: 第二版 [M]. 北京: 中国人民大学出版社, 2003.

[8] Dan E. Inbar, 等. 教育政策基础 [M]. 史明洁, 等, 译. 北京: 教育科学出版社, 2003.

[9] 戴维·L. 韦默, 艾丹·R. 维宁. 政策分析——理论与实践 [M]. 戴星翼, 等, 译. 上海: 上海译文出版社, 2003.

[10] 欧文·拉兹洛. 管理的新思维——第三代管理思想 [M]. 文昭, 等, 译. 北京: 社会科学文献出版社, 2001.

[11] 顾建光. 公共政策分析学 [M]. 上海: 上海人民出版社, 2004.

[12] 国家高级教育行政学院. 中国高等教育体制改革世纪报告 [M]. 北京: 人民教育出版社, 2001.

[13] 格拉夫, 等. 学术权力 [M]. 中译本. 杭州: 浙江教育出版社, 1989.

[14] 郭巍青, 卢坤建. 现代公共政策分析 [M]. 广州: 中山大学出版社, 2000.

[15] 黄继刚. 核心竞争力的动态管理 [M]. 北京: 经济管理出版社, 2004.

[16] 胡建华. 现代中国大学制度的原点——50 年代初期的大学改革 [M]. 南京: 南京师范大学出版社, 2004.

[17] 郝维谦, 龙正中. 高等教育史 [M]. 海口: 海南出版社, 2000.

[18] 金以林. 近代中国大学研究 [M]. 北京: 中央文献出版社, 2000.

[19] 李成智. 公共政策 [M]. 北京: 团结出版社, 2000.

[20] 李连宁, 周异决, 王定华, 等. 民族振兴的希望——中国教育体制改革的进程与前瞻 [M]. 桂林: 广西师范大学出版社, 2000.

[21] 宁骚. 公共政策学 [M]. 北京: 高等教育出版社, 2003.

[22] 邵金荣. 中国高等教育宏观管理体制改革研究 [M]. 北京: 高等教育出版社, 1994.

[23] 孙绵涛, 等. 教育政策论——具有中国特色的社会主义教育政策研究 [M]. 武汉: 华中师范大学出版社, 2002.

[24] 斯图亚特·S. 那格尔. 政策研究百科全书 [M]. 林明, 龚裕, 等, 译. 北京: 科学技术文献出版社, 1990.

[25] 王长征. 企业并购整合——基于企业能力论的一个综合性理论分析框架 [M].

武汉：武汉大学出版社，2002.

[26] 魏江. 基于企业核心竞争力的企业并购与战略管理模式［M］. 北京：科学出版社，2000.

[27] 威廉·N. 邓恩. 公共政策分析导论［M］. 谢明，等，译. 北京：中国人民大学出版社，2002.

[28] 吴鸣. 公共政策的经济学分析［M］. 长沙：湖南人民出版社，2004.

[29] 伍启元. 公共政策［M］. 香港：商务印书馆，1989.

[30] 王骚. 政策原理与政策分析［M］. 天津：天津大学出版社，2003.

[31] 吴志宏，陈韶峰，汤林春. 教育政策与教育法规［M］. 上海：华东师范大学出版社，2001.

[32] 谢明. 公共政策分析［M］. 北京：中国人民大学出版社，2004.

[33] 许美德. 中国大学 1895－1995：一个文化冲突的世纪［M］. 许杰英，等，译. 北京：教育科学出版社，2000.

[34] 杨德广，金星火. 中国高等教育改革的实践与发展趋势［M］. 上海：同济大学出版社，1990.

[35] 阎光才. 识读大学——组织文化的视角［M］. 北京：教育科学出版社，2002.

[36] 约翰·S. 布鲁贝克. 高等教育哲学［M］. 王承绪，等，译. 杭州：浙江教育出版社，1998.

[37] 闵维方. 高等教育运行机制研究［M］. 北京：人民教育出版社，2002.

[38] 袁振国. 中国教育政策评论［M］. 北京：教育科学出版社，2000.

[39] 袁振国. 中国教育政策评论 2001［M］. 北京：教育科学出版社，2001.

[40] 袁振国. 教育政策学［M］. 南京：江苏教育出版社，2001.

[41] 袁振国. 中国教育政策评论 2002［M］. 北京：教育科学出版社，2002.

[42] 袁振国，等. 发展我国教育产业政策研究［M］. 上海：华东师范大学出版社，2002.

[43] 袁振国. 中国教育政策评论 2003［M］. 北京：教育科学出版社，2003.

[44] 袁振国. 中国教育政策评论 2004［M］. 北京：教育科学出版社，2004.

[45] 中国高教学会高教管理专业委员会. 2001 中国高等教育管理——现实与理想［M］. 沈阳：东北大学出版社，2002.

[46] 赵海利. 高等教育公共政策［M］. 上海：上海财经大学出版社，2003.

[47] 张金马. 政策科学导论［M］. 北京：中国人民大学出版社，1992.

[48] 张力. 2001 年中国教育绿皮书——中国教育政策年度分析报告［M］. 北京：教育科学出版社，2001.

[49] 张力. 2002 年中国教育绿皮书——中国教育政策年度分析报告［M］. 北京：教育科学出版社，2002.

［50］张力．2003 年中国教育绿皮书——中国教育政策年度分析报告［M］．北京：教育科学出版社，2003．

［51］张朔，王小梅．全国合并院校经验交流暨发展战略研讨会论文集［M］．武汉：武汉大学出版社，2003．

［52］郑新立．现代政策研究全书［M］．北京：中国经济出版社，1991．

［53］郑燕祥．教育领导与改革新范式［M］．上海：上海教育出版社，2005．

3. 中文期刊学术论文

［1］车海云．高校合并中的政府行为分析［J］．吉林教育科学·高教研究，2001（3）．

［2］陈丽珠．大学整并政策的规模经济观点与盲点［EB/OL］．［2010 - 01 - 06］http：//www3. nccu. edu. tw/ ~ tangcm/doc/2. html/article/E219. pdf.

［3］陈士衡．试论高校合并后学校管理文化的融合策略［J］．中国高教研究，1998（2）．

［4］陈廷柱．高等教育管理研究的有益探索——读伯顿·R. 克拉克：高等教育系统——学术组织的跨国研究——高等教育管理研究的方法［J］．高等教育研究，2000（5）．

［5］陈维嘉．当前高校合并调整需要注意的几个问题［J］．中国高等教育，1998（Z1）．

［6］戴晓霞．高等教育的扩张与结构的转变——兼论西德经验［J］．教育研究资讯，2000，8（2）．

［7］戴晓霞．高等教育整并之国际比较［J］．教育研究集刊，2003，49（2）．

［8］冯向东．关于合并高校资源重新配置的思考［J］．江苏高教，1999（3）．

［9］傅广宛，等．高校合并后的组织文化冲突与整合过程研究［J］．浙江海洋学院学报（人文社科版），2002（3）．

［10］高洪源．中小学并校·政策与策略的再认识［J］．中小学管理，2005（2）．

［11］高良谋，高静美．基于企业购并失败的整合管理［J］．东北财经大学学报，2003（4）．

［12］眭依凡．关于大学组织特性的理性思考［J］．高等教育研究，2000（4）．

［13］郭桂英．对大学合并方式的理性分析［J］．高等教育研究，1998（2）．

［14］韩经纶，王永贵．持续改进的整合管理研究［J］．当代财经，2000（8）．

［15］郝一双．教师资源的有效配置与大学竞争力——以高校合并的规模经济为视角［J］．高教发展与评估，2005（5）．

［16］侯光明．中国高等教育大众化进程中的公共政策问题及建议［J］．理论前沿，2005（21）．

[17] 黄成凤. 对高校合并的几点思考 [J]. 江苏高教, 2003 (2).

[18] 霍沛军. 高校合并中的政府行为 [J]. 科技进步与对策, 1999 (4).

[19] 纪宝成. 中国高等教育改革与发展的若干问题 [J]. 南京经济学院学报, 1998 (2).

[20] 金顶兵, 闵维方. 论大学组织的分化与整合 [J]. 高等教育研究, 2004 (1).

[21] 李均. 建设中国巨型大学的思考 [J]. 教育发展研究, 1999 (5).

[22] 李卫中, 刘朝晖. 论高校合并教职工的心理融合 [J]. 中国高教研究, 2001 (10).

[23] 李湘沅. 高校合并中的文化整合与文化创新 [J]. 中国高等教育, 2001 (12).

[24] 林纯雯. 批判的教育政策分析——以高等教育整并政策为例 [J]. 教育研究集刊, 2003, 49 (2).

[25] 林雅卿. 英国、澳洲、美国高等教育发展对我国大学整并的启示 [J]. 研习资讯. 2003 (6).

[26] 刘海波, 谢仁业. 多校区大学管理的若干理论问题及分析框架 [J]. 教育发展研究, 2001 (8).

[27] 卢兆彤. 建国后两次高校合并的比较研究 [J]. 清华大学教育研究, 2000 (2).

[28] 芦丽君, 文世平. 新中国成立后两次高校合并的比较研究 [J]. 湖南教育学院学报, 2001 (1).

[29] 马陆亭. 高校发展战略规划中的多目标决策问题 [J]. 上海高教研究, 1997 (10).

[30] 毛亚庆, 吴合文. 合并高校整合管理的文化分析 [J]. 高等教育研究, 2005, 46 (12).

[31] 庞丽娟. 关于深化我国高等教育体制改革的几点思考 [J]. 科学中国人, 2004 (4).

[32] 庞青山. 学科融合, 高校合并的高层目标 [J]. 高等教育研究, 1999 (4).

[33] 秦红, 等. 高校实质性合并的理论思考 [J]. 江苏高教, 1999 (4).

[34] 瞿华. 我国高校合并的历史背景及分析 [J]. 辽宁教育行政学院学报, 2004 (5).

[35] 沈曦, 沈红. 高校合并的合理化进程研究 [J]. 理工高教研究, 2004 (4).

[36] 盛冰. 高等教育的治理: 重构政府、高校、社会之间的关系 [J]. 高等教育研究, 2003 (2).

[37] 孙金鑫. 学校合并·规模与质量的博弈 [J]. 中小学管理, 2005 (2).

[38] 唐景莉. 学科交叉 突破特色——著名大学校长纵论创建世界一流大学思路对策 [J]. 中国教育报, 2001 - 03 - 15.

[39] 王珂; 张晓东. 论企业并购后的整合管理 [J]. 经济师, 2000 (8).

［40］王佩军，唐安国. 上海高校合并：现状、问题与对策［J］. 高等教育研究，1997（5）.

［41］王彦斌. 组织管理整合的三个维度［J］. 思想战线，2005（2）.

［42］项贤明. 大众化与高等教育体制变革的理论观察［J］. 科学中国人，2004（4）.

［43］谢维和. 当前中国高等教育的转型及其主要取向［J］. 中国高等教育，2001（6）.

［44］徐力. 高等教育系统——学术组织文化浅析［J］. 浙江大学学报（人文社科版），2001（3）.

［45］徐权. 西方企业兼并整合管理理论综述［J］. 国有资产研究，2000（1）.

［46］徐少亚. 高校合并整合管理的界面探讨［J］. 清华大学教育研究，2001（4）.

［47］徐少亚，袁正英. 知识整合——高校合并后整合管理的关键所在［J］. 中国行政管理，2000（12）.

［48］徐小洲. 论我国高层次大学合并的利弊与发展策略［J］. 教育研究，2002（8）.

［49］薛天祥，王佩军. 对高校合并的理性思考［J］. 上海高教研究，1995（4）.

［50］阎光才. 大学组织整合的文化视角扫描［J］. 教育研究，2000（11）.

［51］燕红，汪苏华，毛晓华. 高校合并的融合与发展——谈合并中的几个热点问题［J］. 中国高教研究，2000（7）.

［52］闫树涛. 多校区大学组织文化管理创新研究［J］. 现代教育科学，2004（7）.

［53］杨春梅. 学术组织视野中的高等教育系统——伯顿·R. 克拉克的高等教育系统观及其启示［J］. 高等教育研究，2002（4）.

［54］姚娅萍，汪桑. 面向21世纪一流大学的高校合并所面临的问题和挑战［J］. 黑龙江高教研究，2001（4）.

［55］余远富. 高校合并办学必须加强和改进思想政治工作［J］. 高等农业教育，1999（10）.

［56］袁振国. 教育政策分析与当前教育政策热点问题［J］. 复旦教育论坛，2003（1）.

［57］张慧洁，李泽彧. 论合并院校组织文化转型的内容与途径［J］. 教育发展研究，2003（2）.

［58］赵长生，顾进秋. 从高校合并看中国高等教育的发展［J］. 继续教育研究，2001（3）.

［59］赵蒙成. 论作为高等教育研究方法的政策分析［J］. 苏州大学学报（哲学社会科学版），1999（4）.

［60］郑才林. 企业兼并中的资源整合管理研究［J］. 中国软科学，2001（8）.

［61］周满生．中国高等教育发展与改革的政策措施［J］．中国高教研究，2005（5）．

［62］周箴．澳大利亚的高校合并及其启示［J］．高等工程教育研究，1997（3）．

4. 硕/博士学位论文

［1］陈娟．合并高校教学质量管理研究［D］．长沙：中南大学，2003.

［2］程永宏．中国就业政策评价与反思［D］．北京：清华大学，2005.

［3］韩华龙．企业并购后的整合管理研究［D］．杭州：浙江工业大学，2004.

［4］韩永珍．合并高校实质性融合研究［D］．武汉：武汉理工大学，2004.

［5］雷静．合并高校深度融合的研究［D］．武汉：武汉理工大学，2005.

［6］李钢．话语文本与国家教育政策分析［D］．北京：北京师范大学，2004.

［7］李建华．中国转型期的区域经济政策研究［D］．北京：中共中央党校，2003.

［8］李新．论入世后推进科教兴国战略与我国高等教育体制改革［D］．长春：东北师范大学，2003.

［9］李新蛇．基于核心能力的高校合并模式研究［D］．西安：西安交通大学，1999.

［10］李艳芳．合并高校运行机制的研究［D］．武汉：武汉理工大学，2003.

［11］刘艳．我国高校合并后的整合策略研究［D］．长沙：湖南师范大学，2005.

［12］刘继荣．高等学校合并重组的理论与实证研究［D］．杭州：浙江大学，2003.

［13］刘丽珍．社会性别视角下的公共政策分析［D］．北京：中国人民大学．

［14］陆熙瑜．面对知识经济我国研究与开发政策分析［D］．北京：中国人民大学，2004.

［15］毛锐．重塑英国：撒切尔政府私有化政策研究［D］．北京：北京师范大学，2003.

［16］齐素泓．我国高校合并后校园文化整合问题研究［D］．武汉：华中师范大学，2004.

［17］瞿华．我国高校合并若干问题研究［D］．长沙：湖南师范大学，2002.

［18］邵颖红．政策评价理论与方法研究［D］．上海：同济大学，2000.

［19］佘远富．合并高校发展战略研究［D］．南京：南京农业大学，2004.

［20］沈学伍．九十年代高校合并的背景及效应分析［D］．苏州：苏州大学，2001.

［21］孙萍．我国合并高校内部管理体制研究［D］．武汉：华中师范大学，2002.

［22］孙孝文．合并高等学校管理优化［D］．武汉：武汉理工大学，2004.

［23］田湘．合并高校管理体制创新的研究［D］．长沙：中南大学，2003.

［24］王波．论合并高校的学科融合［D］．武汉：武汉大学，2004.

［25］王晨曦．合并高校校风建设研究［D］．长沙：中南大学，2003.

［26］王海宽．企业并购后的组织整合管理研究［D］．天津：河北工业大学，2004.

［27］伍运文．试论合并高校的学科建设［D］．长沙：湖南师范大学，2004.

［28］夏卿．对我国户口迁移制度的公共政策分析［D］．昆明：云南大学，2004.

［29］谢沛铭．论合并高校的学科融合［D］．长沙：中南大学，2003.

［30］易红郡．20 世纪英国中等教育政策研究［D］．北京：北京师范大学，2004.

［31］张安富．合并型多校区大学融合过程中的管理研究［D］．武汉：华中科技大学，2004.

［32］张棣．合并后高校组织文化建设的管理学思考［D］．武汉：华中师范大学，2004.

［33］张彤．中国高等教育改革与可持续发展［D］．厦门：厦门大学，2001.

［34］郑展．高等学校合并与文化整合研究［D］．天津：河北工业大学，2004.

［35］朱颖．合并高校校园文化整合研究［D］．长沙：中南大学，2003.

5. 英文著作/期刊文章

［1］Abbott. Amalgamations and the changing costs of Victorian Colleges of Advanced Education during the 1970s and 1980s［J］．Working Paper Series no. 9706, School of Economics, Deakin University, 1997.

［2］Altbach, P. &Sadlak. Higher Education at the Turn of the New Century, Structures, Issues, and Trends［J］．UNESCO Publications, Paris. 1997.

［3］Breuder, Robert. Merger. The opportunities and challenges of institutional partnership［J］．The Educational Record. Washington：Winter 1996 (77) .

［4］Brown, R. Diversity in higher education：do we really want it?［J］．Higher Education：in Perspectives, 2000 (4) .

［5］Brown, R. Collaboration and restructuring in Higher Education Institutions［J］．Perspectives, 2001 (5) .

［6］Chen, David Y. the Amalgamation of Chinese Higher Education Institutions［EB/OL］．Education Policy Analysis Archives 2002 (10) . http：//ola. ed. asu. edu/epaa.

［7］China's Expansion, Consolidation, and Globalization［EB/OL］．International Higher Education. Summer, 2001. http：//www. bc. edu/ bc org/avp/soe% the/newsletter-Mews24/text006. htm.

［8］Fang, Zhao. A Remarkable Move of Restructuring：Chinese Higher Education［EB/OL］．Education Policy Analysis Archives.1998 (6) . http：//www. etaiwannews. com/Forum/Taipei_ Society/2002/02/25/1014604622. htm.

［9］Gamage D. T. La Trobe and lincoln merger：The Process and outcome［J］．Journal of Educational Administration 1992 (4)：73－89.

［10］Geoffrey Mildred. Launching the Unified National Syetem：What happened in South Australia?［J］Higher Education, 2002 (44) .

［11］ Grant Harman. A Merger that Failed: The Case of the University of New England ［J］. Higher Education Quarterly, 1993 (47).

［12］ Grant Harm. Institutional Mergers in Australian Higher Education since 1960 ［J］. Higher Education Quarterly, 2000 (54).

［13］ Harman, G and Harman, K. M. Institutional Mergers in Higher Education: Lessons from International Experience ［J］. Unpublished early draft destined for Tertiary Education and Management, 2002.

［14］ Hay, HR, Fourie, M & Hay, J. F. Are institutional combinations, mergers or amalgamations the answer? An investigation into staff perceptions ［J］. South African Journal of Higher Education, 2001, 15 (1).

［15］ HEFCE 2003 Circular letter Mergers: Consultation on HEFCE guidance on proposals from institutions, 2003 (18).

［16］ Helen Carter. Merger Could Create Giant University Support for Manchester Plan to Unite Campuses ［EB/OL］. (2002 - 03 - 05). http: //www. guardian. co. uk/Distribution/ Redirect Artifact/0, 4678, 0 - 661973, OO. html.

［17］ James Martin, James E. Samels &Associates. Merging colleges for mutual growth: A new strategy for academic managers ［M］. London: Johns Hopkins University Press, 1994.

［18］ Jorunn Dahl Norgard and Ole-Jacob Skodvin. The importance of geography and cultures in mergers: A Norwegian institutional case study ［J］. Higher Education, 2002 (44). Aabuthnott and T. R. Bone. Anatomy of Merger ［J］. Higher Education Quarterly, 1993 (47).

［19］ John D. Millett. Mergers in Higher Education, an Analysis of Ten Case Studies ［M］. The Academy for Education Development, Inc 1984.

［20］ John Niland AC. Hong Kong Higher Education Integration Matters ［R］. Hong Kong, March 2004.

［21］ Julia Eastman and Daniel Lang. Mergers in higher education: lessons from theory and experience ［M］. Toronto: University of Toronto Press, 2001.

［22］ Kay Haarman and V. Lynn Meek. Merger revisited: international perspectives on mergers in higher education. ［J］. Higher Education, 2002 (44).

［23］ Kay Harman. Merging divergent campus cultures into coherent educational communities: Challenges for higher education leaders ［J］. Higher Education, 2002, 44 (1).

［24］ Lang Daniel W. The future of merger: what do we want mergers to do: efficiency or diversity? ［J/OL］. The Canadian Journal Higher Education. 2003, 33 (19). http: // proquest. umi. com/pdqweb? did = 62034847?.

［25］ Lourens, Roy. University Management: Tensions in a Changing Environment ［J］.

Journal of Tertiary Educational Administration, 1990, 12 (1).

[26] Michael Scott. Creating Something New: Amalgamations and Higher Education [EB/OL]. http://www. lookjapan. com/LBopinion/0I OctVPe. html.

[27] Patterson. Findings on Economies of Scale in Higher Education: Implications for Strategies of Merger and Alliance [J]. Tertiary Education and Management, 2000, 6 (4).

[28] Pennington, D. Amalgamations in Higher Education in Australia: Issues in Australian Higher Education [M]. Canberra: The Australian Vice-Chancellors' Committee, 1991.

[29] Shaw, J. Single Mind Suffers Double Vision in The Higher 27 February 2003.

[30] Stainback, Susan, Stainback, William. Facilitating Merger through Personnel Preparation [J]. Teacher Education and Special Education, 1987, 10 (4).

[31] S. J. Dukett. Turning right at the crossroad: The Nelson Report's proposals to transform Australia universities [J]. Higher Education, 2004 (47).

[32] Svein Kyvik. The merger of non-university colleges in Norway [J]. Higher Education, 2002, 44 (1).

[33] Teven H. Appelbaum, Joy Gandell, Harry Yortis. Anatomy of a merger: behavior of organizational factors and processes throughout the pre-during-post-stages [J]. Management Decision, 2000, 38 (9).

[34] WangYibing. Massification of Higher Education-Bottlenecks and Choice of Strategies Facing [EB/OL]. Developing Countries in Asia and The Pacific, 2001. http://www. jangmi. sunmoon. ac. kr/~auf/UN4-1. doc.

[35] Williams, B. The 1988 White Paper on Higher Education [M]. Australian Universities Review, 1988.

附录一：1990 年以来高校合并情况

（截至 2006 年 5 月 15 日）①

序号	合并后学校名称	主管部门	参与合并学校名称	合并时间
1	西安联合大学	陕西省	西安师范专科学校 西安大学	1990 - 01 - 12
2	蚌埠高等专科学校	安徽省	蚌埠食品工业专科学校 蚌埠联合大学	1990 - 06 - 06
3	辽阳师范专科学校	辽宁省	辽阳师范专科学校 辽阳大学	1990 - 10 - 08
4	鞍山师范专科学校	辽宁省	鞍山师范专科学校 鞍山市教育学院	1990 - 10 - 17
5	丹东师范专科学校	辽宁省	丹东师范专科学校 丹东市教育学院	1990 - 10 - 17
6	本溪市高等职业专科学校	辽宁省	本溪大学 本溪市电大	1990 - 10 - 17
7	阜新师范专科学校	辽宁省	阜新师范专科学校 阜新市教育学院	1990 - 10 - 17
8	丹东市轻纺工业专科学校	辽宁省	丹东大学 丹东市电大	1990 - 10 - 17

---

① 中华人民共和国教育部. 1990 年以来高校合并情况 ［EB/OL］. ［2010 - 01 - 07］. http://www. moe. edu. cn/edoas/website18/level3. jsp? tablename = 621&infoid = 19558.

续表

序号	合并后学校名称	主管部门	参与合并学校名称	合并时间
9	抚顺市高等职业专科学校	辽宁省	抚顺大学 抚顺市电大	1990 - 10 - 17
10	营口市高等职业专科学校	辽宁省	营口大学 营口市职工大学 营口市电大	1990 - 10 - 17
11	辽阳师范专科学校	辽宁省	辽阳师范专科学校 辽阳大学 辽阳师范教育学院	1990 - 10 - 17
12	铁岭师范专科学校	辽宁省	铁岭师范专科学校 铁岭市教育学院	1990 - 10 - 17
13	朝阳师范专科学校	辽宁省	朝阳师范专科学校 朝阳市教育学院	1990 - 10 - 17
14	本溪师范专科学校	辽宁省	本溪师范专科学校 本溪市教育学院	1990 - 10 - 17
15	锦州师范专科学校	辽宁省	锦州师范专科学校 锦州市教育学院	1990 - 10 - 17
16	抚顺师范专科学校	辽宁省	抚顺师范专科学校 抚顺市教育学院	1990 - 10 - 17
17	营口师范专科学校	辽宁省	营口师范专科学校 营口市教育学院	1990 - 10 - 17
18	鞍山市高等职业专科学校	辽宁省	鞍山市电大 鞍山大学	1990 - 10 - 17
19	西江大学	广东省	西江大学 肇庆师范专科学校	1990 - 12 - 19
20	佛山大学	广东省	佛山大学 佛山师范专科学校	1990 - 12 - 19
21	韶关大学	广东省	韶关大学 韶关师范专科学校	1990 - 12 - 19

续表

序号	合并后学校名称	主管部门	参与合并学校名称	合并时间
22	嘉应大学	广东省	嘉应大学 嘉应师范专科学校	1990 - 12 - 19
23	上海市轻工业职工大学	上海市	上海市轻工业局职工大学 上海市造纸公司职工大学 上海市钟表公司职工大学	1990 - 12 - 31
24	上海市仪表电子工业职工大学	上海市	上海市仪表电讯工业局职工大学 上海市仪器仪表公司职工大学	1990 - 12 - 31
25	重庆兵器工业职工大学	兵总公司	长安机器制造厂职工大学 江陵机器厂职工大学 嘉陵机器厂职工大学 建设机床厂职工大学 长江电工厂职工大学 望江机器厂职工大学 西南车辆制造厂职工大学 泸州化工厂职工大学	1990 - 12 - 31
26	青海省联合职工大学	青海省	西宁钢厂职工大学 青海重型机床厂职工大学 青海地质职工专科学校 青海建筑职工专科学校 青海卫生职工专科学校	1990 - 12 - 31
27	武汉交通管理干部学院	交通部	武汉交通政治管理干部学院 长江航运职工大学	1990 - 12 - 31
28	上海市化学工业职工大学	上海市	上海市塑料公司职工大学 上海市橡胶公司职工大学	1990 - 12 - 31
29	上海冶金联合职工大学	上海市	上海冶金职工大学 上海第一钢铁厂职工大学 上海第三钢铁厂职工大学	1990 - 12 - 31

续表

序号	合并后学校名称	主管部门	参与合并学校名称	合并时间
30	南平师范专科学校	福建省	南平师范专科学校 南平职业大学	1991 - 02 - 25
31	宁德师范专科学校	福建省	宁德师范专科学校 闽东职业大学	1991 - 02 - 25
32	合肥联合大学	安徽省	合肥联合大学 合肥外语专科学校	1991 - 02 - 25
33	湖南中医学院	湖南省	湖南中医学院 湖南科技大学	1991 - 02 - 26
34	武汉市职工大学	湖北省	武汉市二轻职工大学 武汉市建筑工业总公司职工大学 武汉市职工大学	1991 - 03 - 01
35	甘肃机械电子职工大学	甘肃省	兰州石化机器厂职工大学 兰州通用机器厂职工大学 国营长风机器厂职工大学 甘肃长城电器工业公司职工大学	1991 - 03 - 14
36	武汉市机械工业职工大学	湖北省	武汉市机械工业局职工大学 武汉市锅炉厂职工大学 武汉重型机床厂职工大学 武汉机床厂职工大学 中原机械厂职工大学	1991 - 03 - 14
37	成都工业职工大学	四川省	成都市二轻局职工大学 成都市医药局职工大学 成都量具刃具厂职工大学	1991 - 03 - 14
38	武汉职工财经学院	湖北省	武汉职工财经学院 武汉肉联厂职工大学	1991 - 03 - 14

续表

序号	合并后学校名称	主管部门	参与合并学校名称	合并时间
39	成都电子职工大学	四川省	国光电子管总厂职工大学 前锋无线电仪器厂职工大学 南光机器厂职工大学	1991 - 03 - 14
40	山西机电职工学院	山西省	山西机械职工大学 太原市机械工业局职工大学 太原矿山机器厂职工大学	1991 - 03 - 26
41	山西煤炭职工联合大学	煤炭部	潞安矿务局职工大学 汾西矿务局职工大学 阳泉矿务局职工大学 西山矿务局职工大学	1991 - 03 - 26
42	长沙机械电子职工大学	湖南省	长沙市电子职工大学 长沙市冶金机械职工大学	1991 - 05 - 28
43	湖南石化职工大学	湖南省	湖南省化工职工大学 长沙市化工局职工大学 长岭炼油厂职工大学	1991 - 05 - 28
44	湖南煤炭职工大学	湖南省	湖南省资兴矿务局职工大学 湖南省涟邵矿务局职工大学	1991 - 05 - 28
45	南京市师范专科学校	江苏省	南京市师范专科学校 南京教育学院	1991 - 06 - 01
46	郑州大学	河南省	郑州大学 黄河大学	1991 - 07 - 02
47	广州市联合职工大学	广东省	广州市机电工业局职工大学 广州市轻工业局职工大学 广州市第二轻工业局职工大学 广州市电子工业总公司职工大学 广州纺织工业职工大学 广州市交通运输职工大学 广州钢铁厂职工大学 广州无线电厂职工大学	1991 - 09 - 07

续表

序号	合并后学校名称	主管部门	参与合并学校名称	合并时间
48	云南兵器工业职工大学	兵工公司	云南光学仪器厂职工大学 西南仪器厂职工工业学院	1991 - 11 - 20
49	山西兵器工业职工大学	兵工公司	山西机床厂职工工学院 晋西机器厂职工大学 淮海机械厂职工大学 惠丰机械厂职工工学院 新华化工厂职工工学院 兴安化学材料厂职工大学 晋安化工厂职工大学	1991 - 11 - 20
50	湖南兵器工业职工大学	兵工公司	江南机器厂职工工学院 沅江兵工联合职工大学 江麓机械厂职工大学	1991 - 11 - 20
51	辽宁兵器工业职工大学	兵工公司	东北机器制造厂职工大学 五三工厂职工大学 庆阳化工厂职工大学	1991 - 11 - 20
52	延边职工大学	吉林省	延边职工大学 延吉市职工大学 石岘造纸厂职工大学	1991 - 11 - 20
53	镇江市高等专科学校	江苏省	镇江市职业大学 镇江教育学院 江苏省广播电视大学镇江分校	1992 - 03 - 05
54	重庆城建职工学院	重庆市	重庆建筑勘察设计院职工大学 重庆建筑职工大学	1992 - 03 - 30
55	吉林省行政管理干部学院	吉林省	吉林省政法管理干部学院 吉林省宣传文化管理干部学院	1992 - 03 - 30
56	山西师范大学	山西省	临汾师范专科学校 山西师范大学	1992 - 04 - 25
57	安顺师范专科学校	贵州省	安顺教育学院 安顺师范专科学校	1992 - 05 - 18

序号	合并后学校名称	主管部门	参与合并学校名称	合并时间
58	郑州大学	河南省	河南体专 郑州大学	1992 - 05 - 18
59	贵州财经学院	贵州省	贵州计划管理干部学院 贵州财经学院	1992 - 05 - 18
60	贵州工学院	贵州省	贵州建筑专科学校 贵州工学院	1992 - 05 - 18
61	铜仁师范专科学校	贵州省	铜仁教育学院 铜仁师范专科学校	1992 - 05 - 18
62	扬州大学	江苏省	扬州工学院 扬州师范学院 江苏农学院 扬州医学院 江苏商业专科学校 江苏水利工程专科学校 国家税务局扬州培训中心	1992 - 05 - 19
63	苏州市职业大学	江苏省	苏州市职业大学 苏州经济管理干部学院	1992 - 05 - 29
64	苏州市职工大学	江苏省	苏州市电子工业局职工大学 苏州市商业职工大学 苏州市业余美术专科学校 苏州市化学工业局职工大学 苏州市工艺美术职工大学	1992 - 05 - 29
65	无锡市职工大学	江苏省	无锡市职工大学 无锡市电子仪表工业局职工大学 无锡市机械工业联合职工大学 无锡市轻工业局职工大学 无锡市化学工业局职工大学 无锡机床厂职工大学	1992 - 05 - 29

续表

序号	合并后学校名称	主管部门	参与合并学校名称	合并时间
66	常州市职工大学	江苏省	常州市纺织工业职工大学 常州市建筑职工大学 常州市建材职工大学	1992 - 05 - 29
67	徐州经济管理干部学院	江苏省	徐州经济管理干部学院 徐州市职工大学	1992 - 05 - 29
68	南通市职工大学	江苏省	南通市职工大学 南通工业管理干部学院	1992 - 05 - 29
69	武汉水运工程学院	交通部	武汉河运专科学校 武汉水运工程学院	1992 - 06 - 04
70	北京经贸学院	北京市	北京经济学院 北京财贸学院	1992 - 06 - 06
71	北京工业大学	北京市	北京工业大学 北京计算机学院	1992 - 06 - 06
72	淮南矿业学院	统配煤矿公司	华北煤炭医学高等专科学校 淮南矿业学院	1993 - 01 - 30
73	南昌大学	江西省	江西大学 江西工业大学	1993 - 03 - 01
74	宝鸡文理学院	陕西省	宝鸡师院 宝鸡大学	1993 - 05 - 06
75	琼州大学（专科）	海南省	通什师范专科学校 通什教育学院	1993 - 07 - 29
76	贵州大学	贵州省	贵州大学 贵州人民大学	1993 - 11 - 03
77	四川联合大学	国家教委	四川大学 成都科技大学	1993 - 11 - 24
78	天津医科大学	天津市	天津医学院 天津第二医学院	1993 - 12 - 03

续表

序号	合并后学校名称	主管部门	参与合并学校名称	合并时间
79	云南工业大学	云南省	云南工学院 重庆建筑工程学院昆明分院 云南化工专科学校 成都电子科大昆明分部	1993 - 12 - 06
80	青岛大学	山东省	青岛大学 青岛医学院 山东纺织工学院 青岛师范专科学校	1993 - 12 - 07
81	江西新余钢铁总厂职工大学	江西省	江西新余钢铁总厂职工大学 江西钢厂职工大学	1994 - 01 - 27
82	东北农业大学	黑龙江省	东北农学院 黑龙江省农业管理干部学院	1994 - 02 - 01
83	湖南商学院	湖南省	湖南商业专科学校 湖南省商业管理干部学院	1994 - 02 - 05
84	四川三峡学院	四川省	万县师范专科学校 万县教院区工交职工中专学校	1994 - 03 - 26
85	上海大学	上海市	上海大学 上海法律高等专科学校	1994 - 03 - 29
86	上海大学	上海市	上海工业大学 上海科技大学 上海大学 上海科技高等专科学校	1994 - 04 - 25
87	上海师范大学	上海市	上海师范大学 上海技术师范学院	1994 - 04 - 25
88	北京教育学院	北京市	北京教育学院 北京教育行政学院	1994 - 06 - 28

续表

序号	合并后学校名称	主管部门	参与合并学校名称	合并时间
89	上海市建设职工大学	上海市	上海市业余土木建筑学院 市建筑工程职工大学 市政工程局职工大学	1994 - 08 - 22
90	集美大学	福建省	集美航海学院（保留建制） 厦门水产学院 福建体育学院 集美财经高等专科学校 集美师范专科学校	1994 - 10 - 08
91	南开大学	国家教委	天津对外贸易学院 南开大学	1994 - 11 - 15
92	河北医科大学	河北省	河北医学院 河北中医学院 石家庄医学高等专科学校	1995 - 02 - 16
93	河北农业大学	河北省	河北农业大学 河北林学院	1995 - 02 - 16
94	河北经贸大学	河北省	河北财经学院 河北经贸学院 河北商业高等专科学校	1995 - 02 - 16
95	上海铁道大学	铁道部	上海铁道学院 上海铁道医学院	1995 - 03 - 06
96	湖北三峡学院	湖北省	宜昌医学专科学校 宜昌师范专科学校 宜昌职业大学	1995 - 03 - 06
97	西安外国语学院	陕西省	西安外国语学院 陕西省外国语师范专科学校	1995 - 03 - 06
98	苏州大学	江苏省	苏州蚕桑专科学校 苏州大学	1995 - 03 - 06
99	华南理工大学	广东省	广东电力专科学校 华南理工大学	1995 - 03 - 11

续表

序号	合并后学校名称	主管部门	参与合并学校名称	合并时间
100	广东工业大学	广东省	广东工学院 广东机械学院 华南建设学院（东院）	1995 - 03 - 11
101	佛山科学技术学院	广东省	佛山大学 佛山农牧高等专科学校	1995 - 03 - 11
102	广东外语外经贸大学	广东省	广州外国语学院 广州对外贸易学院 广东财税专科学校（筹）	1995 - 03 - 11
103	深圳大学	广东省	深圳师范专科学校 深圳大学	1995 - 03 - 11
104	首都经济贸易大学	北京市	北京经济学院 北京财贸学院	1995 - 03 - 24
105	哈尔滨理工大学	机械部	哈尔滨科技大学 哈尔滨电工学院 哈尔滨工业高等专科学校	1995 - 04 - 05
106	武汉科技大学	冶金部	武汉钢铁学院 武汉建筑高等专科学校 武汉冶金医学高等专科学校	1995 - 04 - 05
107	华北电力大学	电力部	华北电力学院 北京动力经济学院	1995 - 05 - 04
108	中国农业大学	农业部	北京农业大学 北京农业工程大学	1995 - 05 - 24
109	荆州师范高等专科学校	湖北省	荆州教育学院 荆州师范高等专科学校	1995 - 06 - 12
110	黄冈师范高等专科学校	湖北省	黄冈教育学院 黄冈师范高等专科学校	1995 - 06 - 12
111	齐齐哈尔大学	黑龙江省	齐齐哈尔师范学院 齐齐哈尔轻工学院	1995 - 06 - 27

续表

序号	合并后学校名称	主管部门	参与合并学校名称	合并时间
112	佳木斯大学	黑龙江省	佳木斯工学院 佳木斯医学院 佳木斯师范专科学校 佳木斯大学	1995 - 06 - 27
113	四川核工业职工大学	核工业总公司	八一二厂职工工学院 第一研究设计院职工大学	1996 - 03 - 04
114	甘肃核工业职工大学	核工业总公司	国营五〇四厂职工大学 国营四〇四厂职工大学	1996 - 03 - 04
115	石河子大学	农业部	石河子农学院 石河子医学院 新疆生产建设兵团经济专科学校 新疆生产建设兵团师范专科学校	1996 - 04 - 04
116	绍兴文理学院	浙江省	绍兴师范专科学校 绍兴高等专科学校 绍兴职工大学 浙江电大绍兴分校	1996 - 04 - 04
117	延边大学	吉林省	延边大学 延边医学院 延边农学院 延边师范高等专科学校 吉林艺术学院延边分院	1996 - 04 - 16
118	北京化工大学	化工部	北京化工大学 北京化工管理干部学院	1996 - 04 - 19
119	河北科技大学	河北省	河北轻化工学院 河北机电学院 河北纺织职工大学	1996 - 04 - 23
120	长沙大学	湖南省	长沙职业技术师范专科学校 长沙大学	1996 - 04 - 23

续表

序号	合并后学校名称	主管部门	参与合并学校名称	合并时间
121	河北师范大学	河北省	河北师范大学 河北师范学院 河北教育学院	1996 - 04 - 23
122	盐城工学院	江苏省	盐城工业专科学校 盐城职业大学 盐城市纺织职工大学	1996 - 05 - 14
123	陕西经贸学院	陕西省	西安基础大学 陕西财政专科学校 陕西商业专科学校	1996 - 05 - 14
124	武汉水利电力大学	电力部	武汉水利电力大学 葛洲坝水电工程学院	1996 - 05 - 16
125	江西财经大学	财政部	江西财经学院 江西财经管理干部学院	1996 - 05 - 16
126	上海理工大学	机械部	华东工业大学 上海机械高等专科学校	1996 - 05 - 28
127	同济大学	国家教委 上海市	上海城建学院 上海建材学院 同济大学	1996 - 07 - 18
128	湛江海洋大学	广东省	湛江水产学院 湛江农业专科学校	1996 - 07 - 18
129	华东理工大学	国家教委	华东理工大学 上海石化高等专科学校（撤销）	1996 - 10 - 07
130	合肥工业大学	机械部	合肥工业大学 安徽工学院	1997 - 01 - 22
131	呼伦贝尔学院（专科）	内蒙古	海拉尔师范专科学校 呼伦贝尔管理干部学院 教院呼伦贝尔盟教育学院 内蒙古电大呼伦贝尔分校	1997 - 01 - 23

续表

序号	合并后学校名称	主管部门	参与合并学校名称	合并时间
132	贵州大学	贵州省	贵州大学 贵州农学院 贵州艺术高等专科学校 贵州省农业管理干部学院	1997－02－03
133	宁夏大学	宁夏回族 自治区	宁夏大学 宁夏工学院 银川师范专科学校 教育学院	1997－02－03
134	淮阴师范学院	江苏省	淮阴师范专科学校 淮阴教育学院	1997－02－20
135	太原理工大学	山西省	太原工业大学 山西矿业学院	1997－03－17
136	广西大学	广西壮族 自治区	广西大学 广西农学院	1997－03－17
137	苏州大学	江苏省	苏州丝绸工学院 苏州大学	1997－04－02
138	宁波大学	浙江省	宁波大学 宁波师范学院 浙江水产学院宁波分校	1997－05－05
139	青海师范大学	青海省	青海师范大学 青海教育学院	1997－08－13
140	青海大学	青海省	青海大学 青海畜牧兽医学院	1997－08－13
141	华东师范大学	上海市	上海幼儿师范高等专科学校 华东师范大学	1997－09－03
142	上海师范大学	上海市	上海师范高等专科学校 上海师范大学	1997－09－03

续表

序号	合并后学校名称	主管部门	参与合并学校名称	合并时间
143	山西财经大学	供销合作总社 山西省	山西财经学院 山西经济管理学院	1997 - 10 - 27
144	东北大学	冶金部	东北大学 沈阳黄金学院	1997 - 11 - 25
145	遵义师范高等专科学校	贵州省	遵义师范高等专科学校 遵义教育学院	1997 - 12 - 29
146	延安大学	陕西省	延安大学 延安医学院	1997 - 12 - 31
147	中国人民公安大学	公安部	中国人民公安大学 中国人民警官大学	1998 - 02 - 24
148	上海商业职业技术学院	上海市	上海财贸管理干部学院 上海商业局一局职工大学 上海粮食局职工大学 上海供销职工大学	1998 - 03 - 06
149	浙江海洋学院	浙江省	浙江水产学院 舟山师范专科学校	1998 - 03 - 06
150	柳州职业技术学院	广西壮族自治区	广西冶金工业职大 柳州市机电职大 柳州市工业职大 柳州市职大 柳州市教育学院	1998 - 03 - 06
151	德州高等专科学校	山东省	德州师范专科学校 德州教育学院 德州市直机关业余大学	1998 - 03 - 09
152	沈阳大学	冶金部 辽宁省	沈阳大学 沈阳工业高等专科学校	1998 - 03 - 18

续表

序号	合并后学校名称	主管部门	参与合并学校名称	合并时间
153	襄樊学院	湖北省	襄阳师范高等专科学校 襄樊职业大学 襄樊教育学院	1998 - 03 - 19
154	包头职业技术学院	兵器总公司	包头机械工业学校 国营内蒙古第一、第二机械制造厂职工大学	1998 - 03 - 20
155	新疆医科大学	新疆维吾尔自治区	新疆医学院 新疆中医学院	1998 - 04 - 07
156	淄博学院	山东省	淄博师范专科学校 淄博市职工大学 淄博教育学院 山东省广播电视大学淄博分校 山东建材工业学院淄博分校	1998 - 04 - 09
157	湖北民族学院	湖北省	湖北民族学院 恩施医学高等专科学校	1998 - 05 - 18
158	中国矿业大学	国家煤炭工业局	中国矿业大学 北京煤炭管理干部学院	1998 - 05 - 28
159	中南工业大学	有色金属工业局	中南工业大学 长沙工业高等专科学校	1998 - 06 - 08
160	南宁职业技术学院	广西壮族自治区	南宁职业大学 南宁市教育学院 广西电大南宁分校	1998 - 06 - 12
161	大同职业技术学院	山西省	大同高等专科学校 大同市教育学院	1998 - 06 - 18
162	南京气象学院	中国气象局	南京气象学院 北京气象学院	1998 - 07 - 16

序号	合并后学校名称	主管部门	参与合并学校名称	合并时间
163	云南师范大学	云南省	云南师范大学 云南教育学院	1998 - 07 - 20
164	青岛建筑工程学院	山东省	青岛建筑工程学院 青岛冶金矿山职工大学	1998 - 07 - 20
165	北京科技大学	教育部	北京科技大学 北京冶金管理干部学院	1998 - 07 - 20
166	云南财贸学院	云南省	云南财贸学院 云南经济管理干部学院	1998 - 07 - 20
167	电子科技大学	教育部	电子科技大学 成都冶金管理干部学院	1998 - 08 - 12
168	浙江大学	教育部	浙江大学 杭州大学 浙江农业大学 浙江医科大学	1998 - 08 - 26
169	华东师范大学	教育部	华东师范大学 上海教育学院 上海第二教育学院	1998 - 08 - 26
170	忻州师范高等专科学校	山西省	忻州师范专科学校 忻州地区教育学院 忻州职工大学	1998 - 09 - 07
171	晋中师范高等专科学校	山西省	晋中师范专科学校 晋中地区教育学院	1998 - 09 - 07
172	华北矿业高等专科学校	煤炭局	华北矿业高等专科学校 有色金属管理干部学院	1998 - 09 - 08
173	哈尔滨航空职工大学	中国航空工业总公司	哈尔滨飞机制造公司职工工学院 东安发动机制造公司职工工学院	1998 - 11 - 27

续表

序号	合并后学校名称	主管部门	参与合并学校名称	合并时间
174	西安航空职工大学	中国航空工业总公司	西安航空发动机公司职工工学院 陕西航空工业职工大学 宝成通用电子公司职工工学院 陕西飞机制造公司职工工学院 飞行试验研究院职工工学院 （六三零研究所职工工学院）	1998-11-30
175	沈阳航空职工大学	中国航空工业总公司	沈阳飞机制造公司职工工学院 黎明发动机制造公司职工工学院	1998-11-30
176	昆明理工大学	云南省	昆明理工大学 云南工业大学	1999-02-13
177	云南大学	云南省	云南大学 云南政法高等专科学校	1999-02-13
178	常州工业技术学院	江苏省	常州工业技术学院 常州市轻工业职工大学	1999-03-08
179	天津师范大学	天津市	天津师范大学 天津师范高等专科学校 天津教育学院	1999-03-12
180	连云港职业技术学院	江苏省	连云港职业大学 连云港市职业技术学院 连云港市职业技术教育中心	1999-03-12
181	常德师范学院	湖南省	常德师范高等专科学校 常德高等专科学校	1999-03-25
182	岳阳师范学院	湖南省	岳阳师范高等专科学校 岳阳大学	1999-03-25

序号	合并后学校名称	主管部门	参与合并学校名称	合并时间
183	内蒙古农业大学	内蒙古	内蒙古农牧学院 内蒙古林学院	1999－03－25
184	盐城师范学院	江苏省	盐城师范专科学校 盐城教育学院	1999－03－25
185	南通师范学院	江苏省	南通师范专科学校 南通教育学院	1999－03－25
186	衡阳师范学院	湖南省	衡阳师范高等专科学校 衡阳教育学院 （即衡阳市教师进修学院）	1999－03－25
187	太原师范学院	山西省	山西大学师范学院 太原师范专科学校 山西省教育学院	1999－03－25
188	湖州师范学院	浙江省	湖州师范专科学校 湖州教师进修学院 湖州师范学校	1999－03－25
189	临沂师范学院	山东省	临沂师范专科学校 临沂教育学院	1999－03－25
190	山西师范大学	山西省	山西师范大学 山西省职业师范专科学校	1999－04－29
191	山西机电职工学院	山西省	山西机电职工学院 太原重型机械厂职工大学 大众机械厂职工大学	1999－05－25
192	四川师范大学	四川省	成都煤炭管理干部学院 四川师范大学	1999－06－03
193	北京工商大学	北京市	北京轻工业学院 北京商学院 机械工业管理干部学院	1999－06－10

续表

序号	合并后学校名称	主管部门	参与合并学校名称	合并时间
194	江西工业职业技术学院	江西省	江西省国防工业职工大学 江西省纺织工业职工大学 南昌无线电工业学校	1999 - 07 - 26
195	淮北职业技术学院	安徽省	淮北矿务局职工大学 淮北教育学院 安徽广播电视大学淮北分校	1999 - 07 - 26
196	天津工业职业技术学院	天津市	天津市职工纺织学院 天津市电子仪表局职工大学	1999 - 07 - 26
197	东华大学	教育部	中国纺织大学 上海纺织高等专科学校	1999 - 08 - 13
198	山东科技大学	山东省	山东矿业学院 山东煤炭教育学院	1999 - 08 - 16
199	上海交通大学	教育部	上海交通大学 上海农学院	1999 - 08 - 16
200	长春中医学院	吉林省	长春中医学院 吉林省卫生管理干部学院	1999 - 08 - 27
201	吉林工学院	吉林省	吉林工学院 长春煤炭管理干部学院	1999 - 08 - 27
202	长春广播电视大学	吉林省	长春市广播电视大学 长春市成人文理学院	1999 - 08 - 27
203	北华大学	吉林省	吉林师范学院 吉林医学院 吉林林学院 吉林电气化高等专科学校	1999 - 09 - 01

序号	合并后学校名称	主管部门	参与合并学校名称	合并时间
204	西北农林科技大学	教育部	西北农业大学 西北林学院 中国科学院水利部水土保持研究所 水利部西北水利科学研究所 陕西省农业科学院 陕西省西北植物研究所 陕西省林业科学研究院	1999－09－09
205	清华大学	教育部	清华大学 中央工艺美术学院	1999－09－22
206	中国科学技术大学	中国科学院	中国科学技术大学 合肥经济技术学院	1999－11－23
207	重庆冶金成人学院	重庆市	重庆钢铁公司职工大学 重庆特殊钢厂职工大学 西南铝加工厂职工大学	2000－01－21
208	宜春学院	江西省	宜春师范专科学校 宜春农业专科学校 宜春医学专科学校 宜春市职工业余大学	2000－01－25
209	南京经济学院	江苏省	南京经济学院 江苏财经高等专科学校 江苏经济管理干部学院	2000－02－15
210	中国政法大学	教育部	中央政法管理干部学院 中国政法大学	2000－02－28
211	河海大学	教育部	常州水电机械制造职工大学 河海大学	2000－02－28
212	北京信息工程学院	北京市	电子工业管理干部学院 北京成人电子工业学院 北京信息工程学院	2000－02－28

续表

序号	合并后学校名称	主管部门	参与合并学校名称	合并时间
213	华中理工大学	教育部	武汉科技职工大学 华中理工大学	2000 - 02 - 28
214	中央财经大学	教育部	中央财政管理干部学院 中央财经大学	2000 - 02 - 28
215	北京教育学院	北京市	北京教育学院 北京市成人教育学院	2000 - 03 - 06
216	乐山师范学院	四川省	乐山师范高等专科学校 乐山教育学院	2000 - 03 - 21
217	洛阳师范学院	河南省	洛阳师范高等专科学校 洛阳教育学院	2000 - 03 - 21
218	南阳师范学院	河南省	南阳师范高等专科学校 南阳教育学院	2000 - 03 - 21
219	玉林师范学院	广西壮族自治区	玉林师范高等专科学校 玉林市教育学院 玉林市高等职业技术学院（筹）	2000 - 03 - 21
220	渭南师范学院	陕西省	渭南师范专科学校 渭南教育学院	2000 - 03 - 21
221	皖西学院	安徽省	六安师范专科学校 皖西联合大学 六安师范学校	2000 - 03 - 21
222	廊坊师范学院	河北省	廊坊师范专科学校 廊坊教育学院 廊坊师范学校	2000 - 03 - 21
223	商丘师范学院	河南省	商丘师范高等专科学校 商丘教育学院	2000 - 03 - 21
224	忻州师范学院	山西省	忻州师范高等专科学校 忻州师范学校	2000 - 03 - 21

续表

序号	合并后学校名称	主管部门	参与合并学校名称	合并时间
225	井冈山师范学院	江西省	吉安师范专科学校 吉安教育学院	2000 - 03 - 21
226	曲靖师范学院	云南省	曲靖师范高等专科学校 曲靖教育学院 曲靖师范学校	2000 - 03 - 21
227	内江师范学院	四川省	内江师范高等专科学校 内江教育学院	2000 - 03 - 21
228	包头师范学院	内蒙古	包头师范高等专科学校 包头教育学院 包头师范学校	2000 - 03 - 21
229	嘉兴学院	浙江省	浙江经济高等专科学校 嘉兴高等专科学校	2000 - 03 - 22
230	常州工学院	江苏省	常州工业技术学院 常州市机械冶金职工大学	2000 - 03 - 22
231	肇庆学院	广东省	西江大学 肇庆教育学院	2000 - 03 - 22
232	哈尔滨学院	黑龙江省	哈尔滨师范专科学校 哈尔滨大学 哈尔滨市教育学院 哈尔滨市成人教育学院 哈尔滨师范学校	2000 - 03 - 22
233	惠州学院	广东省	惠阳师范专科学校 惠州教育学院	2000 - 03 - 22
234	玉溪师范学院	云南省	玉溪师范高等专科学校 玉溪师范学校 玉溪成人教育培训中心	2000 - 03 - 22
235	茂名学院	广东省	广东石油化工高等专科学校 广东省茂名教育学院 茂名石油工业公司职工大学	2000 - 03 - 22

续表

序号	合并后学校名称	主管部门	参与合并学校名称	合并时间
236	韶关学院	广东省	韶关大学 韶关教育学院	2000 - 03 - 22
237	黑龙江工程学院	黑龙江省	黑龙江交通高等专科学校 哈尔滨工程高等专科学校	2000 - 03 - 22
238	长春工程学院	吉林省	长春建筑高等专科学校 长春工业高等专科学校 长春水利电力高等专科学校	2000 - 03 - 22
239	淮阴工学院	江苏省	淮阴工业专科学校 江苏省农垦职工大学 淮阴市机械工业职工大学	2000 - 03 - 22
240	南京晓庄学院	江苏省	南京师范专科学校 南京教育学院 南京市晓庄师范学校	2000 - 03 - 22
241	嘉应学院	广东省	嘉应大学 嘉应教育学院	2000 - 03 - 22
242	潍坊学院	山东省	潍坊高等专科学校 昌潍师范专科学校	2000 - 03 - 23
243	三峡大学	湖北省	湖北三峡学院 武汉水利电力大学宜昌校区	2000 - 03 - 23
244	淮南师范学院	安徽省	淮南师范专科学校 淮南教育学院 淮南师范学校	2000 - 03 - 23
245	南华大学	湖南省	中南工学院 衡阳医学院	2000 - 03 - 27
246	湖南师范大学	湖南省	湖南师范大学 湖南教育学院	2000 - 03 - 27
247	贵州工业大学	贵州省	贵州工业大学 贵州省经济管理干部学院	2000 - 03 - 28

续表

序号	合并后学校名称	主管部门	参与合并学校名称	合并时间
248	黔南民族师范学院	贵州省	黔南民族师范高等专科学校 黔南州教育学院 都匀民族师范学校	2000 - 03 - 28
249	上海中医药大学	上海市	上海中医药大学 上海医学高等专科学校	2000 - 03 - 29
250	苏州大学	江苏省	苏州大学 苏州医学院	2000 - 03 - 29
251	北京大学	教育部	北京大学 北京医科大学	2000 - 03 - 31
252	北京工业大学	北京市	北京工业大学 国家建材局管理干部学院	2000 - 04 - 05
253	安阳师范学院	河南省	安阳师范高等专科学校 安阳教育学院	2000 - 04 - 05
254	重庆大学	教育部	重庆大学 重庆建筑大学 重庆建筑高等专科学校	2000 - 04 - 11
255	长安大学	教育部	西北建筑工程学院 西安工程学院 西安公路交通大学	2000 - 04 - 11
256	东南大学	教育部	东南大学 南京铁道医学院 南京交通高等专科学校	2000 - 04 - 11
257	西安交通大学	教育部	西安交通大学 西安医科大学 陕西财经学院	2000 - 04 - 11
258	中南财经政法大学	教育部	中南财经大学 中南政法大学	2000 - 04 - 11

续表

序号	合并后学校名称	主管部门	参与合并学校名称	合并时间
259	中南大学	教育部	中南工业大学 湖南医科大学 长沙铁道学院	2000 - 04 - 11
260	湖南大学	教育部	湖南大学 湖南财经学院	2000 - 04 - 11
261	同济大学	教育部	同济大学 上海铁道大学	2000 - 04 - 11
262	北方交通大学	教育部	北方交通大学 北京电力高等专科学校	2000 - 04 - 11
263	济南大学	山东省	山东建筑材料工业学院 济南联合大学	2000 - 04 - 20
264	上海应用技术学院	上海市	上海轻工业高等专科学校 上海冶金高等专科学校 上海化工高等专科学校	2000 - 04 - 20
265	复旦大学	教育部	复旦大学 上海医科大学	2000 - 04 - 21
266	天津工业大学	天津市	天津纺织工学院 天津市经济管理干部学院	2000 - 04 - 24
267	广州大学	广东省	广州师范学院 广州大学 广州师范专科学校 广州教育学院 广州市城建职工大学 广州建筑总公司职工大学 华南建设学院西院 广州市联合职工大学电信学院 纺织学院	2000 - 04 - 24

序号	合并后学校名称	主管部门	参与合并学校名称	合并时间
268	上海第二轻工业职工大学	上海市	上海轻工业职工大学 上海第二轻工业局职工大学	2000 - 04 - 24
269	北京教育学院	北京市	北京教育学院 北京实验大学	2000 - 05 - 11
270	武汉理工大学	教育部	武汉工业大学 武汉汽车工业大学 武汉交通科技大学	2000 - 05 - 23
271	华中科技大学	教育部	华中理工大学 同济医科大学 武汉城市建设学院	2000 - 05 - 23
272	内蒙古民族大学	内蒙古	内蒙古民族师范学院 内蒙古蒙医学院 哲里木畜牧学院	2000 - 05 - 29
273	哈尔滨工业大学	国防科工委	哈尔滨工业大学 哈尔滨建筑大学	2000 - 05 - 31
274	吉林大学	教育部	吉林大学 吉林工业大学 白求恩医科大学 长春科技大学 长春邮电学院	2000 - 06 - 05
275	福建农林大学	福建省	福建农业大学 福建林学院	2000 - 06 - 05
276	郑州大学	河南省	郑州大学 郑州工业大学 河南医科大学	2000 - 06 - 12
277	南京工程学院	江苏省	南京机械高等专科学校 南京电力高等专科学校	2000 - 06 - 12

续表

序号	合并后学校名称	主管部门	参与合并学校名称	合并时间
278	河南大学	河南省	河南大学 开封医学高等专科学校 开封师范高等专科学校	2000 - 06 - 12
279	三明高等专科学校	福建省	三明师范高等专科学校 三明职业大学 三明市教师进修学校 三明师范学校	2000 - 06 - 12
280	湖南工程学院	湖南省	湘潭机电高等专科学校 湖南纺织高等专科学校	2000 - 06 - 12
281	对外经济贸易大学	教育部	对外经济贸易大学 中国金融学院	2000 - 06 - 12
282	首都医科大学	北京市	首都医科大学 北京医学高等专科学校 北京职工医学院	2000 - 06 - 14
283	山东大学	教育部	山东大学 山东医科大学 山东工业大学	2000 - 07 - 14
284	武汉大学	教育部	武汉大学 武汉水利电力大学 武汉测绘科技大学 湖北医科大学	2000 - 07 - 16
285	北京工业大学	北京市	北京工业大学 北京水利电力函授学院 华北水利水电学院北京研究生部	2000 - 07 - 18
286	北京中医药大学	教育部	北京中医药大学 北京针灸骨伤学院	2000 - 07 - 26
287	桂林市教育学院	广西壮族自治区	桂林市教育学院 桂林地区教育学院	2000 - 08 - 01

序号	合并后学校名称	主管部门	参与合并学校名称	合并时间
288	西南科技大学	四川省	西南工学院 绵阳经济技术高等专科学校	2000 - 08 - 23
289	辽宁中医学院	辽宁省	辽宁中医学院 辽宁卫生职工医学院	2000 - 09 - 28
290	四川大学	教育部	四川大学 华西医科大学	2000 - 09 - 28
291	新疆大学	新疆	新疆大学 新疆工学院	2000 - 10 - 20
292	哈尔滨商业大学	黑龙江省	黑龙江商学院 黑龙江财政专科学校	2000 - 10 - 24
293	安徽工业大学	安徽省	华东冶金学院 安徽商业高等专科学校	2000 - 10 - 24
294	新疆财经学院	新疆	新疆财经学院 新疆经济管理干部学院 新疆财政学校	2000 - 10 - 25
295	沈阳建筑工程学院	辽宁省	沈阳建筑工程学院 辽宁建设职工大学	2000 - 11 - 02
296	北京市西城经济科技大学	北京市	北京市西城经济科技大学 北京市西城区职工大学	2000 - 11 - 24
297	阜新高等专科学校	辽宁省	阜新高等专科学校 阜新市职工大学	2000 - 11 - 24
298	佛山职业技术学院	广东省	佛山煤田职工地质学院 佛山职工大学 佛山机电学校	2001 - 01 - 02
299	贵州人民警察职业技术学院	贵州省	贵州公安管理干部学院 贵州政法管理干部学院	2001 - 01 - 02

续表

序号	合并后学校名称	主管部门	参与合并学校名称	合并时间
300	江南大学	教育部	无锡轻工大学 江南学院 无锡教育学院	2001 - 01 - 04
301	南昌大学	江西省	南昌大学 江西医学院	2001 - 01 - 21
302	湖南师范大学	湖南省	湖南师范大学 湖南省政法管理干部学院	2001 - 01 - 31
303	西南师范大学	教育部	西南师范大学 重庆市轻工业职工大学	2001 - 02 - 02
304	苏州科技学院	江苏省	苏州城市建设环境保护学院 苏州铁道师范学院	2001 - 03 - 19
305	华中师范大学	教育部	华中师范大学 湖北省供销合作学校	2001 - 03 - 19
306	鞍山钢铁集团公司职工大学	辽宁省	鞍钢职工工学院 鞍山冶金管理干部学院	2001 - 03 - 24
307	西藏大学	西藏	西藏大学 西藏农牧学院	2001 - 03 - 30
308	丹东职业技术学院	辽宁省	丹东师范高等专科学校 丹东纺织高等专科学校 大连医科大学丹东分校	2001 - 04 - 02
309	营口职业技术学院	辽宁省	营口师范高等专科学校 营口高等职业专科学校	2001 - 04 - 02
310	西南农业大学	重庆市	西南农业大学 四川畜牧兽医学院 中国农业科学院柑橘研究所	2001 - 04 - 26
311	贵州教育学院	贵州省	贵州教育学院 贵阳职工大学	2001 - 04 - 28

续表

序号	合并后学校名称	主管部门	参与合并学校名称	合并时间
312	朝阳师范高等专科学校	辽宁省	朝阳师范高等专科学校 朝阳职工大学 朝阳市第一师范学校	2001 - 04 - 29
313	重庆工学院	重庆市	重庆工学院 重庆经济管理干部学院	2001 - 04 - 29
314	咸阳师范学院	陕西省	咸阳师范专科学校 咸阳教育学院	2001 - 05 - 11
315	涪陵师范学院	重庆市	涪陵师范高等专科学校 涪陵教育学院	2001 - 05 - 11
316	昌吉学院	新疆	昌吉师范专科学校 昌吉州教育学院	2001 - 05 - 11
317	成都理工大学	四川省	成都理工学院 四川商业高等专科学校 成都有色地质职工大学	2001 - 05 - 11
318	南京工业大学	江苏省	南京工业大学 南京建筑工程学院	2001 - 05 - 11
319	渝西学院	重庆市	重庆师范高等专科学校 渝州教育学院	2001 - 05 - 11
320	楚雄师范学院	云南省	楚雄师范高等专科学校 楚雄民族师范学校	2001 - 05 - 11
321	宜宾学院	四川省	宜宾师范高等专科学校 宜宾教育学院	2001 - 05 - 11
322	重庆师范学院	重庆市	重庆师范学院 重庆市纺织工业局职工大学 重庆市幼儿师范学校	2001 - 05 - 17
323	杭州商学院	浙江省	杭州商学院 浙江政法管理干部学院	2001 - 05 - 17

续表

序号	合并后学校名称	主管部门	参与合并学校名称	合并时间
324	天津中德职业技术学院	天津市	天津职工工业技术学院 天津市职工现代企业管理学院	2001 - 06 - 06
325	西安财经学院	陕西省	陕西经贸学院 西安统计学院	2001 - 06 - 14
326	陕西理工学院	陕西省	汉中师范学院 陕西工学院	2001 - 06 - 14
327	大理学院	云南省	大理医学院 大理师范高等专科学校	2001 - 06 - 18
328	西北师范大学	甘肃省	西北师范大学 甘肃省经济管理干部学院	2001 - 06 - 28
329	兰州商学院	甘肃省	兰州商学院 甘肃省职工财经学院	2001 - 07 - 03
330	甘肃联合大学	甘肃省	甘肃联合大学 甘肃教育学院	2001 - 07 - 19
331	内蒙古师范大学	内蒙古	内蒙古师范大学 内蒙古教育学院	2001 - 07 - 23
332	江苏大学	江苏省	江苏理工大学 镇江医学院 镇江师范专科学校	2001 - 08 - 01
333	中国药科大学	江苏省	中国药科大学 江苏省药科学校	2001 - 09 - 12
334	锦州师范高等专科学校	辽宁省	锦州师范高等专科学校 锦州职工大学	2001 - 10 - 13
335	江汉大学	湖北省	江汉大学 武汉教育学院 武汉市职工医学院 华东理工大学汉口分校	2001 - 10 - 17

续表

序号	合并后学校名称	主管部门	参与合并学校名称	合并时间
336	中山大学	教育部	中山大学 中山医科大学	2001 - 10 - 22
337	宁夏大学	宁夏	宁夏大学 宁夏农学院	2001 - 11 - 01
338	上海第二工业大学	上海市	上海第二工业大学 上海东沪职业技术学院	2001 - 11 - 19
339	咸宁学院	湖北省	咸宁医学院 咸宁师范高等专科学校	2002 - 03 - 04
340	湖北经济学院	湖北省	湖北商业高等专科学校 武汉金融高等专科学校 湖北省计划管理干部学院	2002 - 03 - 04
341	邢台学院	河北省	邢台师范高等专科学校	2002 - 03 - 04
342	唐山学院	河北省	唐山高等专科学校 西南交通大学唐山分校 唐山市职工大学	2002 - 03 - 04
343	九江学院	江西省	九江财经高等专科学校 九江师范专科学校 九江医学专科学校 九江教育学院	2002 - 03 - 04
344	铜陵学院	安徽省	铜陵财经专科学校 安徽省冶金工业学校 铜陵师范学校	2002 - 03 - 06
345	邵阳学院	湖南省	邵阳师范高等专科学校 邵阳高等专科学校	2002 - 03 - 06
346	南京审计学院	江苏省	南京审计学院 南京金融高等专科学校	2002 - 03 - 08
347	淮海工学院	江苏省	淮海工学院 连云港化工高等专科学校	2002 - 03 - 08

续表

序号	合并后学校名称	主管部门	参与合并学校名称	合并时间
348	长沙电力学院	湖南省	长沙电力学院 湖南轻工业高等专科学校	2002 - 03 - 14
349	周口师范学院	河南省	周口师范高等专科学校 周口教育学院	2002 - 03 - 14
350	合肥学院	安徽省	合肥联合大学 合肥教育学院 合肥师范学校	2002 - 03 - 14
351	沈阳师范大学	辽宁省	沈阳师范学院 辽宁教育学院	2002 - 03 - 21
352	闽江学院	福建省	福州师范高等专科学校 闽江职业大学	2002 - 03 - 21
353	莆田学院	福建省	莆田高等专科学校 福建医大莆田分校（专科） 莆田华侨体育师范学校	2002 - 03 - 21
354	泰山学院	山东省	泰安师范专科学校 泰安教育学院 泰安乡镇企业职工大学 泰安市广播电视大学（资源） 泰安师范学校	2002 - 03 - 21
355	湖南城市学院	湖南省	湖南城建高等专科学校 益阳师范高等专科学校	2002 - 03 - 21
356	山东理工大学	山东省	山东工程学院 淄博学院	2002 - 03 - 21
357	河南科技大学	河南省	洛阳工学院 洛阳医学高等专科学校 洛阳农业高等专科学校	2002 - 03 - 21
358	湖南师范大学	湖南省	湖南师范大学 湖南医学高等专科学校	2002 - 03 - 21

续表

序号	合并后学校名称	主管部门	参与合并学校名称	合并时间
359	山东交通学院	山东省	济南交通高等专科学校 中国重型汽车集团公司职工大学	2002 - 03 - 21
360	福建工程学院	福建省	福建建筑高等专科学校 福建职业技术学院	2002 - 03 - 21
361	哈尔滨医科大学	黑龙江省	哈尔滨医科大学 鸡西煤炭医学高等专科学校	2002 - 05 - 13
362	本溪冶金高等专科学校	辽宁省	本溪冶金高等专科学校 本溪师范高等专科学校 本溪高等职业专科学校	2002 - 05 - 15
363	锦州师范学院	辽宁省	锦州师范学院 辽宁商业高等专科学校	2002 - 05 - 15
364	沈阳工业大学	辽宁省	沈阳工业大学 辽阳石油化工高等专科学校	2002 - 05 - 15
365	辽宁大学	辽宁省	辽宁大学 辽宁外国语师范高等专科学校	2002 - 05 - 15
366	湖南大学	教育部	湖南大学 湖南计算机高等专科学校	2002 - 05 - 23
367	哈尔滨师范大学	黑龙江省	哈尔滨师范大学 呼兰师范专科学校 黑龙江农垦师范专科学校	2002 - 06 - 05
368	青岛职业技术学院	山东省	青岛职业技术学院 青岛教育学院	2002 - 06 - 06
369	山西工业职业技术学院	山西省	山西矿业职业技术学院	2002 - 06 - 06
370	漳州职业技术学院	福建省	漳州职业大学 漳州农业机械学校	2002 - 06 - 06

续表

序号	合并后学校名称	主管部门	参与合并学校名称	合并时间
371	郑州煤炭管理干部学院	河南省	郑州煤炭管理干部学院 郑州煤炭职工地质学院	2002 - 06 - 11
372	吉首大学	湖南省	吉首大学 武陵高等专科学校	2002 - 06 - 19
373	宁夏职业技术学院	宁夏	宁夏广播电视大学 宁夏重工业职工大学 （宁夏机械技工学校） 宁夏职工科技学院	2002 - 07 - 30
374	哈尔滨师范大学	黑龙江省	哈尔滨师范大学 黑龙江省物资职工大学 黑龙江省物资学校	2002 - 08 - 28
375	北京市财贸管理干部学院	北京市	北京市立信会计职工大学 北京财政学校 北京市财贸管理干部学院	2002 - 09 - 27
376	重庆医科大学	重庆市	重庆医科大学 重庆职工医学院	2002 - 09 - 28
377	沈阳音乐学院	辽宁省	沈阳音乐学院 辽宁工运学院	2002 - 10 - 17
378	电子科技大学	教育部	电子科技大学 中山学院	2002 - 10 - 31
379	保定师范专科学校	河北省	保定师范专科学校 保定地区教育学院	2002 - 11 - 26
380	衡水师范专科学校	河北省	衡水师范专科学校 衡水地区教育学院	2002 - 11 - 26
381	邯郸师范专科学校	河北省	邯郸师范专科学校 邯郸市教育学院 邯郸地区教育学院	2002 - 11 - 26

序号	合并后学校名称	主管部门	参与合并学校名称	合并时间
382	太原大学	山西省	太原大学 太原市教育学院 太原师范学校 太原市园林技校	2002 - 12 - 26
383	沈阳职业技术学院	辽宁省	沈阳联合职工大学科技学院 商学院 汽车学院 沈阳职工大学 沈阳市机电工业学校	2003 - 01 - 17
384	安徽职业技术学院	安徽省	安徽纺织职业技术学院 安徽省轻工业学校 安徽材料工程学校 安徽工业经济学校	2003 - 01 - 24
385	杭州师范学院	浙江省	杭州师范学院 杭州医学高等专科学校	2003 - 02 - 09
386	辽东学院	辽宁省	辽宁财政高等专科学校 丹东职业技术学院	2003 - 04 - 16
387	赤峰学院	内蒙古	赤峰民族师范高等专科学校 赤峰教育学院 内蒙古广播电视大学赤峰分校	2003 - 04 - 16
388	西华大学	四川省	四川工业学院 成都师范高等专科学校	2003 - 04 - 16
389	湘南学院	湖南省	郴州师范高等专科学校 郴州医学高等专科学校 郴州教育学院	2003 - 04 - 16
390	西安文理学院	陕西省	西安联合大学 西安教育学院	2003 - 04 - 16

续表

序号	合并后学校名称	主管部门	参与合并学校名称	合并时间
391	长江大学	湖北省	江汉石油学院 湖北农学院 荆州师范学院 湖北省卫生职工医学院	2003 - 04 - 16
392	沈阳工程学院	辽宁省	沈阳电力高等专科学校 辽宁商务职业学院	2003 - 04 - 16
393	长沙理工大学	湖南省	长沙交通学院 长沙电力学院	2003 - 04 - 16
394	湖南科技大学	湖南省	湘潭工学院 湘潭师范学院	2003 - 04 - 16
395	河北工程学院	河北省	河北建筑科技学院 邯郸医学高等专科学校 邯郸农业高等专科学校	2003 - 04 - 16
396	四川理工学院	四川省	四川轻化工学院 自贡师范高等专科学校 自贡高等专科学校 自贡教育学院	2003 - 04 - 16
397	红河学院	云南省	蒙自师范高等专科学校 云南广播电视大学红河分校	2003 - 04 - 16
398	内蒙古科技大学	内蒙古	包头钢铁学院 包头医学院 包头师范学院	2003 - 04 - 16
399	西昌学院	四川省	西昌农业高等专科学校 西昌师范高等专科学校 凉山大学 凉山教育学院	2003 - 05 - 08
400	湖北中医学院	湖北省	湖北中医学院 湖北药检高等专科学校	2003 - 05 - 11

续表

序号	合并后学校名称	主管部门	参与合并学校名称	合并时间
401	河北北方学院	河北省	张家口医学院 张家口师范专科学校 张家口农业高等专科学校	2003 - 05 - 19
402	东华理工学院	江西省	东华理工学院 抚州师范专科学校	2003 - 05 - 23
403	四川建筑职业技术学院	四川省	四川建筑职业技术学院 中国重型机械集团公司职工大学	2003 - 06 - 02
404	井冈山学院	江西省	井冈山师范学院 井冈山医学高等专科学校 井冈山职业技术学院	2003 - 07 - 09
405	江西科技师范学院	江西省	江西科技师范学院 南昌高等专科学校	2004 - 02 - 10
406	闽西职业技术学院	福建省	闽西职业大学龙岩市工业学校	2004 - 03 - 02
407	武汉软件职业学院	湖北省	汉口职业技术学院 武汉市广播电视大学	2004 - 04 - 14
408	河南工业大学	河南省	郑州工程学院 郑州工业高等专科学校	2004 - 05 - 17
409	南通大学	江苏省	南通医学院 南通工学院 南通师范学院	2004 - 05 - 17
410	贵阳学院	贵州省	贵阳师范高等专科学校 贵阳金筑大学	2004 - 05 - 17
411	重庆科技学院	重庆市	重庆工业高等专科学校 重庆石油高等专科学校	2004 - 05 - 17
412	广西财经学院	广西区	广西财政高等专科学校 广西商业高等专科学校	2004 - 05 - 19

续表

序号	合并后学校名称	主管部门	参与合并学校名称	合并时间
413	黄淮学院	河南省	驻马店师范高等专科学校 民办中原职业技术学院	2004 - 05 - 21
414	黄石理工学院	湖北省	黄石高等专科学校 黄石教育学院	2004 - 06 - 02
415	黑龙江大学	黑龙江省	黑龙江大学 黑龙江水利专科学校	2004 - 08 - 02
416	吉林大学	教育部	吉林大学 军需大学	2004 - 08 - 09
417	青海大学	青海省	青海大学 青海医学院	2004 - 08 - 09
418	贵州大学	贵州省	贵州大学 贵州工业大学	2004 - 08 - 14
419	兰州大学	甘肃省	兰州大学 兰州医学院	2004 - 11 - 09
420	安徽师范大学	安徽省	安徽师范大学 芜湖师范专科学校	2005 - 03 - 01
421	徐州工程学院	江苏省	彭城职业大学 徐州经济管理干部学院	2005 - 03 - 10
422	金陵科技学院	江苏省	金陵职业大学 南京农业专科学校	2005 - 03 - 10
423	毕节学院	贵州省	毕节师范高等专科学校 毕节教育学院	2005 - 03 - 11
424	重庆工商大学	重庆市	重庆商学院 渝州大学	2005 - 03 - 29
425	西南大学	重庆市	西南师范大学 西南农业大学	2005 - 07 - 12

续表

序号	合并后学校名称	主管部门	参与合并学校名称	合并时间
426	上海交通大学	上海市	上海交通大学 上海第二医科大学	2005 - 07 - 12
427	首都经济贸易大学	北京市	首都经济贸易大学 燕京华侨职业学院	2005 - 09 - 26
428	北京工业大学	北京市	北京工业大学 北京艺术设计职业学院	2005 - 09 - 26
429	温州大学	浙江省	温州大学 温州师范学院	2006 - 02
430	江西工业职业技术学院	江西省	江西工业职业技术学院 江西轻工职业技术学院	2006 - 03
431	山西大同大学	山西省	雁北师范学院 大同医学专科学校 大同职业技术学院 山西工业职业技术学院	2006 - 03

附录二：实地调研访谈提纲

学校管理人员访谈提纲

访问时间：_____ 访问地点：_____

访问者：_____

接受访问人员：_____

1. 请介绍一下您的工作经历。

2. 您是否参与了合并成立××大学的规划和具体实施工作？请您介绍一下当时合并规划的一些背景信息。

3. 您是如何理解国家"大学合并"政策的？您认为，××大学的合并成立，是属于政府行为还是学校自身发展的意愿呢？政府和学校各自的原因（动机）是什么呢？

4. 请您详细地介绍一下合并是如何进行的。（如果有的话，请提供相关文献资料）

5. 根据您的切身经历，您在参与合并工作过程中，遇到了哪些问题？您（或学校其他部门）采取了哪些措施解决这些问题？效果如何？能否进一步改进？

6. 请您简要介绍一下合并后成立的××大学的整个组织和管理机制。这一体制的建立经历了怎样的过程？有什么经验与教训？

7. 在各个分校区，是如何开展相应工作的？针对不同校区，从管理方式到行政制度等，是否存在差异？

8. 作为学校管理人员，您认为××大学的成立，给整个学校带来了哪些变化？给××大学的教师和学生带来了哪些变化？

9. 从您个人来说，合并前后对您个人的心理和工作有哪些影响和变化？

10. 根据您的切身经历，现在××大学已经成立近八年了，您如何看待这次合并？您认为合并的效果如何？据您的了解，学校教师和学生如何评价新××大学的合并成立？

11. 根据××大学这些年取得的成绩和您个人的工作经验，您认为对于合并大学而言，实现进一步发展的关键是什么？

12. 对于今后的大学合并，您对政府、社会公众、学校和研究机构分别有什么好的建议吗？

行政部门负责人员访谈提纲

访谈时间：＿＿＿＿＿＿＿＿＿＿　　访谈地点：＿＿＿＿＿＿＿＿＿＿＿

访问者：＿＿＿＿＿＿＿＿＿＿＿＿＿＿＿＿＿＿＿＿＿＿＿＿＿＿＿

接受访问人员：＿＿＿＿＿＿＿＿＿＿＿＿＿＿＿＿＿＿＿＿＿＿＿＿

1. 请介绍一下您的工作经历。

2. 您是否参与了合并成立××大学的规划和具体实施工作？请介绍一下当时合并规划的一些背景信息（时间、参与人员、主要过程）。

3. 您是如何理解国家"大学合并"政策的？您认为××大学的合并成立，是属于政府行为还是学校自身发展的意愿呢？政府和学校各自的原因（动机）是什么呢？

4. 请您详细地介绍一下合并是如何进行的。

5. 请您简要介绍一下合并后成立的××大学的整个组织和管理机制，您所在的部门在其中发挥了怎样的作用？在合并过程中和合并之后，为配合学校的整体规划工作，您所在的部门做了哪些工作？

6. 作为学校管理人员，您认为××大学的成立，给整个学校带来了哪些变化？给××大学的教师和学生带来了哪些变化？

7. 从您个人来说，合并前后对您个人的心理和工作有哪些影响和变化？

8. 根据您的切身经历，现在××大学已经成立近八年了，您如何看待这次合并？您认为合并的效果如何？据您的了解，学校教师和学生如何评价新××大学的合并成立？

9. 根据××大学这些年取得的成绩和您个人的工作经验，您认为对于合并大学而言，实现进一步发展的关键是什么？

10. 对于今后的大学合并，您对政府、社会公众、学校和研究机构分别有什么好的建议吗？

教师访谈提纲

访问时间：_____　　　　访问地点：_____

访问者：_____

接受访问人员：_____

1. 请您简单介绍一下自己的经历。

2. 您是如何理解国家"大学合并"政策的？您认为××大学的合并成立，是属于政府行为还是学校自身发展的意愿呢？政府和学校各自的原因（动机）是什么呢？

3. 请您回忆一下合并发生时的过程，您所在的院系或专业是否经历了合并与重建？您认为，专业重组的目的是什么？是如何进行的？

4. 作为一名教师，您认为××大学的成立，给整个学校带来了哪些变化？

5. 从您个人来说，合并前后对您个人的心理和工作有哪些影响和变化？

6. 根据您的切身经历，学校在合并过程中，遇到了哪些问题？采取了哪些措施解决这些问题？效果如何？

7. 根据您的切身经历，现在××大学已经成立近八年了，您如何看待这次合并？您认为合并的效果如何？

8. 根据××大学这些年取得的成绩和您个人的工作经验，您认为大学合并后，实现有效整合和进一步发展的关键是什么？

9. 对于今后的大学合并，您对政府、社会公众、学校和研究机构分别有什么好的建议吗？

学生访谈提纲

访问时间：_____   访问地点：_____

访问者：_____

接受访问人员：_____

1. 请您简单介绍一下自己（年级、专业、过去的学习经历）。

2. 您是如何理解国家"大学合并"政策的？您认为，××大学的合并成立，是属于政府行为还是学校自身发展的意愿呢？政府和学校各自的原因（动机）是什么呢？

3. 请您回忆一下合并发生时的过程，您所在的院系或专业是否经历了合并与重建？

4. 作为一名学生，您认为××大学的成立，给整个学校带来了哪些变化？给您个人的学习和将来的就业带来了哪些影响和变化？

5. 根据您的切身经历，学校在合并过程中，遇到了哪些问题？采取了哪些措施解决这些问题？效果如何？

6. 现在××大学已经成立近八年了，您如何看待这次合并？您认为合并的效果如何？

7. 从您个人的感受来看，大学合并后，学校所做的哪些工作是最重要的？还应该做哪些努力呢？

地方合并高校实地调研访谈提纲

1. 该校合并时，当地社会经济的发展背景是怎么样的？

2. 请简要介绍一下学校合并的历史进程，几次合并的意向是怎样达成的，合并的基础是什么，现在看，当时有没有忽略的地方？

3. 合并后该校发展定位和近远期的发展规划是什么？

4. 在合并后这几年的发展过程中，学校在自身的定位和发展方向方面的实际情况怎样？发展中存在什么问题和困惑？您认为问题的原因是什么？

5. 请问学校现在的就业情况怎么样？学生中存在的考研热和专升本热，您认为原因是什么？您认为该怎样来解决这个问题？

6. 合并给该校的发展带来了怎样的变化？这些变化是否会对当地的社会经济发展带来效益和影响？

7. 在学校最初达成合并意向、合并进程、合并后学校的发展定位以及地方服务这方面，政府的角色是什么？您认为政府为促进学校发展以及服务地方都做了哪些？在其中发挥了怎样的作用？除此之外，您还觉得政府还应该做出怎样的努力？

8. 请您根据您对学校发展现状的了解，谈谈学校应该从哪些方面着手努力或者调整，才会发展得更好、更长远？

关于合并大学的访谈提纲

1. 我们大学合并是基于什么样的考虑呢？在这些推动力中，政府、学校各扮演了什么样的角色？

2. 大学合并后，作为大学的一员（校长、管理者、教师、学生），您认为合并后大学发生了哪些明显的变化？请具体举例说明。这些变化给高校又带来了什么样的影响？

3. 大学合并后，在您的工作、经验中出现了哪些您以前未曾遇见过的问题或现象？您认为可以通过什么样的方法避免或改善这种情况？

4. 合并后大学发生的这些变化和您预想的有偏差吗？假如说有偏差，那么，您认为是什么因素造成了这些偏差？或者说没有达到的原因是什么？

5. 作为学校的一员，您认为合并后大学的整合存在哪些困难？目前，我们学校还应该做好哪些方面的工作？您认为合并后大学融合和发展的关键因素是什么？为什么？

6. 透过大学合并这个案例，您认为大学合并后成功的关键因素是什么？

7. 除此之外，您觉得政府还应该做出怎样的努力？

8. 对于今后的大学合并，您认为我们应该如何做才能更好？

附录三：英国大学合并案例

合并的剖析[①]

J. P. Arbuthnott and T. R. Bone，斯特拉思克莱德大学（英国）

摘要

乔丹希尔教育学院与斯特拉思克莱德大学的校长在这里分析了两所学校在 1993 年的合并。他们分析了以下事实，诸如说合并的自身动因、合并时间选择的重要性、前人经验的影响和主要当事者（参议院、学术团体、议会和管理者、学生、学术或非学术的组织、基金会和苏格兰教育部）的态度等。然后，作者又继续比较了此次合并与荷兰和澳大利亚高等教育合并的不同。虽然他们存在着主要的不同，那就是此次合并没有政府的推动，但是他们在很多方面存在显著的相似。那些国家的经验教训很多在英国也是适用的。

导言

1993 年 4 月 1 日，乔丹希尔教育学院与斯特拉思克莱德大学合并，前者变成了后者的一个系。这是苏格兰的第一次二元转换的合并，也是自 1992 年高等教育法案废除、新的基金委员会成立以来的第一次合并。在这篇文章中，参与此次合并的两所大学的校长将会分析此次合并的过程，并与其他地方高校的合并进行比较。

此次合并大约历时 22 个月，整个过程耗费了大量的人力、物力，两所学校专门的组织和校外的一些组织对合并的基本设想和相关的结果进行了彻底的分析。在这里，乔丹希尔教育学院的学术委员会要放弃他们的独立性；乔丹希尔教育学院的管理者们也要放弃他们的权利；斯特拉思克莱德

---

① 文章来源：Arbuthnott, J. P. and Bone, T. R. Anatomy of a Merger ［J］. Higher Education Quarterly, 1993, 47（2）.

大学也要同意建立第五个系，要和一个地位不如自己的学院的师生平起平坐；斯特拉思克莱德大学要为差不多 700 个教员和第二个校园负责任；要寻求大学基金会的苏格兰委员会关于合并后的教育和后勤的支持；要获得教育大臣的同意。除了要确保上述事项的同意，还要应对合并中可能出现的数不清的问题，有法律上的、学术上的甚至是与个人相关的。这些都必须在 1993 年 4 月合并之前成功解决。随着合并的进行，这一切都获得了成功。

当然，这不是一小部分人的功劳，这是很多人的贡献，虽然我们还需要 5—10 年的时间才能评价合并是否是真正成功的，但是我们现在对合并的过程进行分析是适时的。

分析

自然的合并

合并的意图被考察得非常彻底，很多人都参与其中，因此如果合并的原因不是非常合理的话，合并是不可能成行的。

这种想法产生于 1991 年 6 月，同年 9 月公之于众，这是一个进步，他们宣称苏格兰西部的高等教育将会从中受益，这也恰恰能够提高年轻人的入学机会，这正切合了政府倡导的提高高等教育入学率的要求。在学术目标上，他们有很多类似的地方，他们的课程是互补的而不是相互竞争、格格不入的；他们认为统一供应之后能够提高他们的教学和科研能力；他们能够更好地对社会更快、更强烈的需求变化做出反应。更具体来说，他们认为在大学的课程里引入师范教育能够为本科生和研究生学习提供更多的机会，同时这将弥补师范教育的不足，而加强师范教育是大势所趋。对乔丹希尔教育学院来说，与这样一所优秀的大学整合，就为它将来的发展提供了最好的框架，这是一个提高科研和顾问活动的新的、最好的时机，同时，这也能够让它渗透到更多的学术领域中。对苏格兰的师范教育来说，乔丹希尔教育学院融入到大学中去，成为其中最大的一个学院，这将会与北美、澳大利亚和欧洲大陆的其他国家的发展趋势相适应。

这些条款要通过三种角色的人群进行落实：两个大学中的教师，他们要负责具体的执行；苏格兰的官员和苏格兰的高等教育基金会，他们要负责进行拨款；还有就是苏格兰的教育界人物，他们可以起到很大的影响作用。在两所学校内部，在 1991 年 10 月到 1992 年 1 月，校务委员会和管理委员会通过工会建立了联系，在所有的合并细节上进行了实质性的拓展，在工会组织的下面有三个相关部门去负责处理相关的具体问题，最终形成了 100 多人的团体，去处理各种各样的具体事务。在两所学校之外，负责高等教育的州部长要向高等教育基金会苏格兰委员会提供合并的计划，随后委员会要根据 1991 年颁布的一系列标准进行审核。乔丹希尔教育学院与斯特拉思克莱德大学已经做好了私下的协议——一个 83 页的文件，对一系列问题的解决提出了详细的解决方案；然后，在另一个文件里对补充的问题进行了解决；最后，在 1992 年 6 月与英国教育基金会进行磋商。即便是这样，在 1992 年 9 月 1 日英国的教育大臣签字同意之前，苏格兰的教育委员会还是得要确保合并的预案中不存在任何的财政和政治问题。

正是在这一系列的确保之下，才最终保证了计划的完美无缺。

时间的选择

如果是在几年前，这项提议获得通过的可能性将会减小很多。在 1985 年，苏格兰的第三教育顾问委员会做出了苏格兰高等教育的提案，指出了管理机构应该为不同的学术计划和不同种类（大学和学院）的学校给予不同的支持，但是，此项提案被州的委员会驳回。在那段时间，政府的决定是要对苏格兰地区的大学和其他种类的高等学校进行二元划分，另外还要继续由专门的教育学院提供教师培训。

在苏格兰，20 世纪 90 年代与 80 年代相比，关于高等教育的观点有了很大的转变，正是由于此种原因，才让一所大学和另外一所学院的合并有了可行性。在 1991 年 5 月，政府出版了高等教育的白皮书：一个新的框架结束了二元划分，同时成立了基金会。乔丹希尔教育学院与斯特拉思克莱德大学合并的提案正是在白皮书颁布之后不久，这是一个各地弥漫着对高等教育进行改革的时期，正因如此，各地都对此非常乐观、蠢蠢欲动。随后 1992 年的立法（高等教育［苏格兰］法案 1992）非常迅速，确切地说是惊人的迅速，为变革提供了法律依据。

与时间的选择相关联的几个关键点值得我们注意：一个是在苏格兰成立了四所新的大学，这为乔丹希尔教育学院和斯特拉思克莱德大学合并带来了希望。乔丹希尔教育学院无法成为一所新的大学，因为它的课程体系过于狭隘，教员们羞于看到并不是很大的一些学院升级为大学，可是自己却被甩在了后面。正是这种羞耻感，促动了他们要进行合并的想法。同样，斯特拉思克莱德大学的教员们意识到，在教学和科研项目上并不优于乔丹希尔教育学院的一些学院，正在变成与他们一样的大学，这可能让他们更能理解和容易接受乔丹希尔教育学院的教员们合并到自己的大学来。

最后，时间选择的另外一个事实是对当时情形的妥协。苏格兰的师范教育传统上被塑造成单一技术的学院，只有在斯特灵大学的很少一部分学生是例外的，他们在这个单一的领域赢得世界范围内的很高声誉。1985年，苏格兰第三顾问教育委员会的报告仍然要求他们要保持单一技术。然而，在随后的一段时期里，其他的国家发生了一系列的变化，澳大利亚的师范教育融入了大学中，法国、德国也做出了相同的转变，荷兰、西班牙也在向此方向努力。当在英格兰和威尔士复合技术将会升级为大学的时候，几乎所有的师范教育都将会合并到大学中去。此时，苏格兰的师范教育面临着被孤立的危险。然而，没有人会担心先前的声誉会就此丢失，有一个明显的可能性就是，随着时间的推移，苏格兰的教师将会在一个学院而不是大学进行培训，这将会被世界上的其他地区认为是低等的，正是此事影响了乔丹希尔教育学院的教师培训者和英国基金委员会的想法。

背景经验：两个学校对合并的前期考虑

在此种情形下的另外一个事实是，在此之前两个合作者已经考虑过合并，但是却以失败告终，但是他们从中汲取了经验。

乔丹希尔教育学院在1989年9月就已经与格拉斯哥大学进行过接触，经过考虑之后却被其他的大学事务拖延了，这是在1991年5月，经过考虑之后当时的整合形式对后者来说是不适合的，因为这将会使乔丹希尔教育学院变成学术上依靠格拉斯哥大学，而不是成为它的一部分。格拉斯哥大学不想与乔丹希尔教育学院进行充分合并的主要原因是，前者考虑到接受了后者的师范教育的教员可能会降低自身的科研水平——这个争论看上去是错误的，因为在1992年12月，乔丹希尔教育学院在国家的研究评估体系中的评价被证明是3。学院拒绝了格拉斯哥大学的邀请，在1991年6月决定与斯特拉思克莱德大学进行接触。在这个过程中，乔丹希尔教育学院学到了两件事情：一是它必须从开始就要弄清楚他们需要的是完全的合并；二是在合并的过程中它不能再处于被动的境地，它必须要扮演一个充分的、平等的角色。

斯特拉思克莱德大学完全参与了1989/1990年与格拉斯哥大学的商讨，单从这一点来看，两所学校可能会合并，但是却无果而终。这种结果，部分原因是合并选择的时间，因为在当时二元的合并是很困难的，还有就是复合技术学院能够自身升级为大学。而且还有一个很重要的原因是复合技术学院与斯特拉思克莱德大学在很多课程的设置上是交叠重复的，这就导致了双方的担心，尤其是复合技术学院一方的担心，它担心合并之后它的员工只能从事较低水平的工作（Herald，1989）。在这个过程中，斯特拉思克莱德大学意识到只有两所学校的课程是互补的而不是竞争的，同时给予另外一所学校的教员真诚的平等地位，这两所学校才有可能真正合并。

参议院和学术委员会的态度

在学校内部，学术委员会的地位是举足轻重的，因为它可以正式地为学术团体负责，也因为它的成员是在五个院系民主选举的基础上产生的，这就意味着委员会成员的意见代表着整个学校内部的观点。委员会中有地位较高的教员和一些学科带头人，还有一些学科的自发的教员或者领导成员，EIS/ALCES。

上述的委员会的重大会议在 1991 年 9 月召开，由于这是决定新归属的会议，会议采用了住宅的模式，允许用更多的时间去考虑。与斯特拉思克莱德大学进行合并的可能性变得几乎是不可避免，用了将近六个小时的时间进行投票，合并的前景得到了认可。在 5 月份的时候，人们得知格拉斯哥大学不想进行充分的合并，然而仅仅是在 9 月份，人们就欣喜地发现有另外一个大学为此彻底敞开了双臂。当然，有一些人从一开始就认为应该与斯特拉思克莱德大学进行合并。此外，讨论的内容还有学校的定位问题，因为它将接受新的基金会的管理，与其他的竞争者的学生一起融入一个大学，同时，师范教育也将会很快发生转变。与其他的一些学校进行合并的可能性也进行了考虑，但是，都明显不如与斯特拉思克莱德大学进行合并，同时，学校教师的工作方式将会受到不可避免的影响，但是，整体上的态度是很受欢迎的。会议以一个毫无异议的投票结束，支持与斯特拉思克莱德大学进行合并，委员会的主席和书记都投了赞成票。

然后，在 1991 年 10 月到 1992 年 2 月初的这段时间里，两校联合的工作委员会进行操作，他们提出相关的工作建议报请批准，乔丹希尔教育学院的学术委员会始终与联合工作委员会建立紧密的联系，他们定期召开会议进行交流，同时，学术委员会的很多成员直接参与到联合工作委员会中，甚至是它的下设组织或者是任务工作组中。还有两次大的为教员们设置的听证会，在会议上，主席要解释和回答关于合并的问题，当然不可避免地有一些教员对此持怀疑态度，但是绝大多数的教员都是支持的。

联合工作委员会关心的一个主要事实是怎样确保做到没有强加的冗余教员，没有薪水和各项服务质量的降低，但是教员们还是受到了联合工作委员会所揭露的新的学术课程前景的影响。因此，当学术委员会在 1992 年 1 月 28 日被要求为联合工作委员会所提出的报告作决定的时候，学术委员会毫无悬念地投票通过，无人反对，只有一人弃权。

然而，对于乔丹希尔教育学院一方的反应，问题也是不无可避免地在大学内部提出来，尤其是在他们的会议上。例如，为什么我们被已经初步同意进行合并的学校——格拉斯哥大学拒绝了？为什么斯特拉思克莱德大学不是特别担心自己的科研水平会由于乔丹希尔教育学院的融入而受影响？难道他们不担心师范教育吗？这是一个因为需求的变动而导致声名狼藉、破败不堪的领域，难道这不会给大学内部带来问题吗？为什么已经存在的四个系会接受另外一个平等的第五个系？要知道后者拥有的学生比他们任何一个系都多，这很显然将会影响权力的平衡。

有很多的事实包含在对这些问题的解答中。其中一个是在更早的时候委员会已经准备去与另外一个学校进行合并，乔丹希尔教育学院是能够成为引起更少问题的学校。在斯特拉思克莱德大学和乔丹希尔教育学院之间没有课程上的竞争，而且不会由于合并而产生交叠的冗员。而且，尽管斯特拉思克莱德大学已经是一个强大的大学，有超过 8000 名的在校生，但是它的系科严重过少，合并之后它就多了一个为苏格兰的教师进行培训的角色，很显然，它能从中受益。乔丹希尔教育学院所有的工作都是较高水准的，课程的质量已经从国家学术质量管理委员会的评估中得到确保。它的科研也是非常好的，这已经在 1992 年 12 月 RAE 的评估结果中得到验证，斯特拉思克莱德大学更仔细地分析了这一切后，准备与它合并。

另外一个事实是在 1991 年的夏天，斯特拉思克莱德大学任命了一个新的校长，新校长在 9 月份召开的第一个会议上就提出了进行合并的问题，从中可见其中的意图已经很明显了。任命了一个新的校长在初期的过程中起了很大的作用，在随后的四个月里，斯特拉思克莱德大学的工作人员与乔丹希尔教育学院的工作人员在联合工作委员会中进行更为紧密的联合工作。毫无疑问，上述的经验是所有因素中最重要的。

为什么他们与另外一所大学所拒绝的学校进行合并？委员会给出了如下的答案，因为格拉斯哥大学犯下了一个错误。

管理委员会的态度

假如他们没有不信任他们判定的理由，管理机构便会支持校长和学校的主要行政管理人员。事实就是这样的，在这里乔丹希尔教育学院和斯特拉思克莱德的管理人员得到了始终如一的支持。两个管理团体的主席从第一次会议就开始磋商，双方都支持这个计划，并努力地去把这个想法实现。联合工作委员会及其下属机构的双方成员都是很优秀的，他们奉献了时间和技巧，他们承担了经理、律师和会计师的工作，为存在的问题找到了建设性的解决方法。当联合工作委员会汇报的时候，双方一致接受了他们的建议。

但这并不意味在此过程中就是一帆风顺的，肯定有一些他们满意或者支持的事情被否决了。对乔丹希尔教育学院这一方来说，有两个特殊的地方：一是，乔丹希尔教育学院没有卖掉自己的校园搬到城市中心的打算；二是，教员的工作和境况要得到保证。对斯特拉思克莱德大学一方来说，他们要确保合并不能导致资金的损失，主要的问题是当它拥有了第二个校园的时候，要对它进行资金的补偿。

学生的态度

对倡导者来说合并有着很多的利益，从第一次会议开始，双方的学生就支持合并。

乔丹希尔教育学院的学生领袖们一直在努力解决两个问题。第一个是维持良好的学生服务的困难，要知道学生的数量只有 2500 人左右，而且这些学生中，超过 1/3 是一年级的研究生或者进修的教师，现在他们所受到波动的影响是最大的。这两个群体都不会坚决支持学生会的工作。第二个问题是学生们夜生活的足够安全的支持，他们要面临五英里以外的市中心的迪斯科、酒吧和电影院的竞争。对他们来说，变成斯特拉思克莱德大学学生联合会的成员充满了吸引力，因为这个学生会是组织良好的、成功的团体。事实上，他们是合并最热心的支持者。

对斯特拉思克莱德大学来说，合并的吸引力就不同了。他们拥有苏格兰地区最好的学生会，他们明白学生会的力量在一定程度上取决于学生的数量。而合并就会让他们的学生数量增长 2500 人，而且乔丹希尔教育学院还拥有良好的体育设施。作为一个成熟的和有政治觉悟的团体，他们乐意于为乔丹希尔教育学院提供援助。

从一开始两者就相处得很好。

学术团体的态度

高等教育合并与工业和商业合并最主要的一个区别是在高校里商业组织可以更容易地阻止合并的进行。没有他们的支持，合并是无法想象的，因为事实就是在做出决定的团体里，无论是在学术上还是在管理上他们都扮演着主要的角色。所以事实就是这样的，谁在合并的过程中扮演主要的角色，谁就有为团体考虑的意识，尽管这可能在其他的方面才能得到正式的体现。

对于学术团体来说，它们很容易达成一致，因为两个学校是互补的，它们的课程不存在交叠。每个人仍然是被需要的，就像口袋的两片，彼此是互补的。管理上也保证了不会因为产生冗员而进行裁员。而且，尽管在合并之后人们所从事的工作可能有所变化，但是在合并之后教员们的薪水和所享受的服务是不变化的。这就意味着在主要的问题上没有任何疑义地解决了，下面就只剩下第二个问题了。

例如，这其中的一个是团体的共识，因为斯特拉思克莱德大学认识到AUT 讨价还价的目的，乔丹希尔教育学院也认识到 EIS／ALCES。这对团体的管理者来说是个重要的问题，但是从总体上来说，教员们对此不感兴趣，还有人对两个学校在不远的将来合并到一起充满了期待。更重要的是，工作的文化是不同的，对大学的教员有了更加强烈的期望，斯特拉思克莱德大学更希望重视科研，而乔丹希尔教育学院更重视教学。这一点甚至在假期安排上都有所体现，在斯特拉思克莱德大学教员们有 25 天的个人顾问和研究假期，而在乔丹希尔教育学院也有差不多 25 天的假期，不过却是普通假期。这将是一个长期存在的问题，但是对那些合并之后的新雇员这个问题就不存在了，在最近的几年里，乔丹希尔教育学院的教员们开始希望参与更多的研究工作。对斯特拉思克莱德大学来说，他们关注的是乔丹希尔教育学院的教员在没有很多科研成果的情况下将被聘为教授，而这正是斯特拉思克莱德大学的原有教员在一直争取的，但是有一个前提就是两者的标准将是相同的，于是，在这所大学里教学被赋予了与科研同等重要的地位。

很多这样的事情将需要时间来解决，因为合并并不能马上促成两所学校文化的迅速融合，但是有两个事实帮助达成了合并的决定。一个是当时团体的领导人，尤其是乔丹希尔教育学院方面的领导人，他们在讨论的初期就宣称支持这次合并，随后，他们虽然也向组织提出了一些问题，但是他们提出这些问题是要找到建设性的解决方法而不是提出一些无法解决的问题。另外一个事实是联合工作委员会一个非常有意义的建议，就是"起点时刻"（法定的合并日期）后两年之内，新教员将被束缚在一个范围之内，在这个范围内两所学校致力于这些事务的融合，而不是强加的快速解决。"起点时刻"本身从做出决定之时算起就不止一年，所以说要解决这些问题三年的时间是比较合理的。

非学术团体（教辅人员）的态度

在一定意义上，非学术团体面临的问题可能更困难一些，但从另一个角度考虑，他们就更容易一些了。这是两个校园的具有相似性质的团体的合并，薪水和所享受的服务并没有太大的差别。因此，只要有不做缩减的保证，这看上去不应有太多的担心。然而，这是在非学术的氛围里，这里有职位的交叠，诸如，在财政、职员、登记注册、市场、音频视频媒体和财产服务领域。在这里，人们可以感受到工作的职位受到了威胁，每一个职员都意识到了这一点，尽管他们得到了保证，他们的职位和薪水都不会变化，可是他们现在可能要在另外一些人的指导下进行工作了。他们当然会为现在面临的一些状况担心。

在这里有三个主要的困难。最重要的是两处校园都将会被保留，两处校园都需要所有的供应，即便是它们统归一处管理。事实上，很多人都感觉到他们在做与以前极为相似的工作，尽管现在是被不同的人领导。第二个事实是，"起点时刻"之后两年内要进行融合，这就意味着在这段时间内人们要不断地改变计划去适应这种变化。第三是，有一些人考虑到他们可能会因此更早退休。

从合并的那一刻起，人们就意识到仍然有大量的工作要在接下来的两年内去解决，这要关系到前期和现在很多职员的利益，这要被妥善地解决。没有人认为这是想当然的。

克雷吉学院——问题的解决

一个实质的问题，在这篇文章里迄今为止还没有提到的是克雷吉学院，一个比乔丹吉尔教育学院小很多的教育学院，它的学位课程已经依托斯特拉思克莱德大学20年了，就在近期它被获准叫做斯特拉思克莱德大学的教育学院，但是，在法律与财政上它仍然是一个独立的学院。斯特拉思克莱德大学在与乔丹希尔教育学院进行磋商的时候，立即通知了克雷吉，在1991年9月到1992年2月这段时期，一直在讨论克雷吉怎样去适应合并后的新变化。例如，一种可能是斯特拉思克莱德大学未来的教育系有两个校园，一个在乔丹希尔，另外一个在克雷吉。克雷吉学院的管理者害怕看到这一点，因为担心将来的某一天或许教育系会被合并到一起，如果这种情况真的发生，那么留存的肯定是乔丹希尔教育学院，而不是克雷吉学院。所以在 1992 年 2 月，克雷吉学院重新寻求到了佩斯利学院进行合并，随后它们变成了一个新的大学。克雷吉学院把这个事情通知了斯特拉思克莱德大学，然后克雷吉学院就走了自己的另外一条道路。双方都为此感到遗憾，但是这最终证明是最好的解决方案。

大学基金委员会、苏格兰高等教育基金会和苏格兰教育部的态度

这三个机构的观点是相互交织在一起的，而不是独立的。

大学基金委员会的工作是要详细地考察斯特拉思克莱德大学/乔丹希尔教育学院、格拉斯哥复合技术学院/昆斯学院的合并计划，他们要完全彻底地进行考察。如果他们在学术、后勤、财政方面对高校的合并都很满意，他们就会向州书记表示赞同这个合并，他们也会立足于工业和商业方面对合并进行详细审查。他们质询所发现的问题，他们会根据解决方案提出他们所能发觉的最薄弱之处；如果乔丹希尔教育学院一方存在这样的问题，他们会监督保证问题的解决。在这个过程中，他们会不遗余力地给予支持。

新的苏格兰高等教育基金会是在 1992 年夏天成立的，在主管官员做出真正的决定之前，至少有一些人已经仔细地审查了这个合并计划，委员会的新主席，Shaw 教授，曾经是大学基金委员会的主席，详细审查了这个计划。直到做完了这一切，他们同意了合并计划，并把斯特拉思克莱德大学作为他们要进行支持其进行扩张的大学，同时，乔丹希尔教育学院也将不再是一个独立的实体。他们是小心翼翼地，以为他们要避免给苏格兰的教育界留下要掀起合并浪潮的印象。但是，有一点是很显然的，他们所批准的这次合并是令人满意的，他们并不反对此种合并的进一步发生。

苏格兰教育部的态度也是不同的，他们不仅要像大学基金委员会那样对学术、后勤和财政上进行考察，而且他们还要确保这个计划不会有任何政治上的阻碍。例如，有一些事情是苏格兰教育部所担心的，诸如，克雷吉学院问题，因为克雷吉学院是保守派政府所支持的，这代表着特殊选民的利益，他们不想因此而看到冲突的发生。他们也很担心在合并之后斯特拉思克莱德大学会把乔丹希尔教育学院的校园卖掉，这是很有争议的一点，因为乔丹希尔教育学院曾经得到了公共基金的支持。但是很快就证明这个问题是不存在的。所以，最后，他们的担心就只剩下了一些小问题，诸如，合并之后师生的食宿问题，这些由乔丹希尔教育学院和昆斯学院去

分别解决了。

从本质上讲，苏格兰教育部的态度是中立的，它的官员们要明了事情的始末，但是却会一直待在幕后。之所以采取这样的态度那是因为政府在苏格兰没有使高等教育进一步合理化的打算，而且在某种程度上说，政府并不想做出这样的变化。这种变化是高校自发的，政府只是在保证公众利益的基础上顺其自然。这与荷兰和澳大利亚的高校合并是截然不同的，这将会在文章的第三章作具体的论述。

努力地工作、良好地交流和巧妙地谈判

读者们一定要明白合并任务的解决要依靠处理的方式方法，要靠努力、技巧和负责人的敏感。在这里，我们没有尝试着去做分析，因为文章的两个作者联系得如此紧密，但是，如果脱离这个问题，他们可能会强调在这个过程中两所学校的很多人都起了很重要的作用，所取得的任何成绩都是相互交织在一起的团队努力工作的结果。

与荷兰和澳大利亚的高等教育合并进行对比

虽然在此之前英国曾经有过高等教育二元合并的形式，在 Loughborough，Reading，Exeter，Warwick 和 Ulster，但是这两个国家的这种现象更为显著，荷兰和澳大利亚通常被认为是高校合并的典范。在澳大利亚，这个变化来自于两次浪潮，第一次是 1981 年到 1983 年之间，主要是要减少教师培训学院的数量；第二次是 1988 年到 1992 年之间，要废止澳大利亚的二元体系，要扩大学校的规模。在第二次浪潮中，24 个大学和 47 个学院进行了合并，最后成了大约 48 个高校（Harman，1985，1987，1989，and Goedegebuure&Meek，1988，1991）。在荷兰，历史给这个小国家留下了 348 所相互独立的高等院校（Hoger Beroepsonderwijs，referred to as the HBO），在 1983 年到 1988 年之间进行了大规模的合并之后，高校的数量减为 85 所（Goedegebuure 1988；Maassen&Van Vught，1988 and 1989；and Goedegebuure&Meek，1991）。

澳大利亚和荷兰的合并存在着截然不同，后者仍然是大学与学院并存的结构，它们仍然存在竞争，尤其是在这其中，政府的动机是要降低财政成本，在这个方式中，政府推动了它们进行合并，否则它们将面临丢掉政府拨款。

斯特拉思克莱德大学和乔丹希尔教育学院的合并与此截然不同。这个过程没有政府和基金委员会的推动。尽管也有教育学院参与其中，但这是英国最大的教育学院，很多更小的学院反而没有参与合并。另外，还有一个事实我们要察觉到，在这里苏格兰最大最强的大学参与了合并。两者进行合并只是因为他们认为这是他们未来发展的最好模式。

然而，那些在撰写澳大利亚和荷兰合并的人，诸如 Harman，Goedege-buure，and Dale，从高等教育的合并中得出结论，这些事实可能会影响合并的成功。意识到这一点，因此我们应该审视斯特拉思克莱德大学和乔丹希尔教育学院的合并。

Dale 对大学合并的研究（1992）表明，如果一个合并是成功的，最大的动因应该是学术上的。如同这个研究所展示的，乔丹希尔教育学院的动因部分是出于战略上的考虑，因为它看到如果成为一所强大大学的一部分，自己未来的发展是更可靠的，能得到更多的机会，但是在这里它所想要得到的机会正是学术上的。斯特拉思克莱德大学的目标也是提升学术，它想要成为教师培训领域的强者，两者的动机不谋而合，两者对学术的需求产生了合并的动因。

Harman（1998）提醒我们，是人群而不是组织促成了合并，是效忠的人群与另外的人群结合在了一起。他们的计划并不是要通过剔除反对者来克服潜在的反对。在斯特拉思克莱德大学和乔丹希尔教育学院，正是特定的人们促成了合并的，但他们是人群，而不是单个的人，尤其是在乔丹希尔教育学院（这里的人们担心得更多），潜在的反对要让一些群体做出决定，诸如，学术委员会和联合工作委员会。

这些作者们说，无论领导人是如何巧妙，或者他们的决策看上去是如何英明，合并的进程都不会超越正常的组织政策和冲突。变化实际上就包含在一定程度的冲突中，即便是一个群体在早期的谈判中输掉了一些利益，它也期望在后来的执行阶段得到补偿。最显著的问题是教育者们对工作安全和雇佣细节的担心，有时还有身份的丢失，商业组织会担心丢失他们的一些权力。由于早期合并的积极性，乔丹希尔教育学院的学术团体在一定程度上受到了损失，但是，在前期它一直强调要弥补这些。弥补的结果并不是要怨恨这一切，而是要确保那些没有合法原因的损失获得弥补。在这里，斯特拉思克莱德大学接受了乔丹希尔教育学院不裁员和很多无损害的条款起了很积极的作用。

Dale 强调在合并中交流的重要性，无论是内部的还是外部的，舆论都将会有助于合并。尽管领导们一直忙于合并的一些工作，但他们仍应该拿出时间告诉人们，他们究竟做了哪些工作，为什么做了这些工作。如果存在潜在的利益的丢失，例如，校友们需要被安抚，那么，交流的群体是重要的，学生会肯定也是这样的。社会的事件，如果能够明智地运用，将会很有帮助。当我们回顾斯特拉思克莱德大学和乔丹希尔教育学院发生的这一切，我们看到这些事情都得到了很好的处理。

合并之后不可能是毫无痛苦的，这就如同没有无痛苦的社会变革是不可能成功一样。这将在执行的阶段显现出来，学校所能做到的就是尽可能地减少这种可能出现的痛苦。

如果这是一个真正的合并，不是一个拙劣的商业接管，那么合并后的新学校将会不同于原来的任何一所。Goedegebuure 和 Meek 在荷兰发现了这个事实，同时，也发现了融合的结果趋向于显著的不同，它将会比合并前变得更加强大。但是合并要投入大量的人力。在斯特拉思克莱德大学合并的案例中，我们也能看到这种显著的不同，因为它有一个教育系。有很多的上述征兆，但是现在下结论还太早。或许这依赖于乔丹希尔教育学院的校园是如何运用的。

所有的专家都认为合并需要时间。学校内部、外部的计划、磋商、谈判，乃至细节的决定，这需要大量的时间，甚至是学校里最忙碌的人们也要搁置其他的事情参与到合并的事务中。他们乐意拿出这些时间，因为他们非常关心合并事务，但是，危险的是当合并进行完了的时候，他们认为合并已经结束了，而把精力又放到了其他事情上。他们忽略了事实上成功的合并可能需要十年左右的时间，才能融为一个真正的实体。在这里，我们所讲解的斯特拉思克莱德大学合并的例子，是在专家指导下，按照商业模式进行运作的。我们要意识到这仅是一个开始。当委员会同意合并的想法的时候，至今它才经历了三年，这只是执行工作的一小段。两年以后，两位领导者要随着事态的发展进一步撰写相关的文章。

责任编辑　杨晓琳　　王利华

版式设计　贾艳凤

责任校对　贾静芳

责任印制　曲凤玲

图书在版编目（CIP）数据

中国大学合并与整合管理研究/毛亚庆，杜媛著．－－北京：
教育科学出版社，2010.1

ISBN 978 － 7 － 5041 － 4894 － 0

Ⅰ.①中… Ⅱ.①毛… ②杜… Ⅲ.①高等教育—研究—中国
Ⅳ.①G649.2

中国版本图书馆 CIP 数据核字（2010）第 005583 号

出版发行	教育科学出版社		
社　　址	北京·朝阳区安慧北里安园甲 9 号	市场部电话	010 － 64989009
邮　　编	100101	编辑部电话	010 － 64989593
传　　真	010 － 64891796	网　　址	http：//www.esph.com.cn
经　　销	各地新华书店		
制　　作	北京大有图文信息有限公司		
印　　刷	保定市中画美凯印刷有限公司	版　　次	2010 年 1 月第 1 版
开　　本	169 毫米×239 毫米　16 开	印　　次	2010 年 1 月第 1 次印刷
印　　张	24.25	印　　数	1 － 3000 册
字　　数	378 千	定　　价	48.00 元

如有印装质量问题，请到所购图书销售部门联系调换。